CAFÉS in
Nordrhein-Westfalen

René Zey studierte Germanistik und Philosophie in Essen, Bonn und Münster. Von 1990 bis 2020 Inhaber und Geschäftsführer des Königsdorfer Medienhauses in Frechen. Seit 1991 schrieb er über 80 Bücher für Verlage wie Rowohlt, Riva, Ullstein, Ueberreuter, Europa, Falken, Mosaik und Weltbild. Auszeichnungen: Kulturpreis der Stadt Essen (1982), Autorenstipendium des Landes NRW (1991 und 2020), Filmförderstipendium des Landes NRW (1984). Homepage: http://renezey.kulturserver-nrw.de

Dieter Sawatzki studierte von 1980 bis 1986 Kommunikationsdesign an der Folkwang Hochschule der Künste Essen. Von 1987 bis 1991 Inhaber der Werbeagentur Heidelbach, Sawatzki & Partner, seit 1992 Geschäftsführer der Agentur SawatzkiMühlenbruch in Essen. Seit 1985 fotografierte er u. a. für die Bücher „Grands magasins" sowie „Die schönsten Cafés im Ruhrgebiet" und „Im Café. Vom Wiener Charme zum Münchner Neon". Illustrator des Buches „Essen für Kinder". Gewinner des Red Dot Design Award.

Mit freundlicher Unterstützung
durch den Landschaftsverband Westfalen-Lippe
und den Landschaftsverband Rheinland.

© 2022 Aschendorff Verlag GmbH & Co. KG, Münster
www.aschendorff-buchverlag.de
Text, Konzeption und Layout: René Zey, Frechen
Fotos: Dieter Sawatzki, Essen
Alle anderen Illustrationen wie angegeben.
Das Werk ist urheberrechtlich geschützt. Die dadurch begründeten Rechte, insbesondere die der Übersetzung, des Nachdrucks, der Entnahme von Abbildungen, der Funksendung, der Wiedergabe auf fotomechanischem oder ähnlichem Wege und der Speicherung in Datenverarbeitungsanlagen bleiben, auch bei nur auszugsweiser Verwertung, vorbehalten. Die Vergütungsansprüche des § 54 UrhG werden durch die Verwertungsgesellschaft Wort wahrgenommen.
ISBN 978-3-402-24881-2

René Zey | Dieter Sawatzki

CAFÉS in Nordrhein-Westfalen

Von 1700 bis heute

Café Wunderbar in Neuss

Inhalt

Einleitung 11

**HISTORISCHE KAFFEEHÄUSER IN NORDRHEIN-
WESTFALEN (1700–1945)** 18

Von Kaffeeschenken und Kaffeestuben (1700–1750) ... 19
Von Arabien nach Europa – Die Kaffeehäuser erreichen Venedig ... 19
Von Kaffeehäusern in Bremen, Leipzig, Frankfurt und Köln ... 20
  ♦ *Kaffeeverbote im 18. Jahrhundert* 21

Von Zuckerbäckern und ersten Kaffeehäusern (1750–1850) ... 23
Die Engadiner Zuckerbäcker 23
Kaffeehausgründungen im Rheinland und Münsterland 24

Kaffeehäuser im Wandel (1860–1900) 27
Konditoreien und Kaffeeschenken im Ruhrgebiet 27
Glanz und Luxus – Kaffeehäuser in europäischen Metropolen ... 30
Auf dem Weg zum „Großen Kaffeehaus" 31
  ♦ *Café Balensiefen (Hennef)* 39

Kaffeehäuser der Belle Époque (1890–1914) 43
Vom Arabischen Café zum Colosseum – Cafés in monumentalen Bauten ... 44
  ♦ *Historische Kaffeehäuser in Köln (1870–1920)* 48
Cafés zwischen Aachen, Düsseldorf, Wuppertal und Bonn ... 53
  ♦ *Café Bittner (Düsseldorf)* 56
  ♦ *Historische Cafés in Solingen* 58
  ♦ *Von Hotel-Cafés und Café-Restaurants* 63

Größer, heller, mondäner – Von Umbauten und Erweiterungen	64
♦ *Von Konditoreicafés und Damensalons*	69
Cafés in Kleinstädten und Dörfern	70

Der Erste Weltkrieg und die Inflationszeit (1914–1923) 71

Konditern in Zeiten von Rohstoffmangel und Surrogaten	71
♦ *Wo die Schwarzwälder Kirschtorte erfunden wurde*	73
Das Kaffeehausgewerbe in der Weimarer Republik	74

Aufschwung in den Nachkriegsjahren (1923–1933) 76

Die Cafés im Ruhrgebiet auf Expansionskurs	77
♦ *Café Blau im Handelshof (Essen)*	80
♦ *Historische Cafés in Duisburg*	84
♦ *Cafés im Siegerland*	88
Kaffeehäuser und ihre Varianten	89
Die Billard- und Spielcafés	89
Die Zeitungscafés	91
Die Tanz- und Konzertcafés	93
♦ *Historische Cafés in Dortmund*	95
Die Ausflugs- und Kurcafés	101
♦ *Café „Zum Brünnchen" (Geistingen)*	105
Die Parkcafés	106
Das Kaffeehaus als Treffpunkt der Künstler	108

Weltwirtschaftskrise und Zweiter Weltkrieg (1929–1945) 112

Von Existenzsorgen und Café-Neugründungen	112
Kaffeehausgewerbe und Nationalsozialismus	115
♦ *Café Corso (Dortmund)*	118
Schlagcreme und Muckefuck – Der Cafébetrieb in den Kriegsjahren	118
Bombentreffer legen die alten Cafés in Schutt und Asche	121

CAFÉS, CAFÉ-BARS UND COFFEE-SHOPS IN NORDRHEIN-WESTFALEN (1945–2020) — 124

Die Nachkriegszeit (1945–1959) — 125
Improvisieren in Behelfscafés — 125
- *Café Grotemeyer in Münster* — 129

Die Cafés der 1950er-Jahre – Wiederaufbau und Neubeginn — 131
- *Das Café mit dem Tropenhaus (Duisburg)* — 131

Cafés der Nachkriegszeit in Essen — 134
   Café Overbeck — 134
   Café Wolff, Café am Burgplatz, Café Becks u.a. — 138
- *Café im Funkhaus des WDR Köln* — 140

Mit Fernblick und Dachterrasse – Die Kaufhaus-Cafés — 142
Damenwahl bei Rot, Herrenwahl bei Gelb – Die Tanzcafés — 143
Die Milchbars der 1950er-Jahre — 147
- *Die „Milchbar" in Brühl* — 149

Cafés der 1960er- und 1970er-Jahre — 153
Heinemann und Bittner — 153
- *Cafés in Aachen (1970er-Jahre)* — 158

Schucan, Overbeck und Dobbelstein — 160

Das Kaffeehaussterben in den 1960er-Jahren — 163
Neue Café-Konzepte – Heinemann und Fassbender — 167
- *Café Kleimann (Bonn)* — 170

Zeitlos und klassisch – Die Traditionscafés — 173
- *Cafe Grah (Remscheid-Lennep)* — 182
- *Café Profittlich in Wanne-Eickel (Herne)* — 184

Von Porzellanservices und versilberten Kännchen — 189
Fotodokumentation von Tobias D. Kern — 192
- *Georg Maushagen – Der Zuckerbäcker®* — 194

Kaffeeröstereien in Deutschland	197
J. J. Darboven, Azul Kaffee, Kaffee HAG	197
Regionale Kaffeeröstereien	198
♦ *A. Zuntz sel. Wwe. (Bonn)*	200
♦ *Kaiser's Kaffee-Geschäft AG (Viersen)*	202
Lokale Kaffeeröstereien – Maassen, „Plum's Kaffee" und „Schamong"	204
Cafés der 1980er-Jahre	209
Zwischen Plexiglas und venezianischen Altglasspiegeln	209
♦ *Café König (Düsseldorf)*	215
♦ *Café Egmont (Aachen)*	217
Cafés mit Live-Gigs, Lesungsreihen und Vernissagen	218
♦ *Stockheim (Düsseldorf)*	220
♦ *J. Berns GmbH / Niederrheinische Landbäckerei Berns*	221
Zwischen Longdrinks und Cocktails – Die Nachtcafés	223
♦ *Café Hallmackenreuther (Köln)*	225
Müsli, Weggli und Prosecco – Die Frühstückscafés	227
♦ *Bankräuber im Hagener Café Dickhut*	229

Cafe Extrablatt – Ein Mix aus Café, Bistro und Kneipe	230
Cafés der 1990er-Jahre	234
Italienische Lebensart in NRW – Die Espresso-Bars	234
Woyton, Balzac Coffee, Meyerbeer, Coffee Fellows & Co.	236
♦ *Zugang zum World Wide Web – Die Internetcafés*	240
McCafé – Shop-in-Shop zum Erfolg	241
♦ *In einer McDonald's-Filiale am letzten Wochenende*	243
Starbucks – Cafés für die Laptop-Generation	245
Döbbe, Kamps, Oebel & Co. – Die Bäckerei-Cafés	248

Cafés der 2000er-Jahre 253
Third-Wave-Cafés – Bewusstsein für guten Kaffee 253
Speciality-Coffee-Röstereien 257
- *Die Probat-Werke in Emmerich* 259
- *„Pottschwarz" (Mülheim an der Ruhr)* 265

AeroPress, Chemex, Barista und Latte Art 266

Das Sterben der großen Kaffeehäuser 268
Münster: Clair Schucan übergibt an „Feller Mokka und Torte" 268
- *Der Zauber des Café Schucan* 269

Münster: Die „Roestbar" zieht ins Café Kleimann ein 271
Münster: Café Krimphove – Das Aus für Blumen-Soffi
   und Appeltiefe 272
Münster: Gabriele Kahlert-Dunkel übergibt
   das Café Grotemeyer 273
Düsseldorf: Bye, bye Bittner – der lange Weg zum Abschied 276
- *Konditorei Limper (Duisburg)* 276

Düsseldorf/Osnabrück: Leysieffer wird insolvent 278
- *Leysieffer (Osnabrück)* 278

Essen: Ein Juwelier zieht ins Café Overbeck ein 279
Siegburg: Die Jakob Fassbender GmbH gerät ins Trudeln 282
Weitere Caféschließungen in Nordrhein-Westfalen 283
- *Café Best (Wuppertal)* 284
- *Cafés in Hagen* 286
- *Café am Berlich (Köln)* 288
- *Bye, bye Café Göttlich (Bonn)* 290

Quo vadis? – Eine Bestandsaufnahme 293
Cafés im Raum Köln–Bonn – Von Café Wahlen
   bis Café Müller-Langhardt 293

♦ Café Reichard (Köln)	293
Cafés in Ostwestfalen, im Sauerland und am Niederrhein	298
Cafés im Ruhrgebiet – Von Dobbelstein bis Strickmann	300
♦ Café Wiacker GmbH (Herne)	301
♦ Café Kötter (Essen)	303
♦ Die Kaffeemühlen im Duisburger Café Dobbelstein	306
Cafés in Aachen	309
♦ Die „Alt-Aachener Kaffeestuben Van den Daele"	314
Selbstgebackenes in umgebauten Scheunen – Die Land- und Hofcafés	316
♦ Café Kroppenberg (Bensberg)	318
Gedeck mit Panoramablick – Beliebte Ausflugscafés	318
♦ Heinos Rathaus-Café (Bad Münstereifel)	323
♦ Von Café Peters zu Peters SchokoWelt (Lippstadt)	328

Ausblick 331
Von Retro-Cafés, Nähcafés, Abteicafés und Non-profit-Cafés	331
♦ Das Bonner Café Apfelkind gewinnt gegen Apple	332
♦ Museumscafés – Wo Kunst und Genuss aufeinandertreffen	336
Cafés im Lockdown – Zwischen Plexiglas und Desinfektionsspendern	338
♦ Großeinsatz im Café Päusken (Rietberg)	342
♦ Das Café Residenz in Castrop-Rauxel gibt auf	344
Cafés im Schlamm – Auswirkungen der Jahrhundertflut	348

Literaturverzeichnis	353
Abbildungsverzeichnis	358
Danksagung	359

Einleitung

Wer von Cafés und Kaffeehäusern redet, nennt unweigerlich Städte wie Wien oder Paris. Dem fallen Häuser ein wie das „Sperl", das „Hawelka" oder das Café de Flore. Vielleicht auch das Café Florian in Venedig, das Caffè Greco in Rom oder das Café Slavia in Prag – Häuser, in denen Klimt und Kokoschka saßen, Strauß, Léhar und Bruckner, Trotzki, Brecht und Hugo von Hofmannsthal. Zusammen mit unzähligen anderen Künstlern und Bohemiens haben sie das Kaffeehaus zum Ort ihrer produktiven Einsamkeit gemacht, zum Asyl und zur Arena.

Auch Deutschland hat eine lange Kaffeehaustradition – man denke nur an das 1820 eröffnete Café Stehely am Berliner Gendarmenmarkt (im Vormärz der bekannteste Treffpunkt der Intellektuellen) oder an das Café des Westens am Kurfürstendamm. Man denke an das Münchner Café Stefanie (mit dem vielsagenden Beinamen „Café Größenwahn") oder an den „Arabischen Coffeebaum" in Leipzig, in dem E. T. A. Hoffmann, Lessing und Goethe verkehrten.

An Nordrhein-Westfalen und die Cafés seiner großen und kleinen Städte zu denken, scheint vermessen, denn man stößt hier nur selten auf ergötzliche Kaffeehausanekdoten oder auf namhafte Kaffeehauslegenden. Und doch gab und gibt es hier bis heute Hunderte von Cafés. Sie liegen in den Fußgängerzonen der Innenstädte, an belebten Plätzen, in den Stadtteilen und Vororten wie auch in kleinen Dörfern.

Viele davon haben René Zey und Dieter Sawatzki in ihrer langen Kaffeehaussozialisation persönlich besucht. Als gebürtige Essener saßen sie in den 1970er-Jahren oft im Café Overbeck und im Café Sprenger, die viele Jahrzehnte lang klassische Konsumtempel für Kuchen und Kaffee waren. Später erlagen Zey und Sawatzki dem Charme der Studentencafés, die ein alternatives Konzept verfolgten: Kommunikation und Wohlfühlen waren dort wichtiger als die Konditoreikunst.

In den 1980er-Jahren faszinierten die Szene- und Nachtcafés – das „Dupont" in Essen, das Café du Nord in Düsseldorf oder die Cafés im Bochumer „Bermuda-3eck". Es waren wunderschön gestaltete Orte, an denen man mit Freunden reden oder auch allein sein konnte. Atmosphäre und Ambiente waren dort wichtig.

1985 kultivierten Zey und Sawatzki ihre Passion für Cafés und bereisten für ihr Buch „Die schönsten Cafés im Ruhrgebiet" nahezu jede Stadt zwischen Duisburg und Dortmund. Sie besuchten über 150 Cafés, redeten stundenlang mit den Inhaber/-innen, machten Fotos, weiteten ihr Jagdgebiet auf Münster, Wuppertal, Neuss und Düsseldorf aus. Große Betriebe waren darunter, die sich den Namen „Kaffeehaus" redlich verdient hatten: Häuser wie das Dobbelstein in Duisburg, das Strickmann in Dortmund, das Bittner auf der Düsseldorfer Kö, das Schucan und das Grotemeyer in Münster.

Das vorliegende Buch geht über das Ruhrgebiet hinaus und thematisiert die Cafés und Kaffeehäuser in ganz Nordrhein-Westfalen. Sie zu bereisen war ein lang gehegter Traum, den sich René Zey und Dieter Sawatzki in 2020/2021 erfüllten. Ihn zu realisieren war in dem genannten Zeitraum umso wichtiger, da viele Cafés im Zuge der Corona-Pandemie mehrere Monate lang geschlossen hatten und zu Sehnsuchtsorten wurden, die man nicht betreten durfte.

Herausgekommen ist ein bunter Reigen, 360 Seiten stark, der von klassischen Konditoreicafés über Espresso-Bars und Coffee-Shops bis hin zu Ketten wie Woyton, Coffee Fellows und Starbucks sowie Third-Wave-Cafés mit angeschlossenen Speciality-Röstereien reicht. Auch die zahlreichen Bäckerei-Cafés sind im neuen Millennium unübersehbar geworden.

Doch was ist das Besondere an der Kaffeehaustradition in Nordrhein-Westfalen? Wo liegt der Unterschied zwischen Café und Kaffeehaus? Solche und ähnliche Fragen stellte sich René Zey bei seinen monatelangen Recherchen. Gab es in diesem Land ähnlich luxuriös ausgestattete Häuser wie in den europäischen Metropolen? Muss man sie nur suchen und finden? Gibt (und gab) es hier vielleicht auch Literatencafés? Nur versteckt und längst vergessen, sodass man rückwärts blicken und sie mühsam aufspüren muss? In Großstädten wie Köln, Düsseldorf, Dortmund oder Münster müsste es sie doch gegeben haben. Wie auch prunkvolle und luxuriöse Kaffeehäuser – „Feenpaläste", wie sie in der Belle Époque hießen.

Wie war das in den 1920er- und 1930er-Jahren in den Städten zwischen Aachen und Bielefeld? Gab es dort nicht ähnliche Tanz- und Konzertcafés wie zum Beispiel in Berlin oder München? Oder Lese- und Billardcafés? Stand in Wuppertal nicht das legendäre Café Holländer, in dem Else Lasker-Schüler oft einkehrte? Was wurde aus dem berühmten „Wintergarten" in Dortmund, dem Kaffee Kronprinz in Duisburg und dem Café Blau im Essener Handelshof? Und was ist heute noch übrig geblieben von der Patina vergangener Zeiten?

René Zey bemühte für die Beantwortung all dieser Fragen diverse Stadtarchive und Bibliotheken sowie zahllose Adressbücher aus Nordrhein-Westfalen. Er las sich durch Dutzende von Büchern, stöberte in Antiquariaten nach Kupferstichen und historischen Postkarten, bis er schließlich in handschriftlichen Aufzeichnungen über das alte Köln fündig wurde, wo 1715 die ersten Kaffeeschenken eröffnet wurden. Letztere waren den Zeitumständen entsprechend spartanisch ausgestattet: Ein von Rauch geschwärztes Zimmer bildete den Caféraum. Das Mobiliar wirkte dürftig und der Kaffee war kaum genießbar.

Das erste Kaffeehaus in Nordrhein-Westfalen, das es mit den großen Häusern europäischer Metropolen aufnehmen konnte, war das 1847 von Franz Stollwerck in der Kölner Schildergasse 49 errichtete Café Royal (später „Deutsches Kaffeehaus"). Karl Marx saß dort in seiner Kölner Zeit bei der „Neuen Rheinischen Zeitung". Auch das 1848 auf der Hohe Straße in Köln eröffnete Café Palant hatte den Charakter eines „großen Kaffeehauses". Um 1900 wurden monumentale Gebäude wie das Arabische Café in Düsseldorf, das Kaiser-Café im Essener „Colosseum" oder das bereits erwähnte Café Holländer in Elberfeld (heute Wuppertal) errichtet, später folgten Häuser mit prunkvoll ausgestatteten Interieurs, die durch verspiegelte Wände, Kristalllüster, Tapisserien und kostbare Marmortische bestachen.

Gegen Ende des 19. Jahrhunderts erfolgte im Zuge der Industrialisierung eine regelrechte Welle von Cafégründungen, die erst mit der Weltwirtschaftskrise im Jahr 1929 endete. Kohle, Stahl, Maschinenbau, Handwerk und Handel hatten die Menschen und ihr Leben grundlegend verändert. So waren Tausende von Landarbeitern in die industriellen Berufe abgewandert und bewirkten ein sprunghaftes Anwachsen der Städte. Mietskasernen und Wohnhäuser entstanden, und mit unglaublichem Tempo wurden Bahnhöfe, Eisenbahnviadukte, Fabrikhallen, Kaufhäuser, Gasanstalten und auch Cafés und Vergnügungsstätten errichtet. Neben den Handwerkern, Kaufleuten und Beamten konstituierte sich der neue Mittelstand – die Angestellten in Handel und Industrie sowie das Kleinbürgertum. Sie alle waren das Publikum, das sich in den Cafés traf und sich dort austauschte.

In den Großstädten an Rhein und Ruhr gab es Kaffeehäuser mit bis zu 16 Billardtischen, im Café Schucan in Münster sogar mit einem Billardmeister, der nachmittags Ungeübte in die Kunst des Spiels einwies. Auch an Lese- und Zeitungscafés mangelte es nicht: Im Kölner Café Bauer lagen 1885 mehr als 120 Zeitungen und Zeitschriften aus, in anderen großen Kaffeehäusern schwankte die Zahl zwischen 50 und 80. Auch Konzertcafés, die in Frankreich als „Cafés à concert" populär waren, gab es in Nordrhein-Westfalen. Im Dortmunder Café Wintergarten gastierten um 1910 die besten Kapellen des Deutschen Reiches. Es gab sogar Opern- und Operettenabende, für die auch Sänger und Sängerinnen engagiert wurden. Im Café Corso (ebenfalls Dortmund) fanden in den 1920er-Jahren Rundfunkübertragungen statt, zuerst über den Sender Dortmund, später über den Sender Langenberg. Tanzorchester mit Kapellmeistern wie Marek Weber, Dajos Bela, Georges Boulanger, Bernhard Etté, Francesco Scarpa und viele andere gastierten dort.

Den Bombenhagel des Zweiten Weltkriegs überlebten nur wenige Häuser, die meisten Betriebe in der Region lagen im April 1945 in Schutt und Asche. Zwischen 1947 und 1955 entstanden dann die großen Cafés der Nachkriegszeit mit oft über 300 Sitzplätzen, allen voran das Café Overbeck in Essen mit seinem geschwungenen Treppenaufgang und seiner unverfälschten Architektur der 1950er-Jahre. Das Nachholbedürfnis der Bevölkerung war immens und die Menschen konnten es kaum fassen, was ihnen wieder geboten wurde. Die Konditoren standen nach der

Währungsreform ununterbrochen in den Backstuben, und die Gasträume kamen trotz ihrer Größe an ihre Grenzen. Das Publikum wollte sich wieder etwas leisten, wollte sehen und gesehen werden und genoss die neue Normalität nach dem langen Krieg in vollen Zügen.

In Duisburg setzte Otto Dobbelstein 1949 mit seinem neu errichteten Café auf dem Sonnenwall ein architektonisches Ausrufezeichen, in Düsseldorf tat es ihm ein Jahr später Otto Bittner gleich. Die Liste der namhaften Häuser der Nachkriegszeit ist lang: Café Franck, Café Wahlen und Café Reichard in Köln. Strickmann in Dortmund, Sander in Mülheim, Sternemann in Recklinghausen, Café Best in Wuppertal und natürlich das Trio Schucan, Grotemeyer und Kleimann in Münster.

Die Cafészene, die sich nach 1945 in Nordrhein-Westfalen entwickelte, stand ihrer Vorgänger-Ära in nichts nach und gehörte zur interessantesten Region der jungen Bundesrepublik Deutschland. Vor allem das Café von Otto Schucan verströmte in den 1950er- und 1960er-Jahren eine Atmosphäre, die es mit den Kaffeehäusern in Wien, Prag oder Budapest aufnehmen konnte. Prominente aus Politik, Wirtschaft, Fernsehen und Theater gingen im „Schucan" ein und aus. Das Kaffeehaus war sogar in Film und Fernsehen präsent, denn Schucans Kulisse im Dreigiebelhaus am Prinzipalmarkt war legendär.

Als Alternative zu den klassischen Konditoreicafés etablierten sich in den 1980er-Jahren die Café-Kneipen, Neon- und Szene-Cafés in Nordrhein-Westfalen. Das Bochumer Café Ferdinand veranstaltete Fotoausstellungen und Kunstauktionen. Im Kölner „Melody" spielte Kontrabassist Ira Coleman, der später mit Sting um die Welt tourte. Im Düsseldorfer „N.T." zeigte ein elektronischer Nachrichten-Ticker die neuesten Meldungen aus aller Welt an, während sich nur wenige Meter weiter auf der Kö die Schickeria im Café König traf.

Zu Beginn der 1990er-Jahre überboten sich die Frühstückscafés mit immer üppigeren Büfetts, ehe das Cafe Extrablatt mit seiner Mischung aus Café, Bistro, Restaurant und moderner Eckkneipe eine neue Form der Systemgastronomie erfand. Von den heute 90 Filialen der Franchisekette liegen knapp 75 in Nordrhein-Westfalen.

Fast zeitgleich mit den „Extrablättern" begann der Siegeszug der Espresso-Bars. Die Gastronomen eröffneten ihre Lokale an publikumswirksamen Orten wie dem Kölner Neumarkt oder dem Düsseldorfer (Medien-)Hafen. Einen Kaffee italienisch zu trinken – zubereitet in einer verchromten Espressomaschine und serviert mit kleinen Dolci (Süßigkeiten) – war plötzlich zum Trend geworden. Caféketten wie „Woyton", „Meyerbeer", „Coffee Fellows" und „Espresso Perfetto" eröffneten im Monatstakt neue Coffee-Shops, servierten dort nicht mehr nur Espressi und Cappuccini, sondern House Blends und Kaffeespezialitäten mit zahlreichen Geschmacksvariationen. Im Mai 2002 kam Starbucks nach Deutschland und entsprach mit seinem Coffee-Shop-Konzept nach amerikanischem Vorbild dem Zeitgeist der jungen Smartphone- und Laptop-Generation. In Nordrhein-Westfalen gibt es heute knapp 50 Starbucks-Filialen, darunter in der City Galerie Siegen, in den Shadow-Arkaden in Düsseldorf, im Centro Oberhausen, im Aquis Plaza in Aachen und in den meisten Einkaufsstraßen der großen Städte.

Auch die Bäckerei-Ketten wurden im neuen Millennium wach und richteten in ihren Filialen Steh- und Sitzcafés von zum Teil beachtlicher Größe ein. Ketten wie Döbbe, Kamps oder Oebel kamen auf 25 bis 30 Prozent Marktanteil in Nordrhein-Westfalen. Regionale Bäcker wie Voosen, Schneider und Heinemann (mit jeweils über 20 Filialen im Rhein-Erft-Kreis), Kraus (über 20 Filialen im linksrheinischen Köln und im Rhein-Erft-Kreis), Merzenich in Köln, Gilgen's im Bonner Raum, Berns am Niederrhein oder Olsson im Raum Bielefeld taten es ihnen gleich.

Seit den 2010er-Jahren setzte zunehmend das Bewusstsein für hochqualitativen Kaffee ein, der wieder in seiner reinsten Form getrunken wurde – schwarz und nicht mehr mit Zusätzen wie Milch, Zucker oder Sirup. Vor allem junge Leute verlangten nach „gutem Kaffee", für dessen Genuss sie sich viel Zeit nahmen – wie umgekehrt auch die Baristi sich viel Zeit für die Zubereitung nahmen. Als Folge dieses veränderten Bewusstseins entstanden zahlreiche Speciality-Coffee-Röstereien mit angeschlossenen Third-Wave-Cafés, die den Rohkaffee in kleinen Chargen rösteten, was eine größtmögliche Qualitätskontrolle und Frische erlaubte. Die Zahl dieser Cafés ist beachtlich – „Karabusta" in Mettmann, Haan und Solingen, „Coffee Pirates" in Essen, „Neues Schwarz" in Dortmund, „Pottschwarz" in Mülheim, „Heilandt" und „Van Dyck" in Köln, „Herr Hase" in Münster, „Hot Roasted Love" in Bielefeld – und ihre Zahl nimmt von Monat zu Monat zu.

Den klassischen Konditoreicafés, die zu Beginn der 1950er-Jahre noch einen triumphalen Neubeginn und in den 1980er-Jahren eine unerwartete Renaissance erfahren hatten, nahmen die Café-Bars und Coffee-Shops und nicht zuletzt auch die zahlreichen Bäckerei-Cafés jedoch das Publikum weg und damit die für das wirtschaftliche Überleben nötigen Umsätze. Parallel zum Aufschwung der neuen Cafékultur setzte deshalb der Niedergang und letztlich das Sterben der großen Kaffeehäuser ein: Schucan, Grotemeyer, Bittner, Overbeck, Leysieffer, Uhlenbrock, Leye – diese Namen sind inzwischen Geschichte.

Dieses Buch zeichnet in mehr als 100 Kapiteln die über 300-jährige Historie der Kaffeehäuser und Cafés in Nordrhein-Westfalen nach. Mehr als 150 alte Postkarten aus der Sammlung von René Zey illustrieren die Atmosphäre und Architektur der Kaffeehäuser von der Gründerzeit bis hin zu den Nachkriegsbauten der 1950er-Jahre. Der Fotograf Dieter Sawatzki hat die Cafészene der 1980er- und 1990er-Jahre in stimmungsvollen Fotos festgehalten und zusammen mit René Zey um Bilder von Café-Bars und Coffee-Shops im neuen Millennium ergänzt.

René Zey hat darüber hinaus Fakten über das Café- und Kaffeeland Nordrhein-Westfalen zusammengetragen, die in dieser Form bislang nicht zugänglich waren. Er verrät, in welcher Stadt das älteste noch bestehende Café in NRW liegt und wann es gegründet wurde. Er enthüllt, in welchem Betrieb Nordrhein-Westfalens die Schwarzwälder Kirschtorte erfunden wurde, wo der ehemalige Vizekanzler Ludwig Erhard seine Nougat- und Marzipantorten bestellte und in welcher Stadt die erste „Cafétankstelle" Deutschlands entstand.

Zey berichtet über den letzten Zuckerbäcker in Nordrhein-Westfalen, der bis Oktober 2016 in Düsseldorf tätig war und nennt das Hagener Café, in das die Gladbecker Bankräuber Degowski und Rösner 1988 mit ihren Geiseln zum Frühstück einkehrten. Er schildert den bizarren Logo-Streit des Bonner Café Apfelkind mit dem IT-Konzern Apple, er lädt zu einer Reise in das Erlebniszentrum „Peters SchokoWelt" in Lippstadt ein und führt den Leser nach Emmerich, wo der Weltmarktführer von Kaffeeröstmaschinen sitzt: die Probat-Werke.

Zey erinnert an Kaffeeröstereien wie „Plum's" (Aachen), „Schamong" (Köln) und „A. Zuntz sel. Wwe." in Bonn. Er klärt auf, in welcher Stadt Josef Kaiser 1885 die erste Filiale seiner „Kaiser's Kaffee-Geschäft GmbH" eröffnete und nennt die Museen, in denen heute die legendäre „Milchbar" aus Brühl und das Café Müller aus Münster ausgestellt sind – beides Ikonen der 1950er-Jahre. Auch von „Ruhrkohlesäckchen", „Duisburger Dreck", „Vennbrocken" und „Sie-Knöngels" ist in diesem Buch die Rede – wie auch von der Bergischen Kaffeetafel, der legendären Dröppelminna sowie Cupcakes, Cake-Pops und sonstigen Hincookies.

Dieses Buch hätte ohne die Heimatforscher/-innen, die in den letzten 30 Jahren über einzelne Cafés und Kaffeehäuser in der Region geschrieben haben, nicht erscheinen können. Neben Publikationen über historische Cafés in Duisburg, Dortmund, Köln, Solingen und Hennef (Sieg) sind umfangreiche und reich bebilderte Monografien über das Café Schucan und Café Grotemeyer (beide in Münster) erschienen. In Jahrbüchern diverser Heimat- und Geschichtsvereine finden sich Aufsätze über historische Cafés, die nach akribischer Recherchearbeit entstanden sind.

Georg Divossen hat 2016 in seinem Film „Drinnen Gemütlichkeit, draußen nur Kännchen" einen Streifzug durch 166 Jahre Bonner Cafékultur unternommen und der Fotograf Tobias D. Kern hielt in beeindruckenden Schwarzweißbildern alteingesessene Cafés des Rheinlands der 1950er- bis 1970er-Jahre fest, die er 2011 in einer Ausstellung und seinem Katalog „Ein Kännchen Kaffee bitte" zeigte. Im Literaturverzeichnis dieses Buches sind alle diese Bücher und Artikel detailliert aufgeführt. Inzwischen haben auch Blogger die Cafészene entdeckt und berichten darüber ausführlich und reich bebildert auf Portalen wie www.pottspott.de, www.kaffeegefluester.de, www.coffeecircle.com oder https://misslizloves.wordpress.com.

Für die Recherchen für dieses Buch war auch der Zugriff auf die Online-Datenbanken von Zeitungen wie „WAZ", „NRZ", „Ruhr-Nachrichten", „Westdeutsche Zeitung", „Rheinische Post", „General-Anzeiger Bonn", „Aachener Nachrichten", „Kölner Stadt-Anzeiger" und „Kölnische Rundschau" unerlässlich. Darüber hinaus konnte auf das umfangreiche Text- und Bildarchiv zurückgegriffen werden, das René Zey und Dieter Sawatzki für ihre beiden Bücher „Die schönsten Cafés im Ruhrgebiet" (1985) und „Im Café – Vom Wiener Charme zum Münchner Neon" (1987) aufgebaut haben.

Bei der Vielzahl der Cafés in Nordrhein-Westfalen ist es ein aussichtsloses Unterfangen, eine vollständige Bestandsaufnahme aller Betriebe anzustreben. Dem Prinzip des Exemplarischen folgend, wurde deshalb aus der breit gefächerten Kaffeehaus- und Cafélandschaft jeweils das Typische herausgegriffen. Das Moderne findet sich hier vereint mit der Tradition, die vielerorts noch die Patina der Vergangenheit atmet. Beide Linien sind in diesem Buch zusammengefasst – als sinnliche Bestandsaufnahme der Kaffeehauskultur Nordrhein-Westfalens.

Dass sich auf dieser Basis ständig neue Formen entwickeln, vor denen das hier Zusammengetragene umso erhaltenswerter erscheint, geschieht zwangsläufig. Mancher Coffee-Shop sowie manches Café und manche Café-Bar, die heute noch existieren und auf den folgenden Seiten erwähnt werden, sind spätestens dann eine wehmütige Erinnerung, wenn Renovierungen ihr Bild verändert haben oder ihre Pforten geschlossen werden. Die Corona-Pandemie, die mit ihren beiden Lockdowns im Frühjahr 2020 und von November 2020 bis April 2021 ein monatelanges Herunterfahren der Cafébetriebe erforderlich machte, hat vielen Caféinhabern schwer zugesetzt. Trotz umfangreicher Hilfsprogramme der Bundesregierung mussten zahlreiche Betriebe, vor allem die kleinen Cafés, noch während des Lockdowns aufgeben. Mitte Juli 2021 zwang die Jahrhundertflut zahlreiche Caféinhaber zur Schließung ihrer Betriebe, vor allem in Bad Münstereifel und Solingen-Burg.

Im Spätherbst des Jahres 2021 schwappte die vierte Corona-Welle mit der Omikron-Mutante über das Land und führte im Januar 2022 mit der 2Gplus-Regelung erneut zu Restriktionen. Vor diesem Hintergrund ist das in diesem Buch Zusammengetragene umso wertvoller, denn was es in Text und Bild vereint, bleibt Dokument.

HISTORISCHE KAFFEEHÄUSER IN NORDRHEIN-WESTFALEN (1700–1945)

Von Kaffeeschenken und Kaffeestuben (1700–1750)

Von Arabien nach Europa – Die Kaffeehäuser erreichen Venedig

Kaffeehäuser prägen seit dem 17. Jahrhundert das gesellschaftliche Leben europäischer Städte. Als Ort von Auktionen, Theateraufführungen und Tanz waren sie der Palast des Bürgers, als Treffpunkt der Künstler und Intellektuellen wurden sie weltweit zur Institution.

Ihren Ursprung haben die Kaffeehäuser in **Arabien**, wo bereits seit dem 15. Jahrhundert die ersten Kaffeeschenken überliefert sind. Auf den öffentlichen Plätzen in Aden, Mekka und Medina errichtet, beherbergten diese Lokale vorwiegend Gelehrte und Müßiggänger, die sich mit Schach und Mankala (ein Brettspiel für zwei Personen) die Zeit vertrieben. Mit der Verbreitung des Kaffees auch in entlegene Teile Arabiens entstanden ab 1550 an fast allen Stationen und Rastorten der Karawanenwege sogenannte Mokeijas – das sind Kaffeehäuser, die nicht nur das begehrte Getränk ausgaben, sondern zugleich Unterkünfte für Pilger und Reisende boten. Gegen Ende des 16. Jahrhunderts waren die Kaffeestuben über die gesamte arabische Halbinsel verbreitet und hatten selbst Babylon und Kairo erreicht. Mit der Eroberung Ägyptens durch die Türken kam der Kaffee nach Konstantinopel. 1554 wurde hier von Sehems und Hekin das erste Kaffeehaus errichtet, dem bald weitere Lokale folgten.

Nach **Europa** kam der Kaffee durch den Italiener Pietro della Valle, der ihn 1626 nach Venedig brachte. Unter den Arkaden der neuen Prokuratien entstand 1647 das erste europäische Kaffeehaus. Trotz seiner dürftigen Einrichtung war es lebhaft besucht und zog bis zu Beginn des 18. Jahrhunderts berühmte Kaffeehäuser nach sich, darunter das „Quadri" und das „Florian".

England war gerade ein Jahr lang Commonwealth, als 1650 in Oxford der türkische Einwanderer Jacob sein „Angel Coffeehouse" eröffnete. Als Lokaltyp war es so neu wie der Kaffee als Getränk. 1652 gründete der Armenier Pascal Rosée das

Innenansicht des Kaiser-Cafés in Bonn, Postkarte von 1910. © Hans-Werner Greuel, Bonn.

erste Londoner Kaffeehaus. Lloyds Coffeehouse eröffnete 1687 in der Londoner Tower Street und entwickelte sich zu einem Treffpunkt für Kapitäne, Schiffseigner, Kaufleute und Versicherungsagenten, die hier Nachrichten über alle wichtigen politischen und merkantilen Gegebenheiten austauschten.

Nachdem Pascal Rosée von London nach **Paris** gezogen war, eröffnete er 1672 auf dem Quai de l'École (dem heutigen Quai de Louvre) das erste Kaffeehaus in der französischen Metropole. Zwei Jahre später eröffnete ein anderer Orientale, Maliban, ein Kaffeehaus in der Rue de Buci. Das Verdienst, die Kaffeehäuser gesellschaftsfähig gemacht zu haben, gebührt dem Sizilianer Francesco Procopio Cultelli. Er gründete 1689 gegenüber der Comédie Française in Paris das Café Procope. Die verschwenderische Ausstattung dieses Lokals – mit Spiegeln, Kristalllüstern, Tapisserien und kostbaren Marmortischen – erregte in ganz Europa Aufsehen und blieb über Jahrhunderte hinweg Vorbild für die Interieurs der großen Kaffeehäuser Europas.

Die Stadt **Wien** verdankt ihre Kaffeehauskultur den kriegerischen Auseinandersetzungen mit den Türken. Während der Belagerung von 1683 hatte man den Armenier Johannes Diodato erfolgreich als Dolmetscher und Kundschafter eingesetzt und ihm nach der Befreiung der Kaiserstadt ein Ausschankprivileg für Kaffee gestattet, das er am 17. Januar 1685 erhielt.

Von Kaffeehäusern in Bremen, Leipzig, Frankfurt und Köln

Das erste deutsche Kaffeehaus eröffnete 1673 am **Bremer** Marktplatz im Gebäude des Schütting, dem Sitz der einflussreichen Kaufmannschaft. Die Erlaubnis für den Ausschank hatte der Holländer Jan van Huesden beantragt. Das zweite deutsche Kaffeehaus wurde 1677 an der Zollenbrücke in **Hamburg** gegründet. 1686 folgten **Regensburg** und 1689 **Frankfurt**, wo Jacob Thomas unweit des Römers eine Kaffeeschenke eröffnete.

In **Leipzig** hatten der allgemeine Wohlstand und der rege Geschäftsverkehr eine positive Auswirkung auf das kulturelle und gesellige Leben der Stadt, sodass Johann Lehmann es 1694 wagte, in der Fleischergasse das später berühmt gewordene Kaffeehaus „Zum Arabischen Coffeebaum" zu eröffnen. Nach **Nürnberg** (1696) und **Würzburg** (1697) etablierten sich auch in den übrigen großen deutschen Städten die Kaffeehäuser.

Münchens ältestes Kaffeehaus befand sich in der Schrammergasse und wurde 1699 vom Hofzuckerbäcker Claudius Surat gegründet. In Berlin, wo der Hof dank seiner verwandtschaftlichen Beziehungen zu Holland schon gegen 1680 die Bekanntschaft mit dem Kaffee gemacht hatte, waren Cafés ab 1711 üblich. **Stuttgart** erhielt 1712 sein erstes Kaffeehaus, **Augsburg** ein Jahr später.

In Nordrhein-Westfalen (damals die Provinzen Westfalen, Rheinprovinz, Jülich-Kleve-Berg und Großherzogtum Niederrhein des Königreichs Preußen) etablierten sich die Kaffeehäuser zunächst in **Köln**. Die ersten Kaffeeschenken sind im Einwohnerverzeichnis der Stadt bereits 1715 nachgewiesen. Sie gehörten Johannes Le Beuffe (am Eisenmarkt), Moritz Brouwet (Thumbshof), Andreas de Lohn (Heumarkt) und Henrick Tappe (Heumarkt). Auch wenn exakte Daten über die Geschäftsgründungen fehlen, werden einige dieser Betriebe bereits vor 1715 bestanden haben. Dies belegt ein Dokument des Magistrats der Stadt Köln, der am 23. August 1706 den Kaffeewirten die Schankkonzession für Kaffee, Tee oder Schokolade entzog, da „in den Kaffeehäusern Tag und Nacht gespielt und infolgedessen vor allem die Jugend verdorben würde". Da der Magistrat den Kaffeeausschank nicht generell verboten hatte, sondern nur den Kaffeewirten die Verlängerung ihrer Konzession verweigerte, traten an ihre Stelle neue Kaffeewirte. Im besagten Einwohnerverzeichnis sind die Viertel um den Neumarkt, die Kölner Bäche und das Severinsviertel nicht aufgeführt, deshalb wird es dort um 1715 noch weitere Betriebe gegeben haben.

Kaffeeverbote im 18. Jahrhundert

Mancherorts wurde die Einführung des Kaffees von der Obrigkeit intensiv bekämpft. Die Liste solcher Kaffeeverbote ist lang und reicht von Kair-Bey (dem Sultan von Kairo in Mekka), der bereits 1511 alle Kaffeehäuser schließen ließ, über Charles II. von England, der 1675 kurzzeitig ein Kaffeeverbot erließ, bis hin zu Friedrich dem Großen. Letzterer gab 1777 das „Manifest vom Kaffee" heraus und forderte seine Untertanen dazu auf, das Kaffeetrinken zu unterlassen und zum „Getränk der Ahnen" (dem Bier) zurückzukehren. Die Bedenken gegen das Getränk resultierten vor allem aus Angst vor Revolutionen durch die Zusammenkünfte der Kaffeetrinker.

Berühmt-berüchtigt waren zur Zeit Friedrich des Großen die Kaffeespione, die auch entsprechende Steuern eintrieben. In einer Verordnung vom 1. Dezember 1780 wird neben dem Verbot des Kaffees gefordert, „alle Töpfe, vornehme Tassen und gemeine Schälchen, Mühlen und Brennmaschinen, kurz alles, zu welchem das Beiwort Kaffee zugesetzt werden kann, zu zerstören und zu zertrümmern".

Für das Herzogtum Westfalen des Erzbischofs von Köln, Maximilian Friedrich, sind ab 17. Februar 1784 harte Strafen für die Besitzer von Kaffeeschenken und Kolonialwarenläden belegt. Schlieter und Barten schreiben in ihrem Buch „Köln, Café Kuchen": „Kaffee durfte nur in Mengen über 50 Pfund eingekauft werden. Harte Strafen wurden bei Verstoß angekündigt. Die Strafe beim Verkauf von Kaffee unter 50 Pfund betrug vier Jahre Zuchthaus oder 200 Reichsthaler Strafe. Das geringste Strafmaß war zwei Jahre Zuchthaus und 100 Reichsthaler Strafe. Ausschank von Kaffee an Wasch- und Bügelweiber sollte mit 100 Reichsthalern Strafe geahndet werden. Das Kaffeeverbot, das Erzbischof Maximilian Friedrich 1784 für das Herzogtum Westfalen erließ, galt in der Stadt Köln nicht. Er konnte es in seinem Herzogtum Westfalen erlassen, weil er dort Landesvater war. In Köln hatte er diese Gewalt nicht."

In Paderborn verbot Fürstbischof Wilhelm Anton aus der freiherrlichen Familie Asseburg dem einfachen Volk – dazu gehörten Handwerker, Bauern und Tagelöhner – 1765 den Genuss von Kaffee. Die Bürger protestierten jedoch gegen diesen Beschluss, was 1781 zum sogenannten Paderborner Kaffeelärm oder Kaffeekrieg und zur Rücknahme des Edikts führte.

Die Kaffeeschenken des frühen 18. Jahrhunderts waren allesamt noch weit davon entfernt, den Wünschen einer anspruchsvollen Kundschaft zu genügen. Sie waren einfache Schankbetriebe, in denen neben Alkohol nun auch Kaffee, Tee und Schokolade serviert wurden. Ein von Rauch geschwärztes Zimmer bildete den Caféraum. Das Mobiliar wirkte dürftig und der Kaffee nur zur Not trinkbar. Der dazu gereichte Rahm schien oft verdächtig und der Zucker war nicht selten mit Schmutz vermischt. In einem Reiseführer aus jener Zeit heißt es: „Nur wenige Etablissements sind so glücklich, auch nur zwei anständige Zimmer aufzuweisen. Die meisten geben den Eindruck der engen Fächer eines Reise-Necessaires, wo jedes Gerät eben nur knapp in den ihn bestimmenden kleinen Raum passt. An freie Bewegung, an Umhergehen der Gäste ist nicht zu denken. Man behält seinen Stuhl und sitzt wie ein Stift bei einem Mosaik in die Masse hineingekeilt."

Die Verdienstmöglichkeiten für die Kölner Kaffeewirte waren um 1700 nicht üppig, sie waren auf Nebenverdienste angewiesen und protestierten deshalb 1726 vehement gegen die Stadt, die durch eine Registrierung versucht hatte, höhere Steuern von den Wirten einzuziehen. Sieben Jahrzehnte später – im Jahr 1797 – gab es nachweislich nur zehn Kaffeehäuser in Köln, darunter das „Cafféhaus der Jfr. Helena Sassel" (An St. Laurenz, Haus Nr. 2019), das „Cafféhaus von Balthasar Hermanns" (Auf Rothenberg, Haus Nr. 1312), das „Cafféhaus von Caspar Oleff" (Schmierstraße, Haus Nr. 3901, der heutigen Komödienstraße) und das „Cafféhaus der Geschwister Delsance" (Am Ufer, Haus Nr. 2816, heute nördlich der Trankgasse). Dieses Kaffeehaus besaß damals sogar einen Billardsaal. 1813 war die Zahl der Kaffeewirte in der Kölner Innenstadt sogar auf fünf gesunken.

Von Zuckerbäckern und ersten Kaffeehäusern (1750–1850)

Die Engadiner Zuckerbäcker

Einen Aufschwung nahm das Kaffeehausleben der Stadt Köln erst in den 1830er-Jahren durch Neugründungen von Konditoren, die aus dem **Ober- und Unterengadin** (Schweiz) eingereist waren. DasUnterengadin war seit dem 17. Jahrhundert für seine Zuckerbäcker und Cafetiers bekannt, die als Auswanderer ihr Geld mit dem Backen von Kuchen und Süßspeisen in den großen Metropolen des alten Europa verdienten, vor allem in der Republik Venedig. Um 1740 hielten sich mehr als 3000 Bündner und Bündnerinnen in der Lagunenstadt auf. Viele von ihnen hatten sich auf den Kaffeeausschank und die Zuckerbäckerei verlegt. Sie galten sogar als die Ersten, die Kaffee öffentlich als Genussmittel servierten.

Um deren Geschäftstätigkeit einzudämmen, verhängte Venedig 1766 ein Gewerbeverbot für die Engadiner Zuckerbäcker. Dem Expansionsdrang der Schweizer tat dies jedoch keinen Abbruch: In den folgenden Jahrzehnten eröffneten sie in ganz Europa exklusive Konditoreien und Cafés in bester Lage. Die Namen ihrer Kaffeehäuser waren schnell in aller Munde: Perini in Hamburg, Josty und Steheli in Berlin, Bonorand in Leipzig, Gilli in Florenz, Lourse in Warschau und Köhl in Odessa stehen exemplarisch für die erste Gründungswelle.

Auch in Westfalen siedelten sich die Graubündner Zuckerbäcker an. In **Minden** gab es seit 1806 die „Conditorei Frizzoni", in **Bielefeld** wurde 1809 die „Conditorei Heinrich Bansi" gegründet. Johann Banscha (Bansi) eröffnete 1817 in **Soest** eine Konditorei, die später von Jakob Thomann übernommen wurde.

Im Rheinland hatten sich die gesellschaftlichen und ökonomischen Voraussetzungen zu Beginn des 19. Jahrhunderts grundlegend verändert. Beate Battenfeld und Ute Koch-Reher schreiben in ihrem Buch „125 Jahre Cafés": „Die ausreichende Verfügbarkeit von Rohrzucker aus den britischen Kolonien nach Aufhebung der Kontinentalsperre sowie die 1810 in Preußen eingeführte Gewerbefreiheit begünstigten die Ausbreitung des Konditoreigewerbes. Nach 1814 fielen die Preise für den nun auf den Markt schwemmenden Rohrzucker. Konditoreiwaren konnten günstiger hergestellt und verkauft werden. Damit waren sie für eine breitere Käuferschicht erschwinglich.

Dies beflügelte immer mehr Konditoren, zunächst in den größeren Städten ein eigenes Geschäft zu eröffnen."

In **Köln** gründeten die Gebrüder Rosler um 1835 nach dem Vorbild ihrer Schweizer Heimat Kaffeehäuser, und zwar auf dem Alter Markt, auf der Hohe Straße 89 und in der Schildergasse. Sie boten ihre Waren in spärlich eingerichteten, aber gemütlichen Räumen an. Wenige Jahre später eröffnete das Café Suisse & Conditorei von V. Oswald & Comp. in der Hohe Straße 68. 1842 wurde in einem Reiseführer ein Café bei Hermann & Comp., An Obenmarspforten, empfohlen (die Straße Obenmarspforten war im 19. Jahrhundert ein Eldorado von Cafés in Köln). 1843 zog in die ehemalige Börse auf dem Heumarkt ein Kaffeehaus ein. Weitere Neugründungen erfolgten im Bereich der Breite Straße.

Kaffeehausgründungen im Rheinland und Münsterland

Im Januar 1844 eröffnete Franz Stollwerck in **Köln** eine Kaffeestube, die aus der 1837 eröffneten Mürbebäckerei in der Blindgasse 37 (später Cäcilienstraße) hervorging. Neben Zwieback, Mürbekränzen, Brezeln und Mutzen als traditionelles Kölner Gebäck bot er auch Schokolade als Getränk sowie „neue Pariser Macronen" an. Stollwerck hatte eine Lehre als Zuckerbäcker auf der Kölner Breite Straße absolviert und hatte dann – wie es damals im Handwerk üblich war – seine Wanderjahre in Süddeutschland, der Schweiz und Frankreich verbracht. Zurück in Köln heiratete er am 3. Juli 1839 Anna Sophia (1819–1888), geborene Müller, und baute seine Mürbebäckerei kontinuierlich aus. Ab 1842 stellte er dort neben Gebäck auch die „Stollwerckschen Brustbonbons" als Heilmittel gegen Erkältung her. Die Wirksamkeit der Brustbonbons ließ er sich von namhaften Medizinern attestieren und vertrieb sie in ganz Europa. Die 1844 eröffnete Kaffeestube vergrößerte er bereits ein Vierteljahr später, Mitte des Jahres 1845 gründete er eine weitere Filiale in Köln.

Am Wallrafplatz eröffnete Franz Josef Stadler 1850 ein Kaffeehaus. Ecke Hohe Straße und Wallrafplatz gab es im „Steinmeyerschen Haus" ein „Französisches Café". Am 9. November 1855 eröffnete Georg Reichard auf der Hohe Straße 154 sein gleichnamiges Café (es steht heute in Nähe des Kölner Doms, Unter Fettenhennen 11). Am 1. April 1851 eröffnete Theodor Eigel nach seinen Gesellenjahren an den kaiserlichen Höfen von Wien und Hannover auf der Schildergasse 36 eine kleine Konditorei, der auch ein Café angegliedert war. Nach dem Umbau im Jahr 1888 im Stil der Neorenaissance galt der Verkaufsraum lange Zeit als Sehenswürdigkeit. Zu einem der ältesten bürgerlichen Kaffeehäuser Kölns gehört auch das

1859 im Haus Mühlengasse 3 gegründete Konditoreicafé von Anton Esser. Durch den Neubau des Brügelmannhauses musste das Café 1869 auf den Alter Markt 71, Ecke Bechergasse, umziehen. Die Konditorei Franz Keppeler am Oberen Heumarkt 17 (zwischen Malzbüchel und Wahlgasse) eröffnete 1864.

Im westfälischen **Münster** ließen sich in den 1830er-Jahren ebenfalls die Engadiner Zuckerbäcker nieder. Am 9. November 1836 eröffnete Johann Gaudenz Steiner im Haus Spiekerhof 15/16 eine Konditorei nach Schweizer Art, aus der später das Café Schucan hervorgehen sollte. Steiner stammte aus dem Schweizer Örtchen Lavin im unteren Engadin und hatte bereits erste Berufserfahrungen in Düsseldorf gewinnen können.

Steiners Kompagnon war der Schweizer Jacob Gulfin. Die beiden gaben am 8. November 1836 im „Münsterschen Intelligenzblatt" bekannt, „in hiesiger Stadt eine Schweizer Conditorei, Chocolade- und Liqueur-Fabrik mit Hefen- sowie feiner Confect-Bäckerei, Torten, Pastillagen und den beliebtesten der Jahreszeit sehr angemessenen Getränken" zu eröffnen. Schon bald erweiterten sie ihr Angebot um Tragant- und Marzipanfiguren, Fleisch-Pasteten, Baisers, diverse Konfekte und Bonbons. Sie boten in ihrem Café neben Kaffee auch Weine und Punsch an und stellten ihren Gästen „politische wie auch belletristische Blätter" zur Unterhaltung zur Verfügung.

In Münster, das damals nur ca. 20.000 Einwohner hatte, florierte das Steinersche Unternehmen, sodass die Konditorei bereits 1839 zum Prinzipalmarkt 3 verlegt wurde. Dort hatte der Kaufmann Ludwig Lemaire eine Putzhandlung betrieben. Steiner stellte fünf neue Arbeitskräfte ein, darunter den Patissier Joseph Capallet aus Chur und Sebastian Secchi aus Ftan. Sieben Jahre später ermöglichte der ansehnliche Gewinn aus der Konditorei Steiner und seinem Mitgesellschafter Gulfin, ein eigenes Haus zu erwerben. Am 27. August 1844 eröffneten die beiden ihr neues Café im Haus No. 9 am Prinzipalmarkt (später Prinzipalmarkt 25).

In **Wermelskirchen**, wo Conrad Wild und seine Frau Lisette 1830 eine Zuckerbäckerei am Markt eröffnet hatten, erweiterte das Ehepaar den Betrieb in den 1850er-Jahren um eine Wirtschaft im Nebenhaus. 1863 über-

Das „Erato"- Orchestrion wurde 1907 von der Firma Weber in Waldkirch (Schwarzwald) gebaut und stand damals nicht nur im Café Wild, sondern auch in anderen Cafés und Gaststätten.

nahm Sohn Rudolf die Konditorei und Wirtschaft und ließ dort später eines der ersten Orchestrions (ein mechanischer Musikautomat) aufstellen.

In **Düsseldorf** wird in Karl Baedekers „Rheinreise" von 1849 das Kaffeehaus von Johann Franz Lacomblet und Georg Gottlieb Dörr am Marktplatz (neben den drei Reichskronen) erwähnt – „mit einer großen Auswahl von Zeitungen". In **Neuss** war Carl Herkenrath der erste nachweisbare Konditor der Stadt. Bis dahin hatte es dort lediglich den Zucker- und Lebkuchenbäcker Jean Angersbach gegeben, der jedoch seine Waren auf Märkten feilgeboten hatte. Herkenrath warb am 22. August 1826 im „Neusser Intelligenzblatt" für seine Produkte, zu denen u.a. Marzipan, kandierte Früchte und Schokolade zählten sowie Bisquit-, Orangen-, Citron-, Wiener-, Schweizer und Punsch-Torten aller Art. Nachdem sein Haus 1836 zwangsversteigert worden war – die Geschäfte brachten nicht den nötigen Gewinn ein –, verdingte er sich als Blumenhändler und verkaufte Wachslichter, ging bis zu seinem Tod im Jahr 1847 auch Maklertätigkeiten nach.

Anzeige der „Fürstlich Hohenzollernschen Hofkonditorei" C. Th. Herkenrath aus Neuss, 1883

Herkenraths Sohn Carl Theodor hatte mehr Glück. Er gründete 1850 eine Konditorei in der Niederstraße, dem späteren Grundstück Büchel 55, und gliederte ihr 1864 eine Kaffeestube an. 1883 konnte er sich „Fürstlich Hohenzollernscher Hofkonditor" nennen, was in der damaligen Zeit eine hohe Auszeichnung war.

Das allererste Kaffeehaus in **Bonn** gründete 1850 der Konditor Johann Niederstein in der Stockenstraße 23. Unweit davon, in der Wenzelgasse 16, entstand 1851 das Café Bauer. Es war das erste Café mit einer von der Stadt Bonn erteilten Konzession. 1821 hatte Bauers Vater, Franz Alois, das Geburtshaus Beethovens gekauft und dort eine Weinwirtschaft eröffnet. Das Café war ein beliebter Treffpunkt für Bonner Burschenschaften. Als Koch kreierte Bauer auch Festessen, zum Teil sogar Zehn-Gänge-Menüs. Als Stadtkoch ging er mit seinem Personal zu den Auftraggebern. Sein prominentester Gast war der Schriftsteller Luigi Pirandello. Im „Haus Zum Mohren", direkt neben dem Café Bauer, betrieb die Patentante Ludwig van Beethovens einen Kolonialwarenladen, in dem sie auch Kaffee, Tee und Kakao verkaufte. Auch das „Berliner Kaffeehaus" von Bönhof neben der Jesuitenkirche sowie die Konditorei von Laubinger sind bereits 1850 nachgewiesen.

Kaffeehäuser im Wandel (1860–1900)

Konditoreien und Kaffeeschenken im Ruhrgebiet

Das **Ruhrgebiet** hat sein erstes Café dem **Duisburger** Konditormeister Otto Friedrich Dobbelstein zu verdanken. Der in Elberfeld geborene Dobbelstein hatte 1847 eine Lehre als Konditor begonnen und nach Erlangung des Gesellenbriefs im März 1851 seine Wanderjahre in Berlin, Köln, Siegen, Wierzen, Drieburg und Offenbach verbracht. Im Januar 1858 kam er nach Duisburg, wo er zunächst in einer Konditorei in der Beekstraße arbeitete, um am 28. April 1858 auf dem Burgplatz in Duisburg eine Konditorei zu eröffnen.

Café Dobbelstein in Duisburg, Postkarte von 1870

Weil das Duisburger Rathaus erweitert wurde, musste Friedrich Dobbelstein sein Geschäft am 27. Oktober 1859 in das Gebäude am Knüppelmarkt 1 verlegen. Am 5. Februar 1860 eröffnete er dort eine Kaffeestube auf der ersten Etage und bewarb sie in einer Annonce in der Tageszeitung mit folgendem Wortlaut: „Den geehrten Bewohnern Duisburgs und Umgebung mache ich hiermit die ergebene Anzeige, daß ich bei meiner Conditorei eine Caffee-Stube errichtet habe und empfehle namentlich Caffee, Chocolade, Thee, Punsch, Liqueure aller Art, Madeira, Malaga, Portwein etc." Diese „Caffee-Stube" war 1860 das erste Kaffeehaus in Duisburg und auch das erste Kaffeehaus im Ruhrgebiet.

In **Mülheim an der Ruhr** legte der am 22. Mai 1714 im Kohlenkamp in Mülheim geborenen Georg Sander den Grundstein für das heute in sechster Generation geführte Café. Als Georg Sander das Licht der Welt erblickte, war Mülheim noch ein Dorf, das sich in keiner Weise von den anderen benachbarten Dörfern, Ortschaften und Bauernschaften unterschied. Die Menschen dort betrieben Ackerbau und Viehzucht und ahnten noch nichts von der stürmischen Entwicklung, die der Bergbau und die Industrie in der zweiten Hälfte des 19. Jahrhunderts nehmen sollten. Die meisten Besitzer von kleinen Bauernhöfen sowie Handwerker waren aufgrund der kläglichen Ertragslage in ihren Berufen gezwungen, nebenbei Geld zu verdienen. Viele wurden deshalb im Bergbau tätig, der damals aus offenen Gruben Kohle förderte. Und so musste auch Georg Sander noch einige Jahre in den Pütt einfahren, nachdem er 1760 seine Bäckerei eröffnet hatte.

Die Waren, die dort verkauft wurden, spiegelten die Dürftigkeit der Zeit wider: Neben einer geringen Anzahl an Brotsorten gab es nur eine Handvoll trockener Mehlbackwaren. Zusammen mit seinem am 7. Juli 1760 geborenen Sohn Dietrich erweiterte Georg Sander jedoch die Produktion und stellte Pfefferkuchen und Zuckerwaren her, die vor allem bei der „Mölmschen" (Mülheimer) Jugend, die nach getaner Arbeit im Kohlenkamp flanierte, ihren Absatz fanden. Bis dahin war es nur den Apothekern und den mit diversen Privilegien ausgestatteten Zuckerbäckern vorbehalten, „Zuckerwerkel, Pastetchen und Honigküchle" herzustellen und zu vertreiben. Gegen Ende des 18. Jahrhunderts entstanden dann erste Torten, präziser: erste Schokoladenkuchen. Eier, Zucker, Staubzucker, Kakao und Butter wurden zu einem Teig gerührt, der dann im warmen Zustand auf einen eckig geschnittenen Biskuitteig aufgebracht wurde. Nachdem alles erkaltet war, wurde der Kuchen mit gehackten Mandeln verziert.

Inzwischen waren viele andere Handwerker wie Dengler, Schuhmacher, Metzger oder Schreiner in die Straße am Kohlenkamp eingezogen. Mülheim war 1808 per Verordnung zur Stadt ernannt worden und der Kohlenkamp war zu einer Prachtstraße ausgebaut worden, die weit und breit ihresgleichen suchte. Die Straße erhielt eine neue Bepflasterung; erste Schaufenster schmückten die Häuserfronten und bald kamen auch Leute von außerhalb, um die Auslagen zu bestaunen. Es gab nichts, was man im Kohlenkamp nicht kaufen konnte.

Die „Sanderschen Küchsken" waren schnell ein Begriff in der ganzen Stadt geworden, vor allem der Englische Kuchen mit seinen typischen Zutaten, der Königs- und Mandelkuchen sowie der im Ruhrgebiet beliebte Sandkuchen. Und noch eine Neuerung gilt es zu erwähnen (sie ging auf Hermann Gottfried Sander zurück, der die Bäckerei inzwischen von seinem Vater Dietrich übernommen hatte): die Herstellung der ersten Bonbons, die wie Reifrock und Schutenhütchen zum Biedermeier gehörten. Die Mülheimer kauften nun Komprimate und Krokants und lutschten sie mit Begeisterung. Komprimate waren Zuckerwaren, die aus Puderzucker in Tablettenform oder als Kügelchen gepresst wurden, wobei Krokant – eine aus geschmolzenem Zucker mit Mandeln oder Nüssen gemischte Masse – kurz vor dem Erkalten in kleine Stücke geschnitten wurde. Auch Fondants, kandierte oder mit Zucker überzogene Früchte, wurden um 1840 bei Sander hergestellt.

Als Dietrich Sander am 22. Oktober 1863 starb, übernahm sein Sohn August Heinrich Sander die Bäckerei und gliederte ihr fünf Jahre später – im Jahr 1868 – ein Café an. Mit der Eröffnung konnte er endlich das verwirklichen, was er in größeren Konditoreien und etablierten Cafés in seinen Wanderjahren gelernt hatte.

In Mülheims Nachbarstadt **Essen**, die bis zur Mitte des 19. Jahrhunderts nicht weit über den Bezirk ihrer vier Alleen hinausragte und deshalb getrost als Kleinstadt bezeichnet werden durfte, hatte Josef Wolff 1832 auf dem sogenannten Schubweg (der heutigen Frohnhauser Straße) durch den Stadtbaumeister Frey einen Neubau errichten lassen und darin eine Konditorei eröffnet. Sie stand kurz vor dem damaligen Limbecker Tor, genau an der Stelle, wo die Kruppschen Arbeiter die Stadt betraten. Der Betrieb gilt als Essens älteste Konditorei und war lediglich ein Verkaufs- und Bestellgeschäft. Ein Café gliederte Wolffs Sohn Josef jr. dem Geschäft 1873 an, das den damaligen Zeitverhältnissen entsprechend zwar klein, aber gemütlich eingerichtet war. Zur selben Zeit gründete Gustav Welter am Limbecker Platz und später im alten Bürgermeisterhaus in der Essener Burgstraße 23 eine Konditorei, der er 1875 ein kleines Café angliederte. Bis zum Jahr 1887 florierte das Geschäft, ehe Welter die „Wortmannsche Besitzung" kaufte, in der viele Jahre lang eine Metzgerei betrieben wurde. In dem imposanten Neubau Ecke Burgstraße/Surmannsgasse eröffnete er auf der ersten Etage ein großes modernes Kaffeehaus, während im Erdgeschoss die erweiterte Konditorei betrieben wurde.

Als Ende des 19. Jahrhunderts in den Städten die ersten Geschäftsstraßen angelegt wurden, ging damit auch ein baulicher Wandel einher: Anstelle kleiner Schieferhäuser entstanden in der Gründerzeit mehrstöckige Wohn- und Geschäftshäuser. Die Räume der Läden wurden entsprechend größer, was auch für die Cafés zutraf.

Die Konditoren hatten bis dahin meist ein Verkaufsgeschäft mit Schaufenster zur Straße, während sich das Café in einem Hinterzimmer befand. Die Gäste saßen dort abseits vom Einkaufstrubel. Die Familie der Konditoren wohnte meist im Obergeschoss des Hauses. Als die Galerieräume vergrößert wurden, verlegten die Architekten sie zur Straße hin, was später zu großzügigen Fensterfronten führte, an denen die begehrtesten Sitzplätze lagen.

Glanz und Luxus – Kaffeehäuser in europäischen Metropolen

Den Glanz der großen Kaffeehäuser, die bereits im 18. und 19. Jahrhundert in Metropolen wie Rom, Venedig, London, Paris oder Wien zu finden waren, erreichten die Cafés in Duisburg, Mülheim und Essen allerdings nicht. In **Frankreich** hatte Francesco Procopio Cultelli mit seinem Pariser Café Procope Maßstäbe bezüglich Atmosphäre und Eleganz gesetzt. Von ebenso vornehmer Art war das Café Inglese in **Rom**, das noch zu Beginn des 19. Jahrhunderts auf der Piazza di Spagna stand. Gemälde im ägyptischen Stil, die Giambattista Piranesi entworfen hatte, schmückten die Wände des gediegen eingerichteten Caféraums. Eine verschwenderische Ausstattung fand sich auch in **Wiener** Cafés. „Wenn sich abends der erhellende Lichtstrom von den weitarmigen Lustres über die hohen luftigen Räume ausbreitet", schrieb ein Chronist Ende des 18. Jahrhunderts über das Café Leibenfrost, „kann der imposante Anblick nur den überraschendsten Gesamteindruck hinterlassen. Von Thorwaldsens herrlichen Gipsabdrücken, die an der Rückwand des Kaffeehauses prangen, bis zu den zierlichst geformten Seitenkanapees – überall die höchste Feinheit in Anordnung und Ausführung. Ja, diese blendenden Eigenschaften finden wir sogar bis in das Miniaturgebiet der Fidibusse, die hier nicht als brennendes Maculaturpapier, sondern als unauslöschbare bläuliche Flamme St. Romers von Tisch zu Tisch wandeln."

Als Sensation des späten 19. Jahrhunderts wurde das 1888 eröffnete **Münchner** Café Luitpold gefeiert, das sich als „vornehmstes Etablissement Deutschlands" anpries. Ausgestattet mit allen Finessen – u.a. einem Palmengarten und zahlreichen Geschäftslogen – bot es mehr als 1200 Gästen Platz. Die Eröffnungsanzeige vermerkte: „Größte Auswahl an in- und ausländischen Journalen" und gipfelte in der für damalige Verhältnisse erstaunlichen Bemerkung: „Sämtliche Räume werden elektrisch beleuchtet."

Ähnlich euphorisch wie das „Luitpold" wurde das Münchner Café Prinzregent von seinen Gästen aufgenommen. Dieses 1893 eröffnete Kaffeehaus stellte in seinem größeren Teil eine exakte Kopie des Spiegelsaals von Herrenchiemsee dar. Die zahlreichen Gemälde, die Szenen aus der griechischen Mythologie zeigten, stammten von Professor Ferdinand Wagner. In **Berlin** glänzte das Café Fuchs im luxuriösen Empirestil mit grünlich polierten Türen, auf Glas gemalten Friesen und geschmückten Säulen.

Auf dem Weg zum „Großen Kaffeehaus"

Das erste Kaffeehaus auf dem Gebiet des späteren Nordrhein-Westfalens, das es mit diesen großen Kaffeehäusern aufnehmen konnte, war das 1847 von Franz Stollwerck in der **Kölner** Schildergasse 49 errichtete „Café Royal", das während der revolutionären Unruhen im Jahr 1848 von seinem Inhaber in „Deutsches Kaffeehaus" umbenannt wurde. Es war eine Mischung aus Kaffeehaus, Konditorei und Weinlokal mit Ballsaal. Karl Marx saß in seiner Kölner Zeit bei der „Neuen Rheinischen Zeitung" des Öfteren dort.

In den drei hintereinanderliegenden, durch hohe Stützpfeiler unterbrochenen Räumen des „Deutschen Kaffeehauses" standen Holztische und Stühle, an den Wänden hingen Gemälde in großen vergoldeten Rahmen, die von wuchtigen Wandleuchtern gesäumt waren. Jeweils ein Kronleuchter hing an der Saaldecke, im Vordersaal stand die Skulptur eines Soldaten auf dem Kaminofen, daneben war die lange Theke mit Regalen und einem Ausschank untergebracht, hinter der stets zwei freundliche Damen servierten.

Erhard Schlieter und Rudolf Barten schreiben über das Café: „In diesem Haus fanden mehrfach politische Versammlungen der Demokraten statt. Die verschiedensten Schichten der Bevölkerung strömten hier zusammen. In den Nachmittagsstunden bot das Lokal eine wahre Musterkarte von Domino und Billardspielen, von Flaneurs und Pflastertretern aller Grade. Am Abend war für Musik gesorgt, für Tiroler Sänger und französische Chansonetten."

1849 vernichtete ein Brand das inzwischen um ein Vaudeville-Theater erweiterte Kaffeehaus vollständig. Tanja Junggeburth schreibt dazu im Portal „Rheinische Geschichte": „Franz Stollwerck, der für seine unternehmerischen Initiativen hohe Kredite und Hypotheken aufgenommen hatte, gelang zunächst ein Vergleich mit seinen aus ganz Europa stammenden Gläubigern. Mit Hilfe weiterer Kredite und

Das Deutsche Kaffeehaus in Köln gilt als erstes „großes Kaffeehaus", das es mit den Lokalen in den europäischen Metropolen aufnehmen konnte. Kupferstich von 1851.

Entschädigungszahlungen der Feuerversicherung konnte er 1850 sein Theater wiedereröffnen. Fehlkalkulationen führten freilich dazu, dass er den Vertrag mit seinen Gläubigern nicht erfüllen konnte: Ende Mai 1853 erklärte ihn das Kölner Handelsgericht für ‚fallit' – bankrott. Franz Stollwerck steckte allerdings auch in dieser Situation nicht auf: 1856 eröffnete er in der Bayenstraße die ‚Königshalle', damals das größte Ausflugslokal Kölns [mit einem Saal für 2400 Personen]. Anhaltende finanzielle Probleme führten indes dazu, dass er aus dieser Unternehmung wieder aussteigen musste. Ab Anfang der 1860er-Jahre konzentrierte sich Stollwerck daher wieder ganz auf die Herstellung von Konditorwaren und Brustbonbons."

Auch das 1848 von Konditormeister Georg Palant auf der Hohe Straße 119 in Köln eröffnete „Café Palant" hatte den Charakter eines „Großen Kaffeehauses". 1881 hatte es sich zum führenden Café der Stadt entwickelt und hielt zahlreiche Zeitungen aus Deutschland, Österreich, der Schweiz, England, Frankreich, Italien und Spanien für seine Gäste bereit. 1909 wurde das Café abgerissen und ein Jahr später vom Architekten Robert Perthel (Bauherr Wilhelm Hünnes) in der Hohe Straße, Ecke Minoritenstraße prunkvoll wieder aufgebaut. Mit seinen Billards und

Das Kölner Café Palant nach dem Umbau von Rudolf Perthel. Postkarten von 1913. Aus einer Annonce von 1881 geht hervor, dass es das größte Café der Stadt war. Die Besucher waren meist ältere Herren, nur vereinzelt Damen, die sich am Nachmittag dort versammelten, um ihr Spiel- und Lesebedürfnis zu befriedigen. Neben Kölner Zeitungen lagen dort der „Punch", das „Journal Amusant", der „Kladderadatsch", die „Fliegenden Blätter" und der „Sporn" aus.

fast 100 Zeitungen und Zeitschriften war es viele Jahre lang Anziehungspunkt für die Kölner.

Auch in anderen Städten Nordrhein-Westfalens entstanden nun größere Kaffeehäuser. Deren Galerie waren nicht ganz so luxuriös und großzügig gestaltet wie das Kölner „Palant", aber immerhin mit Marmortischen, hölzernen Wandverkleidungen und feinstem Mobiliar ausgestattet.

In **Remscheid** eröffnete 1874 das Café Grah, in **Wuppertal-Elberfeld** 1880 das Café Kremer und 1897 das von Emil Plaetzer gegründete Schweizer Café in der Schwanenstraße 31. In **Wuppertal-Barmen** gliederte die Konditorei Best 1897 ihrem Verkaufsgeschäft ein Café an und das Café Breuer wartete 1899 sogar mit einem eigenen Billardsaal auf.

Café Breuer am Altermarkt 5 in Wuppertal-Elberfeld, Postkarte von 1905

Das luxuriös ausgestattete Café Kremer in Wuppertal-Elberfeld, Ende der 1920er-Jahre

In **Hagen** gründete Joseph Klingen 1898 sein „Wiener Kaffee", in **Witten** eröffnete Otto Leye 1890 sein gleichnamiges Café. In **Düsseldorf** war es das Café Flieger (später Goebel) in der Blumenstraße, das Café Winzen am Marktplatz 9, das 1897 gegründete Café Branscheidt (Inhaber: C. Mennicke) und das Café Industrie gegenüber dem Hauptbahnhof, in **Aachen** das Kaiser-Café, das Café Bristol am Theater und das 1890 von Leo van den Daele eröffnete Café am Büchel 18.

Verkaufsraum des Konditoreicafés Winzen am Marktplatz 9 in Düsseldorf, Postkarte von 1910

Das von Friedrich Schmidt geführte Café Industrie in Düsseldorf lag am Wilhelmplatz 9 in unmittelbarer Nähe des Hauptbahnhofs. Die Caféräume auf der ersten Etage erstreckten sich entlang der Fensterfront an der Kaiser-Wilhelm-Straße.

In der **Bonner** Sternstraße 66 lag das 1881 eröffnete Café Tondorf, in dem Konrad Tondorf später seine legendäre Rollkuchendiele einrichtete. Hier kehrten die Vorgebirgsbauern ein und brachten ihre Wurst mit. Sie bekamen von Tondorf Teller und Besteck sowie Brötchen und Kaffee für einen Groschen. Tondorf hatte schon frühmorgens geöffnet, hier ging man hin, wenn man vom Markt kam, um sich zu stärken. Im hinteren Trakt, in dem sich ein beeindruckendes Buntglasfenster befand, saßen die Alt-Bonner auch 100 Jahre später noch. Karl Rittershaus gründete 1894 in der Bonner Kaiserstraße das Café Rittershaus (heute Café Sahneweiß). Es war Treffpunkt des Bürgertums und vor allem der Studenten. Neun schlagende Verbindungen der Universität durften sich nur im Rittershaus oder im Café Paul Müller am Bischofsplatz treffen.

Die legendäre Rollkuchendiele in Bonn.
© Hans-Werner Greuel, Bonn.

Oben: Hofconditorei Cafe Rittershaus in der Bonner Kaiserstraße. © Hans-Werner Greuel, Bonn.
Unten: Kaffeehaus Königshof, Bonn/Bad Godesberg.

Der Kronprinz und später die Prinzen Wilhelm und Ferdinand sowie die Schwester des Kaisers waren dort Gäste, weshalb das Café auch den Namen „Hofkonditorei" führen durfte. In den 1960er-Jahren kam Vizekanzler Ludwig Erhard samstags oft mit seinem Vater ins „Rittershaus" und suchte Nougat- und Marzipantorten aus.

In der Bonner Sternstraße gab es zahlreiche kleine Cafés wie das Café Scheben oder das Café Hau. Die Menschen saßen dort auf Tuchfühlung, denn in den schmalen langgestreckten Häusern war es sehr eng. Insbesondere Frauen kehrten dort zum „Konditern" ein, genossen die Punschballen (Rumkugeln) von Käthe Hau, die sich aus alten Teilchen, Schokolade, Rum und Aprikosenmarmelade zusammensetzten. In **Bad Godesberg** gehörte das Café Königshof zu den größten und luxuriösesten Kaffeehäusern der Region.

Café Balensiefen (Hennef)

Das erste große Kaffeehaus in Hennef eröffnete 1878 der 32-jährige Konditor Peter Höhner in der damals noch wenig bebauten Frankfurter Straße 7. Durch eine Anzeige in der „Siegburger Zeitung" vom 21. Dezember 1878 ist belegt, dass sich Höhner als Konditor verstand, der feinste Backwaren herstellte – in der Weihnachtszeit vor allem „Bonbons und Zuckerwaren, Schaumsachen, Marzipan, Konfekt, feinsten Spekulatius in allen Größen und Figuren ... besten Holländer und Braunschweiger Honigkuchen sowie echte Aachener Printen und Printenfiguren".

Das Geschäft lief gut, da die Gäste nun nicht mehr nach Siegburg, Bonn oder Köln reisen mussten. Parallel zu seinem Café betrieb der Konditor noch eine Bäckerei mit alltäglichen Backwaren und belieferte seine Kunden mit dem damals üblichen Hundefuhrwerk. Vor den Brotwagen wurde ein großer Ziehhund gespannt, der die Waren auch im Winter durch die Straßen und sogar hoch hinauf in den Tannenwald zog. Erst 1900 konnte sich der Bäckermeister einen Pferdewagen leisten.

Im Juli 1901 eröffnete Höhner in unmittelbarer Nähe des Bahnhofs, vermutlich neben dem Hotel Pickenhahn, eine Filiale seines Konditoreicafés. Hennef begann sich zu dieser Zeit als Kurort zu etablieren, sodass der Ausschank von Kaffee, Milch und Schokolade großen Anklang fand. Der Erste Weltkrieg unterbrach Höhners Expansionsdrang, er musste seine Filiale am Bahnhof aufgeben und gab am 29. März 1919 in der „Hennefer Volks-Zeitung" bekannt, dass er seine Brot- und Feinbäckerei samt Café an Carl Balensiefen verkauft hatte. Bis 1935 erfolgten zwei Umbauten bzw. Erweiterungen des Cafés.

Auch im **Ruhrgebiet** hatten die Kaffeehäuser Konjunktur. In **Bochum** war das Café Rüßberg (später Café Berning) 1880 eine der ersten Adressen der Stadt. 1883 wurde der **Essener** Konditorei Wolff ein Café angegliedert. Zehn Jahre später bewirteten das Café von Saher in der Brandstraße 26, das Café Emil Wassmann in der Kettwiger Straße 4 und das Café Franz Wolters in der Schwarzehornstraße 8 ihre Gäste. Das Café wurde bereits 1846 als Konditoreibetrieb gegründet, 1909 wurde daraus das Café Central.

In **Münster** hatte sich das Café Steiner stetig entwickelt und war schon bald das erste Haus am Platze. In den späten 1860er-Jahren trübten jedoch finanzielle Probleme das Unternehmen. Sie löste schließlich der 26-jährige Otto Schucan, der am 19. Januar 1894 einen auf zwei Jahre befristeten Pachtvertrag für die Firma „Joh. Steiner u. Comp., Conditorei und Schenke" unterschrieb. Otto Schucan kam aus Ardez im Schweizer Unterengadin. Nach einer Schreinerlehre ließ er sich zum Konditor ausbilden, u.a. in Florenz, und heiratete 1893 Monica Juditta Fratschöl, die Tochter des Mitgesellschafters der Steinerschen Konditorei, Jakob Fratschöl, der von 1863 bis 1874 in Münster als Konditor tätig war.

Am 2. August 1899 wurde Otto Schucan Eigentümer des Hauses am Prinzipalmarkt 25 Er benannte das Café um und begann kurz darauf mit dem aufwendigen Umbau der Konditorei- und Caféräume. Der münsterische Geschäftsanzeiger schrieb: „Das inmitten der Stadt gelegene Restaurationslokal wurde nicht nur um das Doppelte vergrößert, sondern erhielt auch eine Ausstattung, in der sich Prachtliebe mit einem feinen Kunstverständnis paaren. In der in vornehmer Renaissance gehaltenen Ausführung herrscht die weiße Farbe vor, die eigentlich auf das schwach einfallende Tageslicht berechnet ist, aber auch des Abends einen ungemein freundlichen Eindruck macht. Kunstvolle Pilaster und Spiegel schmücken die Wände und künstliche Blumen und Blätter ranken sich zur Decke hinauf. Nach dem Prinzipalmarkt wurde der prächtige Raum durch große Spiegelscheiben abgeschlossen, geschmückt durch feine seidene Draperien. Hinter dem großen Saal befindet sich noch ein luxuriös eingerichtetes Damenzimmer."

Otto Schucan hatte in Münster wirtschaftlich günstige Bedingungen angetroffen. Die Stadt war im Zuge der Industrialisierung über den Promenadenring

Zeitungsanzeige des Café Schucan, 1908

Café Schucan nach dem Umbau im Dezember 1899. © Aschendorff Verlag, Münster.

hinausgewachsen und besaß um 1900 über 70.000 Einwohner. Aber auch die Finanz- und Steuerverwaltung, der Provinzialverband, die Reichspostdirektion und nach 1908 die Universität sorgten für neue Arbeitsplätze. Sonntags flanierten die Bürger über den Prinzipalmarkt und sonnten sich im Glanz des Kaiserreichs – eine Phase des Aufschwungs, die bis zum Beginn des Ersten Weltkriegs anhielt. 1895 hatte in Münster auch Anton Krimphove in einem Haus an der Ludgeristraße ein Café eröffnet; Hugo Grotemeyer folgte ihm 1912 mit seinem Café in der Aegidistraße.

Hugo Grotemeyer ließ 1915 eine Filiale seines Cafés in der Salzstraße 24 in Münster errichten.

Wiener Café in Bonn, um 1900 (Postkarte). © Hans-Werner Greuel, Bonn.

Kaffeehäuser der Belle Époque (1890–1914)

Unzweifelhaft ging die Etablierung des Typus „Kaffeehaus" mit der stürmischen industriellen Entwicklung einher, die Mitte des 19. Jahrhunderts auch in anderen großen Städten des Landes eingesetzt hatte. Kohle, Stahl, Maschinenbau, Handwerk und Handel waren nun die neuen Eckpfeiler und veränderten die Menschen und ihr Leben grundlegend. So wanderten Tausende von Landarbeitern in die industriellen Berufe und bewirkten ein sprunghaftes Anwachsen der Städte. Mietskasernen und Wohnhäuser entstanden, und mit unglaublichem Tempo wurden Bahnhöfe, Eisenbahnviadukte, Fabrikhallen, Kaufhäuser und Gasanstalten errichtet. Nie zuvor wurde so viel, so groß und aufwendig gebaut wie Ende des 19. Jahrhunderts in Deutschland und Europa.

Unternehmer wie Krupp, Stinnes, Thyssen, Haniel und andere hatten im Ruhrgebiet ihre Blütezeit und auch dem alten Mittelstand (Handwerker, Kaufleute) oder dem beamteten Berufstand ging es in jener Zeit gut. Daneben konstituierte sich der neue Mittelstand – die Angestellten in Handel und Industrie sowie das Kleinbürgertum. Sie alle waren das Publikum, das sich in den Cafés dieser Region traf und sich dort austauschte. Damit hatte das Kaffeehaus von Anfang an eine über die bloße Konsumation hinausgehende Funktion. „Es war Marktplatz, war Arena, wo man sich traf, diskutierte, politisierte, revolutionierte oder einfach gar nichts tat", heißt es in einer zeitgenössischen Publikation.

Arbeiter fanden sich kaum in den Kaffeehäusern. Sie lebten unter teilweise widrigen Verhältnissen und kämpften mit Problemen, die man unter den Begriff „Soziale Frage" gefasst hat. In den aufstrebenden Industriestädten gab es jedoch „Volkskaffeehallen" für sie – als Alternative zu den Kneipen, in denen der Alkoholkonsum damals sprunghaft zunahm. Ulla Heise schreibt: „Einige wurden von der Sozialdemokratie genutzt, die hier Räume für bestimmte Veranstaltungen mietete, andere hatten eindeutiger ein halbproletarisches Gesicht, wie z. B. die Royal Victoria Coffee and Music Hall in London zeigt, die 1880 eröffnet wurde. [...] Dieses Establissement war eine Mischung aus Verzehrtheater, Volkskaffeehalle und Arbeiterbildungsinstitut, das von Handwerkern, Arbeitern und Angehörigen des Kleinbürgertums gleichermaßen besucht wurde." Alkohol blieb hier ausgeschlossen.

Vom Arabischen Café zum Colosseum – Cafés in monumentalen Bauten

Um die Jahrtausendwende wurden immer prunkvollere Cafés in den Städten errichtet. In **Düsseldorf** ließ der Architekt Peters auf der stillgelegten Bahntrasse der Bergisch-Märkischen Eisenbahngesellschaft 1895 ein langgestrecktes Gastronomiegebäude im maurischen Stil bauen – das Arabische Café.

Mit seinen farbig glasierten Steinen, den Bogenfenstern und hölzernen Fenstergittern (Maschrabiyyas), den beiden von Zinnen umgebenen Kuppeln und dem Minarett auf dem Dach setzte der langgestreckte Bau an der Graf-Adolf-Straße einen extravaganten orientalischen Akzent. Im Erdgeschoss des Gebäudes befand sich das erste Düsseldorfer Selbstbedienungsrestaurant und im ersten Stockwerk ein Café der Firma Moritz & Görlich.

Die Gäste konnten sich in den reich verzierten und mit ägyptischen Kamelsesseln und ornamentierten maurischen Hockern ausgestatteten Räumen bei einer Tasse Mocca wie in einer anderen Welt fühlen. Als Beduinensklaven verkleidete Bedienstete – die Kolonialzeit hinterließ auch in Düsseldorf ihre Spuren – servierten dort Getränke und Kuchenspezialitäten.

Arabisches Café in der Düsseldorfer Graf-Adolf-Straße 44, um 1900

Mit der „Düsseldorfer Wunderhalle" eröffnete in dem Gebäudekomplex auch das erste Düsseldorfer Kino. 1911 wurde das Arabische Café geschlossen und 1928 nach diversen Umbauten abgerissen, um für das „Europahaus" Platz zu schaffen, in dem die UFA später mit dem „Europa-Palast" ein großes Premierenkino einrichtete.

In der Düsseldorfer Graf-Adolf-Straße/Ecke Ost-Straße residierte auf zwei Etagen das Café-Restaurant Palais (mit zwölf Billards).

In **Essen** entstand 1899 der monumentale Bau des „Colosseums" – ein Revue- und Operettentheater mit mehr als 2500 Plätzen, das die Witwe Mathilde Wolff durch die Essener Architekten Bruno und Oskar Kunhenn errichten ließ. Das Gebäude hatte zwei Schaufassaden, eine zum Kopstadtplatz hin und eine an der Weberstraße. Die Front zum Kopstadtplatz wurde von einem vergoldeten Bogen mit Kuppel über dem Haupteingang gekrönt, die eine Kupferfigur schmückte. Auch die Erker und Balkone zeigten Metallverzierungen aus oxidiertem Kupfer. Die Theaterfassade war aus hellem Pfälzer Sandstein gestaltet. Man betrat das Innere durch breite Eingänge und Wandelhallen mit Marmortreppen. Der Theatersaal selbst lag schräg hinter dem Eingangsgebäude und war mit künstlerischen Stuck-, Marmor- und Schmiedeeisenarbeiten ausgestattet sowie von einer Decke mit Ornamenten überspannt.

In der ersten Etage befand sich das elegante Kaiser-Café (mit Außensitzplätzen, die über drei Fenster reichten). Die „Essener Volkszeitung" schrieb zur Eröffnung am 30. Juni 1899: „Besonders auffallend wirken die im modernsten Stil gehaltenen farbigen Fenster. Die Möbeleinrichtung und Dekoration ... machen einen sehr vornehmen Eindruck. Die Vorhänge und Portieren wurden mit Rücksicht auf die bunte Verglasung der Fenster möglichst einfach, aber doch gediegen gehalten. Die Möbelausstattung ist im modernen Stil einheitlich aus Altmahagoni-Holz hergestellt. ... Die Beleuchtung rührt von der Firma Fenzl und Bobermann her."

Oben: Innenraum des Arabischen Cafés in Düsseldorf, Postkarte, um 1900. Unten: Restaurationssaal des Grand Café-Restaurant Palais in Düsseldorf, Postkarte, 1910.

Das Colosseum am Essener Kopstadtplatz mit dem Kaiser-Café auf der ersten Etage, Postkarte von 1908

Durch die Weltwirtschaftskrise und das Aufkommen des Tonfilms gingen die Besucherzahlen des Colosseums jedoch Ende der 1920er-Jahre um ein Drittel zurück, sodass der Betrieb 1929 schließen musste. In den 1930er-Jahren wurde die aufwendig gestaltete Fassade durch eine schlichtere Optik ersetzt und die Zahl der Sitzplätze auf 1200 verkleinert. Das „Varieté Scala", wie das Colosseum nun hieß, wurde bei Luftangriffen auf Essen in den Jahren 1943/44 zerstört und nicht wieder aufgebaut.

Ähnliche Etablissements gab es in den 1920er-Jahren in **Dortmund** (Olympia-Theater am Burgwall mit einem Café im Erdgeschoss) und in **Köln.** Das „Kolosseum" in der Schildergasse 99–101 (errichtet um 1900) hatte mehrere Stockwerke. In dessen großzügig gestalteten Räumen befand sich ein Automaten-Restaurant, ein Wein-Restaurant, ein Bier-Restaurant, ein Festsaal sowie ein Café in der ersten Etage. Die Pächter wechselten häufig – vor dem Ersten Weltkrieg war dort die „Blaue Kiste" als Kleinkunstbühne untergebracht, der 1919 die „Hölle" folgte. Ab 1908 betrieb die Familie Millowitsch dort die „Plattkölnische Volksbühne". In den 1920er-Jahren wurde aus dem „Kolosseum"-Café das Palast-Café und später der „Feenpalast".

In **Wuppertal-Elberfeld** entstand am Islandufer 5 im Anschluss an die Neue Fuhr ein monumentaler kuppelbewehrter Eckbau mit zahlreichen Art-déco-Elementen: das Café Holländer. Carl Holländer, der bereits 1875 in Elberfeld eine Konditorei gegründet hatte, ließ das Haus von 1905 bis 1906 erbauen und eröffnete das Café am 6. Juni 1906 feierlich (auch das Café Victoria in **Barmen** – Inhaber war Hermann Sausner – trug Holländers Handschrift). Beide Cafés wurden als Konzertcafés betrieben.

Das Gebäude in Elberfeld verfügte über eine elektrische Beleuchtung mittels Sauggasanlage, eine Niederdruckdampfheizung und einen elektrisch betriebenen Personenaufzug. In der ersten Etage befand sich das Café – mit von Adolf Loos entworfenen Tischen und Stühlen, die an den hohen Fensterfronten und der Theke

Das 1906 eröffnete Café Holländer in Wuppertal-Elberfeld gehörte zu den luxuriösesten Kaffeehäusern im Bergischen Land. Die Literatur beschreibt das Kaffeehaus als „exquisites Großstadtcafé, in dem Generationen von Wuppertalern getanzt haben".

standen, die geschickt die Rundung der Eckhausfassade aufnahm. Die Wände und Säulen waren mit Marmor verkleidet, zierliche Lampen baumelten an langen Kabeln von der mit ovalen Stuckelementen verzierten Decke. Dutzende von hölzernen Garderobenständern standen zwischen den Tischen, ein Billardsaal führte über eine Treppe in die zweite Etage. Er wurde vom frühen Nachmittag bis zum Abend von Spielern und interessierten Zuschauern besucht.

Als der Schriftsteller Ernst Toller am 17. Februar 1925 zu einer Lesung nach Elberfeld kam, beschwor die in Wuppertal geborene Dichterin Else Lasker-Schüler von Berlin aus ihren Elberfelder Freund Karl Krall, dem Schriftsteller ihr Elternhaus zu zeigen und ihn mit in das Café Holländer zu nehmen. Nach einem Bombenangriff auf Elberfeld im Jahr 1943 wurde das „Holländer"-Haus zerstört und nach Ende des Zweiten Weltkriegs nur behelfsmäßig wiederaufgebaut; im Juni 1956 wurde es dann abgerissen.

Historische Kaffeehäuser in Köln (1870–1920)

Die Expansion der Kaffeehäuser in **Köln** setzte sich zwischen 1870 und 1900 beeindruckend fort, vor allem auf der Hohe Straße, die Ende des 19. Jahrhundert zur eigentlichen Einkaufsstraße von Köln geworden war. In der Hohe Straße 46 hatte das Café Wilhelm Esser eröffnet, in Haus Nr. 9 war das „Kaisercafé – Café Imperial" eingezogen, das von Hecht & Weidelt betrieben wurde, ehe es um die Jahrhundertwende den Namen „Café Runge" erhielt. Küppers nannte das Haus in „Odeon" um, 1920 übernahmen dann die Gebrüder Hünnes das Café und machten es zur „Kölner Billard-Akademie". Durch den Verkauf des Café Palant auf der Hohe Straße 119 waren 16 Billardtische freigeworden, die den Grundstock für den Billardsaal ergaben.

Eines der prachtvollsten Kaffeehäuser in Köln war viele Jahre lang das Café Bauer auf der Hohe Straße 69–71 (Ecke Perlenpfuhl). Es war als Filialbetrieb der gleichnamigen Lokale in Berlin und Frankfurt entstanden. 1885 hatten die Kölner Architekten Schreiterer und Schreiber das Haus im Stil der Neorenaissance erbaut. Das Café entstand zunächst als Café Tewele und wurde für den ausschließlichen Zweck einer Kaffeewirtschaft errichtet. Schlieter und Barten schreiben: „Es enthielt im Erd-

Das Café Bauer in Köln, Postkarte, 1927

Unter der Treppe des großen Saals befand sich das Kuchenbüfett des Café Bauer.

geschoss und im ersten Stock je einen großen Saal, der jeweils durch eine an der Rückseite angelegte dreiarmige Treppe verbunden war. Unter der Treppe und um die Treppe herum waren die Büfetts, Küchen und Toiletten gruppiert. Im Kellergeschoss lagen die Spülküchen, die Zentralheizung, der Maschinenraum für die elektrische Beleuchtung, der Bier- sowie der Weinkeller. Das oberste Geschoss diente als Wohnung für den Wirt. Unter dem Dach gab es Zimmer für die Bediensteten. Eine Saalwand des Cafés war mit Springbrunnen ausgestattet. Die Innenausstattung im Renaissancestil mit Vergoldungen und dekorierten Säulen fand viele Bewunderer."

Ein Prachtbau war mit seinen 1350 Plätzen auch das Kaffee- und Konzerthaus „Piccadilly" in der Hohe Straße 52–58, Ecke Gürzenichstraße, das E. Assheuer gehörte. Zu Beginn des Ersten Weltkriegs wurde es in „Kaffeehaus Germania" umbenannt.

Das Kaffeehaus Germania in Köln, 1914

Das Kaffee- und Konzerthaus „Piccadilly" in der Hohe Straße 52–58 in Köln, ca. 1910

Das Café befand sich im 1913 von Carl Moritz konzipierten Mosse-Hauses (Moritz hatte u.a. die Stollwerck-Passage und die frühere Kölner Oper entworfen). Der riesige Hauptsaal hatte eine Empore, die von mächtigen hohen Säulen getragen wurde, die im oberen Drittel Art-déco-Verzierungen trugen. Die Architekten Wilhelm Riphahn und Caspar Maria Grod lehnten sich 1930 bei umfangreichen Umbauten an die Formensprache des Bauhauses an. Die Leitung des Cafés lag lange Zeit in den Händen von Adolf G. Worringer, dem damaligen Gastronomen der Bastei. In der Passage der Hohe Straße, die der ehemalige Stadtbaumeister Joh. Peter Weyer erbaut hatte (sie führte zur Brücken- und Ludwigstraße) befand sich in der Königin-Augusta-Halle 22 das 1863 gegründete Café-Restaurant Louis Fischer und in der Halle Nr. 45/47 das Café Reichardt (nicht verwandt mit dem Café von Georg Reichard in der Hohe Straße); es

Das Café Jansen in Köln, Postkarte, 1920

war zugleich eine Verkaufsstelle der Kakao-Compagnie Theodor Reichardt aus Hamburg-Wandsbek.

1913 zog das Café Jansen, das 1860 am Rothgerber Bach gegründet wurde, nach **Obermarspforten** 7. Das im Zweiten Weltkrieg zerstörte Café wurde am 6. Dezember 1959 wiedereröffnet, ging 1981 an Ansgar Fromme und wird heute von der Konditorei Fassbender geführt. Schlieter und Barten schreiben dazu: „Der Rundbau von über 13 Metern Durchmesser geht auf Pläne des Architekten Johann Herkenrath zurück. Die Qualität des Angebots verhalf dem Café Jansen zu einem besonders guten Ruf und guter Klientel. Das Kuppelbild stammt von dem in Köln lebenden Künstler Klaus Singhoff."

In der **Schildergasse** 103 hatte Rudolf Riese 1901 sein gleichnamiges Café eröffnet. Wenige Meter weiter, auf der Schildergasse 36, stand das 1851 gegründete Café Eigel, das seinen ersten Umbau 1881 erfuhr (der Verkaufsraum im Stil der Neorenaissance galt 1888 als Sehenswürdigkeit). Ein Neubau erfolgte 1914 durch den Architekten Adolf Nöcker. Die Innenausstattung des Cafés verantwortete die Firma Pallenberg, damals die führende Möbelfabrik Westdeutschlands. Unweit der Schildergasse, in der Herzogstraße 11, wurde 1911 das Café Zimmermann von Wilhelm Zimmermann und seiner Frau Anna gegründet.

Café Reichard in Köln, 1926. Großer Caféraum mit Blick in den Damensalon.

Auch die **Breite Straße** und ihr Umfeld entwickelte sich im 19. Jahrhundert zu einem Dorado der Kaffeehäuser und Konditoreien für die Kölner. In der Honigkuchenbäckerei, die Lambert Andreas Lich 1842 in der Breite Straße 68 gründete, hat das spätere Café Printen Schmitz seinen Ursprung. Ebenfalls in der Breite Straße hat das heutige Café Fromme seine Wurzeln: Es wurde 1893 als gleichnamige Konditorei in Haus Nr. 122 gegründet (heute Breite Straße 122–126).

Im Straßenbild machten die Kaffeehäuser in jenen Jahren durch kunstvoll gestaltete Schilder auf sich aufmerksam – Türken- und Mohrenköpfe, Kakaobäume und Messing-Kaffeekannen waren besonders beliebt. Neben dem oft favorisierten „hockenden Türken" sah man auch Blechschilder in Form eines Kellners mit Serviertablett.

Die Entwicklung der Kaffeehäuser an den **Kölner Ringen** erfolgte erst um die Jahrhundertwende. Am **Rudolfplatz** 12 entstand 1885 das von Jean Franck gegründete Café „Zum Goldenen Bienenkorb". Als Café Franck wurde daraus 100 Jahre später unter Willy Lenzen und seiner Frau Lilo, geb. Franck, das mit 380 Sitzplätzen größte Café Kölns. Neben den klassischen Kaffeehäusern entstanden an den Ringen auch viele Café-Restaurants, wie beispielsweise die 1886 eröffnete „Ulrepforte" am **Sachsenring** 38, die aufgrund ihrer schönen Aussicht vom Turm zu einem beliebten Ausflugsziel wurde. Ähnlich beliebt waren das Café-Restaurant „Deutscher Ring", das Café-Restaurant Beethoven auf dem **Hohenstaufenring** 55 und das Café-Restaurant „Rhenania" in der **Christophstraße** am Kaiser-Wilhelm-Ring.

Ende der 1920er-Jahre warb das Café Wien am **Hohenzollernring** 16 mit dem Slogan „Die Konditorei der Dame, das Café des Herrn". Schlieter und Barten schreiben: „Das Café verfügte über mehrere große Säle und kleinere Bars und war vom Architekten Ernst Sagebiel gebaut worden. Eine eindrucksvolle und einprägsame blaurote Lichtreklame überstrahlte den Eingang. Bekannt war im Inneren eine große Intarsienarbeit von Joseph Papst." Das alte Café Wien wurde 1943 bei einem Bombenangriff zerstört, nach dem Krieg jedoch von der Familie Blatzheim als „Café Wien am Ring" (Hohenzollernring) wieder aufgebaut und weiterbetrieben.

Oben: Außenansicht des Konditoreicafés „Zum Goldenen Bienenkorb" (Inhaber war Jean Franck), Rudolfplatz 12, 1910. Unten: Ende der 1930er-Jahre das führende Konzertcafé in Köln: Café Wien am Ring.

Das Café auf der ersten Etage der Hof-Conditorei Reul-Lauffs gehörte zu den schönsten und größten Betrieben in Aachen, Postkarte, 1910.

Cafés zwischen Aachen, Düsseldorf, Wuppertal und Bonn

In **Aachen** beeindruckte die luxuriös eingerichtete „Hof-Conditorei Reul-Lauffs" mit ihrem langgestreckten Verkaufsraum, dessen Glasvitrinen bis unter die Marmortreppe reichten, die zum Cafébereich auf der ersten Etage führte. Dort saßen die Gäste in kleinen Sitzgruppen, die auf mehrere hintereinander liegende Räume verteilt waren. Eine ähnlich gediegene Atmosphäre hatte das 1907 gegründete Café Jos. Sandmann am Theaterplatz. 1930 eröffnete das Aachener Café Vaterland (später Café Edelweiß) am Holzgraben, es lag direkt neben dem Bavaria-Kino. Das Konzertcafé, in dem erstklassige Kapellen spielten (manche Konzerte wurden sogar im Rundfunk übertragen) galt als Hochburg für Verliebte. In der ersten Etage gab es sieben „gepflegte Turnier-Billards".

In der Aachener Pontstraße 70 hatte Konditormeister Julius Niessen 1891 sein gleichnamiges Café eröffnet, das von seinem Sohn Mathias an dieser Stelle bis 1995 betrieben wurde.

In **Krefeld** hatte Hermann Wilms im Jahr 1900 sein Konditoreicafé in der Rheinstraße gegründet, das in den 1920er-Jahren eine der meistbesuchten Lokale am Niederrhein war. In **Neuss** hatte Gustav Servaes sein 1897 eröffnetes Café in der Neustraße „mit runden Tischen mit gusseisernem Fuß" ausgestattet und die Backstube vergrößert. Im April 1909 eröffnete Friedrich Calvis am Büchel 45 eine eigene Konditorei mit Café. Da der Standort nicht günstig gewählt war, verlegte er seinen Betrieb 1911 in die Krefelder Straße 29, wo er zu einer festen Größe in Neuss wurde.

Auf der Königsallee in **Düsseldorf** eröffneten das Café Mainz (mit separatem Moccaraum und täglichen Konzerten), das Café Moca Türc, das Café Astoria, das Café Tabaris (es warb mit dem Slogan „die eleganteste Unterhaltungsstätte Westdeutschlands"). Auf der Graf-Adolf-Straße beeindruckten das Konditoreicafé Carl von Holtum, das Café Wien mit seinem imposanten Neonschriftzug, der nachts die Fassade beleuchtete, sowie das geräumige Café Hemesath (mit angeschlossenem Wintergarten). In der Cornelius-Galerie hatte Carl Tscharndke das Cornelius-Café von Leo Dummlat übernommen, das in den 1940er-Jahren in den Besitz der Asbrede-Betriebe überging.

Oben: Café Vaterland in Aachen, 1932. Mitte: Café Moca Türc in Düsseldorf, Königsallee, Postkarte von 1929. Unten: Café Wien in Düsseldorf, 1928.

Oben: Café Wien (1932) in Düsseldorf. Unten: Café & Restaurant Cornelius (1934), Düsseldorf

Das Café Hemesath auf der Königsallee 48, Postkarte von 1937

Café Bittner (Düsseldorf)

In Düsseldorf gab am 7. Februar 1905 Otto Bittner die Eröffnung seiner Konditorei im alten Neuhausschen Lokal in der Kasernenstraße 10 bekannt. Bittner wurde am 4. September 1880 in Unna geboren und erlernte das Konditorenhandwerk in der Konditorei Caspary in Wuppertal, später in der Hofkonditorei Kreipe in Hannover und bei Sprüngli am Paradeplatz in Zürich. 1911 erwarb er die Grundstücke in der Kasernenstraße 12 und 14 und ließ dort einen imposanten Neubau mit einem Café für 200 Personen errichten.

Auch die Backstube mit modernsten Kühl- und Gefrieranlagen befand sich dort (während des Umbaus ging der Konditoreibetrieb auf der Mittelstraße 18 weiter). Das Café wurde am 1. April 1912 eröffnet und von 1914 bis 1918, als Otto Bittner im Ersten Weltkrieg an der Front kämpfen musste, von dessen Frau Agnes und ihren Geschwistern weitergeführt. 1926 eröffnete Bittner seine erste Filiale auf der Königsallee 44 mit einem Café in der ersten Etage und einer großen Sommerterrasse vor dem Haus. Bis 1939 wuchs das Unternehmen auf 120 Mitarbeiter an, ehe der Zweite Weltkrieg die Expansion bremste.

Vor allem in den späteren **Wuppertaler** Stadtteilen **Barmen** und **Elberfeld** entstanden im ersten Drittel des 20. Jahrhunderts viele Kaffeehäuser, dazu gehörten neben dem Café Holländer und dem Schweizer Café in Elberfeld vor allem das Hansa-Café am Neumarkt, das Café Bauer („täglich Konzerte, erstklassige Kapellen") auf dem Altermarkt 5, das Wiener Café, das Konzert-Café im Hotel zur Post, das Café Bohe, das Konditoreicafé Göddertz, das Café Turmhof, das Café „Bavaria-Varieté" sowie „Meurers Familiencafé" am Kirchplatz. In Barmen sind das Kaiser-Café mit Spiel- und Billardsaal auf der ersten Etage, das Konditoreicafé Walther Kröner, das Café Merkur, das Konditoreicafé Höfer und das Café „Groß-Barmen" zu nennen. In **Remscheid** expandierten das Café von Richard Isenburg (das spätere Café Grah) sowie „Melcher's Conditorei und Café" am Markt 7. In **Ohligs** errichtete Franz Weyers das gleichnamige Konditoreicafé.

Melcher's Conditorei und Café in Remscheid, Postkarte von 1905

Varieté und Café Bavaria in Wuppertal-Elberfeld, Postkarte von 1928

Historische Cafés in Solingen

In Solingen ließen sich Konditoren nachweislich erst in der zweiten Hälfte des 19. Jahrhunderts nieder. Der erste Konditor war 1861 Robert Baus, der bereits 1844 als Bäcker tätig war. 1869/71 gab es vier Konditoren in Solingen, 1896 waren es bereits 20. Zehn davon erweiterten ihr Geschäft um 1900 um ein Café, in dem Kaffee ausgeschenkt wurde und die Kunden süße Waren verzehren konnten. Viele dieser Konditoren waren aus anderen Städten zugezogen, vor allem aus Düsseldorf, Barmen und Elberfeld. Im Tal der Wupper gab es aufgrund der früh einsetzenden Industrialisierung eine kaufkräftige Konsumentenschicht, zudem hatten bergische Textilindustrielle gute Kontakte zu Firmen aus der Schweiz, insbesondere Graubünden, das damals ein Zentrum der Schweizer Wollweberei wie auch der Zuckerbäcker war.

Zu den frühen Cafés in Solingen gehörten die 1893 von Emil Otto Bangert gegründete Konditorei mit einer 25 Quadratmeter großen Kaffeestube in der Kölner Straße 71 (sie wurde ab 1901 von Ernst Moritz Bertram und ab 1907 von Adolf Böving weiterbetrieben), die 1895 eröffnete Kaffeestube Eichelhardt in der Kasernenstraße 3, die Kaffeestube Weustenfeld an der Kölner Straße 44 (später Café Plücker und Café Vogel) sowie die beiden Kaffeestuben von Gustav Weißkopf in der Kaiserstraße 77 und 197.

Im Januar 1895 erhielt der Wirt August Schumann eine Schankkonzession für das Café-Restaurant Germania in der Kaiserstraße 108. Im Mai 1896 durfte auch Bäckermeis-

Die Kölner Straße in Solingen (am Rathaus), 1924

Café Koch in Solingen, Postkarte von 1930

ter Karl Friedrich Kramer in seinem Betrieb am I. Ostwall 6 Kaffee und alkoholfreie Getränke ausschenken. Er erwarb schon bald die Häuser Nr. 2 und 4 und erweiterte seinen Betrieb zum Konditoreicafé aus, das in den 1930er-Jahren als Kaffeehaus Kramer geführt wurde (Inhaber war nun August Erfmann).

In der Kaiserstraße 205 eröffnete Carl Koch 1900 eine Konditorei mit angeschlossenem Café, das er 1910 an Konditormeister Karl Höfken verpachtete. 1903 ließ Hulda Rübenstrunk in der Kölner Straße 111 ein Wohnhaus mit Konditoreicafé im Erdgeschoss bauen, das sich schon bald zu einem der führenden Geschäfte in Solingen entwickelte.

Im Jugendstilhaus in der Kaiserstraße 27 eröffnete 1904 Konditormeister Heinrich Gerbracht ein Café. Der Gastraum war 47 Quadratmeter groß und hatte eine Raumhöhe von 4,50 Metern.

Café Heiser, 1921. © Stadtarchiv Solingen.

Ein Jahr später übergab Gerbracht sein Geschäft an Carl Robert Heiser, dessen „Salzwedeler Baumkuchen" stadtbekannt wurde.

Im selben Jahr richtete auch Oskar Eugen Wolfertz im hinteren Bereich seiner 1891 gegründeten Konditorei eine Kaffeestube ein. Mit dem Umzug in das neue Haus am Mühlenplätzchen (Kaiserstraße 205) weitete Wolfertz sein Geschäft zu einem führenden Konditoreicafé der Stadt aus.

1904 eröffnete Hans Frischhut in der Kölner Straße 104 das Café Bristol. Er bewarb es als „Billardcafé und hochfeines Wiener Café ersten Ranges". 70 Zeitungen und Zeitschriften standen den Gästen im Lesezimmer auf der ersten Etage zur Verfügung. Dem Café war ein Hotel garni und eine Weinstube angeschlossen. 1911 wurde der Gastraum in die erste Etage verlegt, da im Erdgeschoss ein Kino mit einem Kinematographen eingerichtet wurde.

Ebenfalls im Jahr 1904 eröffnete das Café Kühn in der Kirchstraße, das in den folgenden Jahren mehrfach baulich erweitert wurde, zuletzt 1928 am Südwall. In der Kölner Straße 96 eröffnete im Mai 1907 das Wiener Café (vormals Restaurant „Rattenfalle"). Dort veranstaltete

Oben: Café Bristol, 1912. © Stadtarchiv Solingen. Mitte: Café Höfken, Mühlenplätzchen, Postkarte von 1911.
Unten: Café Wolfertz, Postkarte von 1905. © Stadtarchiv Solingen.

Der Verkaufsraum des Solinger Café Kühn, 1929. © Stadtarchiv Solingen.

der Inhaber Friedrich Wilhelm Meis ab 1909 „Singspiele, Gesang- und deklamatorische Vorträge sowie theatralische Vorstellungen" und machte daraus im Laufe der Jahre ein Vergnügungslokal. 1911 übernahm Paul Kissel das Café Böving in der Kölner Straße 69 und ließ es 1925 erweitern.

In **Bonn** hatten sich das Café Kleimann (gegründet 1895 in der Rheingasse), das Café Müller-Langhardt (1913) und das Café Kohlhaas etabliert. „In der Sürst" lagen fünf Cafés – das Café Falckenberg, das „Viktor", das „Hufschlag", das „Wiegen" und eine Teestube. Das Café Dahmen wurde 1889 als Café Peter Hufschlag in der Bahnhofsstraße gegründet. 1902 zog es in die Poststraße. Zusammen mit dem Café Krimmling (gegründet 1889), und dem Café Fürstenhof (früher Café Habsburg) gehörte es zu den bekanntesten und besten Cafés in Bonn. Das 1904 gegründete Café Paul Müller durfte nur von Studenten in „Wix und Couleur" (d. h. in Uniform und mit farbentragenden Bändern) betreten werden. Es beherbergte später Prominente wie Rainer Barzel, Konrad Beikircher und den Fotografen Hans Schafgans. 1974 zog in das Haus eine Filiale von „Dr. Müllers Sex-Shop" ein.

Drei namhafte Bonner Cafés: Café Müller am Bischofsplatz (ca. 1900), Café Müller-Langhardt (1920er-Jahre) und Café Krimmling (unten), 1920er-Jahre. © Hans-Werner Greuel, Bonn.

Von Hotel-Cafés und Café-Restaurants

Anfang des 20. Jahrhunderts entstanden imposante Neubauten, die vorrangig als Hotel und Restaurant konzipiert waren, aber auch eine Weinstube und/oder ein Café besaßen. Hierzu gehörten das Café im „Wuppertaler Hof" sowie das Hotel und Café Barmer (früher „Hotel Schützenhaus"), beide in **Wuppertal-Barmen**, der „Centralhof Hamborn" im Norden von **Duisburg** sowie der „Handelshof" in **Duisburg-Hamborn**. Primär als Hotel-Restaurant mit Café konzipiert, besaß er sogar eine eigene Konditorei. Das 1898 eröffnete Hotel-Restaurant „Wilhelmshof" in der Duisburger **Altstadt** besaß ein prachtvolles Café mit hohen Säulen und einer Empore auf der ersten Etage. Bereits 1898 warb der Inhaber Friedrich Schmidt mit einem Billardsaal für sein Etablissement. Wenige Jahre später – unter dem neuen Besitzer C. Mattausch – wurde das Café um eine Weinstube und einen Konzertsaal erweitert, in dem große Gesellschaften stattfanden und sogar Karnevalsveranstaltungen abgehalten wurden.

Viele Restaurants gingen auch dazu über, ihre Räume an Sonntagnachmittagen als Café zu nutzen, um Kaffee und Kuchen anzubieten. Hierzu gehörten das von Leo Dumlat und Carl Tscharndke betriebene Café-Restaurant „Cornelius" sowie das Hansa-Café-Restaurant in **Düsseldorf**, das Hotel-Restaurant „Deutscher Hof" in **Duisburg-Ruhrort** und das Café-Restaurant **Rheinberg** (eröffnet 1887, aufgegeben 1920) am Leystapel in **Köln**. Stärker als die anderen Häuser wurde es durch die vorzügliche Lage in der Nähe der Schiffsanlegestelle von einem internationalen Publikum frequentiert. Das eigentliche Café lag im Obergeschoss und hatte eine Aussichtsterrasse mit Blick auf den Rhein.

Café Fürstenhof in Duisburg, Postkarte von 1915

Nicht primär als Café konzipiert war auch die zwischen 1924 und 1926 angelegte „Rheinterrasse" in **Düsseldorf**. Sie wurde von Wilhelm Kreis für die Ausstellung „GeSoLei" (Große Ausstellung Düsseldorf für Gesundheitspflege, soziale Fürsorge und Leibesübungen) als Großrestaurant mit mehreren Versammlungssälen gebaut. Dort fanden vom 8. Mai bis 15. Oktober 1926 täglich Veranstaltungen statt – von Gesprächsrunden über Vorträge bis hin zu Konzerten und Tanz-

Das Hansa-Café in Düsseldorf, Postkarte von 1921

abenden. Auf der dem Rhein zugewandten Seite gab es eine großzügige Anlage mit mehreren Cafés, in denen die Gäste bei gutem Wetter unter Platanen sitzen konnten, auch dann noch, als die Ausstellung beendet war. Die Rheinterrasse hat sich bis heute den Glamour der 1920er-Jahre bewahrt und wird seit 1972 von der Unternehmensgruppe Stockheim bewirtschaftet. Aus den Cafés ist allerdings ein großer Biergarten geworden.

Größer, heller, mondäner – Von Umbauten und Erweiterungen

Firmenchroniken aus der Jahrhundertwende berichten von Erweiterungen der Verkaufsräume, von Umbauten oder Verlegungen des Cafébetriebs in die erste Etage. Otto Schucan kaufte 1906 das ehemalige Odendahlsche Haus am Prinzipalmarkt 26 in **Münster**, das direkt neben dem Café lag. Am 1. Juli ließ er beide Häuser abbrechen und eröffnete nach nur siebenmonatiger Bauzeit – am 31. Januar 1909 – den imposanten Neubau, der im Inneren beide Gebäude zu einer Einheit verband. Die Fassade mit ihren prachtvollen Renaissancegiebeln (entworfen vom Architekten Fritz Weinmann) fügte sich harmonisch in das Straßenbild ein. In den Innenräumen, in denen zuvor große Enge geherrscht hatte, zeigte sich nun Großzügigkeit und Eleganz. Die Presse äußerte sich begeistert über den Billardsaal auf der ersten Etage. Er hatte neun Tische und einen Billardmeister, der Ungeübte nachmittags von 15 bis 18 Uhr in die Kunst des Spiels einwies. Für gesellschaftliche Anlässe und Feste – zum Beispiel für die jährliche Karnevalssession – konnte der Saal flexibel umfunktioniert werden. Großes Lob erhielt auch der neu entstandene Wintergarten, der sich an den großen holzgetäfelten Restaurationssaal anschloss. Dessen Wände waren in gelblichem Marmor gehalten, die rechteckige Glasdecke bestand aus zahlreichen bunten Scheiben, die das Schweizer Kreuz und sämtliche Kantonswappen zeigten. An der Stirnseite hing ein großformatiges Gemälde des aus Münster stammenden Malers Eugen Fernholz, es zeigte eine Engadiner Winterlandschaft (das Bild hing bis zur Schließung des Cafés im Jahr 1989 im „Schucan").

Auch bei Dobbelstein in **Duisburg** reichte der Platz nicht mehr aus. 1910 hatte Otto Dobbelstein (der jüngste Sohn von Friedrich Dobbelstein) die Konditorei und das Café übernommen und die erste Etage des Hauses am Knüppelmarkt 1 zu Geschäftsräumen umbauen lassen. 1926 kaufte er das Nachbarhaus am Knüppelmarkt 3 und verlegte das Café ins Erdgeschoss, dessen Gastraum nun mehr als 200 Sitzplätze besaß.

Café Schucan in Münster (1909), Aufgang zum Billardsaal. © Aschendorff Verlag, Münster.

Ähnlich erging es Rudolf Schmitz, der am 18. November 1896 in **Essen** das „Kaffee Schmitz" (auch bekannt unter dem Namen „Schweizer Konditorei-Café") gegründet hatte. Die Chronik berichtet: „Schon bald wurde das Café am Flachsmarkt 16 zu klein, und Konditormeister Schmitz kaufte 1899 das Haus in der Viehofer Str. 7 und im Frühjahr 1907 das Haus in der Viehofer Str. 5 hinzu. 1908 erfolgte der Umbau dieser Häuser zu einem größeren, den damaligen Ansprüchen entsprechenden Betrieb. Nach dem Kauf des Hauses Viehofer Straße 9 im Jahr 1925 wurden die drei Häuser verbunden und dadurch wiederum die Caféräume und der ganze Betrieb vergrößert." Das Café im Erdgeschoss hatte 40 Sitzplätze, auf der ersten Etage war Platz für 110 Gäste.

Auch andere Cafés erweiterten ihre Betriebe. Für die Innenräume wurden neue Sitzmöbel und Leuchten angeschafft, auch neue Bestecke und neues Geschirr vervollständigten die Einrichtung. In den Verkaufsräumen wuchsen die Regale, und aus den schlichten Holztheken wurden Glaskästen (oft drei oder vier Meter lang), in denen Torten, Baumkuchen, Teegebäck, Printen, Spekulatius, Pralinen und sonstige Köstlichkeiten präsentiert wurden. Die Backstuben wurden vergrößert und auf den neuesten technischen Stand gebracht. Bei Sander in Mülheim wurde der erste Dampfbackofen angeschafft, der den alten „Königswinter" ablöste. Eine neue Anschlagmaschine wurde aufgestellt, um die schwere Handarbeit zu reduzieren.

Café Dobbelstein in Duisburg nach dem Umbau, 1910. © Café Dobbelstein, Duisburg.

Für die Cafébesitzer begann eine Ära, die ein völliges Umdenken verlangte. Wurden bis dahin die Waren über die Theke der Konditorei verkauft, standen die Kunden auf Distanz (es waren im allgemeinen Frauen oder Hausfrauen aus der nahen Umgebung), so hatte man sich nun auf andere Bedürfnisse einzustellen. Die Chronik des Hauses Sander berichtet: „Die neuen Kunden waren Männer wie Frauen, die zusammengenommen ein höheres Niveau hatten und denen man ‚zu Diensten' zu sein hatte. Diese Kundschaft wollte und brauchte mehr als nur leckere Backwaren, sie wollte neben dem großen Angebot ‚bedient' werden."

Zu den neuen Gegebenheiten gehörte aber auch ein verändertes Warenangebot. Kaffee, Tee, Wein, Liköre sowie diverse andere alkoholische und nichtalkoholische Getränke wie Schokolade waren die neuen Produkte, die im Caféraum serviert wurden.

Das Konditoreicafé Herkenrath in **Neuss**, das bereits 1864 eine Schankerlaubnis erhalten hatte, bot „feinste Tafel-Liqueure", Wein und den berühmten *Selner Punsch* an. Seit 1900 verkaufte Herkenrath auch die französischen Kräuterliköre *Chartreuse* und *Benedictine* sowie Cognac und Liköre der niederländischen Firmen Focking und Bols bzw. „van Enst" aus Mainz. Sein Café hatte entsprechend lang geöffnet (bis 21 Uhr).

Otto Schucan schuf sich in **Münster** mit einer eigenen Likörfabrikation ein zweites Standbein und ließ schon bald *Schucans Mixtum*, einen angenehm süßlich schmeckenden Magenlikör, vor unbefugten Nachahmern gesetzlich schützen. Die Gewinne aus der Destillation waren so hoch, dass er binnen kurzer Zeit große Teile seiner Hypotheken tilgen konnte.

Ein Novum stellte auch die Zubereitung von Speiseeis dar, die ihre Grundlage in den neu entwickelten technischen Geräten jener Zeit hatte. So wurde die „Heider-Caracciola-Eismaschine" mit Ammoniakverdampfer, die beispielsweise für das **Mülheimer** Konditoreicafé Sander angeschafft worden war, als Sensation gefeiert. Als im Sommer 1912 die schmucken Wagen der Konditoren-Eisgenossenschaft in den Straßen der gro-

Oben: Verkaufsraum im Café Joseph Haase in Essen (1905). Mitte und unten: Stadtcafé Sander in Mülheim (1895 und 1950). © Friedhelm Großenbeck, Mülheim an der Ruhr.

Der Magenlikör *Schucans Mixtum* wurde im Café Schucan bis zur Schließung im Jahr 1989 angeboten.

Auszug aus der Speisekarte des Düsseldorfer Café Flieger (1914)

ßen Städte auftauchten, begann sich ein Artikel zu etablieren, der in Zukunft ganze Berufszweige tragen sollte. Dem Buch „Süßkram. Naschen in Neuss" ist zu entnehmen: „Im Café Servaes in **Neuss** standen Eismaschine und Eisschrank im Innenhof unter einem Glasschrank. Beide wurden mit Stangeneis betrieben. Auf Bestellung wurde Fürst-Pückler-Eis geliefert, das in einer Eisbombe transportiert wurde, die mit Stangeneis und rosa eingefärbtem Viehsalz gekühlt wurde. Der Transport des Eises mit dem Fahrrad erforderte auf dem Neusser Kopfsteinpflaster viel Geschick, denn das Eiswasser konnte über die Eistorte schwappen und sie ungenießbar machen."

Im **Düsseldorfer** Café Flieger gab es zu jener Zeit figürliches Eis mit den Motiven „Amor mit Pantoffel", „Henne im Nest und Küken", „Füllhorn mit Früchten" oder „Gnomen-Gruppe". „Amerikanische Topfpflanzen" aus Eis wurden als Saison-Neuheit feilgeboten.

Auch das Torten- und Kuchenangebot wurde in jenen Jahren erweitert. Die Grillagetorte zog in die Auslagen der Cafés ein wie auch die Sachertorte und Berliner Holländertorte. Es gab Englische Teekuchen, Ananastörtchen und Petit fours. Im Café Flieger konnte man die „Deutsche Kaisertorte" (mit Kaiserkopf) bestellen, die „Thusnelda-Torte", die Komposition „Prinz-Eitel" oder die „Voyage-Torte" (mit dem Zusatz: „sehr fein und haltbar").

Im **Siegener** Café Schmidt wurden die „Japanesentorte", die „Indianertorte" und die „Malkastentorte" (Blätterteig, Sahne, Kirschen) angeboten. Auch bei Schucan in **Münster** trugen die Torten originelle Namen – dort gab es die „Reichsverweser-Torte", die „Klara-Novella-Torte", die „Aider-Torte" und ebenfalls die „Thusnelda-Torte".

Von Konditoreicafés und Damensalons

In den fast 250 Jahren ihres Bestehens haben die Konditoreicafés mehr als einmal die Schmährufe des Trivialen verwinden müssen, mit denen Kaffeehausliebhaber sie abgeurteilt haben. Bürgerliche Verköstigungsanstalten seien sie, die keinen anderen Zweck hätten außer den der Konsumation. Wer so urteilt, vergisst jedoch, dass sowohl das „Große Kaffeehaus" des 19. Jahrhunderts als auch die Künstler- und Konzertcafés nach einem ökonomischen Prinzip funktionierten, das auf Warenabsatz bedacht war. Man kaschierte diese Tatsache nur besser als die Konditoren und verstand es, den Besuchszweck solcher Häuser als rein kulturell motiviert herauszustellen.

Zugegebenermaßen erscheinen die Konditoreicafés konturenlos vor einer solchen Folie. Als Institution, die im 19. Jahrhundert nicht nur für das Selbstverständnis des Kleinbürgertums, sondern auch für die Emanzipation der Frauen von Bedeutung war, kommt diesem Kaffeehaustyp jedoch eine wichtigere Rolle zu als die der bloßen Durchschnittlichkeit.

Beschränkten sich die Aufgaben der Frau im 18. Jahrhundert fast ausschließlich auf häusliche Obliegenheiten (Leitung des Hausstands, Erziehung der Kinder), so bot die Gesellschaftsform des Salons den Frauen erstmals die Möglichkeit, ihren eng gesteckten Rahmen zu verlassen. Das Kaffeekränzchen, das sich als Variante der Salons schon bald im deutschen Bürgertum entwickelt hatte, bot den Frauen eine weitere Entfaltung ihrer Persönlichkeit, wenngleich es auch noch im häuslichen Bereich und nicht in der Öffentlichkeit stattfand. Regelmäßige, bei den einzelnen Mitgliedern reihum stattfindende Zusammenkünfte kennzeichneten diese Kaffeekränzchen, die sich außerdem durch den geschlossenen Kreis ihrer Teilnehmerinnen definierten. Mitte des 19. Jahrhunderts verlagerten sich diese Zusammenkünfte dann ins Kaffeehaus, präziser: in das Konditoreicafé. Zunächst noch im ersten Stock eines Hauses untergebracht, „über eine Stiege" zugänglich, wie es damals hieß, trafen sich in diesen Cafés die Damen der feineren Gesellschaft. Später gründete man ausgesprochene Damen-Cafés, zu denen dann auch einfache Bürgerfrauen, Händlerinnen oder Köchinnen Zugang fanden.

Mit der zunehmenden Etablierung des Konditoreicafés erhielten die Frauen eigene Zimmer in diesen Lokalen. Solche „Damensalons" sind beispielsweise im Café Dobbelstein **(Duisburg)** und im Café Grotemeyer **(Münster)** belegt. Selbst im liberalen Café Stefanie in **München** war es ein mutiger Schritt, als die ersten Frauen es wagten, dieses Café allein zu betreten. Ernst von Wolzogen hat dies in seinem Roman „Das dritte Geschlecht" ausgiebig dargelegt.

Spätestens um die Jahrhundertwende hatte das Konditoreicafé jedoch allerorten die frühbürgerlichen Rituale innerhalb dieser Institution zurückgedrängt. Das Kaffeehaus als Domäne der Männer existierte nicht mehr, und die Kaffeekränzchen, die man oft genug als Ersatzcafé für das auf die Männerkultur zugeschnittene ursprüngliche Kaffeehaus interpretiert hatte, waren öffentlich geworden.

Das „Kranzler", das um 1835 im Ruf eines der elegantesten Etablissements **Berlins** stand, wurde zu einem Synonym für das Konditoreicafé schlechthin. Hier sah man nicht nur die feine Welt, die sich von der Abgeschiedenheit ihrer Rittergüter erholte, hier regierten auch die Galans, die ihre Schönen regalierten und den Freunden, die mit Vorliebe den Kranzlerschen Kuchen aßen, von den Herrlichkeiten ihrer Residenz erzählten. „Das Kranzler", bemerkte ein Zeitgenosse spöttisch, „ist außerdem die Konditorei, wo die Generalleutnants, nachdem sie rechts und links kommandiert haben, zur Belohnung für ihre Tapferkeit Eis und Baisers essen durften."

Wollte jemand mit seinen Gedanken allein sein oder sich in Lesestoff vertiefen, so fand er im Konditoreicafé seine wohlverdiente Ruhe", schrieb die Verbandszeitschrift der Konditoren im Herbst 1929: „Auch wenn zwei eine geschäftliche Aussprache beabsichtigen, eine Begegnung wünschen, wenn Paare sich der Beobachtung entziehen oder Damen ihre Herzens- oder andere Angelegenheiten einander austauschen wollen, so wird ein Café immer als der geeignetste Ort erachtet."

Cafés in Kleinstädten und Dörfern

Auch in den Kleinstädten und Dörfern wurden im 19. Jahrhundert Cafés gegründet, wie beispielsweise in **Hennef** im Mündungstal der Sieg. Anfangs warben dort Gastwirte auf Volksfesten zu einer „Kaffee-Visite" in ihren aufgestellten Zelten, wie es im Oktober 1863 der Dondorfer Wirt Heinrich Pickardt tat. Wenige Jahre zuvor hatte der Aufstieg des ländlich geprägten Dorfes zum Industriestandort begonnen. Carl Reuther hatte 1869 in Hennef die erste Fabrik gebaut, 1859 war der Bahnhof fertiggestellt worden. Gab es bis dahin nur Bäcker im Ort, die das Brot für die Bevölkerung backten, so boten nunmehr Konditoren Luxuswaren wie Kuchen, Marzipan, Konfekt und Bonbons an.

Ende des 19. Jahrhunderts eröffneten zahlreiche Bäckermeister sogenannte Kaffeewirtschaften in Hennef und Umgebung. Sie bestanden aus einem kleinen, manchmal nur zehn Quadratmeter großen Zimmer neben dem eigentlichen Laden (wie im Hennefer Café Pulcher). Im Keller oder in einem Anbau im Hinterhof befand sich die Backstube mit den Vorratsräumen. So gründete Johann Thomas 1897 in **Geistingen** in der Bergstraße 22 eine Bäckerei mit Kaffeewirtschaft, Johann Hommerich folgte ihm 1899 an der Warthbrücke mit seiner „Oberländischen Brot-, Mürbe und Feinbäckerei" samt Kaffeewirtschaft (er ging jedoch ein

Jahr später in Konkurs). Am 19. August 1902 meldete auch Carl Balensiefen eine Kaffeewirtschaft an, als erstes Café in **Warth-Hennef**, das er bis 1919 führte. Die Konditoren warben mit Zeitungsanzeigen für ihre Produkte, priesen „schön gefüllte Bonbonschachteln und feine Pralinés sowie feine Koch- und Tafelschokolade" an, „Makronen-, Zucker- und Kinderzwieback" oder sonntags Vanille- und Fruchteis.

Parallel dazu fuhren manche von ihnen die Backwaren mit Pferd und Brotwagen aus. So belieferte Johann Müller aus Geistingen an der Sieg Kunden in Rott, Söven, Stoßdorf und Allner – Orte, die etwa 5 Kilometer weit entfernt lagen. Um nach Allner zu kommen, musste er die Sieg an einer Furt überqueren. Während und nach einem Hochwasser war der Fluss jedoch nicht passierbar, sodass die Lieferungen tagelang ausblieben. In der Backstube gab es viele Arbeiten, die auch von den Kindern des Inhabers übernommen werden mussten. Mit zehn Jahren fuhren Müllers Sprösslinge morgens ab 6 Uhr mit dem Fahrrad der Bäckerei (es hatte einen großen Korb über dem Vorderrad) Brötchen aus, danach gingen sie in die Schule. An Silvester belieferten sie bis Mitternacht die Gaststätten in der Nähe mit frischen Neujahrsbrezeln. Selbst als die Kinder längst in anderen Berufen tätig waren, packten sie an den Wochenenden mit in der Backstube an.

Der Erste Weltkrieg und die Inflationszeit (1914–1923)

Konditern in Zeiten von Rohstoffmangel und Surrogaten

Mit Ausbruch des Ersten Weltkriegs und der deutschen Kriegserklärung am 3. August 1914 endete die glanzvolle Ära der Belle Époque, und das expandierende Konditorei- und Kaffeehausgewerbe in Deutschland wurde jäh gestoppt. Das Verbandsblatt der Konditoren schrieb am 30. Oktober desselben Jahres: „Wie vorauszusehen war, hat der Krieg, der nunmehr bereits ein Vierteljahr Europa durchtobt, den Bezug der Handelswaren und den Warenumlauf in unserem deutschen Vaterlande wesentlich verknappt."

Eier wurden größtenteils beschlagnahmt und Butter, die weitgehend aus anderen Ländern importiert wurde (sogar aus Sibirien, da sie als beste Ziehbutter auf dem

Markt galt), konnte nicht mehr ausgeliefert werden. Auch Haselnusskerne und Kokosnüsse wurden knapp; ebenfalls Mandeln, die für die Marzipanverarbeitung wichtig waren. Je länger der Krieg dauerte, umso mehr schrumpften die Vorräte. Da sich die Ernährungslage im gesamten Deutschen Reich verschlechterte, wurde im Februar 1917 für die Zuweisung von Mehl eine strikte Trennung nach Bäckerei- und Konditoreibetrieben vorgenommen. Der Verkauf von Kuchen und Korinthenbrot wurde verboten, Kuchen durfte nur noch maximal 30 Prozent Brotgetreide enthalten. Als Ersatzstoff zum Ausgleich wurden Kartoffelfabrikate empfohlen. Ähnliche Beschränkungen gab es für Milch und Zucker.

Manche Bäcker und Konditoren kamen noch auf Schleichwegen an Rohstoffe, für die meisten war jedoch bis Ende des Ersten Weltkriegs ein erfinderischer Umgang mit gleichwertigen Stoffen nötig. Lediglich Zucker und Kakao waren im ersten Kriegsjahr in ausreichender Menge erhältlich.

Die aufgeputschte Kriegsstimmung führte bisweilen zu seltsamen Auswüchsen. So wurde nicht nur von Frauen verlangt, sich „deutsch zu kleiden", auch Geschäftsleute wurden dazu angehalten, sich auf ihr Deutschtum zu besinnen und fremdsprachige Bezeichnungen wie „Coiffeur", „Café" oder „Restaurant" durch deutsche Namen zu ersetzen. Dem Aufruf Folge leistete zum Beispiel das Café Bristol auf der **Krefelder** Friedrichstraße: Deren Inhaberin E. Wellenstein verkündete im August des Jahres 1914 stolz in einer Anzeige, die sie im „General-Anzeiger" und in der „Krefelder Zeitung" aufgegeben hatte, die Umbenennung ihres Lokals in „Kaffeehaus Deutscher Kronprinz".

In den Jahren zwischen 1914 und 1918 mussten zahlreiche Inhaber ihr Café schließen, entweder weil das Personal zum Wehrdienst eingezogen wurde oder die Inhaber selbst – vor allem die Jüngeren – an der Front kämpfen mussten. Ein trauriges Beispiel: Der Sohn des **Neusser** Caféinhabers Gustav Servaes, der den Betrieb übernehmen sollte, fiel in Frankreich. Der zweitälteste Sohn (Franz Anton Hubert) wurde ebenfalls an die Front geschickt und kämpfte in den Vogesen am hart umkämpften Hartmannsweiler Kopf. Er überlebte den Krieg zwar, konnte aber erst dann die Gesellenprüfung und 1920 seine Meisterprüfung ablegen. Bis dahin führte seine Mutter den Betrieb, wie es auch anderswo oft die Ehefrauen der Konditoren und Cafetiers waren, die für die Aufrechterhaltung der Betriebe sorgten.

Wo die Schwarzwälder Kirschtorte erfunden wurde – Café Ahrend (Agner) in Bad Godesberg

Das Rheinland ist bekannt für seine deftigen kulinarischen Spezialitäten, zu denen u. a. Reibekuchen, Blutwurst und Sauerbraten gehören. Wie ein Stadtmuseumsleiter von Radolfzell herausfand, zählt jedoch auch eine süße Kalorienbombe dazu: die Schwarzwälder Kirschtorte. Sie wurde 1915 zum ersten Mal im Godesberger Café Ahrend (später Café Agner) von Josef Keller serviert.

Der in Riedlingen an der Donau geborene Keller (1887–1981), Sohn eines Strumpfstrickers, hatte nach der Schulzeit eine Ausbildung zum Konditor begonnen. Seine Lehr- und Wanderjahre führten ihn ab 1904 in renommierte Konditoreien in Schorndorf, Landau in der Pfalz, Tettnang, Biberach an der Riß, nach Müllheim im Markgräflerland, Forchheim in Oberfranken, Stuttgart, Überlingen sowie nach Konstanz und Ulm. Als Soldat im II. Landsturm-Infanterie-Bataillon Bonn hatte er im Frühjahr 1916 an den Stellungskämpfen in den mittleren Vogesen teilgenommen. Zeitgleich im Militärdienst befand sich der Godesberger Konditor Eugen Agner, ebenfalls ein gebürtiger Schwabe, der ein Café an der Ecke Alte Bahnhofstraße 32/Moltkestraße betrieb. Vermutlich bot Agner Josef Keller an, nach Zapfenstreich in seinem Betrieb zu arbeiten.

Das „Agner" war damals ein bekanntes Café, in das vor allem im Sommer die Studierenden aus Bonn einkehrten. Keller servierte ihnen als erfrischendes Dessert eingemachte Kirschen mit Sahne – bis er die zündende Idee hatte, aus der simplen Speise eine Torte zu machen. Unter die Kirschsahne legte er einen Biskuitboden, veredelte ihn mit

Schwarzwälder Kirschwasser und streute Schokoladenspäne darauf – schon war die Schwarzwälder Kirschtorte geboren. Sie wurde später zur bekanntesten und beliebtesten Torte Deutschlands, vor allem in den 1950er- und 1960er-Jahren. Nur die Sachertorte aus Wien hat einen ähnlichen Bekanntheitsgrad.

Aus der Zeit um 1927/28 stammt ein von Josef Keller zusammengestelltes Rezeptbuch, in dem sich die handschriftliche Rezeptur seiner Schwarzwälder Kirschtorte befindet. Keller gab es 1929 an seinen Gesellen August Schäfer weiter, der es in eine Konditorei in Triberg (Schwarzwald) gebracht haben soll. Markenrechtlich geschützt ist die Torte nicht, produziert werden darf sie überall auf der Welt – auch mit Veränderungen.

Nach Kriegsende legte Keller 1919 in Konstanz seine Meisterprüfung ab und übernahm in Radolfzell ein Kaffeehaus in der Teggingerstraße 6, das er bis 1947 führte. Seine Gäste nannten ihn liebevoll den „süßen Josef". Am 1. Mai 1933 trat Keller in die NSDAP ein und zog wenig später in den Radolfzeller Stadtrat ein, dem er bis 1945 angehörte. Für die Deutsche Arbeitsfront war er 1936/37 ehrenamtlicher Ortsobmann, für „Kraft durch Freude" von 1937 bis 1945 Ortswart. In einem Entnazifizierungsverfahren drohte Keller 1947 der Entzug der Selbstständigkeit, sodass er sein Konditoreicafé „krankheits- und altershalber" in die Hände seines ältesten Sohnes legte. In einem Revisionsverfahren wurde er im Juli 1948 jedoch als „Mitläufer" bezeichnet und teilweise rehabilitiert.

Das Café Agner ging in den 1930er-Jahren an Rolf Heppekausen über. Nach Ende des Zweiten Weltkriegs verkehrten dort in den Abendstunden Leute von zweifelhaftem Ruf, weshalb die Godesberger das Café schon bald „Café Hemd hoch" nannten. Die Geschäfte gingen von Jahr zu Jahr schlechter, was sich an der Schaufensterfront des Cafés zeigte, die immer kleiner wurde. Als das Café zu Beginn der 1950er-Jahre schloss, wurde behauptet, dass der Inhaber sein ganzes Geld ins Spielcasino nach Bad Neuenahr getragen haben soll.

Das Kaffeehausgewerbe in der Weimarer Republik

Aber auch in den ersten Jahren der Weimarer Republik gab es noch Versorgungsengpässe. Es herrschte zwar keine Hungersnot, aber das Angebot an Speisen und Getränken war eingeschränkt und weiterhin durch Ersatzstoffe gekennzeichnet. Zum Beispiel gab es anstelle von Bohnenkaffee noch lange aus Getreide gebrannten Ersatzkaffee. Hinzu kam die fortschreitende Geldentwertung, die dazu führte, dass ein Laib Brot ein paar Billionen Mark kostete. Das Café Grotemeyer in **Münster** wurde sogar noch Monate nach Kriegsende (Anfang 1919) durch ehemalige Soldaten ausgeplündert und musste zwei Wochen lang schließen. Die Inhaberin des Café

Machalett in der Solinger Kaiserstraße 75 wurde im März 1920 vom Gericht der Britischen Besatzungsarmee zu 500 Mark Geldstrafe oder einem Monat Gefängnis verurteilt, weil sie im Besitz unerlaubter Waffen war und einen Schmuggler beherbergte, der angeblich mit britischen Truppen handelte.

Im Oktober 1923 reichte der Wochenlohn eines qualifizierten Facharbeiters aus, um einen Zentner Kartoffeln zu kaufen. Ein Pfund Margarine kostete den Lohn für neun bis zehn Arbeitsstunden, ein Pfund Butter den für zwei Tage. Die Nullen auf den Geldscheinen vermehrten sich von Woche zu Woche und die Arbeiter verlangten mehr Geld. Aber alle Lohnerhöhungen nutzten nichts, weil die Inflation weiter stieg. Ein amerikanischer Dollar, der im Juli 1923 noch den Wert von 100.000 Mark hatte, stieg bis November auf einen Wert von 4,2 Billionen Mark. Der Preis für ein Kilogramm Roggenbrot stieg im selben Zeitraum von 1895 Mark auf 233 Milliarden Mark, für ein Kilogramm Rindfleisch von 40.000 Mark auf über 4 Billionen Mark.

Schichteten Unternehmer und Spekulanten ihr Geld in Sachwerte um, so führte die Geldentwertung beim Mittelstand und der Arbeiterschaft zur Verarmung, denn sie verloren sämtliche Rücklagen und Ersparnisse. Sparkassen, Reichsanleihen und alle Arten von Schuldverschreibungen wurden wertlos. Da die Löhne den steigenden Preisen ständig hinterherhinkten, wurde der Besuch eines Kaffeehauses zum Luxus, den sich der Großteil der Bürger nicht mehr leisten konnte.

In dieser schwierigen Lage kam hinzu, dass es der damaligen Reichsregierung nicht möglich war, die fälligen Raten der Kriegsreparationen zu zahlen, und so besetzten im Januar 1923 belgische und französische Truppen mit über 60.000 Soldaten die Region zwischen Duisburg und Dortmund. Der passive Widerstand, zu dem man aufgerufen hatte, äußerte sich im Kaffeehauswesen dadurch, dass man die Soldaten nicht bediente. Die Festschrift zum Bundestag des Deutschen Konditorenbunds vermerkt: „Die französischen Soldaten waren auf Süßigkeiten sehr erpicht, und wenn ihnen die Bedienung verweigert wurde, so nahmen sie gewöhnlich, was ihnen nicht verkauft wurde. Das Mitglied Ottomar Schmidt aus Essen musste den passiven Widerstand damit büßen, dass er zu 14 Tagen Zuchthaus verurteilt wurde, die er im Werdener Gefängnis absitzen musste. Eine Reihe von anderen Mitbürgern wurde zu einer mehr oder weniger hohen Geldstrafe verurteilt, die von den Franzosen verursacht wurde."

Eine besondere Ehre räumte Gustav Welter, Inhaber des gleichnamigen Cafés auf der **Essener** Huyssenallee, dem Widerstandskämpfer Schlageter und seinen Verbündeten ein. Ihnen widmete er die sogenannte Schlageter-Ecke, in der Verrätern und französischen Soldaten dessen Verhaftung missglückt war. Die Chronik berichtet: „Die Franzosen zeigten dem Kaffee Welter dadurch aber eines Tages eine besondere Aufmerksamkeit, indem sie ihm neun große Fensterscheiben einschlugen."

Café Bahnzeit (Düsseldorf)

Das in unmittelbarer Nähe zum Düsseldorfer Hauptbahnhof gelegene Café erinnerte mit seinem befremdlichen Namen an die Zeitumstellung zwischen Oktober 1921 und Februar 1925, die auf die Besetzung des linksrheinischen Rheinlands durch französischen Truppen zurückging. Während dieser dreieinhalb Jahre galt die Westeuropäische Zeit in der Besatzungszone, das heißt, die Uhren wurden um eine Stunde zurückgestellt. Die unterschiedlichen Verkehrszeiten stifteten bei der reisenden Bevölkerung jedoch Verwirrung. Caféinhaber Hermann Schock (er besaß auf der Düsseldorfer Friedrichstraße 117 noch eine Großkonditorei) ließ deshalb in seinem Lokal eine täglich nach der Westeuropäischen Zeit regulierte Normaluhr anbringen, die den Gästen als Orientierung diente – insbesondere in der Zeit des sogenannten Ruhrkriegs, als die Deutschen die von Franzosen und Belgiern besetzten Bahnhöfe mieden und lieber weiter entfernte Bahnhöfe und Strecken zum Reisen nutzten. Das Café Bahnzeit hatte aufgrund seiner Nähe zum Hauptbahnhof von morgens 7 Uhr bis zur nächtlichen Polizeistunde geöffnet.

Aufschwung in den Nachkriegsjahren (1923–1933)

Mit der Währungsreform im November 1923 trat eine wirtschaftspolitische Wende ein, die für eine relative Stabilisierung der Verhältnisse in Deutschland sorgte. Im Oktober 1924 begannen die Besatzungstruppen mit dem Rückzug; die letzten belgischen und französischen Soldaten verließen am 31. Juli 1925 das Ruhrgebiet. Überall wurde nun ein Aufblühen der Geschäfte verzeichnet und erneut setzte eine Bautätigkeit ein, die schon kennzeichnend für die Jahre vor dem Ersten Weltkrieg war. Der Konditorenbund schrieb in seinem Fachblatt: „Wer schon vor 30 oder 40 Jahren ein richtiger Kaffeehaushocker war und sich nur in den damaligen altväterlichen, behaglichen, gemütlichen Stätten mit Anspruchslosigkeit wohl fühlte, der würde vor den förmlichen Feenpalästen, wie wir sie im ganzen Reich finden, die Flucht ergreifen. Aber der unaufhaltsame, zuweilen von Übermut diktierte Fortschritt machte auch im Kaffeehauswesen seine vermeintlichen Ansprüche geltend. Das große Publikum schreit nach Luxus, selbst die ‚gnädigen Fräulein', die zuletzt im Portier- oder Grünkramkeller verschwinden, schreien ebenso laut mit, und die Unternehmer müssen wohl oder übel mitgehen."

Das Café Emil Middendorff in Essen, Burgstraße 10, Postkarte von 1928

Die Cafés im Ruhrgebiet auf Expansionskurs

Ein Blick in das **Essener** Adressbuch von 1928 zeigt, dass es 43 Cafés in dieser Stadt gab, von denen viele Betriebe inzwischen Filialen gegründet hatten, u.a. das Café Welter „Unter den Linden" in der Huyssenallee 27, das Café Emil Middendorff in der Burgstraße 10 und das Arabische Kaffeehaus „Moca Türc" in der Burgstraße 13 (der Betreiber unterhielt 1928 auch Filialen in Köln und auf der Düsseldorfer Königsallee 58). Viele Cafés befanden sich nicht nur – wie heute üblich – im Innenstadtbereich, sondern auch in den Vorstadtbezirken, meist an den größeren Straßen gelegen, wie zum Beispiel das Café von Heinrich Feuser in der Steeler Straße 30 (Feuser besaß neben seiner Konditorei auf der Alfredistraße noch fünf weitere Zweiggeschäfte).

Dem Essener Gastronomen Otto Blau (1876–1955) war das Café im Hotel „Handelshof" zu verdanken, das nach Entwürfen der Kölner Architekten Carl Moritz und Werner Stahl 1911/12 gegenüber dem Hauptbahnhof errichtet worden war. Dort hatte 1912 auf der ersten Etage das Café Paskert eröffnet, das die kom-

Der Düsseldorfer Architekt Emil Fahrenkamp verantwortete die Neugestaltung des Cafés im Essener „Handelshof" - ein „weltstädtisches Kaffeehaus", wie der „Essener Anzeiger" zur Eröffnung Ende Oktober 1925 schrieb. Die Bremer Holzkunstwerkstätten realisierten die Holzverkleidung und die Möbel des auf 350 Sitzplätze erweiterten Cafés.

plette Fensterfront zur Bahnhofsseite einnahm. Als Otto Blau 1913 die Leitung des Hotels „Handelshof" übernahm (bis dahin hatten es Margarethe und Hermann Rühmann – die Eltern des Schauspielers Heinz Rühmann – geführt), wurde aus dem Café Paskert das Café Blau.

Als das Ruhrgebiet im Januar 1923 von französischen Truppen besetzt wurde, quartierten sich die Soldaten im „Handelshof" ein. Sie entließen das Personal, nachdem es sich geweigert hatte, für die Franzosen zu kochen und sie zu bedienen. „Als die Besatzer im April 1924 abzogen, glichen die Küchen und Vorratsräume Abfallgruben, kein Aufzug, kein Motor funktionierte mehr und kaum eine Wasserleitung und Klosett, die noch in Ordnung waren", schrieb der „Essener Anzeiger". Der „Handelshof" wurde daraufhin umfangreich renoviert und erhielt 1925 ein auf 350 Sitzplätze erweitertes Café.

Der Kuppelraum des Cafés war in Blau und Silber gehalten. Blau war die Holztäfelung, silberpatiniert die dekorative Malerei der Kuppel.

Der Düsseldorfer Architekt Emil Fahrenkamp (1885–1966) war mit der Gestaltung des Cafés beauftragt worden. Er verantwortete das komplette Interieur – von den Farben und der Auswahl der Hölzer über die Entwürfe der Beleuchtungskörper bis hin zu den Stuckarbeiten, Wandreliefs und Glasfenstern. Die Bremer Holzkunstwerkstätten waren für die Holzverkleidung und Möblierung verantwortlich. Die Glasfenster erstellten die Werkstätten Hallermann, einige sehr zart gestimmte Nischenfenster entwarf Professor Karl Kriete.

Den reliefplastischen Wandschmuck in farbiger Marmorinkrustation im letzten gelben Raum des Cafés schuf der Münchner Kunstgewerbler Sigmund von Weech. Die Stuckarbeiten in den Erkernischen wurden von Theodor Elsenbusch ausgeführt, die Beleuchtungskörper stellte die Westdeutsche Elektrizitäts-Gesellschaft Essen her. „Ja, es ist nicht übertrieben, wenn man behauptet, dass die Stadt Essen endlich ein weltstädtisches Kaffeehaus besitzt", schrieb der „Essener Anzeiger" am 31. Oktober 1925, „ein wahres Meisterwerk, um das uns andere Großstädte sicherlich beneiden werden."

In den 1920er-Jahren fanden in den Caféräumen täglich Künstlerkonzerte statt. Im Untergeschoss des Gebäudes befand sich der Mathäser-Bräukeller, im Erdgeschoss ein Restaurant mit Weinkeller, das 600 Sitzplätze hatte.

Café Blau im Handelshof (Essen)

„Das Bild, das sich dem Eintretenden bietet, ist erfüllt von einer geruhsamen, sich zusammenschließenden Farbenharmonie. Alles steht zueinander in Beziehung. Der aus großen roten und elfenbeinfarbenen Würfeln zusammengesetzte Linoleumboden, die Farben des Wandholzes, die Armatur der Beleuchtungskörper, der Deckenanstrich und die Nischen. Rechts beim Eintritt empfängt einen die reizvolle Intimität eines kleinen Kuppelraums, der ganz in Blau und Silber gehalten ist. Blau die Holztäfelung, silberpatiniert die dekorative Malerei der Kuppel. Köstlich fallen hier schon die ... Beleuchtungskörper auf, die jeweils im Charakter des Raums lineare Strenge oder ringförmige Lebhaftigkeit zum Ausdruck bringen. Der zweite Mittel- und Hauptraum erhält seine Struktur durch die vier konstruktiven Gebäudepfeiler, die Architekt Fahrenkamp zu einer langschiffigen Einheit inmitten des Raums zusammenschloss, wo die Musik Unterkunft gefunden hat. Die Pfeiler sind rosafarben gestrichen, die Decken blaugrau, in markanten, aber unaufdringlichen Profilen vorgezogen und wiederum mit Rosa abgesetzt. Die Beleuchtungskörper in Silbernickel hängen in einfachen konstruktiven Glasschiffen gleichförmig an den Decken und wiederum in neuen Modellen an den Wänden. Die glasgemalten Fenster, die Erkernischen geben wie im ersten und den folgenden Räumen dem Licht eine diskrete Brechung. Nun folgen noch zwei Räume – der eine wie der andere ein kleines Kabinettstück moderner Innenraumkunst. Der erste in Weinrot, in maßvoll elegantem Barockgeschmack, elegant und ruhig. Der zweite in Gelb, mit aufgesetzten reliefplastischen Szenerien in farbigem Stein wie ‚Baum mit Vogelkorb', ‚Kakteentopf', ‚Schildkröte', alles in allem eine höchst launige, höchst lustige Angelegenheit."
Aus: „Essener Anzeiger" vom 31. Oktober 1925

Im Dezember 1928 eröffnete Otto Blau in einem Seitentrakt der **Essener** „Lichtburg" in der Kettwiger Straße die „Burgplatz-Gaststätten" – mit einer Terrasse zum Burgplatz, die den Blick auf das Reiterstandbild und das Münster freigab. Die Gäste hatten dort die Wahl zwischen zwei Bierstuben („Münchener Stuben" und „Münchener Löwenbräu"), einer Weinstube und einem Café. Der Hauptraum war 14 mal 15 Meter groß. 200 Personen konnten dort bewirtet werden. Konzipiert wurde das Gebäude von den Architekten Heydkamp und Curt Bucerius.

In **Duisburg** erweiterte Otto Dobbelstein 1925 erneut seine Geschäftsräume. In **Mülheim** gründete Ernst Piper, der schon 1926 im Stadtteil Dümpten eine Konditorei betrieben hatte, in dem massiv gebauten Haus in der Kaiserstraße 4 ein Café. In **Bochum** etablierten sich das „Kaffee Corso" in der Bongardstraße, das Café Sievers in der Friedrichstraße und das von Theodor Köwing betriebene Hansa-Café (mit großem Billardsaal). In **Herne** öffnete 1928 das Café Weyher (ab 1959

Die 1928 eröffneten „Burgplatz-Gaststätten" in Essen. Sie befanden sich in einem Seitentrakt der Essener „Lichtburg" und wurden vom Gastronom Otto Blau bewirtschaftet. Postkarte von 1929.

Oben: Café Dobbelstein nach dem Umbau von 1928. © Café Dobbelstein, Duisburg. Unten: Café Profittlich in der Hindenburgstraße 63 (später Hauptstraße) in Wanne-Eickel. Postkarte von 1919.

Café Wiacker) seine Pforten, in **Gelsenkirchen** war es 1928 das Café Pöppinghaus (später Albring-Rüdel) und das Café Halbeisen in der Horster Straße in Buer.

In **Wanne-Eickel** bewirtete Sebastian Profittlich, Inhaber des 1919 eröffneten Cafés in der Hindenburgstraße 63, bis Ende der 1920er-Jahre wohlhabende jüdische Geschäftsleute, die bei ihm verkehrten sowie die „Honoratioren" der Stadt, zu denen Studienräte, Sparkassendirektoren und Fabrikanten zählten.

Während diese im Gesellschaftszimmer des Cafés Doppelkopf spielten, kommunizierten die Damen im vorderen Saal, diskutierten das Tagesgeschehen oder ihre Familienprobleme. An den Wochenenden gab es Stammtische der Pädagogen im „Profittlich" und ein informelles Treffen der Lokaljournalisten.

In **Recklinghausen** wagte Konditormeister Wilhelm Sternemann 1921 den Schritt in die Selbstständigkeit und eröffnete am Kaiserwall ein Café. Der Betrieb, der bei seiner Gründung noch auf zwei Etagen aufgeteilt war, wurde 1937 umgebaut: Die Caféräume wurden nach unten verlegt und dem Verkaufsraum im Erdgeschoss angegliedert.

In **Dortmund** hatte Heinrich Strickmann am 15. Oktober 1921 in der Wißstraße 23 ein Café eröffnet und war vier Jahre später in die Prinzenstraße 20 umgezogen. Der Konditormeister kaufte drei Jahre später das Nachbarhaus in Nr. 18 und eröffnete darin am 1. September 1927 ein wesentlich vergrößertes Café. Zehn Jahre später – am 1. September 1937 – zog Strickmann mit seinem Café wieder zurück in die Wißstraße, diesmal in die Häuser 26–28.

Teilansicht aus dem von Theodor Köwing geleiteten Hansa-Café in Bochum, Postkarte von 1911

Historische Cafés in Duisburg

Am südlichen Eingangstor zur **Duisburger Innenstadt** – an der Ecke Düsseldorfer Straße/Mercatorstraße – lag das Konditoreicafé Bildhauer. Es war in den 1920er-Jahren ein beliebter Treffpunkt für die Bewohner des Dellviertels. Dreh- und Angelpunkt der Duisburger Gastlichkeit in den 1920er-Jahren waren jedoch die Lokale am **Kuhtor** in der Altstadt: das mondäne Palasthotel mit seinem Café (an der Einmündung des Sonnenwalls) und das „Kaffee Wien" in der **Kuhstraße**, das seine Gäste mit Kaffeehauskonzerten anlockte. Das „Palast-Café Bunte Bühne" hatte Sitzgelegenheiten über mehrere Etagen und eine kleine Bühne, auf der in den 1930er-Jahren Musik gespielt wurde.

Café Kronprinz in Duisburg, Postkarte von 1924

Das Café Kronprinz im Gebäude des Duisburger „General-Anzeigers" (Ecke Kuhlenwall/Kuhstraße) war ein beliebter Treffpunkt für Duisburger Intellektuelle. Das Café befand sich in der ersten Etage und profitierte von den Besuchern des Kinos „Kammer-Lichtspiele", das im Erdgeschoss Filme zeigte. Noch bis zum Abbruch des Gebäudes im Jahr 1962 konnte man hier einkehren. Auch das geräumige Café Korso in der **Altstadt** war stets gut besucht. Geführt wurde es von den Asbrede-Betrieben, denen in den 1940er-Jahren in **Mönchengladbach** auch das Café Wien und in **Düsseldorf** das Café Cornelius gehörte. In der **Kuhstraße** lag das zweistöckige Café Fürstenhof. Im Erdgeschoss hatte der Inhaber Franz Lamertz seine „Altdeutsche Bierstube" eingerichtet, auf der ersten

Etage betrieb er ein Café, das über die Grenzen der Stadt hinaus bekannt war. Als französische und belgische Truppen im März 1921 ins Ruhrgebiet einmarschierten und die Stadt Duisburg besetzten, richteten sie im Café Fürstenhof ein Offizierscasino ein.

In der **Münzstraße** 9 befand sich in den 1920er-Jahren das Konditoreicafé der Familie Siepmann. Es lag gegenüber des Kaufhauses Althoff (später Karstadt) und wurde vor allem von Frauen besucht, die nach ihrem Einkaufsbummel über die Münz- und Beekstraße im „Siepmann" einkehren. In der Münzstraße befand sich auch das Konditoreicafé Quaisser, das der Inhaber Fritz Quaisser nur ein Jahr vor den verheerenden Luftangriffen der Alliierten 1940 renovieren ließ. In der **Beeckstraße** 81–83 befand sich das „Restaurant-Café Industrie" von Gustav Deppendorf. An den Nachmittagen spielte dort

Café-Restaurant Fürstenhof in Duisburg, Postkarte von 1915

ein kleines Salon-Orchester. Im Schatten von Rathaus und Salvatorkirche gab es zahlreiche Cafés, wie auch in der **Königsstraße** in Bahnhofsnähe. Das Café Stewy mit seiner orientalisch anmutenden Architektur besaß Ende der 1920er-Jahre einen eigenen „Damenraum". Der Verkaufsraum des Cafés war großzügig und einladend mit Glasvitrinen ausgestattet. Darin präsentierten die Verkäuferinnen Dutzende von Schachteln und Kästchen aus der eigenen Pralinenfabrikation.

Zu den geräumigsten Cafés in Duisburg gehörte Anfang des 20. Jahrhunderts das Café Rheingold (im Rheingoldaus) in der Königstraße 64. Hier gab es ab Mitte der 1920er-Jahre erstklassige Künstlerkonzerte. Dem Café war das Restaurant „Im Bürgerbräu" und die Likör- und Weinprobierstube „Alt-Holland" angeschlossen. Hier wurden den Gästen die Erzeugnisse des niederländischen Likörherstellers Erven Lukas Bols serviert. Das Café König in der Königstraße 66 war in den 1930er- und 1940er-Jahren ein beliebter Treffpunkt in der Duisburger **Innenstadt**. Es überstand die Bombardierung des Zweiten Weltkriegs und konnte sich bis in die 1970er-Jahre halten. Wenige Hausnummern weiter – in der Königstraße 34 – lag das Café C. Köllmann. Auch dieses Café hatte einen üppig gestalteten Verkaufsraum. Die Angestellten der umliegenden Firmen und Banken gehörten zu den Gästen wie auch die Duisburger/-innen, die nach ihren Einkäufen auf der Königstraße im „Köllmann" einkehrten. Im Eckhaus Königstraße 92 befand sich seit 1885 eine Filiale von „Kaiser's Kaffee Geschäft", das 1880 von Josef Kaiser in Viersen gegründet worden war. Der Laden in Duisburg besaß als eines der ersten Geschäfte im Deutschen Reich den sogenannten Kaiser-Automaten – eine Anlage zur Selbstbedienung mit Kaffee-Zapfmöglichkeit per Münzeinwurf. Die Fronten des Automaten bestanden aus Marmor und aufwendigen Jugendstilverzierungen. Hergestellt wurde die neue technische Errungenschaft von der Firma „Kaiser-Automat" mit Sitz in Metz/Lothringen, das von 1871 bis 1918 zum Deutschen Reich gehörte.

In **Hagen** gab es in der Stadtmitte das geräumige Café Putsch in der Wehringhauser Straße 46 (Inhaber war Julius Schulze-Beckinghausen) sowie die Konzertcafés Hansa-Café und Café Weidenhof in der Mittelstraße 6. Hermann Wolff, der Inhaber des „Weidenhofs", hatte einen Billardsaal und einen Damensalon in dem weiträumigen Café errichten lassen. Der Kuppelsaal mit seinen filigranen Stuck-

Café Fromme in Soest, 1930

Café Viktoria in Hagen, Postkarte von 1915

arbeiten war eine der Attraktionen des Hauses. Unter Wilhelm Piepenstock wurde das Café zum größten und vornehmsten Familiencafé der Stadt. Täglich fanden dort nachmittags und am Abend Künstlerkonzerte statt. In der ersten Etage befanden sich die „Weidenhof-Weindielen". In den 1920er-Jahren war das Zentral-Café an der Ecke Frankfurter-/Gartenstraße ein beliebter Treffpunkt, später auch das von Ed. Stratmann betriebene „Viktoria" in der Bahnhofstraße. Auf zwei Etagen betrieb Otto Kumpmann sein gleichnamiges Konditoreicafé in der Kampfstraße/Ecke Elberfelder Straße.

Die meisten Cafés in Hagen gab es in der „Straße der Hoteliers" gegenüber dem Hauptbahnhof. Hierzu gehörten das Café Union und das Café Resa mit seinem in den 1920er-Jahren beliebten Tanzlokal. Zu den bekanntesten Cafés der Stadt gehörten das Café Heiden an der Altenhagener Brücke, das Café Rotthaus in der Ebertstraße, das Café Tigges in der Brückstraße 2 und das Café Dreisbach in der Elberfelder Straße 22.

In **Soest** ließ Theodor Fromme 1929 seine Bäckerei am Markt in ein Konditoreicafé umbauen. 1852 hatte sein Vater den Betrieb in einem Fachwerkhaus am Markt 1 eröffnet. In der Soester Brüderstraße eröffnete das Café von Emil Acker und auch das Hansa-Café-Restaurant von W. Krabbe vergrößerte seine Räumlichkeiten. In **Bielefeld** eröffnete F. W. Klinger das Großcafé „Kaffee Mai" (mit deckenhohen gläsernen Blumenvitrinen als Raumteiler).

Cafés im Siegerland

Das Siegerland war Ende des 19. Jahrhunderts nicht unbedingt eine Region, in der Mokka oder „e Käppche gooer Boahnekaffie" im Überfluss zu finden waren. Wer guten Kaffee wollte und ihn in einem Café oder einer Kaffeestube trinken wollte, musste deshalb nach **Siegen** fahren, wo sich entsprechende Lokale von der Bahnhofstraße über die Kölner und Marburger Straße bis hin zum Marburger Tor erstreckten. Am Kornmarkt 16 hatte

Konzertcafé Kaufmann in der Marburger Straße 37 in Siegen, Postkarte von 1930

1901 das Café Schubert eröffnet, in der Nachfolge der 1887 gegründeten Konditorei von Karl Meinhardt. 1912 erfolgte der Umzug in die Löhrstraße 11.

Im alten Siegener Bahnhofsgebäude hatte das Café Industrie eröffnet, das von der rührigen Besitzerin „Stein's Kett" betrieben wurde. Sie machte es vor allem in den 1920er- und 1930er-Jahren zu einem Treffpunkt, an dem Musik, Tanz, Varieté, Kabarett und sogar Striptease geboten wurden. Als Konzertcafé erfuhr auch der 1913 gegründete Betrieb von Karl Kaufmann großen Zuspruch. Das Café Kaufmann war von morgens 8 Uhr bis 1 Uhr nachts geöffnet, bis 1939 konnte man dort von 20 Uhr bis Mitternacht täglich Unterhaltungsmusik hören. Der Inhaber hatte in jenen Jahren viele gute Kapellen verpflichtet. 1948 eröffnete das Café in der Oberstadt wieder und blieb bis zum Ruhestand von Karl Kaufmann im Jahr 1968 geöffnet. Das 1896 gegründete Café Schmidt in der Bahnhofstraße etablierte sich als vorzügliches Konditoreicafé. Es belieferte nord- und süddeutsche Fürstenhäuser und schickte jedes Jahr eine „Herrentorte" in den Vatikan, wo eine Nonne aus dem Sauerland dem Papst ein Stück der Köstlichkeit überreicht haben soll. 1970 wurde das Café Schmidt geschlossen.

Kaffeehäuser und ihre Varianten

Die Billard- und Spielcafés

Als Antwort auf die Konkurrenz der neu entstandenen Gaststätten, Amüsierbetriebe und Lichtspieltheater waren in Deutschland bis Ende der 1920er-Jahre zahlreiche Billard- und Konzertcafés entstanden, vor allem in den Großstädten. Als Spiel gehobener Gesellschaftskreise war das Billard bis zum 18. Jahrhundert den privaten Salons vorbehalten, ehe es findige Cafetiers zur Unterhaltung der Gäste auch für die breite Öffentlichkeit zugänglich machten. Mit dem Billard erschien auch der „Marqueur", der die verlorenen und gewonnenen Augen der Spieler zählte und anschrieb. Er wurde zum Vorläufer des Kellners, der seinerseits in den Kaffeehäusern den Namen „Marqueur" noch lange behielt.

Außer in England hatte das Billard Ende des 19. Jahrhunderts in ganz Europa an Beliebtheit gewonnen. In **Hamburg** sind die ersten Billards bereits 1710 erwähnt. Die besten **Wiener** Kunstspieler versammelten sich in den 1820er-Jahren im Café

Café Schucan in Münster, 1922.
@ Aschendorff Verlag Münster.

Hugelmann – der „Universität der Billardspieler". Eine Partie auf 48 Augen kostete dort zwei Kreuzer, eine Partie Pyramidenspiel konnte man für drei Kreuzer haben. Warb das **Münchener** Café Luitpold in seiner Eröffnungsanzeige von 1888 noch mit 15 Billardtischen (und dürfte damit den größten Billardsaal Deutschlands besessen haben), so potenzierten sich die Zahlen zu Beginn des 20. Jahrhunderts um ein Vielfaches.

Auch Otto Schucan hatte diesen Trend erkannt und 1922 in **Münster** den Billardsaal seines Cafés von Grund auf renovieren lassen. Er stellte den mehrfachen Billardmeister Lillje ein und spendete Sach- und Ehrenpreise für die Turniere, die dort an elf Tischen ausgetragen wurden. Schucan bot der „Billardgesellschaft Münster" in seinen Räumen eine Heimstatt und lockte die Prominenz aus nah und fern in sein Café, u.a. den 15-fachen Weltmeister Roger Conti und den mehrfachen deutschen Meister Albert Poensgen. Selbst eine Deutsche Meisterschaft wurde im Billardsaal des Café Schucan ausgetragen. Von 1930 bis 1940 stellte Otto Schucan für die Bewirtschaftung des Saals einen eigenen Kellner ab.

In **Herne** waren das Café Blum und das Café Stracke bekannte Billardcafés, in **Essen** das Café Königshof (das sich „Billardakademie und Tanzdiele" nannte) und später das Ruhrland-Café oder das Café Blau. Im **Aachener** Café Vaterland gab es sieben „gepflegte Turnier-Billards", in **Düsseldorf** warb das Café-Restaurant Palais mit „zwölf erstklassigen Billards". Eigene Billardsäle hatten auch das Café Breuer und das Café Holländer in **Wuppertal**, das **Kölner** Café Palant, das **Bochumer** Hansa-Café und das Café Weidenhof in **Hagen**. Unter den zehn Kaffeehäusern in **Köln** von 1797 gab es drei, die Billard anboten.

Man spielte in den Kaffeehäusern aber nicht nur Billard, sondern auch Karten. In **Wien** wurden die Lokale zum Mekka der Tarockierer und Pokerspieler sowie von Freunden der Préférance. Aus dem **Berliner**

Billardsaal des Café-Restaurant Palais in der Düsseldorfer Graf-Adolf-Straße, Postkarte von 1898

Café Volpi ist überliefert, dass sich die Gäste gegen Ende des 18. Jahrhunderts mit L'Hombre, „Langem Puff" und Jocadille vergnügten. Das **Frankfurter** Café Bauer bot 1884 neben den üblichen Modespielen sowohl Piquet, Wiener Doppeldeutsche wie auch Domino an. Die Gebühren dafür betrugen zwischen 0,50 und 0,90 Mark. Benutzte man überspielte Karten, so verringerte sich die Gebühr etwa um die Hälfte.

Das dritte klassische Kaffeehausspiel neben Billard und den Kartenspielen wurde das Schach. Das mit „geistiger Exklusivität" verbundene Spiel galt als bevorzugte Beschäftigung der Aristokratie, ehe es sich im 18. Jahrhundert in fast allen Schichten durchsetzte. Über die Kaffeehäuser Englands und Frankreichs kam es im Laufe des 19. Jahrhunderts nach **Wien**. Im Café Central wurden Partien ausgetragen, deren bissige Kommentierungen sogar in die österreichische Literatur eingingen.

In **Kölner** Kaffeehäusern wurde es – wie auch diverse Kartenspiele – seit den 1840er-Jahren gepflegt. Vor allem gewann das Dominospiel die Liebe der Kölner. In den 1850er-Jahren hatte es eine Bedeutung, die heute mit dem Fernsehen vergleichbar ist. Der durch das Mischen der Dominosteine verursachte Lärm verscheuchte allerdings die Schachspieler und ließ die Freunde der Zeitungslektüre erst am Abend, wenn es im Kaffeehaus ruhiger wurde, auf ihre Kosten kommen.

Die Zeitungscafés

Zeitungen zu abonnieren und Gedrucktes systematisch zu verbreiten, war im 18. Jahrhundert obligatorisch für nahezu jeden Cafetier in Europa. Zur besseren Handhabung, aber auch zum Schutz vor unerlaubter Mitnahme, wurden Zeitungen in feste Leserahmen gespannt, nachweislich zuerst 1771 im „Kramerschen Kaffeehaus" in **Wien**. In Deutschland gehörte das **Hamburger** „Kaffeehaus an der Trostbrücke" zu den ältesten Lesecafés seiner Zeit. Um 1750 fanden sich dort neben geschriebenen Zeitungen (die der damals strengen Zensur entgingen) auch zahlreiche gedruckte deutsche und holländische Blätter, vornehmlich der „Harlemsche" und „Amsterdamer Courant". Der Schifffahrt und ihren Belangen diente die ebenfalls dort ausliegende „Lloyds Liste". Außerdem standen den Gästen des Kaffeehauses unentgeltlich Feder, Tinte und Papier zur Verfügung.

Das „Große Kaffeehaus" in **Braunschweig** warb 1781 mit der ständigen Präsenz von 13 Zeitungen, darunter die „Braunschweiger Zeitung", das „Hannoversche Magazin", der „Hamburger Correspondent", der „Altonaer Beytrag", die „Berliner Zeitung", der „Courier du bas Rhin" oder „Büschings Nachrichten". 1794 wurde im großen Lesesaal dieses Kaffeehauses ein Lese-Institut eingerichtet, in dem man

Zeitungen und Zeitschriften des Kölner Café Bauer, 1885

Köln
Kölnische Volkszeitung
Kölnische Zeitung
Kölnischer Anzeiger
Kölner Tages-Telegraph
Kölner Wohnungs-Anzeiger
Kölnische Blätter

Berlin
Berliner Börsen-Courier
Berliner Börsen-Zeitung
Berliner Lokal-Anzeiger
Berliner Tageblatt
Berliner Reform
Deutscher Reichsanzeiger
Freisinnige Zeitung
Germania
National-Zeitung
Neue preußische Kreuz-Zeitung
Norddeutsche Allgemeine Zeitung
Post
Tägliche Rundschau
Tag
Vorwärts
Vossische Zeitung
Welt am Montag

Deutschland
Weser-Zeitung, Bremen
Breslauer Zeitung
Casseler Tageblatt
Darmstädter Zeitung
Dresdener Nachrichten
Rheinisch-Westfäl. Zeitung, Essen
Elberfelder Zeitung
Hamburger Fremdenblatt
Hamburger Nachrichten
Heidelberger Tageblatt
Frankfurter Zeitung
Frankfurter Nachrichten
Frankfurter General-Anzeiger
Frankfurter Warte
Mainbrücke
Badische Landeszeitung, Karlsruhe
Leipziger Neueste Nachrichten
Leipziger Tageblatt
Magdeburger Zeitung
Mainzer Tageblatt
Neue Badische Landeszeitung, Mannheim
Münchener Neueste Nachrichten
Fränkischer Kurier, Nürnberg

Offenbacher Zeitung
Posener Neueste Nachrichten
Straßburger Post
Schwäbischer Merkur, Stuttgart
Schlesische Zeitung
Trierische Zeitung
Wiesbadener Zeitung

Deutsch-südwest-afrikanische Zeitung, Swakopmund

Ausland
Aftenbladet
Der Bund, Bern
Indépendence Belge
Pester Lloyd
Pesti Naplo
Israelit
Le Figaro
Matin
Temps
Politiken
Corriere della Sera
El Imperial
La Tribuna
Times
The English Mail
Daily-Mail
Financel News
Evening Standard
New-Yorker Handelsblatt
New-York Herald
Bohemia
Nieuwe Rotterdam Courier
Wiener Fremdenblatt
Kl. Wiener Extrablatt
Neue Freie Presse
Neues Wiener Journal
Neues Wiener Tageblatt
Die Zeit
Neue Zürcher Zeitung
Retsch
Kurier Warszawsky

Sport
Allgemeine Sportzeitung
Deutscher Sport
Flugsport
Paris Sport
Radwelt
Sport im Bild
Sportman

Sportwelt
Wassersport

Humoristika
Fliegende Blätter
Guckkasten
Journal amusant
Jugend
Karrikaturen
Kladderadatsch
Lustige Blätter
Meggendorfer Blätter
Pschütt
Punch
Simplicissimus

Allgemeine und Familienblätter
Das Buch für Alle
Criminal-Polizeiblatt
Daheim
Gartenlaube
Graphie
Hochland
Das Interessante Blatt
L'Illustration
L'Illustrazione italiana
Israelitisches Familienblatt
Der Israelit
Über Land und Meer
Leipziger Illustrierte Zeitung
London News
März
Moderne Kunst
Universum
Die Welt
Die Woche
Die Wochenschau
Zukunft

Verschiedenes
Der Confektionär
Finanz-Herold
Hausbesitzer-Zeitung
Humonist
Die Schaubühne
Schuh und Leder
Theater-Almanach
Theater-Revue
Der neue Weg

gegen eine Gebühr von vier Reichstalern jährlich regelmäßig die neuesten Druckerzeugnisse einsehen konnte. Als weiteren Service stellte man ein Nebenzimmer für solche Leser bereit, die völlige Stille bei ihrer Lektüre wünschten.

In **Köln** warb das Café Palant auf der Hohe Straße 1848 mit einer Vielzahl von Zeitungen, darunter das „Journal des débats", „Gazzetta del Popolo", „Times", „Neue Freie Presse" (Wien) und „Indépendence Belge". Unter den Zeitschriften befanden sich die „Illustrated London News", „Punch", „Journal Amusant", „Kladderadatsch", „Münchner Punsch" und die „Fliegenden Blätter".

Im Kölner Café Bauer lagen 1885 mehr als 120 Zeitungen und Zeitschriften aus, darunter allein 50 aus dem Ausland. Die Vielzahl der internationalen Journale machte das „Bauer" zum Anziehungspunkt insbesondere von Ausländern, die sich in Köln aufhielten. So gab es hier den „Israelit" und das „Israelitische Familienblatt" zu lesen, was für viele Juden ein Grund war, das „Bauer" als ihr Stammcafé zu wählen. Mitte der 1930er-Jahre wurde das Café Bauer unter dem Namen Café Bavaria geführt. An das ursprüngliche Flair erinnerten im Gebäude Hohe Straße 69/71 nur noch die filigrane Deckenverzierung im Renaissancestil und die Vielzahl der Zeitungen und Zeitschriften.

Otto Schucan hielt zu Beginn der 1920er-Jahre in seinem **Münsteraner** Café mehr als 30 verschiedene Titel vor, darunter die „Deutsche Allgemeine Zeitung", „Leipziger Neueste Nachrichten", „Berliner Tageblatt", „Münchner Neueste Nachrichten", „Kölnische Zeitung", „Neue Züricher Zeitung", „Bergwerks-Zeitung", „Billard-Zeitung", „Sport-Welt" und die „Kaffeehaus-Zeitung".

Mit der Radikalisierung des politischen Klimas zwischen den beiden Weltkriegen, insbesondere durch zahlreiche Zeitungsverbote durch die NSDAP, brach in Deutschland ab 1933 der allmähliche Niedergang der Lesecafés an. Erst die Intellektuellencafés der 1980er-Jahre, die sich vorrangig als Ort der Kommunikation und nicht der Konsumation definierten, machten das Auslegen von Zeitungen wieder zu ihrem vordringlichen Programm.

Die Tanz- und Konzertcafés

Mehr noch als die Billard-, Spiel- und Lesecafés zogen die Konzertcafés in den 1920er-Jahren das Publikum an. Mit Säulenanschlägen und in großen Zeitungsanzeigen lud man zum „Thé dansant" oder zur sonntäglichen Matinee ein, die Kaffeehäuser erhielten plötzlich Tanzdielen oder theaterartige Bühnen, auf denen die Kapellen musizierten. Sofern die Räumlichkeiten es zuließen gab es auch anspruchsvolle Kabarettaufführungen.

Konzertcafés hatten eine lange Tradition in Europa. Als „Cafés à concert" entstanden sie bereits im 18. Jahrhundert in **Paris**. In den Jahren der Französischen Revolution wurden hier – je nach Zusammensetzung des Publikums – satirische Chansons gegen Adel und Klerus oder später in den Cafézentren der Aristokratie gegen die Jakobiner und Sansculotten gesungen. Die eigentliche Geburtsstunde der französischen Konzertcafés schlug jedoch im Jahr 1867, als den Künstlern per Gesetz gestattet wurde, kostümiert im Kaffeehaus aufzutreten.

Als „Café chantant" wurden diese Lokale bald auch in Deutschland populär. **Braunschweig** verzeichnete 1873 allein zehn solcher Betriebe. Komiker traten dort auf oder Damenkapellen spielten Stücke der mittelmäßigen Unterhaltung. Im Repertoire: „Der Schneider-Walzer", „Müllers Lied" oder „Der Mucker". Am Ende jeder Vorstellung verließen die Vortragenden die Bühne, um Geld von den Gästen einzusammeln.

Die Cafés chantants verschwanden mit dem Aufkommen seriöser Konzertcafés, die sich um 1900 in Europa durchzusetzen begannen. Auf breite musikalische Unterhaltung angelegt und durchaus als Konkurrenz von Varietés, Singspiel- und

Otto Blaus Café in den Burgplatz-Gaststätten hieß 1937 „Konzert-Café am Adolf-Hitler-Platz".

Konzerthallen, traten diese Lokale als fest kalkulierte Großbetriebe in Erscheinung. Durch ein möglichst hohes Angebot an Sitzplätzen sollten die Kosten der unter Vertrag genommenen Kapellen und Solisten ausgeglichen werden. Durch Öffnungszeiten bis weit nach Mitternacht – was ihnen schon bald die Bezeichnung „Nachtcafé" eintrug – sollten zusätzlich Gäste gewonnen werden. Der Raumbedarf in den Konzertcafés war unverhältnismäßig hoch und erforderte mancherorts den Einbau von Rängen und Galerien. Die durchschnittliche Zahl der Sitzplätze lag zwischen 400 und 500.

Zu den ältesten Konzertcafés Deutschlands gehörte das **Frankfurter** „Orpheum" an der ehemaligen Konstablerwache. Es hatte seine Glanzzeit um 1880, als die Bürger des Ostend es aufgrund der dort aufspielenden ungarischen Tanzkapellen stark frequentierten. Zu einem Großcafé besonderer Art wurde Anfang der 1920er-Jahre auch das Frankfurter „Hambitzer", das bis zur Inflationszeit berühmte Orchester in seinem Wintergarten auftreten ließ.

In **Berlin** hatten das „Moka Efti" (das 2017 für die Serie „Babylon Berlin" nachgebaut wurde) und das „Resi" ihre Pforten geöffnet, in **Chemnitz** zog der „Admirals-Palast" die Menschen an. In **Aachen** war es das Café Vaterland, in **Herne** das Café Blum und das Café Stracke, in **Essen** das Café Königshof und später das Ruhrland-Café oder das Café Blau im „Handelshof". Stellvertretend für andere Städte in Nordrhein-Westfalen hat Karl Neuhoff in seinem Buch „Das sündige Dortmund" einen detaillierten Streifzug durch die Konzertcafés und das Vergnügungsleben jener Jahre unternommen, der im folgenden Kapitel zusammengefasst ist.

Historische Cafés in Dortmund

Dortmund war erst Ende des 19. Jahrhunderts zur Großstadt geworden. 1894 zählte die Stadt mehr als 100.000 Einwohner, sodass moderne Geschäftshäuser und Hotel-Restaurants entstanden, aber auch Varietés, Kabaretts (wie die „Jung-Mühle" und das „Mascotte"), Kinos, Theater (allen voran das „Olympia-Theater" mit 1700 Plätzen und seinem Konzertcafé im Erdgeschoss), Biersäle und Singspielhallen – zunächst in der **Brückstraße**, dann in der zwischen 1904 und 1907 neu angelegten **Hansastraße**. In der **Münsterstraße** erweiterte sich der alte Stadtkern über den ehemaligen Mauerring hinaus.

Nur wenige Meter vom Burgtor entfernt entstand ein neuer Marktplatz, der sogenannte **Steinplatz**, den zahlreiche Geschäfte, Gaststätten und auch Kaffeehäuser säumten. In zahlreichen Konzertcafés musizierten Kapellen mit bis zu 20 Musikern, sogar Damenkapellen traten hier auf. Mit Koffern und Kisten kamen die Musiker am Dortmunder Hauptbahnhof an und verteilten sich auf die verschiedenen Spielstätten, denn am

1. oder 15. eines Monats wechselten die Ensembles turnusmäßig. Das Café Metropol im 1894 fertiggestellten Ruhfus-Haus an der Ecke **Brückstraße/Reinoldistraße** war das älteste Konzertcafé der Stadt. Von 1928 bis 1932 führte es den Namen „Café Vaterland" und bis 1942 den Namen „Café Roland".

Im Norden der Stadt wurde 1912 der „Fredenbaum" eröffnet, der im Volksmund „Lunapark" hieß. Mit seiner riesigen Gebirgsbahn, aber auch mit seinem 1400 Quadratmeter großen Festsaal und zahlreichen Cafés (zum Beispiel dem Strandcafé Bergermann oder dem Kaffeegarten mit Musikpavillon), war er eine Sensation im östlichen Ruhrgebiet. Sogar aus dem Sauerland und dem Münsterland kamen die Besucher. Auch die 1901 eröffnete „Walhalla" in der **Rheinischen Straße** war ein Publikumsmagnet.

Bis 1913 gab es 16 größere Konzertcafés in Dortmund. Im Haus des „Hamburger Hofes" in der **Brückstraße** 66 gab es das Konzertcafé Royal (über dem Eingang der „Corso-Lichtspiele"), das „Wiener Café" und das Café Central (zu dem sich in den 1920er-Jahren noch die „Central-Diele" gesellte) im Zentrum der Brückstraße. Eines der populärsten Cafés in Dortmund war das Café Wintergarten im Vorderhaus des Konzerthauses „Wintergarten". Es lag im Obergeschoss und bot aufgrund seiner langgestreckten Fensterfront einen schönen Blick auf die Straße. In Anlehnung an die bis dahin dem Adel vorbehaltenen Orangerien waren solche Wintergärten bereits 1780 in Berlin unter dem Begriff „Treibhaus-Café" eingeführt worden. Mit der Weltausstellung von 1851, auf der Joseph Paxton mit seinem „Kristallpalast" überraschte, waren zugleich die bautechnischen Grundlagen für eine eigene Verbindung von Kaffeehaus und Glas gegeben. Viele Pflanzen, breite Gänge und zahlreiche kleine Sitzgruppen bestimmten das Bild solcher Wintergärten. Als Relikt aus dieser Zeit entstanden später in vielen Cafés gläserne Zwischendecken und Lichtkuppeln, die den Räumen eine Atmosphäre der Luftigkeit und Transparenz gaben. Auch der kalkulierte Einsatz von großflächigen Schaufensterfronten hat hier seinen Ursprung.

Café Vaterland im Dortmunder Ruhfus-Haus. Postkarten von 1928.

Café Wintergarten in Dortmund, Postkarte von 1903

Der Ende des 19. Jahrhunderts errichtete Neubau des Dortmunder „Wintergarten" besaß als „Bergischer Hof" (später als „Central-Theater") eine große Konzert- und Singspielhalle, in der täglich Auftritte von renommierten Kapellen des In- und Auslands stattfanden. Auch Varieté- und artistische Darbietungen fanden dort statt. 1905 wurde das Haus in der **Brückstraße** 39–43 zum „Wintergarten". Karl Neuhoff schreibt: „Hier gastierten nur die besten Kapellen. Es gab besondere Opern- und Operettenabende, wozu dann auch Sänger und Sängerinnen engagiert wurden. Das Eröffnungsprogramm bestritten 45 der hervorragendsten Militärmusiker Deutschlands, nämlich die Königlichen Grenadiere der Württembergischen Armee aus Ulm an der Donau sowie die wirklich feine, exzellente, ganz besonders künstlerische Original-Wiener-Salonkapelle ‚Estudiantina'." Der „Wintergarten" war ganztägig geöffnet; jeden Morgen gab es Matineen.

Nach dem Ersten Weltkrieg wurde der „Wintergarten" in „Odeon-Café" umbenannt. Im Zweiten Weltkrieg wurde das Gebäude zerstört, nach dem Wiederaufbau befand sich in den Räumen des ehemaligen Cafés das letzte echte Varieté-Kabarett Dortmunds.

Die Tanz- und Konzertcafés

Auch in der **Innenstadt** Dortmunds gab es zahlreiche Konzertcafés. An der **Hansastraße/Ecke Westenhellweg** 40 war 1906 in einem Neubau das Hansa-Café eröffnet worden; es befand sich im ersten Obergeschoss. Gegenüber vom Hansa-Café, an der anderen Ecke von Hansastraße und Westenhellweg 29, warb 1912 das Café Industrie mit täglichen Künstlerkonzerten seiner Hauskapelle, die von Wilhelm Sartor geleitet wurde. Eine große „Billard-Akademie" (mit einem Billardmeister als Leiter) war dem Café angeschlossen. 1932 wurde das Café umgestaltet und als „Fleiters gute Stuben" (mit „Palette", „Diele" und „Atelier") wiedereröffnet.

Im **Westenhellweg** 91 befand sich das Konzertcafé und Restaurant „Maximilian". Zwischen 1911 und 1913 entstand am Königswall 2 das Café Palais. Es hatte 400 Sitzplätze, einen Musiksaal, einen Billardsaal mit fünf Präzisionsbillards und einen „separaten Raum nur für Damen". Für die Gäste lagen mehr als 120 Zeitungen und Zeitschriften bereit. Dem Café war im Erdgeschoss eine intime Likörbar angegliedert worden, die sich „Simplicissimus" nannte.

Im April 1912 wurde im Westenhellweg 11 das Konzertcafé „Passage" eröffnet (mit den „Bols-Stuben" im Erdgeschoss). Das Café befand sich in der ersten Etage über dem „Pariser Kinema". Später firmierte es unter dem Namen „Café Kronprinz" (Inhaber: Wilhelm Funke), ab 1918 dann als „Café

Das Café Kronprinz am Westenhellweg 11, Postkarte von 1916

Das Konzertcafé „Passage" am Dortmunder Westenhellweg 11 gehörte Wilhelm Funke. Es wurde im April 1912 eröffnet. Das Café war der Vorgänger des späteren, noch weitaus größeren Café Corso. Postkarte von 1913.

Corso". Mit Gustav Finis bekamen 1921 sowohl die „Bols-Stuben" als auch das „Corso" einen neuen Eigentümer. Als „Corso-Betriebe" entstand hier bis Mitte der 1920er-Jahre ein Zentrum von Unterhaltung und Gastronomie, das weit über Dortmund hinaus bekannt wurde. Die Räume im Obergeschoss des Café Corso wurden um das Doppelte erweitert. Es eröffnete das Corso-Restaurant und ein „rustikal gemütlicher Bierkeller" unter dem Namen „Pütt". 1925 kam auch das im Erdgeschoss der **Hohenzollernpassage** gelegene Café Hemesath unter Finis' Leitung. Regelmäßig fanden in den 1920er-Jahren Rundfunkübertragungen aus dem Café Corso statt – zuerst über den Sender Dortmund, dann auch über den Sender Langenberg. Karl Neuhoff schreibt dazu: „Neben der ständigen Hauskapelle unter der Leitung des Geigenvirtuosen Mario Iseglio konnte man hier häufig Professor Ferra Resi mit seiner Wundergeige hören. Dazu waren oft namhafte Künstler und Kabarettisten im ‚Corso' engagiert. Und wenn gar eine der berühmten Tanzorchester jener Jahre mit Kapellmeistern wie Marek Weber, Dajos Bela, Georges Boulanger, Bernhard Etté oder Francesco Scarpa hier gastierten, konnte man von Glück sprechen, wenn man überhaupt einen Platz bekam." Selbst der Violinist und Orchesterleiter Barnabas von Geczy gab dort ein Sondergastspiel.

In vergleichbaren Dimensionen wie die Corso-Betriebe entstanden 1929 am **Südwall/Ecke Hohe Straße** die „Grafenhof-Betriebe", die mehrere gastronomische Zweige unter einem Dach vereinten. Restaurant und Tagescafé lagen am Südwall, die Schänke für eilige Gäste befand sich in der Hohe Straße. Das gesamte Obergeschoss beherbergte ein Konzertcafé, in dem anfangs das Salonorchester Breiden spielte. Auf dem Dachgarten eröffnete ein „Gartenrestaurant" und im Untergeschoss entstand eine Tanzdiele mit einer runden gläsernen Tanzfläche, die von unten beleuchtet wurde. Im Konzertcafé spielten erstklassige Orchester oder es traten Kabarettkünstler und -künstlerinnen auf, wie beispielsweise Mimo Thomas.

Als eines der größten Konzertcafés Westdeutschlands eröffnete 1912 im Löwenhofgebäude (heute „Stahlhaus") am **Burgtor** das „Elite-Café Löwenhof". Im Erdgeschoss befand sich ein Restaurant, im Obergeschoss das Konzertcafé, durch dessen Fensterfront man einen Panoramablick über das neu entstandene Bahnhofsvorgelände hatte. Karl Neuhoff schreibt dazu: „Vom Burgtor her gelangte man über eine breite, mit rotem Teppich ausgelegte Marmortreppe ins Konzertcafé. Im Billardsaal des Elite-Cafés standen sogar neun Billards. Selbstverständlich gab auch hier ein Billardmeister Unterricht. Zwei Kapellen wetteiferten im Café um die Gunst des Publikums. In der zum Café gehörenden Weindiele konnte man der Musik sogar bis um zwei Uhr nachts lauschen." Anfang der 1920er-Jahre musste das Elite-Café schließen, da man das „Löwenhof"-Gebäude anders nutzte. Dasselbe Schicksal ereilte auch das Prunkcafé „Palais".

Ein anderes Konzertcafé – das „Fürstenhof" – entstand erst gegen Ende der 1920er-Jahre aus dem gleichnamigen Hotel. Mit der Hauptfront des Gebäudes zum **Königswall** nahm der mehrgeschossige Prachtbau den Platz zwischen **Hansa-und Weberstraße** ein. Das Café Wien wurde drei Jahre nach Fertigstellung des Westfalenhauses 1929 in dessen Nordflügel eröffnet – zusammen mit dem Kino „Emelka-Palast" (später „Capitol"). Das Lokal befand sich im ersten Obergeschoss, darunter zog die Tanzdiele „Charlott" und die Tanzbar „Chérie" das Publikum an.

Sämtliche Etablissements mussten in den 1930er-Jahren einem Kaufhaus weichen, das dort nach umfangreichen Umbauten seine Pforten öffnete. Als Geheimtipp in der Hansastraße galt die kleine Café- und und Cacao-Stube von Helene Voss.

Max Wunderlich mit dem Orchester National im Dortmunder Café Corso. Foto von 1929.

Café Corso in Dortmund, Postkarte von 1928

Die Ausflugs- und Kurcafés

In Deutschland hatte sich neben den Billard- und Konzertcafés noch eine weitere Sonderform des Kaffeehauses etabliert – das Ausflugscafé, das in **Österreich** als „Schanigarten" bekannt geworden war. In den 1830er-Jahren wurde es zunächst von Adligen und reichen Bürgern etabliert, die ihre umzäunten Privatgärten zur Bewirtschaftung honetter Gäste nutzten, doch schon bald hatten zahlreiche Cafetiers diese Idee kopiert. Sie stellten im Grünen oder im Umfeld von Eisenbahn- und Straßenbahnhaltepunkten einfache Holzbänke und -tische auf und warteten auf die Besucher, von denen nicht wenige aus Kostengründen eigene Stullen als Ersatz für ein Mittagessen sowie Kuchen und Kaffeemehl im Gepäck hatten. Die Wirte gaben deshalb neben Limonade und Bier auch kochendes Wasser an ihre Gäste aus.

Der Erfolg dieser Gartencafés war dermaßen groß, dass städtische Kaffeehausbesitzer dazu übergingen, ihren Lokalen ebenfalls kleine Cafégärten anzugliedern.

Wieder andere grenzten einen Teil ihres Bürgersteigs mit Blumenkübeln ab und stellten dort Gartentische und Stühle auf – eine Gewohnheit, die sich bis in die Gegenwart erhalten hat. Häufig spielten in den Gartencafés Militärkapellen oder Männerchöre erfreuten das Publikum mit musikalischer Untermalung. In Wien hatte sich 1814 in einem der zahlreichen Kaffeehäuser am Prater schon Ludwig van Beethoven als Klavierspieler feiern lassen; 1824 debütierte dort Johann Strauß mit seinem Kollegen Josef Lanner. Die Kaffeehauskonzerte fanden in Deutschland zunächst in vornehmen Badeorten statt, bald darauf wurden sie allerorten zur sonntäglichen Attraktion der Kaffeegärten.

In **Düsseldorf, Köln, Königswinter** und **Bonn** profitierten von der neuen Gastronomieform zunächst die Lokale am Rhein, ehe ab Mitte des 19. Jahrhunderts auch die Schönheiten des **Siegtals** und seiner Seitentäler zum Ausflugsziel der Städter wurden. Schon vor Beginn des dortigen Kurbetriebs brachte die Eisenbahn die Menschen nach **Hennef, Blankenberg** und in die Region weiter siegaufwärts. Örtliche und auswärtige Vereine organisierten Ausflugsfahrten, bei denen das gemeinsame Kaffeetrinken nicht fehlte. Für das Hotel Honberg in **Blankenberg** ist im April 1898 ein Besuch von Prinz Adolph von Schaumburg-Lippe und seiner Gemahlin, der Schwester Kaiser Wilhelms II., belegt. Beide tranken dort nach einer Radtour durchs Siegtal Kaffee.

1908 kehrten Prinz Adolph und Prinzessin von Schaumburg-Lippe erneut ins Siegtal zurück, um im Hotel Laa in Hennef Kaffee zu trinken. In **Müngsten** an der Wupper hatte das Bergische Kaffeehaus von Gotttfried Hess einen regen Zulauf.

In **Köln** war das Café-Restaurant Rheinberg (eröffnet 1887, geschlossen 1920) am Leystapel ein bevorzugtes Ziel für Ausflügler. Durch seine Lage in der Nähe der Schiffsanlegestelle wurde es von einem internationalen Publikum frequentiert. Das eigentliche Café lag im ersten Stock und hatte eine Aussichtsterrasse zum Rhein hin. Barten und Schlieter schreiben: „Unter dem Einfluss des romantischen Rhein-Tou-

Bergisches Kaffeehaus am Kaiser-Wilhelm-Weg in Müngsten an der Wupper, Postkarte von 1910. Inhaber war Gottfried Hess.

rismus entschlossen sich in Köln viele Hotels, ab Mitte des 19. Jahrhunderts sogenannte Bellevues einzurichten. Diese Mode wirkte sich auch auf Wohnbauten aus. Auch die benachbarten größeren Hotels wie das Hotel Royal (früher Hotel Heiliger Geist) oder das Hotel de Cologne hatten entsprechende Bellevues. Nördlich angrenzend an die Kirche Maria Lyskirchen stand das Belvedere-Café-Restaurant mit einer ähnlichen Terrasse. Auch beim Ausbau des Kölner Hauses Marienburg zu einem Ausflugslokal bzw. Hotel in den 1870er-Jahren spielten Bellevues unterschiedlicher Art eine wichtige Rolle."

Ein beliebtes Ausflugsziel am linksrheinischen Ufer in Köln war das 1911 von A. Werther gegründete Café Rheinterrassen (später „Rhein-Pavillon"). Die günstige Verkehrsanbindung zum Bahnhof in Köln-Rodenkirchen brachte viele Ausflügler an die „Kölsche Riviera" und machte das Café (mit eigener Konditorei) und Wein-Restaurant in den 1920er-Jahren zum größten Ausflugs- und Tanzlokal der Stadt. Das „vornehmste Garten-Etablissement Westdeutschlands", wie es in Zeitungsannoncen hieß, hatte fast 5000 Sitzplätze. Vor dem rechteckig angelegten Gebäude befand sich eine von fünf Wegen durchbrochene Rasenfläche, die so groß wie zwei Fußballplätze war. Hunderte von Gartenstühlen und Tischen waren am Rand dieser Fläche aufgestellt.

Im Pavillon Charlott-Chérie, der direkt am Rheinufer stand, spielten wechselnde Kapellen (1931 trat dort Herry Head mit seinen Solisten auf). Abends tanzten die Gäste im Großen Konzertsaal. 1933/1934 musste das Café dem Bau der Rodenkirchener Autobahnbrücke weichen.

Das Café Rheinterrassen (später „Rhein-Pavillon") in Köln-Rodenkirchen war in den 1920er-Jahren das größte Ausflugs- und Tanzlokal der Stadt.

Beliebt waren damals auch Sonntagsausflüge im Familienkreis zum Café Kerp in Köln-Kalk, zum „Roten Haus" von Koßmann in Köln-Ehrenfeld, zum „Ehrenfelder Hof" von Mails oder in die „Schützenvilla" von Schäfer beziehungsweise die „Harmonie" (beide in Ehrenfeld) mit Kaffee oder Maiwein.

Auch in **Dortmund** strömte man mit Kind und Kegel in die unzähligen Biergärten und Kaffeewirtschaften, sobald der Frühling begann – in den 1920er-Jahren vor allem in die „Buschmühle", in den Romberg-Park oder zur Flora, traf dort Nachbarn, Freunde oder Verwandte. 3000 Kaffeetassen wurden pro Tag in der „Buschmühle" vorgedeckt, über 120 Pfund Kaffeemehl verbraucht. Was nicht verwundert, denn das Lokal hatte 2300 Sitzplätze im Freien und 800 in geschlossenen Räumen. In **Essen** warb die „Michelshöhe" in Steele an der Ruhr bereits 1902 für seine „großartigen Berggarten-Anlagen mit bedeutender Fernsicht über das romantische Ruhrtal".

In **Handorf** östlich von Münster entstanden in der zweiten Hälfte des 19. Jahrhunderts zahlreiche Ausflugscafés, die dem Ort den Beinamen „Dorf der großen Kaffeekannen" einbrachte. Dutzende und bis auf wenige Ausnahmen auch heute noch bestehende Kaffeehäuser säumten dort das Ufer der Werse. Über die Jahre und mit zunehmendem Besucherstrom entstanden Gartencafés von enormen Ausmaßen. Viele Häuser verliehen sogar Kähne, mit denen die Gäste auf der Werse rudern konnten. Heute entdecken Radfahrer zwischen Wolbeck und der Havichhorster Mühle im Norden die Landschaft und die Cafés mit ihren gemütlichen Gärten neu.

In **Bonn** war das 1908 gegründete Café Patt in Küdinghofen ein typisches Ausflugscafé. Es lag am Ende des Ennertwegs zwischen Wald und dem Ortseingang. Der Kaffee kostete dort 20 Pfennig, das Glas Milch 10 Pfennig. An den Wochenenden fuhren die Studenten mit der elektrischen Siebengebirgsbahn nach Küdinghoven, um über den Ennert zum Café Patt zu spazieren. Mit dem Autobahnbau der A 59 wurde das Café Patt abgerissen.

In **Königsdorf** bei **Frechen** wurde 1929 das „Waldcafé Haus Hubertus" eröffnet. Hermann Joseph Schumacher, der 20 Jahre lang die Staatliche Revierförsterei geleitet hatte, ließ den zweigeschossigen Klinkerbau in der Sebastianusstraße am Rand des Villeforsts errichten, 1940 übernahm Konditormeister Olepp den Betrieb und erweiterte das Gartencafé, zu dem ein Weg direkt neben dem Haus führte. Vor allem für die Kölner wurde das Café ein beliebtes Ausflugsziel. Ihre Autos parkten die Sebastianusstraße an den Wochen-

Das „Waldcafé Haus Hubertus" in Frechen-Königsdorf war ein beliebtes Ausflugsziel, nachdem Konditormeister Albert Olepp es zum Gartencafé erweitert hatte. Postkarte von 1942.

enden bis in den Ortskern von Kleinkönigsdorf zu. Im Schatten großer Bäume konnte man im Waldcafé in Ruhe Kaffee trinken und Kuchen essen (aufgrund des großen Andrangs oft mit Wartezeiten von bis zu einer Stunde). Auch nach Ende des Zweiten Weltkriegs wurde der „Waldtreff" (so der neue Name) von Spaziergängern, Reitern und Ausflüglern gern besucht. Ende der 1980er-Jahre ließ die Erbengemeinschaft das Café abreißen, um dort eine Anlage mit Eigentumswohnungen zu errichten.

Café „Zum Brünnchen" (Geistingen)

1927 ließen Cäcilie und Josef Schäfer ihr 40 Quadratmeter großes Café „Zum Brünnchen" in Geistingen-Eschenberg bauen, das an einem Weg der Waldstraße lag, die Kurgäste zum im August 1927 eröffneten Luftbad auf dem Eschenberg (Steimelsberg) führte, das die Anwendungen im Kurhaus ergänzte. Von den überdachten Terrassen des Cafés hatten die Gäste einen herrlichen Blick auf den Kurpark. An den Wochenenden gab es Livekonzerte mit Musikern, 1928 sogar „mit japanischer Beleuchtung", später auch sogenannte Polyfar-Konzerte, bei denen Grammophonplatten abgespielt wurden, die durch ihre besondere Raumton-Aufnahmetechnik die Klangfülle eines Konzertsaals auf Vinyl zu bannen versuchten. Später legte man eine Obstbaumplantage rund um das Café an, sodass die Gäste im Frühjahr unter herrlich duftenden Obstbäumen sitzen konnten. Während der Kriegsjahre wurde der Betrieb des Cafés teilweise eingeschränkt, hauptsächlich wurde das Gebäude für die Unterbringung von Flüchtlingen genutzt. Nach dem Krieg verfiel das in Holzbauweise erstellte Café, da die Inhaber es aufgaben und sich der chemischen Metallbearbeitung widmeten.

In **Viersbach** bei **Bechen**, unweit der Dhünn-Talsperre, machte die couragierte Hausfrau und Hausiererin Anna Breidenbach 1954 aus ihrem Wohnzimmer in einem 100 Jahre alten Fachwerkhaus eine Gastwirtschaft, die als „Bergisches Café" zur lokalen Legende wurde. Frau Breidenbach bot zunächst an vier Tischen Waffeln mit süßem Milchreis an und stellte – als die Gäste ihr Angebot dankbar annahmen – schon bald sechs weitere Tische auf die Terrasse des Hauses. Als der Gaststättenbereich zu klein wurde, richtete sie im Stall eine Küche ein und schuf zusätzliche Sitzplätze im Eingangsbereich des Hauses. 1958 kam der Anbau eines Erkers hinzu. Im ehemaligen Stalltrakt wurden Toiletten errichtet und die Küche wurde noch einmal verlegt.

Zu Beginn der 1960er-Jahre hatte Frau Breidenbach ihr Haus dermaßen umgestaltet, dass darin 120 Personen und im Außenbereich noch einmal 160 Gäste bewirtet werden konnten. Neben Waffeln mit Reisbrei waren nun auch Schnitzel in allen Variationen im Angebot – aus dem Café war eine Gaststätte geworden. Mit dem Bau der Großen Dhünn-Talsperre (1975–1985) kamen Auflagen auf den Betrieb zu, die hohe Investitionen erforderlich gemacht hätten, sodass sich die Familie Breidenbach 1986 zur Schließung des Café-Restaurants und zum Verkauf des Hauses an den Wupperverband entschloss.

Bei Kurgästen war das Burg-Café in der Frankfurter Straße in **Hennef** beliebt – die alte Wasserburg, die in der Nähe lag, gab dem Café seinen Namen. Die Gäste besuchten es nach ihren Anwendungen und fanden sich dort abends zum Tanz ein. Maria („Mutter") Lesser, die es 1956 eröffnet hatte, legte dort eigenhändig Schallplatten auf und erfüllte die Musikwünsche der Gäste. Es gab Modenschauen für die Kurgäste und auch Prominente ließen sich dort sehen, zum Beispiel der ehemalige Bundespostminister Richard Stücklen, der häufig einen Abstecher von Bonn nach Hennef machte, oder der Schauspieler Claus Biederstaedt, der sich mit der 1950 gewählten „Miss Germany" Margit Nunke hier sehen ließ. Auch von der Sportschule Hennef kamen Gäste ins Burg-Café, darunter der Handballer und spätere Nationaltrainer Heiner Brand. Das Café wurde 1981 verpachtet, es entstand dort ein Bistro mit Disco und Billard, später ein Wohnhaus mit Tanzschule.

Die Parkcafés

Auch die Parkcafés gehören in die Kategorie der Ausflugscafés. Als 1807 in **Aachen** mit dem Park auf dem Lousberg der erste von Bürgern und nicht von Fürsten gestaltete öffentliche Park in Europa entstand, folgte bald darauf das Restaurant Belvedere. Nach einem Brand baute man 1836 ein neues größeres Belvedere mit einem eigenen Café. 1956 entstand auf dem Lousberg ein 35 Meter hoher Wasserturm zur Versorgung der Wohnviertel im Westen Aachens. Als er 1988 nicht mehr benötigt wurde, entstand nach einem Umbau 2005 in der obersten Etage des Gebäudes ein Drehcafé – der „Drehturm Aachen". Er bietet einen imposanten Ausblick über die Stadt und das Dreiländereck.

In **Wuppertal** setzte sich Johann Stephan Anton Diemel 1807 für die Anlage des Landschaftsparks „Hardt" in Elberfeld ein. Inmitten der Anlage befand sich das älteste Gebäude der Anlage – ein Fachwerkhaus aus dem 18. Jahrhundert. Es wurde von der Stadt Elberfeld als Café mit einem 900 Quadratmeter großen Biergarten in den Park integriert (heute Café Elise und „Hardt-Terrassen").

In **Essen** wurde 1929 das Rosencafé im Park der „Gruga" eröffnet. Es besaß eine große Außenterrasse und einen Pergolagarten, der über zwei Treppen unterhalb der

Terrasse zu erreichen war. In **Dortmund** wurde 1958 das Café Orchidee im Botanischen Garten Rombergpark eröffnet. Mit seinem markanten Neon-Schriftzug, der für die 1950er-Jahre typischen Garderobe, den Vitrinen sowie den Blumenbänken mit Gummibäumen wurde es schnell zum Kultcafé (inzwischen unter Denkmalschutz gestellt). Die besondere Form der Glashäuser und das integrierte Café machen die Anlage einzigartig.

In **Köln** war das Parkcafé im Rheinpark, das 1957 als temporäres Bauwerk für die Bundesgartenschau errichtet worden war, viele Jahre lang eine Attraktion. Mit seiner geschwungenen Fassade aus Glas und Beton und dem ebenfalls geschwungenen, weit auskragenden, von dünnen Säulen getragenen Flachdach war es der Inbegriff der Architektur der 1950er-Jahre. Entworfen hatte es der Architekt Rambald von Steinbüchel-Rheinwall. 1200 Gäste fanden Platz auf seinen Terrassen.

Zur Wiederauflage der Bundesgartenschau im Jahr 1971 erfuhr das Café noch einmal umfangreiche Renovierungen, in den 1980er-Jahren wurde jedoch der Beton marode. Als auch der Rost an Geländern, Brüstungen, Rohren und Dachkanten nagte, schloss man das Café und das Gebäude fiel 30 Jahre lang in einen Dornröschenschlaf. Bei der Sanierung, die 2015 begann, kam es immer wieder zu Verzögerungen. Im April 2022 soll das Café wiedereröffnet werden (mit Roberto Campione als Pächter) und in den ursprünglichen Außenfarben Gelb, Blau und Grün sowie mit einer Möblierung im Stil der 1950er-Jahre erstrahlen.

Parkcafé im Kölner Rheinpark (2008). © HOWI CC BY 3.0, https://commons.wikimedia.org/w/index.php?curid=4674950

Das Kaffeehaus als Treffpunkt der Künstler

Zitadellen nannte man sie, von denen aus die Künstler in die Lande hinausträumen konnten. Nährböden des Schaffens waren sie für ihre Verfechter, dekadente Orte hoffnungsloser Bohemiens für ihre Kritiker. Die Widersprüchlichkeit seiner Rezeption hat das literarische Kaffeehaus jedoch umso populärer gemacht und ihm eine Aura verliehen, die nicht zuletzt durch grandiose, oft verklärende Beschreibungen der Künstler selbst provoziert wurde. Ob Maler, Bildhauer, Schriftsteller oder Komponisten – sie alle zeigten sich hier zu Beginn des 20. Jahrhunderts, nach Kräften elegant (wenn auch oft abgetragen und schäbig), mit Monokel und Tangohosen, das Haar pomadisiert und glatt nach hinten gestrichen.

Natürlich gab es genügend Spekulanten, die sich als Dichter versuchten oder Dichter auf sich hereinfallen ließen – das Hereinfallen war eine ständige Gefahr, mit der man in diesen Kaffeehäusern leben musste –, dennoch schieden sich die Talente recht schnell von den Dilettanten. Etliche ihrer Stammgäste – wie beispielsweise Peter Altenberg, Anton Kuh oder Arthur Schnitzler – genossen hier ihren ersten Ruhm und scharten ein Künstlervolk um sich, das bald schon aus ähnlichen Talenten bestand. Für sie wurde das Kaffeehaus eine Art Lebensraum, der für die kreative Arbeit unerlässlich wurde. „Es gibt Schreiber", notierte Rudolf Forster, „die nirgendwo anders als im Café ihr Schreibpensum zu erledigen imstande sind, nur dort, nur an den Tischen des Müßiggangs, ist ihnen die Tafel der Arbeit gedeckt."

In Österreich gehörte schon 1848 das **Wiener** Café Griensteidl dazu. Hier trafen sich die freisinnigsten Denker der Stadt, wie Ludwig Anzengruber, Arthur Schnitzler, Hugo von Hofmannsthal, Karl Kraus, Richard Beer-Hofmann, Felix Salten und vor allem Hermann Bahr, der Führer des modernen „Jung-Österreich", dessen Kreis dem „Griensteidl" den Spitznamen „Café Größenwahn" einbrachte.

Zur neuen Heimat der Wiener Literatur wurde ab 1898 das Café Central, in dem seit der Jahrhundertwende das Urbild des Kaffeehausdichters residierte: Peter Altenberg. Anton Kuh, Alfred Polgar, Egon Friedell und Egon Erwin Kisch gesellten sich bald zu ihm. Als Café der Maler galt das Wiener „Sperl" in der Gumpendorfer Straße.

Als Emigrantencafé bekannt geworden, gilt das 1919 gegründete Grand Café Odeon in Zürich als berühmtestes Literatencafé der Schweiz. Somerset Maugham, der sich als Agent des englischen Secret Service hier aufhielt, benutzte die Kellner des Cafés als Medium für seine Kontaktpersonen. Leo Trotzki hielt sich im „Odeon" als Genosse Bronstein auf, ebenso wie Mussolini, der sich durch die eilige Flucht nach Zürich seiner Verhaftung in Italien entzogen hatte. Der Genosse Uljanow, den Franz Blei als „gelblich blass, gedunsen und moskowitsch" bezeichnete, veränderte später unter dem Namen „Lenin" die Weltgeschichte. Er plante im

„Odeon" seine berühmte Fahrt nach Russland, quer durch Deutschland im plombierten Eisenbahnwagen der deutschen Heeresleitung.

Zum Treffpunkt der internationalen Künstlerprominenz wurde in **Amsterdam** das Café Americain, wo u. a. Menno ter Braak und Klaus Mann zusammenkamen; in **Prag** trafen sich Julius Fučic und Egon Erwin Kisch mit den antifaschistischen Schriftstellern Willi Bredel, Hans Beimler und Johannes R. Becher im Café Continental.

In Deutschland entwickelte sich das 1711 in **Leipzig** gegründete Café „Zum Arabischen Coffe Baum" sehr früh zu einem Zentrum der Künstler. Das Lokal besuchten nicht nur Gellert und Lessing, sondern später auch die „Davidsbündler", das ist jener Kreis von Musikenthusiasten, dem u. a. Schumann, Stegmayer, Wieck und Walther von Goethe angehörten. In der zweiten Hälfte des 18. Jahrhunderts gesellte sich dem „Coffe Baum" das „Richtersche Kaffeehaus" hinzu. Neben Johann Christoph Gottsched verkehrte hier auch Friedrich Schiller.

In **München** etablierte sich ab 1850 unter der Führung der Familie Tambosi das „Dengler" zum typischen Künstlercafé. Schwind, Lachner, Schelling, Heyse und Pocci verkehrten hier, um nur einige der zahlreichen Gelehrten und Literaten zu nennen, die das Café zusammenführte. Sooft Theodore Fontane von der Spree an die Isar kam, genoss er die Kaffeehausatmosphäre des „Luitpold", das am Neujahrstag 1888 seine prunkvollen Hallen geöffnet hatte. Zum Asyl vieler Schriftsteller und Maler wurde insbesondere in den Jahren vor dem Ersten Weltkrieg das Café Stefanie, das später als „Café Größenwahn" zum Aushängeschild der Münchner Kultur wurde.

In **Berlin** sah man schon sehr früh in den Räumen von „Stehely" E. T. A. Hoffmann und das „Junge Deutschland"; später fanden sich Willibald Alexis, der Dichter Heinrich Stieglitz und der philosophische Radikalist Max Stirner hier ein. Gegen Ende des 19. Jahrhunderts stieg am Kurfürstendamm das Café des Westens zu einem Treffpunkt der Berliner Künstler auf. Im „Romanischen Café" sah man Verleger wie Ernst Cassirer oder Schnorrer wie Anton Kuh. Neben Bertolt Brecht, der sich gelegentlich im „Romanischen" sehen ließ, trafen sich dort Arrivierte wie Egon Erwin Kisch oder Ringelnatz. Sie saßen im kleineren Raum des Cafés, im sogenannten Schwimmerbassin, das für diejenigen reserviert war, die sich mit ihrem Schreiben über Wasser halten konnten. Die anderen – die Boheme und der literarische Nachwuchs – bevölkerten das „Nichtschwimmer".

In **Nordrhein-Westfalen** ist keines der zahlreichen Kaffeehäuser als besonderes Künstlercafé überliefert. Es ist anzunehmen, dass die 1869 in **Elberfeld** geborene Else Lasker-Schüler vor ihrem Umzug nach Berlin (1894) regelmäßig das Café Holländer in Elberfeld aufgesucht hat (sie empfahl 1925 dem Schriftsteller Ernst Toller einen Besuch des Cafés). Auch die Expressionisten, die zu Beginn des 20. Jahrhun-

Das Hotel-Café Monopol am Wallrafplatz Nr. 5 in Köln, Postkarte von 1928

derts in **Hagen** und **Soest** ein künstlerisches Zentrum hatten, sollen sich in den Cafés der ehemaligen Hansestadt aufgehalten haben. Wilhelm Morgner (1891–1917) und seine Soester Freunde Eberhard Viegener (1890–1967), Arnold Topp (1887–1945) und Wilhelm Wulff (1891–1980), die in den 1920er-Jahren als „Das junge Soest" firmierten, waren dort nachweislich mehrfach auf Motivsuche. Auch Otto Modersohn, Christian Rohlfs, Emil Nolde und Karl Schmidt-Rottluff waren zeitweise in Soest und schufen dort Gemälde, Zeichnungen und Druckgrafiken. Als Treffpunkt der **Kölner** Künstleravantgarde um 1920 galt das Hotel-Café Monopol am Wallrafplatz Nr. 5, das nach seiner Zerstörung im Zweiten Weltkrieg dem Westdeutschen Rundfunk (WDR) Platz machte.

Darüber hinaus sind nur Cafés überliefert, in denen sich gelegent-

Café Schucan in Münster, 1985

lich Journalisten und Kulturschaffende aufgehalten haben. In den 1920er-Jahren war das Café Kronprinz im Gebäude des **Duisburger** „General-Anzeigers" (Ecke Kuhlenwall/Kuhstraße) ein beliebter Treffpunkt für Duisburger Intellektuelle. Im Café Profittlich in **Wanne-Eickel** gab es an den Wochenenden ein informelles Treffen der Lokaljournalisten, im Café Schucan (Münster) existierte in den 1960er-Jahren sogar ein Journalisten-Stammtisch.

WDR-Journalisten wie Claus Hinrich Casdorff, Manfred Erdenberger, Reinhard Münchenhagen und Dieter Thoma waren in **Münster** zur Schule gegangen oder hatten dort studiert. Und auch namhafte Schauspieler, Kulturschaffende und Politiker sah man im „Schucan": Gert Fröbe, Joachim Fuchsberger und Peter Frankenfeld, die in Münster hochgeschätzte Schauspielerin Tilla Durieux sowie Elisabeth Flickenschildt, Rudolf Schock und Alfred Biolek.

Im **Dortmunder** Café Kleimann (dort brachte ein Papagei namens Acki von 1968 bis 2016 die Gäste mit Sprüchen wie „Hast du schon bezahlt?" zum Lachen) saßen Prominente wie Franz Müntefering, Peter Struck, Luigi Colani, Dieter-Thomas Heck, Otto Waalkes, Chris Andrew und Udo Jürgens. Auch Sportler wie Franziska von Almsick, Stefan Reuter und Timo Konietzka haben sich dort ins Gästebuch eingetragen.

In **Bonn** war das Café Kleimann ein beliebter Treffpunkt für Politiker und Opernsänger. In der 1954 eröffneten „Moccastube Igel" in Bonn kamen die Gäste viele Jahre lang aus Pressekreisen. Im **Düsseldorfer** „N.T.", das im Verlagsgebäude der „Westdeutschen Zeitung" angesiedelt war, traf man in den 1980er-Jahren so ziemlich alle, die mit Schreiben, Nachrichten, Fotografie und Kunst zu tun hatten. Ihr Quartier schlugen die Kulturschaffenden dort aber nur stundenweise und sporadisch auf.

Das berühmte Entenlogo des N.T.

Ob sich Literaten und Künstlergruppierungen regelmäßig im Rheinland oder Ruhrgebiet in einem bestimmten Café trafen, ist nicht belegt. Was vornehmlich daran liegt, dass die großen Zeitungshäuser und Buchverlage zu Beginn des 20. Jahrhunderts in Berlin, München, Hamburg und Frankfurt ansässig waren und sich demzufolge auch die namhaften Autoren und Journalisten in diesen Städten angesiedelt hatten.

Zudem hatte der Typ der Konditorei sehr früh das eigentliche Kaffeehaus in Nordrhein-Westfalen verdrängt und ließ eine Arbeitsatmosphäre, wie sie in Cafés anderer europäischer Großstädte entstanden war, nur bedingt zu.

Weltwirtschaftskrise und Zweiter Weltkrieg (1929–1945)

Von Existenzsorgen und Café-Neugründungen

Mit dem Zusammenbruch der New Yorker Börse am „Schwarzen Freitag" (dem 25. Oktober 1929) hatte die Weltwirtschaftskrise begonnen. Amerikanische Banken, die nach Ende des Ersten Weltkriegs vielen deutschen Unternehmen Kredite gewährt hatten und damit den Aufschwung im Deutschen Reich finanzierten, zogen plötzlich ihr Geld ab. Dies brachte die Unternehmer schnell in Zahlungsschwierigkeiten – Massenentlassungen und Konkurse waren die Folge. Die Zahl der Arbeitslosen stieg in den folgenden Monaten kontinuierlich an und im Konditoreigewerbe sprach man nach Jahren der Blüte von einer „Notzeit, wie sie noch keiner mitgemacht hat".

Im Verbandsblatt von Juni 1932 hieß es: „Die erschütternde Tatsache, dass 6 Millionen Deutsche, mit Familienangehörigen 12 Millionen, also ein Fünftel der gesamten deutschen Bevölkerung, ein Drittel aller Deutschen über 25 Jahre, 1 Million der bis zu 21 Jahre alten, also der konsumfähigsten und unter normalen Verhältnissen genussfreudigsten Volksgenossen beiderlei Geschlechts, der Verdienstlosigkeit ausgeliefert sind, lässt die Behauptung eines katastrophalen Absatzrückgangs im Konditoreigewerbe schon glaubhaft erscheinen. Nicht nur der Kundenkreis hat sich immer mehr verkleinert, auch der Durchschnittsbedarf und -verzehr der uns verbliebenen Häuser und Gäste ist auf etwa die Hälfte gesunken."

Existenzsorgen plagten die Konditorei- und Kaffeehausbesitzer aber auch aufgrund der Industrie. Sie hatte den Handwerksbetrieben erhebliche Marktanteile weggenommen durch massenhafte Erstellung von Schokolade, Marzipan, Konfitüren, Süßigkeiten, Keksen, Waffeln und anderem Gebäck. Hinzu kam die Eröffnung von Erfrischungsräumen in Warenhäusern, die insbesondere für das Ausbleiben der Gäste in den Kaffeehäusern verantwortlich gemacht wurden: „Es ist ein Zeichen unserer Zeit, dass sich die Käuferschicht der Warenhäuser und Einheitspreisgeschäfte nicht nur aus der ärmeren Bevölkerung zusammensetzt, vielmehr sind auch viele Frauen des Mittelstandes als ständige Kunden der Warenhäuser zu betrachten, wobei ein nicht zu unterschätzendes Kontingent die Beamtenfrauen stellen."

Der Konditorenbund schreibt weiter: „Empfindlichen Abbruch tut uns aber auch der Wechsel in den Volksgewohnheiten, die sich aus seelischen und körperlichen Bedürfnissen herausgebildet haben. Die Wochenendbewegung, der verbilligte und beschleunigte Überlandverkehr, sportliche Veranstaltungen, die den Verkehr abziehen, Autoparkverbote und andere, an sich wohl erklärliche und teilweise erfreuliche Erscheinungen beeinträchtigen erheblich den Gästeverkehr."

Trotz der Probleme zu Beginn der 1930er-Jahre, die unzählige Geschäftsaufgaben und Konkurse nach sich zogen, wagten viele Konditoren auch Neugründungen. So eröffnete Heinrich Bauer 1930 im **Oberhausener** Stadtteil Lirich ein Café. Ein Jahr später tat es ihm Fritz Böhle in der Oberhausener Marktstraße gleich. In **Mönchengladbach** wagten am 1. Oktober 1932 Hermann und Hanni Heinemann mit ihrem Café in der Bismarckstraße 91 den Schritt in die Selbstständigkeit, ihnen folgte im selben Jahr Martin Uhlenbrock in der **Neusser** Kapitelstraße.

Im **Ruhrgebiet** war es Ewald Overbeck, der 1932 unweit des Rüttenscheider Sterns in **Essen** ein Café eröffnete. Die Chronik der Firma schreibt: „Schon bald konnte er am Kettwiger Tor, der Eingangspforte zur Essener Altstadt, im Eickhaus (Kettwiger Straße 1) eine weitere Verkaufsstelle anmieten. 1934 erwarb er den alteingesessenen Bäckereibetrieb von Robert Courté in der Kapuzinergasse, der in engster Nachbarschaft der repräsentativen Hochbauten von Kaiserhof, Stadtsparkasse, Deutschlandhaus und den Großbanken lag. Im Zuge der Neugestaltung des Geländes zwischen II. und III. Hagen wurde das Haus in der Kapuzinergasse abgerissen und Overbeck zog erneut um, diesmal in das Samsonsche Haus auf der

Café Kühn in der Solingener Kirchstraße. Postkarte von 1931. © Stadtarchiv Solingen.

Limbecker Straße 45, das er am 1. Oktober 1937 von der Deutschen Bank gekauft hatte. Im Januar 1938 eröffnete er dort die „Konditorei · Feinbäckerei · Robert Courté · Nachf. E. Overbeck". Am 1. Dezember 1938 erhielt Overbeck die Konzession für den Ausschank von Kaffee und konnte auch die Caféräume im Samsonschen Haus in Betrieb nehmen.

Zehn Jahre zuvor hatte die Stadt Essen den Autoverkehr aus der Limbecker Straße ausgesperrt und die erste Fußgängerzone in Nordrhein-Westfalen eingerichtet. Auf der „Limbecker", wie sie von Einheimischen genannt wurde, konkurrierten fortan Juweliere, Modeläden, Cafés und auch Kaufhäuser (1912 eröffnete „Althoff" – später „Karstadt" – an der Limbecker Straße/Grabenstraße) um die wohlhabende Kundschaft.

In **Solingen-Mitte** gab es 1921 etwa 20 Cafés, die meisten von ihnen befanden sich an der Kaiser- und der Kölner Straße (früher Neusser Straße). Bis 1938 hatte sich die Zahl auf 15 reduziert, dafür gab es zwei Neugründungen in Kaufhäusern. In den 1930er-Jahren war das Café Laubach an der Ecke Schützen- und Rathausstraße ein beliebter Treff für die Gymnasiasten der Schwertstraße und des Lyzeums (ADS). Zu Beginn des Zweiten Weltkriegs bekamen die Kolonnen marschierender Soldaten große Eisbecher von Konditormeister Hans Laubach. Paul Kissel hatte 1928 sein Café an Oskar Brons verpachtet, der es unter dem Namen „Hansa-Café" zu einem reinen Konzertcafé umgestaltete. Dreimal in der Woche tanzte man bis zur Sperrstunde zur Musik von Fritz Rotter, Paul Abraham oder Fritz Kreisler. Die Straßenbahn nach Höhscheid hielt direkt vor dem Eingang. Im Obergeschoss richtete Brons 1933 zusätzlich ein Restaurations- und Billardzimmer ein, das 1939 zum Billardsaal mit mehreren Tischen erweitert wurde.

1933 riefen die Nationalsozialisten im gesamten Deutschen Reich zu einer „Leistungsschau der regionalen nichtjüdischen Wirtschaft" auf, die darin gipfelte, dass die Schaufenster vieler Läden entsprechend dekoriert wurden. Die Postkarte des Café Franz Weyers in Solingen-Ohligs zeigt noch ein Hakenkreuz im Fenster (Foto oben links).

Kaffeehausgewerbe und Nationalsozialismus

Inzwischen waren die Jahre des konjunkturellen Umschwungs durch Arbeitsbeschaffungsprogramme und Aufrüstung angebrochen und ein neuer Ton war in manche Kaffeehäuser eingezogen. Sebastian Profittlich musste in seinem Café in **Wanne-Eickel** nun den Kreisleiter der NSDAP und andere braun Uniformierte im hinteren Gesellschaftszimmer bedienen. Juden hat-

ten für viele Jahre keinen Zutritt mehr zu seinem Café. Und auch anderswo hatten die Nazis die Macht an sich gerissen. Die 1933 verfasste Chronik des **Essener** Café Welter dokumentiert dies auf eindringliche Weise, indem sie zum hundertjährigen Bestehen einen Gast zitiert: „Wir alten Stammgäste sind mit Otto Welter und seinem Haus in ein neues Deutschland einmarschiert. Nach zehn Jahren brutaler Gewaltknebelung winkt ihm und uns eine neue Zeit deutscher Freiheit, deutschen Aufstiegs und deutscher Entfaltung. Unter den alten schwarz-weiß-roten Farben und Hoheitszeichen eines erwachten nationalen Deutschlands geht die Familie Welter in das zweite Jahrhundert ihres konditoreigewerblichen und vaterländischen Schaffens. Wir gehen freudig mit!"

Braune Töne waren auch in **Siegen** eingezogen. Nachdem der Ort Garnisonsstadt geworden war, wurde auf der Bahnhofstraße am 16. Oktober 1935 der Einzug der neuen Truppen (Infanterie-Regiment 57 und später Artillerie-Regiment 9) mit einer pompösen Parade bejubelt, bei der das berittene Musikcorps unmittelbar vor dem Café

Das von Erich Müller betriebene Café Welter in Essen, Postkarte von 1938

Schmidt Aufstellung nahm. Zwei Jahre zuvor hatte der „Nationalsozialistische Kampfbund für den gewerblichen Mittelstand" nicht nur in Siegen, sondern im gesamten Deutschen Reich zu einer „Leistungsschau der regionalen nichtjüdischen Wirtschaft" aufgerufen, die darin gipfelte, dass die Schaufenster vieler Läden entsprechend dekoriert wurden. Das Café Schmidt gestaltete unter dem Titel „Süße Kunst" eine ganze Auslage mit aus Zuckerplastik modellierten Eigenanfertigungen („Siegerländer Bergstollen", „Taubenhaus", „Mokka-Tässchen", „Vase und Phantasieblumen" und Ähnliches). Zu sehen war auch ein Wappen mit der Aufschrift „Braune Messe Siegen 1933", ein Hakenkreuz und ein stilisierter Reichsadler.

In **Münster** war Otto Schucan, der noch immer die Schweizer Staatsangehörigkeit besaß, zwar nicht der Fremdenfeindlichkeit der Nazis ausgesetzt – er erhielt einen Befreiungsschein, der ihm ein gesichertes Aufenthaltsverhältnis in Münster ermöglichte –, aber 1936 war die einstige Hochburg der katholischen Zentrumspartei in Münster von den neuen Machthabern vereinnahmt worden. Das Kaffeehaus Schucan wurde – wie alle größeren Betriebe in Deutschland – zur Abhaltung von Kameradschaftsabenden verpflichtet. „Die vermutete allgegenwärtige Präsenz von Spitzeln und Zuträgern stand jedweder gelockerten, ja freimütigen Atmosphäre im Kaffeehaus entgegen", schreiben Weikert und Haunfelder in ihrem Buch „Café Schucan, eine Legende". „Das Sprechen in gedämpftem Tonfall, zumeist hinter vorgehaltener Hand, war nunmehr die Regel. Schucan kam insgesamt schadlos durch die späten 1930er-Jahre. Er kaufte 1937 ein weiteres Gebäude am Prinzipalmarkt – das Haus Nr. 24, in dem sich bis dahin der Odendahlsche Laden mit einer Eisdiele befand. Nach umfangreichen Sanierungsarbeiten und Umbauten eröffnete das neue Café Schucan am 13. Oktober 1937 im „Dreigiebelhaus". Die Presse schrieb begeistert über die im Inneren zu einer Einheit verbundenen Räume: „Eine hervorragende Kaffeehauskultur repräsentiert sich nun in diesem neuen Café, das in sehr hellen und lichten Farben gehalten ist. Der Marmor, leicht ins Gelblich-Braune hinüberspielend, der helle Fußboden, die dunkelbraunen Stühle und Sofas, mit grauem Leder überzogen, die Tische mit hellen Marmorplatten belegt, die zwischen diesen Farben gehaltenen Kronleuchter, das alles bildet einen schönen, warm gehaltenen Zusammenklang der Farben."

Der schmale Wintergarten des Cafés wurde um fast zwei Drittel vergrößert, und auch der Ladenverkauf im Eingangsbereich war völlig neugestaltet worden. Er wurde von der Münsteraner Firma Christenhusz in hellem Holz und Marmor ausgeführt. Die Fläche oberhalb der Regale zierte ein Alpenpanorama, das ein durchreisender Kunststudent erstellt hatte.

Der vergrößerte Wintergarten im Münsteraner Café Schucan, 1937. © Aschendorff Verlag, Münster.

Auf dem Höhepunkt seiner Tätigkeit als Unternehmer übergab Otto Schucan am 1. Januar 1938 die Geschäfte an seinen Sohn Jakob Otto, der 1926 seine Meisterprüfung als Konditor abgelegt hatte, und zog sich in seine Heimat nach Ardez im Engadin zurück, wo er am 31. Dezember 1948 im Alter von 80 Jahren starb. Schucans zweiter Sohn (Emanuel Otto) ging bei der Erbfolge leer aus, arbeitete jedoch verantwortlich in der Firma mit.

Café Corso (Dortmund)

In den 1930er-Jahren war das Café Corso ein beliebter Treffpunkt der Dortmunder „Edelweißpiraten", eine Gruppe Jugendlicher, die sich gegen die NS-Herrschaft zur Wehr setzte. Oliver Volmerich schrieb in den „Ruhr-Nachrichten": „Im Corso kam es zu einer regelrechten Schlacht der Edelweißpiraten mit Anhängern der Hitler-Jugend (HJ). Die HJ zog den Kürzeren, wenige Tage später kam es allerdings zu einer Razzia der Gestapo gegen die Edelweißpiraten, von denen viele in der berüchtigten Steinwache landeten." Nach Kriegsbeginn war das Café Corso ein beliebter Treffpunkt für Fronturlauber. Ein Türsteher schlug dezent Alarm, wenn Braunhemden das Café betreten wollten, sodass die Salon-Orchester musikalisch blitzschnell von Benny Goodman oder Glen Miller auf Peter Kreuder, Theo Mackeben oder Johann Strauß umschalteten (Jazz war für die Nationalsozialisten „Niggermusik").

Schlagcreme und Muckefuck – Der Cafébetrieb in den Kriegsjahren

Mit dem fingierten „Überfall auf den Sender Gleiwitz am 1. September 1939 begann der Zweite Weltkrieg. Viele Angestellte aus den Backstuben wurden zum Wehrdienst eingezogen, ein Großteil des weiblichen Personals wurde zu anderweitigen Hilfsdiensten verpflichtet. Als beispielsweise in Siegen der Firmengründer Karl Schmidt im Mai 1940 nach einem Schlaganfall starb, wurde sein Sohn Walter als Nachfolger in die Handwerksrolle eingetragen, kurz darauf jedoch als Soldat einberufen und nach Beginn des Ostfeldzugs gegen die Sowjetunion an die Ostfront beordert. Dort geriet er 1944 in russische Gefangenschaft. Seine Frau Elfriede musste sich während dieser Zeit notgedrungen als Stellvertreterin ihres Mannes bewähren. Ähnlich ging es Hanni Heinemann in **Mönchengladbach**. Ihr Mann Hermann wurde im September 1939 als Soldat einberufen, sodass seine Frau den Betrieb allein weiterführen musste. Mehr als einmal kämpfte sie erfolgreich um

Freistellungen ihres Personals. In **Opladen** ruhte der Betrieb des Café Krämer in der Kasionostraße ab 1941, da alle männlichen Mitarbeiter einberufen wurden. 1944 wurde das Haus ein Opfer der Luftangriffe.

Die Chronik des **Mülheimer** Café Sander berichtet, dass die beiden Söhne Gustav (*1914) und Helmut (*1924), die den Betrieb nach ihrer Meisterprüfung weiterführen sollten, im Zweiten Weltkrieg ihr Leben ließen. Gustav fiel 1941 vor Leningrad, Helmut wurde auf der Krim als vermisst gemeldet. In **Gelsenkirchen** musste die Tochter von Heinrich Halbeisen zusammen mit ihrer Mutter das Café in Buer führen, da die Söhne Hermann und Heinz, die als Nachfolger vorgesehen waren, im Krieg gefallen waren. Auch viele andere Konditoren kehrten nicht wieder in ihre Betriebe zurück, als der Krieg im Mai 1945 zu Ende war.

Im Oktober 1939 schrieb der Reichsinnungsverband des Deutschen Konditorenhandwerks: „So groß der Widerstand des Einzelnen in der Vergangenheit den Eiaustauschstoffen gegenüber war, er wird sich heute und in Zukunft damit befassen müssen." Wieder begannen in den Cafés die Zeiten der Lebensmittelverknappung und des Rohstoffmangels, die das Konditorenhandwerk zu Meisterleistungen an Kreativität herausforderten. Vor allem fehlte es an Fetten in den Backstuben. Machten schon die Eiaustauschstoffe den Fettzusatz nicht mehr nötig, so galt Ähnliches für die Umstellung auf Schlagcreme, aus der man die legendären Schlagcremetorten jener Jahre herstellte. Das Fachblatt „Konditorei" schrieb: „Eine echte Schlagsahne enthält gewöhnlich 30 Prozent Butterfett, aber es konnte bereits nachgewiesen werden, dass ein Gehalt von 13 bis 15 Prozent Fett bei geeigneter Zusammensetzung in der Lage ist, eine Schlagcreme so zu gestalten, dass dem Gaumen des Kunden keine Möglichkeit zur Kritik verbleibt. Dass im Geschmack allerdings ein gewisser Unterschied bestehen muss, ist in der Grundmasse bedingt. Es muss aber nochmals wiederholt werden, dass in Notzeiten der Maßstab nicht an die früher gebräuchlichen Konditoreierzeugnisse angelegt werden darf. Ein oberstes Gesetz ist und bleibt Sparsamkeit in allen lebenswichtigen Rohstoffen. Dazu tritt noch die Notwendigkeit der größtmöglichen Streckung."

Und so musste man Ende 1939 auch den Kaffee-Ersatz einführen, besser und treffender: das Kaffeegewürz, wodurch das Getränk (im Volksmund „Muckefuck" genannt) dunkler und stärker wurde. 1940 sperrte das Reichsministerium für Ernährung für alle gewerblichen Betriebe Kakaopulver. Sämtliche Bestände an ungefüllter Tafel- und Blockschokolade wurden beschlagnahmt. Am 6. Mai 1940 wurde die Kartenpflicht für Kuchen und Dauerbackwaren eingeführt. Da inzwischen nur noch begrenzte Mehlmengen zur Verfügung standen, wurde das Warenangebot in den Cafés erheblich beschnitten. Für eine 30 Gramm-Brotmarke bekam man nun 1 Stück Napfkuchen oder 1 Stück Stolle. 1 Stück Torte oder 2 Petit fours waren für eine 10 Gramm-Brotmarke zu haben.

Conditorei und Café Habsburg in Köln, Postkarte von 1943

Trotz der vielen Widrigkeiten nahm die Zahl der Gäste in den Cafés nicht ab. Die „Konditorei-Zeitung" schrieb: „Tatsächlich können wir in den letzten Jahren ein leichtes, aber beständiges Anwachsen unserer Kaffeehausgäste beobachten. So manches junge Mädchen, so manche junge Frau, deren Mann eingezogen ist und die den Tag über angespannt beruflich tätig ist, sucht nun Entspannung in einem Kaffee. Das gilt auch für ältere Männer, die wieder ins Berufsleben zurückgekehrt sind." Die angespannte Kriegslage schuf in jenen Jahren eine gewisse Solidarität in den Kaffeehäusern und ließ die Menschen hier gern einkehren, um ihre Sorgen und Nöte zu bereden. Andere hörten dort Wehrmachtsberichte und Sonder-

Das Schweizer Konditorei-Kaffee Rudolf Schmitz in Essen, 1935

meldungen, die über den Rundfunk gesendet wurden und Anlass gaben zu nicht enden wollenden Diskussionen.

Das **Essener** Adressbuch wies 1941 noch 50 Cafés auf. Nur einige seien hier genannt: Café Bültmann am Theaterplatz 2 und in der Zweigertstraße 27, Burgwall-Kaffee in der Schützenbahn 60, Post-Café (von Otto Blau) am Hauptbahnhof, Kaffee Ruhrland (Inhaber war Heinz Becks & Co.) in der Adolf-Hitler-Str. 37 (nach der Machtergreifung wurde der gesamte Straßenzug Kettwiger und Viehofer Straße im April 1933 in „Adolf-Hitler-Straße" umbenannt), Kaffee Reppekus auf der Hermann-Göring Str. 79 und Kaffee Rudolf Schmitz in der Hermann-Göring Str. 93 (aus der Rüttenscheider Straße wurde von 1934 bis 1945 die Hermann-Göring-Straße), Kaffee Wolff im Handelshof; Burgplatz-Kaffee – inzwischen zum Konzertcafé erweitert – am Adolf-Hitler Platz (aus dem Burgplatz wurde von 1933 bis 1945 der Adolf-Hitler Platz).

Bombentreffer legen die alten Cafés in Schutt und Asche

In **Münster** wurden im Juli 1941 gleich beim ersten Bombenangriff auf die Stadt Teile des Café Grotemeyer zerstört, beim nächsten Angriff im Herbst 1941 brannte der berühmte Lortzingsaal aus. Immer wieder wackelten die Wände des Hauses, bis das Vorderhaus am 5. Oktober schließlich vollständig zerstört wurde. Bis dahin war der Betrieb im „Dröppel-Café" – wie die Münsteraner es augenzwinkernd nannten, weil sie dort bei Regen mit aufgespanntem Schirm saßen – provisorisch weitergegangen.

1942 begann das dritte Kriegsjahr. Sebastian Profittlich berichtet, dass die Gasversorgung seines Cafés in **Wanne-Eickel** unterbrochen wurde und er den Ofen in der Bäckerei Numann in der Heidstraße mitbenutzen musste, um die wenigen Waren, für die überhaupt noch

Das ausgebombte Café Sander im Mai 1945. @ Friedhelm Großenbeck, Stadtcafé Sander, Mülheim.

Das Café Dreisbach in Hagen (Postkarte von 1940) vor seiner Zerstörung im Jahr 1943

Rohstoffe zu bekommen waren, herstellen zu können. Wenn das Café geöffnet war, dann nur wenige Stunden, bis alles ausverkauft war. Nur noch eine Handvoll Stammgäste hockte zu dieser Zeit im Profittlich, spielte Doppelkopf oder schimpfte auf die NSDAP.

1943 wurden die ersten Bombenangriffe auf das **Ruhrgebiet** und das Umland geflogen. Volltreffer zerstörten das Café Dreisbach in **Hagen**, das **Dortmunder** Café Beckmann, das Café Bittner in der **Düsseldorfer** Kasernenstraße und das Café Calvis in **Neuss** (Fritz Calvis konnte jedoch in der Alemannenstraße schnell eine Ausweichmöglichkeit finden, wo die Kunden des Cafés bis 1948 weiterbedient wurden). In der Nacht vom 5. zum 6. März 1943 beschädigte der erste schwere Luftangriff auf **Essen** das Café Overbeck – und weitere Bombenangriffe folgten. Ewald Overbeck improvisierte, ließ behelfsmäßig in einer anderen Backstube weiterbacken, sodass der Verkauf auf der Limbecker Straße ungeachtet mancher Störungen weitergehen konnte.

Auch in **Duisburg** wurde die Altstadt nach einem Großangriff Mitte Mai 1943 weitgehend zerstört. Die Häuser am Knüppelmarkt 1 bis 3, die Otto Dobbelstein gehörten, brannten lichterloh. Wie durch ein Wunder blieben das Café, der Laden, die Caféküche und der Aufgang zur Wohnung weitgehend unversehrt. Als britische Bomber am 14. Oktober 1944 Duisburg erneut schwer trafen, wurden die Häuser unbewohnbar. Von 1944 bis 1949 fand ein notdürftiger Verkauf am Knüppelmarkt statt.

Café Dobbelstein in Duisburg, 1946.
© Café Dobbelstein Duisburg.

Im „Profittlich" wurden 1944 die zersplitterten Fenster mit Brettern zugenagelt und die Inhaber stellten den Cafébetrieb ein. Die Räume dienten fortan den Bewohnern von Tellstraße und Gelsenkirchener Straße als Zwischenlager für den nahen Bunker im Hinterhof der **Wanne-Eickler** Hauptsparkasse. Liegen und Couchen standen jetzt im Gästeraum; die Kaffeehausmöbel wurden im Keller der Oberhoffschen Villa untergebracht, in der Hoffnung, damit nach dem Krieg den Betrieb sofort wieder aufnehmen zu können. Das Café Pieper in **Mülheim**, das die ersten Bombenangriffe relativ schadlos überstanden hatte, musste im Zuge der Notversorgung einen Teil des Cafés der benachbarten Apotheke zur Verfügung stellen.

In **Münster** wurde im Herbst 1944 die Altstadt mit dem historischen Rathaus und ihren stolzen Patrizierhäusern nach mehreren schweren Angriffen in Trümmer gelegt. Der letzte große Angriff am 25. März 1945 zerstörte durch 1800 Sprengbomben und 15.000 Brandbomben auch die wenigen Häuser, die noch stehengeblieben waren.

Das Café Schucan musste während dieser Zeit zweimal schließen, zunächst zwischen dem 29. Oktober und dem 6. November 1944 und nach erneuten Bombentreffern zwischen dem 19. November 1944 und dem 19. Februar 1945. Die Giebel der Häuser Nr. 34 und 25 hatten jedoch wie ein Wunder die Luftangriffe überstanden. Es gab sogar noch eine dritte Schließung (vom 16. März bis zum 25. Oktober 1943), aber die ging auf eine Willkürmaßnahme der Nationalsozialisten zurück: Die Braunhemden wollten Jakob Otto Schucan

Das Café Profittlich in Wanne-Eickel, hier auf einer Postkarte von 1919, überstand den Zweiten Weltkrieg weitgehend schadlos.

zwingen, die deutsche Staatsbürgerschaft anzunehmen; dagegen setzte sich der Schweizer jedoch durch seine Sturheit erfolgreich zur Wehr.

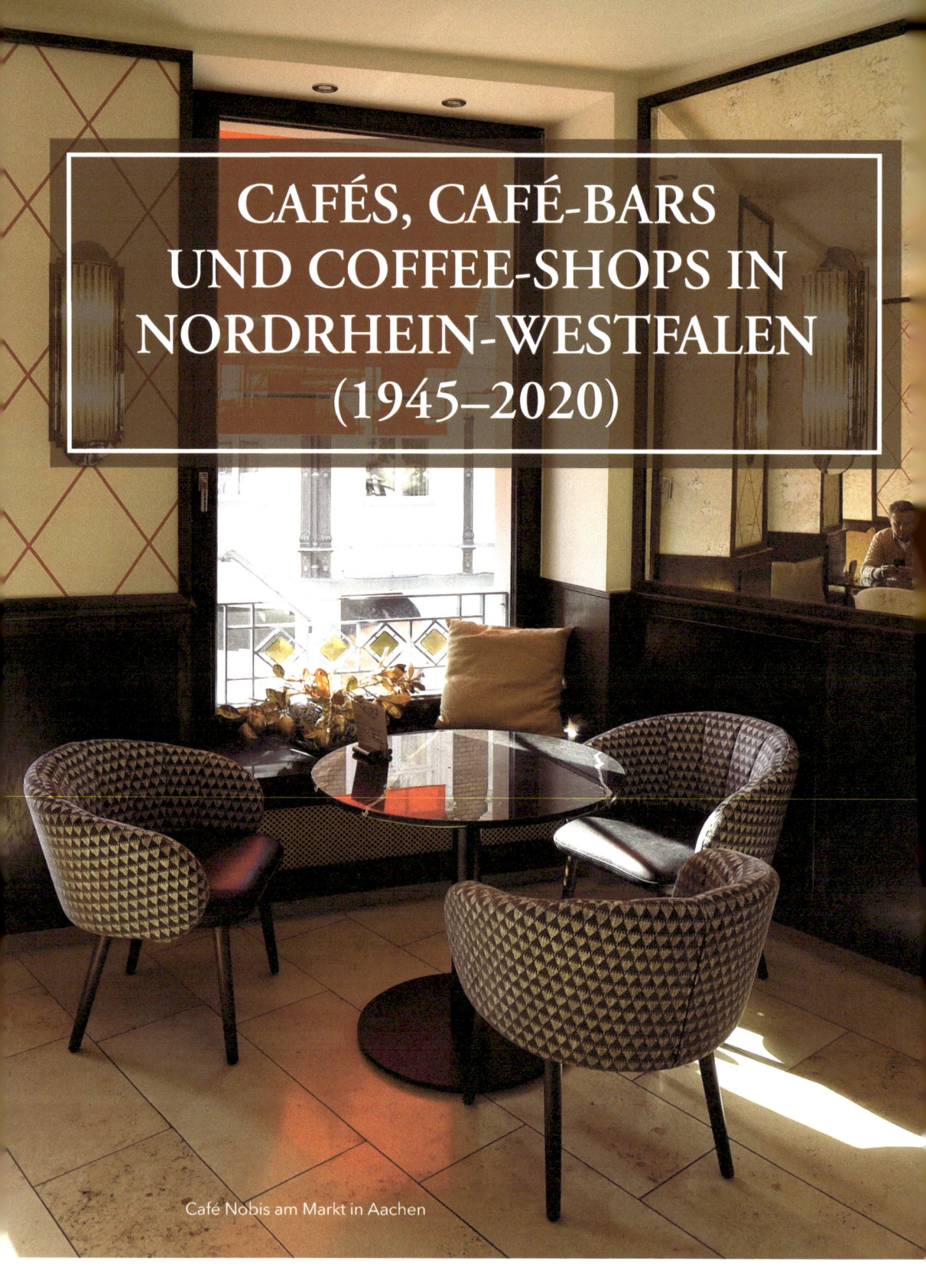

CAFÉS, CAFÉ-BARS UND COFFEE-SHOPS IN NORDRHEIN-WESTFALEN (1945–2020)

Café Nobis am Markt in Aachen

Die Nachkriegszeit (1945–1959)

Improvisieren in Behelfscafés

Als der Krieg im Mai 1945 zu Ende war, lag der Großteil der Cafés im Land in Schutt und Asche. Im Zuge des Wiederaufbaus entstanden dann die sogenannten Behelfscafés in Kellern, Garagen (wie im Café Leye) oder in ausgedienten amerikanischen Wohnbaracken. Alte Kanonenöfen oder Ecksofas aus Plüsch standen in solchen Cafés. Es gab weder Kohle noch Gas, geschweige denn ein funktionierendes Stromnetz. Es mangelte weiterhin an Hefe und an Rohstoffen wie Zucker, Mehl, Süßstoffen und Fetten. Die Mitarbeiter des Café Servaes in **Neuss** sammelten im Herbst 1945 im Reuschenberger Wald sogar Eicheln, die im Ofen der Backstube geröstet und gemahlen wurden. Aus dem Pulver wurde Ersatzkaffee gekocht, der im Café dankbar angenommen wurde.

Rolf Dreisbach, Inhaber des gleichnamigen **Hagener** Cafés, berichtet von der kleinen Gasse, die man von den Trümmern befreit hatte, um die 12 Quadratmeter, die von seinem Café stehen geblieben waren, als Verkaufs- und Gastraum zu nutzen. Drei Tische mit Stühlen standen dort und eine aus Brettern gezimmerte Theke. Eines Morgens war die kleine Gasse schwarz vor Menschen: Es hatte sich herumgesprochen, dass Keksanlieferungen der Firma Bahlsen eingetroffen waren, die aus großen Blechdosen verkauft wurden. Eine Stunde später waren die Menschen fort und das Café Dreisbach war ausverkauft.

Sebastian Profittlich lieferte im Frühsommer 1945 erste Torten nach Essen zur Firma „Radio Fern". Anstelle von Barzahlung tauschte er seine Waren gegen Schallplatten oder Radio-Ersatzteile. Die Alliierten aus der nahen Kaserne, für die er backen musste, versorgten ihn mit genügend Rohstoffen und so konnte er als Entgelt aus dem ihm überlassenen Kontingent eigene Artikel herstellen.

Mit Waren bezahlt wurde auch das Café Pieper in **Mülheim**, das in der Nachkriegszeit eng mit dem benachbarten Krankenhaus kooperierte. Deshalb gab es hier sehr früh wieder einen Außer-Haus-Verkauf. Max und Maria Noll boten ein Heißgetränk an, das die Firma Kipper eiligst entwickelt hatte und das im Winter 1946 dankbar von den Gästen seines **Remscheider** Cafés aufgenommen wurde. Die Menschen waren ausgehungert und zeigten sich froh, wenn es überhaupt irgendwo etwas gab.

Die Fassade des Café Spetsmann (Iserlohn) in den 1950er-Jahren.
© Café Spetsmann, Iserlohn.

Erich Clemens, der Schwager von Anne Spetsmann, die das Café in **Iserlohn** in Kriegszeiten geführt hatte, brachte 1946 aus der Kriegsgefangenschaft eine große Dose Süßstoff und Mehl mit. Daraus entstand der legendäre „Klätschkuchen", für den die Menschen bis zum Alten Stadtbad Schlange standen. Karl-Heinz Spetsmann selbst kam erst 1948 aus der Kriegsgefangenschaft zurück. In **Solingen** mieteten einige Caféinhaber vorübergehend in anderen Stadtteilen ein Ladenlokal an und überbrückten dort die Zeit bis zum geplanten Wiederaufbau. Die Inhaber des Café Koch bauten noch im Dezember 1945 eine provisorische Backstube am Mühlenplatz auf und verkauften zu Ostern 1946 im Hinterhof bereits wieder Torten. Viele Kunden bezahlten mit Lebensmittelmarken, die sie getrennt nach Fett, Mehl und Zucker durch Schlitze in ein Kästchen warfen. In einem Holzbau mit nur drei Tischen für die Gäste eröffnete im Juli 1949 das Solinger Café Wolfertz am Mühlenplatz.

Gisela Pabst stand 1949 mit einem kleinen Eiswagen in der Weberstraße in **Gelsenkirchen**, unmittelbar neben einem Trümmergrundstück. Der Erlös aus dem Eisverkauf war das Startkapital für die Konditorei mit Café, die sie und Heinz Pabst 1950 eröffneten.

In **Köln**-Sülz begann 1945 Wilhelm Zimmermann, dessen Café in der Herzogstraße 13 am 3. Juli 1943 bei einem nächtlichen Bombenangriff zerstört worden war, mit der Produktion

Das Café Pabst in Gelsenkirchen, hier auf einem Foto aus den 1980er-Jahren

Das Konditoreicafé Peckmann gegenüber dem Bundesbahnhof in Köln-Deutz, Postkarte von 1952

von Backwaren in einem Keller in der Konradstraße. Verkauft wurde in einer Bretterbude, die er auf den Trümmern des Cafés errichten ließ.

In **Siegen** wurde das am 16. Dezember 1944 zerstörte Café Schmidt zunächst in einem nur eingeschossigen Behelfsbau mit Wellblechdach betrieben. Diese erste Baustufe bestand bis 1956. Erst danach wurden vier weitere Geschosse aufgesetzt.

Einige wenige Häuser, die den Krieg unbeschadet überstanden hatten, wurden als Casino für die Alliierten genutzt, andere galten als Ort für größere Veranstaltungen wie zum Beispiel das Café Calvis in der **Neusser** Alemannenstraße. Während alle größeren Säle der Stadt den Bomben zum Opfer gefallen waren, wurde das Calvis bis Mitte der 1950er-Jahre von Tanz und Musik beherrscht. Erst als die alten Veranstaltungshäuser wieder aufgebaut waren, änderte sich das.

Auch der Schwarzmarkt blühte in den ersten Nachkriegsjahren. Im Ruhrgebiet wurde Kohle (wie auch Schmuck und andere begehrte Tauschobjekte) zum beliebten Schiebungsmittel, um an Waren zu kommen, die jenseits der zugeteilten Bezugsscheine lagen. Die Inhaber des Neusser Café Calvis bauten sogar eigenen Tabak an, der getrocknet, zerrieben und anschließend mit ein paar Gramm Tabak von amerikanischen Zigaretten verfeinert wurde. Von dem Erlös auf dem Schwarzmarkt wurde das Baumaterial für den Wiederaufbau des Hauses bezahlt.

Mit der Währungsreform am 20. Juni 1948 begann dann im ganzen Land ein neuer wirtschaftlicher Aufschwung für die Konditoren und Cafetiers. Das Nachholbedürfnis der Bevölkerung war immens und die Menschen konnten es kaum fassen, was ihnen wieder geboten wurde. Karl-Heinz Profittlich aus **Wanne-Eickel** berichtete von 36 Stunden, in denen er mit einem einzigen Gesellen ununter-

Das wiedereröffnete Café Schucan in Münster, Postkarte von 1947

brochen in der Backstube stand. In der Oster- und Weihnachtszeit wurden die frisch gegossenen Schokoladenfiguren warm aus der Form verkauft und mancher Caféraum war vor den Festtagen geschlossen, weil dort Hunderte von bestellten Torten und Kuchen lagerten.

Partie aus dem Café Schucan, 1947. Das Gemälde an der Wand stammt vom Münsteraner Maler Eugen Fernholz, es zeigt eine Engadiner Winterlandschaft.

Wolfgang Weikert und Bernd Haunfelder schreiben über die Situation im **Münsteraner** Café Schucan: „Angestellte erinnerten sich noch Jahre später, wie im Verlauf einer regelrechten ‚Fresswelle' mehrere Stücke Torte auf einem kleinen Teller serviert und in Windeseile verzehrt wurden. Dazu trank man Muckefuck, der auf einem Kohleofen gebraut wurde. Kam es vor, dass der Kuchen schon während des Vormittags ausverkauft war, so bot man am Nachmittag selbstgemachten Heringssalat an. Bezahlt wurde zunächst mit Marken, ehe man mit dem Tag der Währungsreform mit ‚richtigem' Geld aufwarten konnte."

In den ersten Nachkriegsjahren reagierte Schucan auch auf das gesellige Nachholbedürfnis der Münsteraner und reservierte an den Karnevalswochenenden und am Rosenmontag die Räumlichkeiten des Cafés für die Narren. Eine Musikkapelle sorgte für Stimmung in den oberen Räumen, es gab Dünnbier und Schnaps und im Keller verwandelte sich die Backstube in eine Bar. Beim „Karneval in Schucanesien" ging es hoch her – die Gäste sollen sogar auf den Tischen getanzt haben. Am 22. November 1947 machte Schucan bundesweit Schlagzeilen mit der „ersten Wiedereröffnung eines deutschen Kaffeehauses nach dem Krieg".

Café Grotemeyer in Münster

Der Familienbetrieb war 1850 von Albert und Berta Grotemeyer als Zuckerbäckerei auf der Aegidiistraße in Münster gegründet worden. Neben Kuchen, Torten, Plätzchen, Löwenpattken, Spekulatius und Marzipan gab es dort auch Wecken, Brötchen, Zwieback, holländische Beschüten und Brezeln. Ähnlich wie sich Otto Schucan mit seinem Likör *Schucans Mixtum* ein zweites Standbein geschaffen hatte, brannte auch Grotemeyer Hochprozentiges – den berühmten *Sendenhorster ollen Kloaren*.

Hugo Grotemeyer, ein Großneffe der Gründer, hatte den Betrieb im Oktober 1912 übernommen und kurz darauf in dem Haus in der Salzstraße 24 (dem früheren Gasthaus „Zum Schwan") ein Kaffeehaus eingerichtet. Bereits vier Jahre später genügten die

Räumlichkeiten nicht mehr, sodass er sich entschloss, das Gebäude hinter dem Café anzukaufen und mit dem Grotemeyerschen Haus baulich zu verbinden. Mit dem Kaffeehaus „Am Drubbel" (Roggenmarkt 15) eröffnete Grotemeyer im April 1913 eine Filiale mit einem sehenswerten Nichtraucher-Lesezimmer und einem Kaffeezimmer für Raucher mit Gemälden von Fritz Grotemeyer. 1928 erwarb der Cafetier mit dem hinter dem Kaffeehaus liegenden Gebäude einen zweigeschossigen gotischen Saal, den er in einen Kammer-

Der Rote Salon im Café Grotemeyer „Am Drubbel" (Roggenmarkt 15), Postkarte von 1925

konzertsaal umbauen ließ. Dieser wurde als „Lortzingsaal" zu einer vielbesuchten Stätte gepflegter Kammermusik in Münster.

Im Zweiten Weltkrieg wurden der Saal und auch das Café zerstört, die Wiedereröffnung fand im September 1949 statt. Durch Zukauf eines 80 Quadratmeter großen Grundstücks wurde eine durchgehende Verbindung von der Salzstraße zur Arztkarrengasse und zur Telgter Straße geschaffen. In den neu entstandenen Räumen bestachen die zahlreichen Bilder des Malers Fritz Grotemeyer (er war ein Sohn der Gründer), die nach bestimmten Perioden seines Schaffens gruppiert wurden. So befanden sich im „Orient-Raum" Werke aus seiner Zeit in Palästina. Architekturbilder und Szenen aus Grotemeyers Vaterstadt hingen im „Alt-Münster-Raum". Im „Poetenwinkel" wurden Erinnerungen an die Jugendfreundschaft des Malers mit Hermann Löns und anderen Künstlern lebendig. Architekt Overmann hatte für diese ungewöhnliche Ausstellung die Räume des Cafés jeweils eigens farblich abgestimmt und alles in hellen freundlichen Tönen gehalten. Kronleuchter und Wandleuchten sorgten für ein gedämpftes Licht mit gediegener Atmosphäre.

Als Hugo Grotemeyer 1956 starb, führte seine Frau Antonia den Betrieb bis 1969 weiter, ehe Annelie Kahlert (sie war eines der sieben Kinder der Familie Grotemeyer) die Leitung des Konditoreicafés übernahm.

Die Cafés der 1950er-Jahre – Wiederaufbau und Neubeginn

In den Jahren nach der Währungsreform, hauptsächlich zwischen 1948 und 1955, entstanden dann bundesweit die Cafés der Nachkriegszeit – großzügig konzipierte Häuser mit ungewöhnlich hellen Sälen und einem geräumigen Platzangebot. Das Café Endres in **Duisburg** gehörte dazu und das „Café mit dem Tropenhaus" (später Heinemann). Felix Brechtmann eröffnete in **Bochum** sein Café und ebenfalls 1949 entstand das Café Beckmann in der **Dortmunder** Krüger-Passage neu – mit einem Glasfenster im Gastraum, das der Maler Ewald Braun gestaltet hatte. Im **Wittener** Café Leye erfolgte 1948 inmitten der Kriegstrümmer die Eröffnung eines Teilbereichs, ehe zehn Jahre später der Neubau in der Bahnhofstraße mit 250 Sitzplätzen auf der ersten Etage fertiggestellt war.

Das Café mit dem Tropenhaus (Duisburg)

„Das Café in der Duisburger Altstadt, das der Architekt Gottfried Jonas verantwortet, hat eine Grundfläche von 240 Quadratmetern, auf der knapp 200 Sitzplätze untergebracht sind, außerdem einen Verkaufsraum, eine Kaffeeküche und Toiletten. Diese Lösung war nur möglich durch die Anordnung eines Zwischengeschosses, das in 2,40 Meter Höhe eine Galerie mit Sitzplätzen aufweist. Der Hauptraum hat eine Fläche von siebenmal 14 Metern und ist 5 Meter hoch. Die Galerie ist quer zur Straßenfront gelagert und sechsmal 11 Meter groß. Der Verkaufsraum ist nischenartig an den Hauptraum angegliedert und steht mit der zweckvoll eingerichteten Kaffeeküche in unmittelbarer Verbindung. Die natürliche Belichtung und Beleuchtung des Cafés gelang durch die zweigeschossige Anlage besonders günstig. Es wurde eine Querbelichtung von der Straße bis zur Hinter-

> front geschaffen. In der Mitte des 20 Meter tiefen Raums ist ein Deckenoberlicht eingebaut, das gleichzeitig für die Entlüftung des Lokals ausgewertet wird. Die sonst übliche Staubdecke ist nicht geschlossen, sondern plastisch offen gestaltet. Hängende mattierte Gläser ragen in vier Stufen pyramidenförmig in den großen Raum hinein. Zwischen den Gläsern ist die künstliche Beleuchtung angeordnet. Sie ist in Leuchtstoffröhren gehalten und auf die Farbe des Leuchtkörpers abgestimmt worden. ... Die Bepflanzung des siebenmal 5 Meter großen Blumenfensters besteht vornehmlich aus Orchideen. Das Blumenfenster ist als Warmhaus mit Heizung und einer Berieselungsanlage ausgestaltet – eine Art Tropenhaus en miniature."
> *Aus: „Konditorei und Café", 11/1950*

Otto Dobbelstein begann im Sommer 1949 im Zuge der Innenstadtsanierung mit dem Neubau eines Cafés auf dem Sonnenwall 8 in **Duisburg**, das am 3. Dezember 1949 als Familiencafé eröffnet wurde. Jean Schönenberg ließ 1948 das gleichnamige Café in der **Kölner** Severinstraße umgestalten (es verkörperte viele Jahre lang beispielhaft den Stil der 1950er-Jahre) und auch Otto Bittner jr. ließ 1950 sein Konditoreicafé auf der Königsallee modernisieren.

In **Düsseldorf** fand die Hofkonditorei Bierhoff 1954 samt Café ein neues Refugium im sechsgeschossigen Hotelbau in der Breite Straße 4–6. Das von den Architekten Hentrich und Heuser gestaltete Café verteilte sich über zwei Etagen. Von den insgesamt 300 Plätzen waren 140 im Erdgeschoss untergebracht. Man betrat das Lokal von der Straße her durch eine Drehtür und befand sich dann zunächst im Verkaufsraum der Konditorei. Von dort aus gelangte man in den eigentlichen Gastraum. Eine große geschwungene Treppe führte ins Obergeschoss, wo sich außer einem großen und zwei kleinen Caféräumen eine Kuchenausgabe, eine Kaffeeküche, zwei Garderoben und die Toiletten befanden.

In **Mülheim an der Ruhr** eröffnete 1952 das neue Stadt-Café Sander im Kohlenkamp 12. Es war eines der größten Geschäftsbauten der Nachkriegszeit in der Stadt. Das Café bot mehr als 200 Gästen Platz.

Nach der Zerstörung der **Solinger** Altstadt im November 1944 begann der Wiederaufbau und die Neueinrichtung der dortigen Cafés erst in den Jahren 1949/1950. Mitte der 1950er-Jahre hatten acht inhabergeführte Cafés wieder geöffnet, darunter das Café Wolfertz am Mühlenplatz, das 1952 fertiggestellte Café Koch (mit einer zurückgesetzten Schaufensterfront unter schattenspendenden Arkaden) und das Café im „Kaufhof", das es schon seit März 1928 gab. Auch im „Haus der Sparkasse" eröffnete 1957 ein neues Lokal – das „Café am Dreieck". Die beiden im Stil der 1950er-Jahre eingerichteten Galerieräume hatten 40 Sitzplätze, im Außenbereich des Brunnenhofs, der

Das Stadt-Café Sander in Mülheim. Postkarte von 1952. © Friedhelm Großenbeck, Mülheim.

von der Kölner Straße und vom Ufergarten aus zugänglich war, sogar 100 Plätze. Das „Freiluft-Café", wie die Solinger das Lokal nannten, war das erste seiner Art in der Stadt. Es wurde 1965 vom Inhaber Egmont Kletthofer zum Café-Restaurant erweitert – mit Klimaanlage, gegliederter Stuckdecke und einer 24 Meter langen Fensterfront zum Ufergarten hin, musste aber bereits 1970 schließen, da die Sparkasse den Pachtvertrag nicht verlängerte. 1955 wiedereröffnete August Erfmann im neu gebauten Wohn- und Geschäftshaus am Frohnhof 9 das Café Kramer. Die Gäste gelangten durch den Verkaufsraum der Konditorei in den großen, im Stil der 1950er-Jahre eingerichteten Gastraum. Bis zu seiner Schließung im April 2000 bewahrte das Café sich einen Hauch von Nostalgie. Diesen Retro-Charme besaß auch „Cramers. Kaffee + Co.", das dort 2005 einzog. Das Café Laubach, das im Dezember 1949 seine Neueröffnung in der Südstadt feierte, wurde 1961 in das Sali-Haus am Ufergarten verlegt. Der Verkauf befand sich nun im Erdgeschoss, die Caféräume zogen in die erste Etage. Im Herbst 1969 wurde das Café geschlossen.

Café Tigges in Hagen, Postkarte von 1956

Cafés der Nachkriegszeit in Essen

Das **Essener** Adressbuch verzeichnete 1950 u.a. das Café Wysk im Haus der Technik auf der Hollestraße 1, das Café Wilhelm Groote auf der Steeler Straße 463, das Café Scheele auf der Bochumer Straße 22 („Die Konditorei der Dame – Das Café des Herrn"), das Bahnhofscafé Riethmüller in der Altenessener Straße 212–214 und die Eiskonditorei Broich auf der Steeler Straße 68–70.

Café Overbeck

Wer in diesen Zeiten unternehmerischen Weitblick hatte, versuchte Einblick in die städtebauliche Neuentwicklung zu gewinnen, um sein Café oder eine Filiale an der attraktivsten Stelle der Stadt platzieren zu können. So auch Ewald Overbeck, der am 5. Oktober 1949 auf der Limbecker Straße 45 in **Essen** das im Krieg zerstörte Konditoreicafé neu errichten ließ (mit 150 Sitzplätzen). Mit dem Ausbau des dritten und vierten Stockwerks, in dem die Backstube mit modernsten Geräten sowie

Das am 5. Oktober 1949 eröffnete Café Overbeck in der Limbecker Straße 45 in Essen atmete auch 1984 noch die Patina der Gründerzeit.

die Schokoladen- und Pralinenfabrikation untergebracht war, legte er den Grundstein für seinen späteren Ruf als „Kranzler des Ruhrgebiets". Im Mai 1950 kaufte Overbeck das Haus auf der Kettwiger Straße 20 und eröffnete dort am 2. Oktober 1952 sein zweites Großcafé in Essen. Der Gastraum mit 85 Sitzplätzen befand sich hinter dem kleinen Verkaufsraum im Erdgeschoss des verzweigt gebauten Cafés. Die Leitung übertrug Ewald Overbeck seinem Sohn Egon, der erst im Dezember 1949 aus russischer Kriegsgefangenschaft gekommen war. Er wollte das Café ausbauen, musste sich aber den Plänen der Stadt Essen fügen, die dort das Wetzel- und Deiterhaus bauen wollten. Egon Overbeck wechselte daher auf die andere Straßenseite und ließ für die stattliche Summe von 500.000 DM an der Ecke Kettwiger Straße 15/Glockenspielgasse nach Entwürfen des Architekten Wilhelm Johannes Koep (er verantwortete u.a. das Blau-Gold-Haus am Domkloster in Köln) einen repräsentativen fünfgeschossigen Neubau errichten. Am 25. November 1955 eröffnete dort das Café Overbeck (der Firmenname leuchtete als geschwungene Neonschrift an der Fassade) – mit 300 Sitzplätzen im Innenbereich und 160 Plätzen als Straßencafé. Unmittelbar neben dem Konditoreicafé nahm Overbeck im Erdgeschoss die Kaffee-, Wein- und Spirituosenfirma Groote & Sohn auf.

Die Nachkriegszeit

Links oben: Das Café Overbeck an der Ecke Kettwiger Straße 15 / Glockenspielgasse in Essen. Foto aus den 1980er-Jahren. Rechts: Café Overbeck in der Essener Hauptpost, 1985. Unten links: Fassade und Schriftzug des Café Overbeck trugen auch 2014 noch typische Elemente der 1950er-Jahre. © Wiki05, CC BY-SA 3.0 https://creativecommons.org/licenses/by-sa/3.0, via Wikimedia Commons.

Bis zu seiner Schließung im Dezember 2014 bewahrte das Café Overbeck den authentischen Charme der 1950er-Jahre – mit gerundeten Schaufensterflächen im Eingangsbereich und einer repräsentativen Wendeltreppe, die den Innenraum beherrschte. Unterhalb des Handlaufs besaß sie beidseitig transparente Brüstungsfelder, die zwischen messingfarbenen Rahmen montiert waren und mit ihrem ungehinderten Durchblick den Eindruck einer Freitreppe erzeugten. Durchblicke gewährten auch die an die Wendeltreppe anschließenden hohen Wabengitter, an denen gemütlich wirkende Zweiertische standen. Ein Chronist schrieb zur Neueröffnung: „Wenn zur Sommerzeit durch Versenken des 8 Meter breiten Fensters das Erdgeschoss mit der Glockenspielgasse verbunden wird, stört das Geraune des entlangflutenden Fußgängerstroms den Gast in keinster Weise, auch nicht die harmonischen Klänge, wenn der Bergknappe im Turm des ‚Deiterhauses' die Uhrzeit anschlägt oder das Glockenspiel ‚Üb' immer Treu und Redlichkeit' weithin erschallen lässt."

Ein drittes Großcafé mit 180 Sitzplätzen im Innenbereich und 45 Plätzen als Straßencafé eröffnete Egon Overbeck 1957 Am Hauptbahnhof 34 im Gebäude der Hauptpost. Ins Auge fiel vor allem der quadratische hohe Saal mit seiner wuchtigen, indirekt beleuchteten Mittelsäule aus Mahagoniholz. Mit großflächigen Gemälden und Wandteppichen sowie breiten Fensterflächen zur Straße verströmte das Café eine gediegene Atmosphäre. Eine türkisfarbene Decke betonte die Tiefe des Raums und spiegelte auf ihrer keramikartigen Oberfläche punktförmig das Licht der zahlreichen Kristallleuchter. Als Tischleuchten hatte Overbeck gelblich schimmernde Lampenschirme mit einem Messing-Posthorn im Porzellanfuß gewählt.

Café Wolff, Café am Burgplatz, Café Becks u. a.

Im **Essener** Handelshof, der nach Ende des Zweiten Weltkriegs eine fensterlose Ruine war, deren ausgebrannte Etagen Tausende von Tonnen Schutt hinterlassen hatten, eröffnete im April 1951 das neue Café Wolff (Willy Wolff hatte 1938 das Café Blau im Handelshof übernommen). Auf der Kettwiger Straße 40 wurden die im Krieg zerstörten oberen Räume der „Rhein-Ruhr-Gaststätten" wiederaufgebaut. Das große Konzertcafé und Restaurant (die Leitung oblag Hans Lunkenheimer), das hier seine Pforten öffnete, warb im Sommer 1951 mit Konzerten der „Kapelle Petrja Tschistjakoff mit ihren Banjo-Solisten", die dort nachmittags und abends spielte.

Im Zuge des Wiederaufbaus des „Lichtburg"-Gebäudes auf der Kettwiger Straße erstrahlte im März 1953 im wiederaufgebauten Seitentrakt, der mit seiner langgestreckten Terrasse den Burgplatz flankierte, auch das Café-Restaurant am Burgplatz in neuem Glanz. Die „Essener Woche" schrieb zur Eröffnung: „Ein Musterbeispiel schöner Raumgestaltung, die von den abgestuften Deckenhöhen und von fein abgestuften Farbklängen der Täfelungen der Böden, der Dekorationen des Mobiliars und des schmückenden Beiwerks bestimmt wird. Vor allem aber von einer lichtdurchfluteten Transparenz, die aus der Weite des Burgplatzes durch die hohen Fenster einströmt."

Der hochgezogene Mittelteil trug den Charakter einer distinguierten „Hall". Ein graziös in den Raum geschwungener Treppenaufgang mit formschönem Gitterwerk führte hinauf zum Zwischengeschoss, wo man hinter der Balustrade sitzen und in den Raum darunter schauen konnte. Die Tische waren mit viel Abstand im Raum platziert; um sie herum waren bequeme Polstersessel gruppiert. Entworfen hatte das Café der Architekt Heinz Lange, ausgelegt war es für 220 Gäste im Innenbereich. Die gastronomische Leitung übernahm das Ehepaar Wegner, das bei Otto Blau gelernt hatte.

Das Café Becks am Flachsmarkt 11 in Essen, Postkarte von 1954

1954 kehrte auch das Essener Kaffee Schmitz unter dem Namen „Café Becks" an seinen alten Stammplatz zurück. Am 16. Februar 1954 wurde der Grundstein für das neue Haus am Flachsmarkt 11 gelegt und schon am 15. Juli konnte das Café in dem modernen Rundbau Einzug halten. Auch hier verband eine freischwingende Treppe den Bereich im Erdgeschoss mit dem größeren Gastraum im ersten Stock. Unten wie oben bot sich den Kaffeegästen durch die Rundverglasung ein freier Ausblick nach draußen. Im zweiten Obergeschoss befanden sich die Betriebsräume: die Backstube mit modernen elektrischen Backöfen und die Pralinenwerkstatt mit Kühlraum und Berieselungsanlage. Ende August 1954 eröffnete das Aussichtscafé im Dachgeschoss – es galt als „erstes Essener Hochhauscafé" mit weitem Ausblick auf die Stadt.

Im Februar 1956 entstand an der Nordseite des Essener Hauptbahnhofs ein Rundbau mit einem zweistöckigen Café. Betrieben wurde es von der Firma Strothe, zu deren Schwesterbetrieben das Konditoreicafé Carl Weitz auf der **Düsseldorfer**

Café Weitz auf der Kettwiger Straße 9 in Essen, Postkarte von 1956

Königsallee 70 und in Essen auf der Kettwiger Straße gehörte, wie auch das 1955 eröffnete Theater-Café im Essener Bültmannhaus.

Das nach Entwürfen von Bundesbahndirektor Rasenack entworfene Essener Bahnhofscafé war über zwei Etagen verteilt. Im Obergeschoss befand sich das vollklimatisierte „Erwachsenencafé" mit Sitzplätzen an der verglasten Fensterfront, die einen schönen Blick auf das Geschehen am Bahnhofsvorplatz, auf den neu errichteten „Handelshof" und auf die Kettwiger Straße zuließen. Im Erdgeschoss befand sich eine in lichten Farben gestaltete Café- und Milchbar, in der es neben Espresso und einer Tasse Kaffee auch Milchmixgetränke gab.

Als am Essener Viehofer Platz 1959 neben dem Hochhaus in der Kortestraße eine Ladenzeile mit Geschäften (u.a. „Samen Schmidt") entstand, zog dort auch das 1904 gegründete Café Schmücker ein. August Schmücker hatte es in der Stoppenberger Straße 15 gegründet und zusammen mit seinem Sohn August-Heinrich durch zwei Weltkriege gebracht. Das Café mit seinem weithin sichtbaren Neonschriftzug war ein Lichtblick im tristen Essener Westen. Seine Kundschaft rekrutierte sich aus Studenten der nahen Maschinenbauschule und Bewohnern des Segeroths und Beisingviertels.

Café im Funkhaus des WDR (Köln)

Das Café im Kölner Funkhaus am Wallraffplatz hat eine lange Tradition. Nachdem Bundespräsident Theodor Heuss am 21. Juni 1952 das Funkhaus des damaligen Nordwestdeutschen Rundfunks (NWDR) mit acht Sendesälen feierlich eingeweiht hatte, eröffnete dort auch die Kantine des WDR (Teestube), die vom Architekten Peter Friedrich Schneider im Stil der 1950er-Jahre eingerichtet worden war. Der Raum besaß auf der rechten Seite einen lang verlaufenden Thekenbereich und auf der linken Seite einen Gastbereich. Durchgehende Glasflächen an der Außenseite reichten bis zum Boden. Den oberen Abschluss bildete eine Rabbitzdecke mit schräg verlaufenden, farbig gefassten Schienen, die der Raumstruktur einen dynamischen Schwung verliehen. Den Hauptblickfang bildete an der Rückwand ein Sgraffito im kubistischen Stil, das der Kölner Grafiker und Kunstprofessor Anton Wolff angefertigt hatte.

1998 übernahmen die Italiener Ines und Gigi Campi, deren Vater Pierluigi („Gigi") Campi seit Jahrzehnten auf der Hohe Straße erfolgreich ein Eis-Café betrieb, die Teestube, die inzwischen unter Denkmalschutz gestellt worden war. Der Platz am Fenster erlaubte zwar nur zwei Tischreihen rechts und links, reichte jedoch in die volle Tiefe des

Rechts: Gastraum und Bar des Kölner Café im Funkhaus

Raums. Die lange Fensterfront öffnete das „Campi" nach außen hin und machte die Fußgängerzone vor der Glasfläche zu einem Teil des Gastraums. An den Wänden des Cafés, das nun auch als Restaurant genutzt wurde, hingen Fotos des Kölner Fotografen Chargesheimer. Wenn im Großen Sendesaal (Klaus-von-Bismarck-Saal) des WDR ein Konzert zu Ende gegangen war, kamen viele Besucher und auch die Künstler oft noch einmal ins „Campi", um den Abend ausklingen zu lassen. 2013 übernahmen Ranz und Oliver Diaz, die beide die Geschäftsführung der Schokoladenmuseum Gastronomie GmbH innehatten, die Location und setzten mit einer neuen Innenarchitektur auf den Retro-Charme der 1950er-Jahre. Wo „Gigi" Campi noch einen Restaurantcharakter geschaffen hatte, entschieden sich die neuen Betreiber für ein Interieur mit Kaffeehauscharakter. Das große Wandbild von Anton Wolff erstrahlte in restaurierten Farben, eine monumentale hinterleuchtete Theke und ein Dutzend ovaler Hängeleuchten aus weißem Glas prägten den Raum. Warme Brauntöne im Parkett und am Bartresen harmonierten mit türkisfarben gestrichenen Wänden.

Das Wandbild von Anton Wolff neben dem Barbereich

Mit Fernblick und Dachterrasse – Die Kaufhaus-Cafés

Ende der 1950er-Jahre entstanden auch viele Kaufhaus-Neubauten in den Großstädten, meist wuchtige vier- oder fünfgeschossige Häuser, die eine Dachterrasse mit Café besaßen, von der aus man einen herrlichen Blick über die Stadt hatte. In **Duisburg** war das 1957 eröffnete Dachgartencafé-Restaurant des Kaufhauses Priel an der Ecke Steinsche Gasse/Münzstraße sehr beliebt.

In **Wuppertal-Elberfeld** besaß das achtgeschossige Kaufhaus Michel, das am 28. Juni 1930 eröffnet wurde, ein Café im obersten Stockwerk. Die Dachterrasse bot mehreren hundert Menschen Platz und ermöglichte Ausblicke auf Elberfeld und die Schwebebahn. Knapp ein Jahr später – am 4. Juli 1931 – musste das Kaufhaus jedoch seine Zahlungen einstellen und Konkurs anmelden. Den erweiterten Umbau des ursprünglich 1914 errichteten Gebäudes verantworteten die Architekten Georg Schäfer und Emil Fahrenkamp, der 1925 auch das Café Blau im Essener „Handelshof" gestaltet hatte. Im Zweiten Weltkrieg wurde das Kaufhaus von Bomben getroffen und beschädigt. Im Juli 1952 zog „Hertie" in das Kaufhaus ein und betrieb bis zum Auszug (1961) das Café samt Terrasse weiter. Vor allem in den Anfangsjahren war das Lokal als Tanzcafé sehr beliebt. Im September 1999 eröffnete das Textilkaufhaus Sinn dort eine Filiale. Der Cafébetrieb wurde jedoch nicht wieder eingerichtet.

Zu einem der letzten Kaufhaus-Cafés gehört das „Boulevardcafé Wiacker" auf dem Dach des Modehauses Baltz in **Bochum**. Direkt neben der Wäscheabteilung im vierten Stock geht es ins Café, das einen fabelhaften Blick auf die Stadt und „höchsten Kaffeegenuss in Bochum" bietet, inklusive einer großen Terrasse. Die Waren bezieht das Café von der Wiacker GmbH in Herne.

Damenwahl bei Rot, Herrenwahl bei Gelb – Die Tanzcafés

In der Nachkriegszeit etablierte sich ein Kaffeehaustyp, den es im 19. Jahrhundert bereits in feinen Konditoreiecafés und in ähnlicher Form in den 1930er-Jahren als Konzertcafé gegeben hatte: das Tanzcafé. Vor allem in Frankreich war es beliebt: Die Franzosen wollten sich nach den Schrecken des Zweiten Weltkriegs wieder amüsieren und nur vergessen. Sie gingen in die „Guinguettes" (das sind alte Tavernen und Lokale), in denen alles zusammenkam, was die Kultur des Landes ausmachte: Essen, Trinken, Musik und Geselligkeit. „Wenn dort Akkordeonmusik ertönte, füllte sich langsam die Tanzfläche", schrieb die Journalistin Eliane Morand in der „FAZ". „Erste Paare wagten sich langsam auf die leere Bühne und

Der von Fritz Sträter betriebene Casanova-Tanzpalast am Theaterplatz 9 in Essen, Postkarte von 1936

fingen an, im Takt der Musik mitzuschwingen. Schüchterne Gäste blieben am Rand und wippten mit dem Fuß zur Musik und beobachteten die mutigen Tänzer auf der Tanzfläche."

Auch in Deutschland etablierten sich in der Nachkriegszeit die Tanzcafés. Viele Männer waren im Zweiten Weltkrieg gefallen oder noch in Gefangenschaft, sodass Frauen in diesen Lokalen in der Überzahl waren. Eines der berühmtesten Betriebe war das 1948 gegründete Café Keese auf der Reeperbahn in **Hamburg**, dessen „Ball Paradox" schnell Schlagzeilen machte. Hierbei forderten nicht die Herren die Damen zum Tanz auf, sondern umgekehrt – was seinerzeit ungewöhnlich war. Nummerierte Tischtelefone ermöglichten die Kontaktaufnahme. Jeder Tisch hatte eine Platznummer, sodass man von Tisch zu Tisch telefonieren konnte, um anzubändeln: „Denken Sie stets an die These / Es regiert die Frau im Keese." Auch im Hamburger Tanzkasino „Faun" (früher „Lessing-Diele") und in „Dreyer's Ball carré" („Damenwahl bei Rot, Herrenwahl bei Gelb") traf man sich. In **Berlin** erwachte die noch aus der Biedermeierzeit stammende Tradition der Ballhäuser zu neuem Leben.

Man tanzte dort – wie auch im Rheinland und im Ruhrgebiet – Walzer, Cha-Cha-Cha oder Slowfox. Je langsamer die Musik war, desto voller wurde die Tanzfläche. Combos spielten Songs aus dem American Songbook, Gassenhauer („Wir sind alle kleine Sünderlein") oder Vorkriegsschlager („Ich tanze mit dir in den Himmel hinein"). In Häusern, die es sich

Das „Schwarzwaldhaus" in Mettmann ist bis heute ein Café und Tanzlokal. Gegründet wurde es 1926 von Heinrich Haase.

leisten konnten, spielten Kapellen zum Tanztee auf, in Nobel-Hotels sogar wechselnde internationale Tanz- und Show-Orchester (zum Beispiel das Kölner Esquires-Quartett oder „Sol de España" aus Valencia). Die Musiker trugen weinrote Sakkos, schwarze Hosen, weiße Hemden und Fliegen. Schnell wurden aus den Tanztees am Nachmittag Veranstaltungen, die sich bis Mitternacht hinzogen. Freitags lud man zum „Tanz bei Kerzenschein", samstags abends praktizierte man den „Großen Abendtanz" und walzte bis zum Morgengrauen. Statt Mocca und Kaffee wurden dann Cocktails, Piccolos oder Spirituosen wie Cognac Hennessy, Gordon's Dry Gin und Pernod serviert – die Getränkekarte der Lokale war entsprechend umfangreich.

In den 1960er-Jahren entstanden spezielle Tanzlokale für Jugendliche. Sie fanden dort einen Zufluchtsort, an dem sie nicht mehr unter der Aufsicht der Eltern standen. Die Musik wurde nicht mehr live gespielt, sondern von Vinyl-Schallplatten und führte schon bald in die Beatkeller, von dort dann in die Diskotheken. Statt zu Schlagern tanzte man nun zu den Beatles, Rolling Stones und Beach Boys. In den 1970er-Jahren dann zu Soul, wie im **Duisburger** „Scotch-Club".

Eines der ältesten Tanzcafés in Nordrhein-Westfalen ist das „Schwarzwaldhaus" in der Talstraße 265 in **Mettmann**. Es wurde 1926 von Heinrich Haase gegründet

Das „Palast-Café" in Fred vom Hofs „Vergnügungspalast der 2000" in der Steeler Straße 17 in Essen. Das Etablissement wurde zeitweilig auch als „Kristallpalast" oder „Alkazar" bezeichnet und später als „Groß-Essen" oder einfach nur „Fred vom Hof'" bekannt.

und hat sich die Atmosphäre der 1920er-Jahre bis heute authentisch erhalten. Im großen Tanzsaal wird auf Holzdielen getanzt, ein schwarz lackierter Flügel erinnert an alte Zeiten. Neben den wöchentlichen Veranstaltungen gibt es im „Schwarzwaldhaus" u. a. Veranstaltungen wie „Tanz in den Mai" und den großen „Weihnachtsball". In **Solingen-Widdert** war in den 1950er-Jahren das Tanzcafé Müller beliebt, in **Remscheid** das Café Grah. In **Essen** galten in den 1950er-Jahren Fred vom Hofs „Palast-Café" in der Steeler Straße 17 und in den 1960er-Jahren der „Ball der einsamen Herzen" und das „Gretna Green" (im Europa-Haus in der Viehofer Straße) als Tanzlokale für die „reifere Jugend". Letzteres ist nicht zu verwechseln mit dem gleichnamigen Kontakt-Café in der **Düsseldorfer** Bahnstraße. Ein Diskjockey projizierte im „Gretna Green" Dias an die Wand und legte Schallplatten auf. Abenteuerlustige oder Geschiedene machten sich auf die Suche nach neuen Bekanntschaften, aber auch Menschen, die einfach nur das Tanzen liebten, trafen sich dort.

Der Unterschied zwischen Tanzcafé und Tanzlokal ist nicht immer scharf getrennt. Manche Tanzlokale gingen aus Kneipen hervor, wie das „Beuke" in der Wiesenstraße in **Duisburg-Marxloh**, das später „Kogge" hieß. Von den 1950er- Jahren bis Ende der 1970er-Jahre wurde dort fetzige Musik für die Jugend gespielt, anfangs live, später von Schallplatten. Im „Damschen" in der Weseler Straße in Marxloh spielte viele Jahre eine kleine Kapelle. Im vornehmen „Handelshof" in der Duisburger Straße in **Alt-Hamborn** – mit 600 Plätzen das größte Tanzlokal im Rheinland – ging es oft eng zu, sodass die Gäste das Lokal auch augenzwinkernd „Pressluftschuppen" oder „Nahkampfdiele" nannten.

In **Dortmund** hatte 1976 das Tanzcafé Hösls eröffnet. Es gab dort einen langen Tresen, der an eine französische Bar erinnerte. Beleuchtete Säulen illuminierten die Tanzfläche, während die Gäste vor Marmortischen auf Polstersesseln saßen. 2013 wurde das Café in „Oma Doris" umbenannt. Der Charme des alten Lokals blieb erhalten, das Programm dagegen änderte sich. Wenn dort freitags die Party „Oma Doris tanzt" angesagt ist, spielt man House-, Techno und Disko-Musik. In **Dortmund-Schüren** eröffnete 1987 das Café- und Tanzhaus „Bailar" im ehemaligen „Haus Klocke". Auf der beweglichen Bühne im Tanzsaal spielten Kaffeehausmusiker und am Sonntagnachmittag wurde zum „Tanzthé" geladen. In **Eschweiler-Weisweiler** gab es das Tanz-Café Central, wo täglich ab 20 Uhr eine Kapelle spielte. Mittwochs fand dort ein „Tanzabend zum Kennenlernen" statt, sonntags der „Tanz auf Du und Du". Inzwischen gibt es in vielen Städten auch Tanzcafés für Senioren, bei denen Keyboardspieler wie Ricky Kunze oder Bands wie die „3 Zylinder" bekannte Melodien spielen. Fördervereine richten Tanzveranstaltungen speziell für Menschen mit Demenz aus, auf denen Betroffenen und ihren Angehörigen ein Rahmen angeboten wird, um in Erinnerungen zu schwelgen und damit wieder am gesellschaftlichen Leben teilhaben zu können.

Die Milchbars der 1950er-Jahre

Milchbars waren in den 1950er-Jahren ein beliebter Treffpunkt von Jugendlichen – ein Ort, an dem sie sich unbeaufsichtigt von Eltern und Lehrern mit Gleichaltrigen treffen konnten. Es gab dort kalte und warme Milchgetränke (gemixt mit Fruchtsäften, Kakao, Ovomaltine oder Nescafé), Milch-Sahne-Mixgetränke (mit Mocca, Nuss, Bienenhonig, Sanddorn oder Ei), Milchshakes (mit Eis), Buttermilchgetränke, Sodagetränke und Freezes. Für den Appetit zwischendurch konnte man Joghurt- und Quarkspeisen sowie Milchreis und natürlich Eis bestellen. Wer über 21 Jahre alt war, konnte auch Flips, Cocktails oder Egg Noggs kosten.

Die Inneneinrichtung der Milchbars richtete sich bewusst an ein junges Publikum: Linoleum statt Teppich, Stahlrohrstühle mit Bezügen aus Kunststoff, Tische mit Resopalplatten, tütenförmige Lampen an Wänden oder Decke, leichte und luftige Kunstfasergardinen – und stets eine Bar (sie war mit Mixgeräten, Saftpumpen, Sodafontäne, Espresso-Maschine und Eisanlagen ausgerüstet), vor der mit Leder bezogene Hocker standen.

Die Milchbar in der Essener „Gruga", Postkarte von 1952

Milchbar „Oase" in Düsseldorf, Postkarte von 1959

Es war eine Atmosphäre, die an amerikanische Bars erinnerte (dort waren Milchbars während der Prohibition in den Jahren 1920 bis 1933 entstanden) und dem Lebensgefühl der „Halbstarken" entsprach – auch wegen der Jukebox, die in vielen Milchbars stand. In einer Zeit, in der deutsche Rundfunksender die Ohren mit Rudi Schuricke, Ralf Bendix und Freddy Quinn umschmeichelten, gehörten Milchbars neben Jahrmärkten zu den einzigen Orten, an denen gute Chancen darauf bestanden, Elvis, Bill Haley, Chuck Berry oder andere zu hören. In den 1960er-Jahren wurden Milchbars zunehmend von Eisdielen verdrängt.

Im Mai 1952 hatte die **Essener** Milchverwertungsgenossenschaft die erste große, modern eingerichtete Milchgaststätte Deutschlands mit fast 300 Plätzen in der „Gruga" eingerichtet. Mit ihrer großen Außenterrasse war sie vor allem für Familien mit Kindern gedacht, die den Gruga-Park für Ausflüge und Spielplatzbesuche nutzten, um danach in der Milchbar eine Pause einzulegen.

Der nach Osten offene kleine Pavillon, in dem sich die Gaststätte befand, war durch breite Fensterwände gekennzeichnet, die einen schönen Blick auf die Parklandschaft freigaben. Die beiden Innenräume lagen auf verschiedenen Ebenen und waren über eine kurze Treppe miteinander verbunden. Um die kleinen runden Tische waren Stühle ohne Armlehnen gruppiert. Den Wandschmuck hinter der Bar (eine Familienszene) hatte der Essener Maler und Bildhauer Hans Scherer erstellt.

Die Milchbar im 1958 eröffneten Stadtbad in Witten, Postkarte (Ausschnitt) von 1959

Entworfen hatte die Milchbar der Bochumer Architekt Wilhelm Seidensticker. Auf der Getränkekarte der Milchbar standen Cocktails mit verführerischen Namen wie „Engelslächeln", „Romanze in Milch", „Weißer Traum" oder „Hawaii-Melodie".

Auch in Schwimmbädern eröffneten in den 1950er-Jahren Milchbars. In **Witten** war das Lokal im 1958 eröffneten Stadtbad in der Gerichtsstraße ein beliebter Treffpunkt. Ein unverwechselbares Detail der Bar waren die Fenster: Sie waren nicht senkrecht in die Fassade eingelassen, sondern leicht geneigt. Das Fenster über dem Haupteingang war zusätzlich noch gerundet. Wenn man in die Milchbar hinein wollte, musste man die Eingangshalle passieren und die Treppe hinaufgehen (an der Damenumkleide

Außenansicht der Milchbar im Wittener Stadtbad. Typisch für die Architektur der 1950er-Jahre war die leicht nach vorn geneigte Fensterfront. Postkarte von 1959.

vorbei). Von der Milchbar aus konnte man durch eine Tür auf einen Balkon gelangen und den Schwimmern zuschauen. Eine solche Bar gab es bis Ende der 1960er-Jahre auch im Essener Hauptbad in der Steeler Straße. Auch außerhalb von Parks und Schwimmbädern etablierten sich in den 1950er-Jahren Milchbars. Als Beispiele seien hier die Milchbar „Blau" in **Lünen**, die Milchbar in der **Hammer** Sternstraße, die „Oase" in **Düsseldorf** und die Milchbar in **Brühl** genannt.

Die „Milchbar" in Brühl

Die „Milchbar" in Brühl eröffneten Josef und Gertrud Eich am 12. August 1955 im hinteren Teil ihres Gartens an der Mühlenstraße, ehe die Geschwister Elisabeth und Gertrud Beils die Leitung übernahmen. Frauen in schicken Kleidern und Männer mit Pomade im Haar schlürften in dem Brühler Lokal ihre Milchmixgetränke (mit oder ohne „Schuss"), während aus der Jukebox Caterina Valente, Carl Perkins und Little Richard erklangen. Mittelpunkt der Gaststube war die Kühltheke der Firma Caracciola mit ihren blauweißen Rauten (später rot und beige). Eissorten wie Vanille, Schokolade und Erdbeere kosteten 10 Pfennig das Bällchen. Dazu mixte man Zutaten wie Mokkamilch und Orange zu einem

Flip. Aus Vanilleeis und weißem Curaçao wurde der „Weiße Traum" oder der „Blaue Mond" (mit blauem Likör und Zuckerrand) kreiert.

Als Gertrud Beils den Engländer Mike Smith heiratete, wurde aus der „Milchbar" eine Kneipe und ein Kulttreffpunkt. In den 1960er-Jahren zierten Plattenhüllen von Santana und Jimi Hendrix die Wände. An den Wochenenden wurde das Lokal zur Hochburg der Brühler Motorradrocker. Mit ihren großen Maschinen rollten sie auf den Parkplatz, speisten in der Milchbar, in der es neben Getränken nun auch kleine Mahlzeiten gab, und tanzten zum Rock'n'Roll aus der Musikbox.

Als das Lokal am 29. Dezember 2017 mit einem Liverock-Konzert der Gruppe „Birger Devil" schloss, entschieden Denkmalschützer des Landschaftsverbands Rheinland, die Milchbar als Zeitdokument aus dem Nachkriegsdeutschland (und der US-dominierten Kneipenkultur) zu erhalten. Auch als typische Musikkneipe der 1970er-Jahre erschien den Denkmalschützern das Lokal erhaltenswert. Historiker sichteten minutiös das Innenleben der Milchbar und brachten Tische, Stühle, Sessel und historisch relevante Stücke – von der UKW-Dachantenne bis hin zur Reissdorf-Leuchtreklame, Schlüsselbrett und einem feinborstigen Stubenbesen – aus dem Gastraum, dem Billardraum und dem zur Straße liegenden Kiosk ins Archiv des Landesmuseums. Im August 2019 wurde das 72 Tonnen schwere Gebäude mit Hilfe von zwei Kränen demontiert und Wand für Wand ins Freilichtmuseum Kommern transportiert – dort wurde alles im Originalzustand wieder zusammengesetzt und Mitte August 2021 der Öffentlichkeit vorgestellt. Im Gastraum zeigt sich seitdem der Glanz des Jahres 1955 mit Nierentisch und rot gepolsterten Stühlen sowie der in Babyblau restaurierten Kühltheke. Hinter dem Thekenbereich wurde das Wandgemälde des Brühler Malermeister Franz Vogel freigelegt (eine Unterwasserlandschaft, die jahrzehntelang hinter Holzpappe verborgen war).

Auch das Wandbild „Gesicht mit Strohhalm und Milchglas" gehörte 1955 zur Erstausstattung. Im Billardzimmer der Milchbar, das 1961 angebaut wurde, befindet sich eine

Regalwand mit Hunderten von Singles aus der Schallplattensammlung von Mike Smith. Sie stammen aus dem jahrzehntelangen Betrieb der Jukebox, die heute neben der Eingangstür steht – ein Exemplar aus dem Jahr 1962 der Firma Rock-Ola aus Chicago.

Außenansicht und Innenraum der legendären „Milchbar", die im August 2019 in Brühl abgebaut und zwei Jahre später wieder der Öffentlichkeit im Freiluftmuseum Kommern vorgestellt wurde. © LVR-Freilichtmuseum Kommern, Foto: Hans-Theo Gerhards/LVR.

Mitte der 1960er-Jahre war das Konzept der Milchbar wieder out. Als ihr modernes Revival gilt das 2012 gegründete Franchise-Unternehmen „WonderWaffel". Es stammt aus **Berlin**, wo zwei Brüder den „Obst-Döner" erfanden. Ihr Konzept: Eine Waffel, gefüllt mit verschiedenen Früchten, Toppings und Saucen, die der Kunde unter dem Motto „Erschaffe (d)ein Wonder" selbst bestimmen kann. Wer es ausgefallener mag, kann seine Waffel auch mit Eis oder Specials wie Snickers, Smarties und Oreos be-

2022 besaß „WonderWaffel" mehr als 40 Filialen in Deutschland. Der Erfolg war u. a. auf die heißen WonderWaffeln mit der Kombination von Früchten, Toppings und originellen Saucen zurückzuführen.

legen lassen. Mehr als 250 Kombinationsmöglichkeiten gibt es. Für Durstige steht Ausgefallenes bereit, wie etwa ein Erdnussbutter-Bananen-Shake. Auch hier entscheidet der Kunde, ob es süß, schokoladig oder chillischarf sein soll. 2022 gab es über 40 „WonderWaffel"-Filialen in Deutschland, davon 17 in Nordrhein-Westfalen. In **Attendorn** eröffnete Frank Harnischmacher 1990 im Joanvahrschen Haus am Alter Markt die „Harnischmacher's Milchbar". Die Inneneinrichtung spiegelt authentisch die Atmosphäre der 1950er-Jahre. Neben Eis, Waffeln, Bagels und Donats gibt es dort auch Milchshakes.

Keine Milchbar im klassischen Sinn, aber immerhin ein „Milchhäuschen" gab es viele Jahre lang auf dem Münsterplatz in **Bonn**. Als unscheinbares Holzbüdchen stand es dort bereits Ende des 19. Jahrhunderts. Die Bonner konnten dort bis Mitte der 1950er-Jahre Frischmilch in Kannen zapfen. Nachdem eine Tiefgarage unter dem Platz gebaut wurde, entschloss sich der Stadtrat im Januar 1966 für den Neubau des Pavillons in einer abgespeckten Version – niedrig, unauffällig und funktional. Milchprodukte konnte man dort bis 2006 kaufen, dann wurde das Gebäude wieder abgerissen und für 1,4 Millionen Euro ein neuer Pavillon gebaut – diesmal rundum verglast und mit 85 Sitzplätzen im Innen- und 100 Plätzen im Außenbereich. Betrieben wurde das neue Lokal als Bistro, Restaurant und Café vom Ehepaar Grummich. Zur Freude von Nostalgikern wurden die traditionellen Milchprodukte, die dem Pavillon seinen Namen gaben, weiterhin dort angeboten.

Cafés der 1960er- und 1970er-Jahre

Heinemann und Bittner

Die klassischen Konditoreicafés expandierten in der Nachkriegszeit und eröffneten bis in die 1970er-Jahre hinein zahlreiche Filialen, damit die Backstuben gut ausgelastet waren und sich der teure Maschinenpark rentierte, der für die Produktion nötig war. Exemplarisch zeigen diese Entwicklung die Großbetriebe Heinemann (mit Stammsitz in **Mönchengladbach**) und Bittner in **Düsseldorf**.

Nachdem Hermann Heinemann im August 1945 aus der Kriegsgefangenschaft nach Mönchengladbach zurückgekehrt war, hatte er mit den britischen Befreiern für sich und seine Konditorenkollegen eine Genehmigung für die Wiedereröffnung

Im Duisburger Café Heinemann auf dem Sonnenwall 5 befand sich bis Anfang der 1960er-Jahre das „Café mit dem Tropenhaus".

der Konditoreien und Cafés in Mönchengladbach ausgehandelt. 1949 eröffnete er seine erste Confiserie in der Bismarckstraße 38, 1953 eine weitere Filiale auf der Heinrich-Heine-Allee in **Düsseldorf**. 1958 folgt eine Confiserie und Konditorei auf dem Ostwall 76–80 in **Krefeld** und 1965 ein Café auf dem Sonnenwall 5 in **Duisburg**.

Die zentrale Produktion, die seit 1967 in Mönchengladbach aufgebaut worden war, verfügte über modernste Herstellungs- und Organisationstechniken und ermöglichte es, alle Heinemann-Filialen mit backfrischer Ware zu beliefern. Spezielle Kühlwagen der Firma waren in ständigem Einsatz und machten eine Vorproduktion (und damit eine Verwendung von Konservierungsstoffen) überflüssig.

Später wurden dort 25 Meter lange Bandöfen für das Feingebäck, automatische Drehbacköfen, gekühlte Edelstahlarbeitstische (damit die Butter nicht schmolz) und automatische Maschinen zum Auswiegen, Abpacken und Etikettieren angeschafft – alles computergesteuert.

Ein Heinemann-Café war immer auch ein Heinemann-Restaurant. Dort wurde nicht nur der übliche kleine warme Mittagstisch serviert, sondern bis in die Abendstunden hinein auch eine feine Restaurantküche. Diese Idee des gemischten Angebots setzte Heinemann auch bei Neugründungen in **Düsseldorf** (1967 auf der Königsallee 30, 1968 auf der Berliner Allee und 1970 im Kö-Center) sowie 1971 in **Rheydt** um. (Hermann Heinemann wurde – dies sei hier kurz angemerkt – 1948 von seinen Kollegen zum Vorsitzenden des neu gegründeten Deutschen Konditorenbunds gewählt, den er 27 Jahr lang leitete.)

In **Düsseldorf** ließ Otto Bittner jr., der nach dem Tod des Gründers (am 29. August 1949) die Geschäftsführung übernommen hatte, 1950 das Konditoreicafé auf der Königsallee modernisieren. Im Zooviertel am Bremerplatz eröffnete er im selben Jahr ein Verkaufsgeschäft („Bittner am Zoo"), 1951 folgte eine Filiale im Pavillon am Düsseldorfer Staufenplatz. Zur Feier des 50-jährigen Bestehens am 7. Februar 1955 ließ Bittner das inzwischen wiederaufgebaute Stammhaus in der Kasernenstraße renovieren. 1956 wurde ein weiteres Verkaufsgeschäft in Stockum eröffnet, 1957 eine Filiale auf der Grafenberger Allee. 1969 wurde die Confiserie Otto Bittner im Kaufhof am Wehrhahn eröffnet.

Bittner war seit Beginn der 1960er-Jahre durch seinen exzellenten Kuchen sowie durch seine Torten und Pralinen zum führenden Konditoreibetrieb in Düsseldorf aufgestiegen, als zwei Schicksalsschläge die Familie erschütterten: Auf der Fahrt zur Meisterprüfungsvorbereitung verunglückte der Sohn von Otto Bittner jr. – Klaus Bittner – am 30. Juni 1969 bei einem Verkehrsunfall tödlich, zwei Jahre später beging Bittners Tochter Selbstmord. Das Ehepaar Bittner nahm sich darauf im Dezember 1971 das Leben.

Im Café Heinemann in Krefeld herrschten in den 1980er-Jahren dunkle Grüntöne vor.

156   Cafés der 1960er- und 1970er-Jahre

Links und oben: Das Café Bittner in Düsseldorf lag auf der ersten Etage der Königsallee 44.

Ende 1969 hatte Bitter das Konditoreicafé auf der Königsallee 44 geschlossen und stattdessen die Confiserie Otto Bittner auf dem neuen Düsseldorfer Messegelände eröffnet. Am 1. März 1970 übernahm Bittners ehemaliger Lehrling Carl Heinz Mander die Geschäftsführung. Er ließ 1972 das Café auf der Kö renovieren, dessen Eleganz sich danach nicht nur im Gastraum des unteren Bereichs zeigte, sondern vor allem in den beiden großen Räumen auf der ersten Etage. Eine arkadenähnliche, vorwiegend in Grün gehaltene Holzvertäfelung fiel hier sofort ins Auge und gab der „Halle" (so die offizielle Bezeichnung des Vordersaals) seine charakteristische Atmosphäre. Mander schaute über Düsseldorfs Stadtgrenze hinaus und setzte auf Größe und Zuwachs seines Betriebs; er beschloss, den Namen Bittner zu einem weltbekannten Qualitätsbegriff zu machen, ließ die Firma 1973 als Warenzeichen beim Deutschen Patentamt und 1974 sogar in Genf als internationales Warenzeichen eintragen. Um der hohen Nachfrage nach Bittner-Erzeugnissen nachkommen zu können, initiierte er den Bau einer neuen Produktionsstätte, die 1977 auf dem Areal zwischen Jahn- und Talstraße realisiert werden konnte.

Die neue Backstube dort war 61 Meter lang und 1400 Quadratmeter groß. Ausgestattet war sie mit großen Kühl- und Gefrierhäusern, Klimaanlage, Vorratsmagazinen und einer 100 Quadratmeter großen Versandabteilung.

Im Untergeschoss befand sich ein Klimakeller für die Confiseriewaren, ein Feuchtigkeitskeller für Stollen und Pralinen sowie ein Weinkeller. Die Schokolade lagerte flüssig in Tanks mit jeweils 1000 Liter Inhalt, der direkt in die Überziehmaschinen gepumpt wurde. In einem Seitentrakt auf der ersten Etage befand sich die Packerei für Pralinen und Gebäck, darüber das Papier- und Kartonagenlager. 1979 wurde die Produktionsstätte um einen Anlieferungs- und Versandhof erweitert, einschließlich einer Kfz-Werkstatt und einer Tankanlage für 10.000 Liter Benzin.

Den Jahresverbrauch an Zutaten für seine Torten, Christstollen, Spekulatius, Weihnachtsgebäck, Ostereierpackungen und Pralineneier, für die berühmten Weichselkirschen „Heinrich-Heine-Gedichte", „Düsseldorfer Radschläger", „Jan-Wellem-Kugeln", „Kö-Diamanten" (mit Schokolade umhüllte Pralinen-Pasteten-Kugeln) und „Kö-Brillanten" gab die Firma 1984 wie folgt an: „über 25 Tonnen Naturbutter (davon allein 10 Tonnen im 4. Quartal), 24 Tonnen Marzipanrohmasse, 15 Tonnen Nüsse und Mandeln, 60 Tonnen Kuvertüre und 2 Millionen Eier". Die Zahl der fest angestellten Mitarbeiter lag zu jener Zeit bei 160 Personen.

Cafés in Aachen (1970er-Jahre)

Ende der 1970er-Jahre gab es mehr als ein Dutzend Cafés in Aachen: Café Reul-Lauffs in der Hartmannstraße 12–14 (am Elisengarten), die „Alt-Aachener Kaffeestuben Van den Daele", Café Strauch in der Theaterstraße 27–29 (außerdem in der Adalbertstr. 6–10 und der Hartmannstr. 20 [ehemaliges Café Rey]), Café Schmitz im Kapuzinergraben 32, Café Voigt am Bahnhofsvorplatz 1, das 1937 gegründete Café zum Mohren (heute Lammerskötter am Hof) sowie das Café Albert (Rathaus-Café) am Markt. Rund um das neue Kurhaus befanden sich das Café Brüll (Monheimsallee 3) und das Café Savelsberg (Alexanderstraße 22–24), im Umkreis der Universität lagen das Ponttor-Café (Café Schulteis) in der Pontstraße 178 und das Café Niessen in der Pontstraße 70 – und natürlich das Konditoreicafé Sandmann. Durch die Nähe zum Theater und das Reitturnier CHIO Aachen haben sich dort viele Schauspieler und berühmte Pferdesportler im Gästebuch des Cafés verewigt. Auch mancher Scheich hat sich während eines Aufenthalts im Aachener Klinikum im „Sandmann" verwöhnen lassen.

Konditorei und Café M. Sandmann, Aachen

Der große Saal im Münsteraner Café Schucan, 1985

Schucan, Overbeck und Dobbelstein

Auch bei Schucan in **Münster** herrschte in den 1960er-Jahren Hochbetrieb in der Backstube, vor allem beim Saisongeschäft. Die Vorbereitungen für die Osterzeit liefen bereits Ende Januar an, dann wurden die Hohlfiguren für Schokoladeneier und Schokohasen gegossen und Tafeln feinster Schokolade hergestellt. Auch Nougat-, Marzipan- und Krokanteier stellte Schucan her sowie das beliebte „Osterbrot" mit Orangeat und Zitronat. In der Karnevalszeit wurden Muzenmandeln sowie „Margeritli" und „Rosenküchli" hergestellt, die mit Zucker bestäubt waren. Im Frühjahr produzierte die Backstube Maikäfer und Muttertagsherzen, ab den 1960er-Jahren auch Eis, insbesondere Cassata und Fürst-Pückler-Eis. Zum Erntedankfest modellierte man Marzipanfrüchte, Pilze, Kastanien und sogar Eichhörnchen aus Marzipan. „Parallel erfolgte die Produktion von Spekulatius und Stollen für das Weihnachtsgeschäft. Im November und Dezember wurden Waren hergestellt, die aufgrund ihrer Konsistenz nicht früher produziert werden konnten", schreiben Wolfgang Weikert und Bernd Haunfelder. „Dazu zählten beispielsweise die bekannten Stutenkerle oder die berühmten Pastetenstollen, die zu guter Letzt noch mit feiner Milchschokolade überzogen wurden. Hinzu kamen filigrane Mandelsplitterbäumchen und Tannenbäume aus heller und dunkler Schokolade, Nikoläuse aus Canache, Schneemänner und kleine Engel, alles handgefertigt." Mehrere Zentner Teegebäck stellte Schucan für seine „Weihnachtsmischung" her. Stollen und Gebäck stapelten sich in den Kühlräumen, um dann im Dezember innerhalb Deutschlands und in die Nachbarländer verschickt zu werden. Schließlich rüstete die Backstube noch für Silvester und stellte Muzenmandeln, Eiserkuchen und frische „Berliner" her. Oft wurden davon 8000 Stück am Tag gebacken.

Bei „Overbeck" in **Essen** lag die Konditorei und Pralinenfabrikation im dritten und vierten Stockwerk des Hauses in der Limbecker Straße. Dort arbeiteten zu Beginn der 1960er-Jahre 50 Konditoren. Gottfried Friederich, langjähriger Backstubenleiter in der Logenstraße, prägte den Ruf des Hauses entscheidend mit. In der Confiserieabteilung war es Egon Overbeck selbst, der durch seine Ausbildung bei Sprüngli und der Firma Huguenin (beide in Zürich) die Arbeitsweise der Schweizer Schokoladenherstellung studiert hatte und sie auf seinen Betrieb übertrug. So war „Overbeck" der erste Pralinenlieferant der Lufthansa für Überseeflüge und stellte als Erster in Deutschland alkoholisierte Trüffel her. Mischungen wie die „Essener Dose", das „Schwarze Gold", das „Ruhrkohlesäckchen" oder das „Union-Nougatbrikett" waren überregional bekannt und galten als besondere Spezialität, genauso wie die verschiedenen Sorten Tafelschokolade. Baumkuchen und Christstollen wurden überregional verschickt.

Das Café Dobbelstein in Duisburg und seine legendäre Kaffeemühlensammlung. Foto von 2018.

Zählte man das Personal in den Konditoreifilialen mit, so hatte die Overbeck KG Ende der 1980er-Jahre nahezu 200 Beschäftigte, davon allein 65 Konditoren, die in der Logenstraße für die eigenen Häuser, aber auch für den überregionalen (zu den Festtagen weltweiten) Versand produzierten. Die moderne Fabrikation mit ihren optimalen Arbeitsbedingungen war mit der Grund dafür, dass das Haus seit 1970 zunehmend auch für die ausländische Konditorenausbildung in Anspruch genommen wurde (insbesondere von Japanern und Engländern).

Ganz ähnlich ging es in **Duisburg** bei „Dobbelstein" zu, wo neben Kuchen- und Tortenspezialitäten, Teegebäck, Baumkuchen und Butterstollen vor allem das Pralinensortiment ausgeweitet wurde. Zu den Klassikern der Confiseriewaren gehören seit Jahrzehnten der „Duisburger Dreck" (knusprige Nussflocken im Vollmilch- oder Zartbitterschokoladen-Mantel), die „Duisburger Mäuschen" und die „Duisburger Ruhrkohle Nuss 3" (aus Zartbitterschokolade mit Marzipan, Nougat und Nüssen), die in handgenähten Jutesäckchen angeboten werden. Als das Ruhrgebiet 2010 Kulturhauptstadt Europas wurde, kreierten die Dobbelsteiner die „Ruhrgebiets-Perlen" – eine bunte Trüffelpralinen-Mischung.

Kleine und große Cafés warben in den 1960er-Jahren mit eigenen Postkarten.

Das Kaffeehaussterben in den 1960er-Jahren

Die genannten Ausnahmebetriebe täuschen aber nicht über das allgemeine Kaffeehaussterben hinweg, das in den 1960er-Jahren im Land einsetzte und erst Mitte der 1970er-Jahre abgeschlossen war. Das Nachholbedürfnis der Bevölkerung war weitgehend befriedigt und die neue Nachkriegsgeneration hielt sich noch in Jugendzentren oder Diskotheken auf.

Die Gäste, die bis dahin ein Café aufgesucht hatten, zogen sich zunehmend ins eigene Heim zurück. Der wirtschaftliche Aufschwung in der Bundesrepublik hatte in die meisten Haushalte einen gewissen Wohlstand einziehen lassen. Ob Kühlschrank, Elektroherd, Tischgrill oder Kuchenteigmaschine – es gab im Grunde nichts, das man nicht besaß und das man nicht hätte zu Hause ausprobieren können. Und so backte man wieder selbst, probierte Rezepte aus, lud Freunde ein und blieb eher im heimischen Umfeld als auszugehen.

Für die Konditoreicafés folgten Umsatzeinbrüche, da zunehmend die kaufstarke Mittelschicht ausblieb. Gleichzeitig trieben steigende Mietpreise in den Fußgängerzonen der Innenstädte die Betriebskosten der Cafés in die Höhe. Wer keine eigenen Häuser besaß, war gezwungen, über kurz oder lang seinen Betrieb aufzugeben. Andere zogen sich aus dem Konditoreigewerbe zurück, weil selbst bei gut geführten Betrieben der Gewinn durch Mieteinnahmen bei Verpachtung der Räume größer war als durch das Aufrechterhalten eines Konditoreicafés.

Das Café Bauer in Oberhausen trotzte erfolgreich der Wirtschaftskrise in den 1960er-Jahren.

Der belebte Westenhellweg in **Dortmund** legt ein eindrucksvolles Zeugnis davon ab: Schuhgeschäfte und Jeansläden befanden sich nun dort, wo einst die größten Cafés der Stadt lagen. Auch in **Essen** sah es nicht anders aus: Gab es dort 1960 noch 40 Cafés, so waren es zu Beginn der 1970er-Jahre gerade noch 20. Und die Zahl sank auf 17 im Jahr 1975.

In **Düsseldorf** schloss das Terrassencafé Weitz auf der Königsallee 1959 seine Pforten. Cafetier Willy Bestgen vermietete stattdessen die Räume für 18.000 Mark

Das Café-Restaurant „Kö-Blick" in Düsseldorf

Monatsmiete an den Woolworth-Konzern. Bis Ende August 1959 hatte er noch 34 Leute beschäftigt, Platz für 170 Gäste gehabt und jeden Mittag 220 Essen ausgegeben. Die Kosten für das Personal waren jedoch unverhältnismäßig schnell gestiegen und auch die Getränkesteuer, die die Stadt Düsseldorf von einer Tasse Kaffee forderte, machte den Cafetiers Sorgen. Auch das Café-Restaurant „Kö-Blick", das sich im achten Obergeschoss des Gebäudes an der Kreuzung Graf-Adolf-Straße befand und in den 1950er-Jahren Treffpunkt der Düsseldorfer Prominenz war, musste schließen. Die Besitzerin des Terrassencafés Hemesath auf der Königsallee 48 gab in den 1960er-Jahren ebenso ihren Betrieb auf wie der Besitzer des Café Bestgen auf der Friedrichstraße und der Besit-

Das geräumige Café Hemesath auf der Königsallee 48 in Düsseldorf

zer des Café Kürten auf der Königstraße (der 1928 gegründete Betrieb hatte fast 500 Sitzplätze). Der Grund: Ein Quadratmeter Ladenfläche konnte dort Mitte der 1960er-Jahre für durchschnittlich 15 DM vermietet werden.

„Die Zeit" schrieb 1962: „Was die Düsseldorfer Prachtcafés auszeichnete, war der aufwendige Stil. Es waren kostspielige Kreationen aus Marmor, Stuck, Kristall und Plüsch. Mit einer Tasse Kaffee und einem Stück Kuchen machen sich solche Betriebe nicht mehr bezahlt. Und auch die kleinen Imbisse, die die Cafés zur Steigerung des Umsatzes anbieten, helfen da nur wenig. Volkswirtschaftler nennen deshalb die Nöte dieser Luxuscafés schlicht Struktur- und Anpassungskrisen."

In der **Essener** Innenstadt mussten das Theater-Café im Bültmannhaus und im Januar 1965 das Café Wolff im Handelshof schließen. Als schalen Ersatz hatte die Groote & Sohn KG im Januar 1966 im Haus Kettwiger Straße 29 (dem früheren Modehaus Perl), direkt gegenüber der Essener „Lichtburg" das Dom-Café eröffnet. Im ersten Obergeschoss gab es 80 Sitzplätze, in der Etage darüber hatte man einen Gesellschaftsraum eingerichtet. Nach 18 Uhr wurde das Café als Weinstube geführt. Die „WAZ" schrieb zur Eröffnung enttäuscht: „Da ist kaum etwas von einer gemütlichen, anheimelnden Caféhausatmosphäre zu spüren. Der Raum wirkt nüchtern, fast kalt, wie eine auf Zweckmäßigkeit ausgerichtete Volksgaststätte. Die Wände sind holzverkleidet – mit heller gekalkter Eiche, die Decke ist mit Balken gleichen Materials herabgezogen, die Kristall-, Röhren- und Kelchlampen verbergend. Die Eiche kehrt auch bei Garderoben, Nischen und Stühlen wieder. Die Tische haben Palisanderplatten, die Stühle schwarz gepolsterte Sitzflächen und schwarz lackierte Holzlehnen." Der Kritik zum Trotz eröffnete Groote & Sohn 1967 in der ersten Etage am Kopstadtplatz 21 (früher „Quelle") eine weitere Filiale: das lichtdurchflutete „Wiener Café".

Als das Jahr 1970 anbrach, war das Essener Postcafé von Otto Blau ebenso Geschichte wie das Ruhrland-Café Becks und das geräumige Café am Burgplatz. Auffällig viele inhabergeführte Konditoreicafés hatten jedoch in den Essener Stadtteilen den Schritt in die Selbstständigkeit gewagt, wie das Café Dreischulte in Rüttenscheid, das Café Ruhrmann in Steele oder das Café Strauch am Parkfriedhof. Ledig-

Die Groote & Sohn KG eröffnete 1967 das „Wiener Café" am Kopstadtplatz 21 in der Essener City. © Stadtarchiv Essen.

Café Wysk im „Haus der Technik" (Hollestraße 1) in Essen, Postkarte von 1952

lich das 1948 eröffnete, über zwei Etagen reichende Café Wysk im Haus der Technik (Hollestraße 1) konnte sein 25-jähriges Jubiläum feiern. Fünf Werke des Gelsenkirchener Malers und Grafikers Jo Pieper (er hatte 1929 die stilisierte Tulpe anlässlich der Eröffnung der „Gruga" entworfen) hingen dort. Der Name Overbeck überstrahlte in der Revierstadt jedoch nach wie vor alle.

Bei den kleinen inhabergeführten Cafés war die Mitarbeit der ganzen Familie notwendig. Ihr Angebot war beschränkt auf Torten, Kuchen und Kaffee, zudem hatten sie nur maximal bis 18 Uhr geöffnet. Der Gewinn war daher überschaubar. Sozial waren diese Cafés – sofern sie nicht zu den Ausflugscafés gehörten oder viel Laufkundschaft hatten – in der Nachbarschaft verankert. Die Cafetiers und das Personal hatten eine persönliche Beziehung zu ihren Kunden, die Inhaber versuchten erst gar nicht, den Umsatz pro Platz zu maximieren und die Verweildauer der Gäste möglichst kurz zu halten. Selbst das Bedürfnis nach einem Stammplatz wurde respektiert. Was die Raumgestaltung angeht, so wurde die Einrichtung nur behutsam den Erfordernissen angepasst – für mehr reichte das Geld nicht.

Neue Café-Konzepte – Heinemann und Fassbender

Dass es in den 1970er-Jahren auch anders als gediegen und plüschig zuging, zeigten Bernd und Heinz Richard Heinemann, die 1973 den Betrieb in **Mönchengladbach** (mit diversen Filialen) von ihrem Vater Hermann übernommen hatten. Die beiden Brüder hatten nach ihren Gesellenjahren (u. a. bei Mojonnier in Lausanne, Lenôtre und Pons in Paris sowie Sprüngli in Zürich) die Meisterprüfung in der Schweiz (Bern) bestanden und das Diplom „Eidgenössisch diplomierter Konditor- und Confiseur-Meister" erhalten. 1992 kam Bernd Heinemann, der Bruder von Heinz-Richard, bei einem tragischen Jagdunfall ums Leben. Erbe wurde sein Sohn Sascha, der fünf Jahre später mit Heinz-Richard Heinemann vor Gericht um die Gesellschafteranteile stritt.

Als Heinz-Richard Heinemann 1973 in den elterlichen Betrieb zurückkehrte, inspirierte ihn der Anblick des verstaubten Cafés mit seinem Plüsch-und-Tüll-Stil dazu, mit einem innovativen Kaffeehauskonzept neue Maßstäbe zu setzen – und das sowohl optisch als auch produktionstechnisch. Er gewann dafür Prof. Dr. Ellen Birkelbach (1924–2011) als Innenarchitektin, die über 50 Jahre lang ein Büro für Innenarchitektur in Wuppertal führte und nicht nur ikonische Ausstattungen für die Chefetagen der Deutschen und Dresdner Bank in Düsseldorf schuf, sondern auch als Professorin eine neue Generation von Innenarchitektinnen prägte. Für das Interieur der Heinemann-Cafés setzte sie auf warm getönte Naturhölzer sowie Schwarz und Weiß und einen leicht stilisierten Caféhausstil der 1930er-Jahre. Im **Düsseldorfer** Café in der Bahnstraße 76 konzipierte sie einen lichtdurchfluteten, palmengeschmückten Wintergarten mit Aus- und Durchblick auf die Sommerterrasse, was ein ausgewogenes Ambiente schuf, das den Gast umfing, ihn aber nicht erdrückte.

Auch die zahlreichen Heinemann-Confiserien erhielten einen unverwechselbaren Look. Zusammen mit Horst Mindt entwarf Heinemann in den hauseigenen Dekor-Ateliers eine neue Corporate Identity – vom Briefkopf bis hin zur Ausgestaltung der Lieferwagen, bei denen sich die Farben Grün und Weiß überall gut sichtbar wiederholten.

Auch der Heinemann-Schriftzug wurde dort entworfen. Langweilige Verpackungen und fade Tragetaschen verschwanden bei Heinemann ab Mitte der 1970er-Jahre. Stattdessen wurden Pralinen und Trüffel in Bodenbeuteln aus transparentem Zellglas, in Spitztüten oder in Mini-Poches offeriert. Auch Lokalspezialitäten kreierte Heinemann, wie beispielsweise die „Sie-Knöngels" (= Seidenknäuel), die auf den guten Ruf Krefelds als Samt- und Seidenstadt anspielten.

Das Café auf dem **Duisburger** Sonnenwall, das bereits seit 1965 existierte, beeindruckte durch seinen farbenfrohen und attraktiv gestalteten Verkaufsraum im Untergeschoss. Dort gab es Pralinentheken und Regale mit feinster Confiserie, die durch ihre originelle und aufwendige Verpackung sofort den Blick auf sich lenkten. Vorbei an der langen Kuchentheke ging der Blick dann in den eigentlichen Cafésaal über. Ein langer zickzackförmiger Raumteiler bildete den Mittelpunkt des Saals und schuf gemütliche Sitznischen.

Einen guten Eindruck von der Caféatmosphäre konnte man von einer der beiden Emporen gewinnen. Gut zur Geltung kamen aus dieser Perspektive auch die mehrfach in sich verschachtelten Deckenleuchten (eine Konstruktion aus Lichtschlangen und feinen Kettengliedern), die dem Café sein charakteristisches Flair gaben.

Auch in der im März 1976 eröffneten Heinemann-Filiale im **Krefelder** Schwanenmarkt-Zentrum waren die Sitzplätze variabel auf mehreren Ebenen des Cafésaals verteilt: mal auf einem Plateau um eine der wuchtigen Mittelsäulen herum, ein andermal in einer runden, leicht erhöht gebauten Nische. Mitte der 1980er-Jahre sorgten punktförmige Lichtquellen, die schneckenhausförmig um die breiten Säulen des Cafés angeordnet waren, für eine dezente Beleuchtung. Die dunkelgrüne Farbgebung des Interieurs wirkte angenehm unaufdringlich.

Ähnlich innovativ und erfolgreich wie Heinemann war auch die Bäckerei, Konditorei, Patisserie und Confiserie Jakob Fassbender GmbH mit Stammsitz am **Siegburger** Marktplatz (gegründet 1910). Ende der 1970er-Jahre baute man dort einen weltweiten Versandservice für die exquisiten Confiserieprodukte auf, bot die Ware in Präsentkatalogen und im Direktvertrieb interessierten Unternehmen (B2B-Geschäft) an sowie in einem eigenen Online-Shop. Der Anteil der bloßen Handelsware nahm sich dagegen gering aus.

Das Café Fassbender im ehemaligen Bazaar de Cologne am Kölner Neumarkt

Das Café Fassbender in Siegburg wurde bei der Eröffnung 1975 als Nonplusultra gefeiert, auch das 1981 eröffnete Café Fassbender in der **Kölner** Mittelstraße (im ehemaligen Bazaar de Cologne) galt viele Jahre lang als eine der elegantesten Kölner Café-Adressen. 2001 wurde es umfassend renoviert. Im 500 Quadratmeter großen Ladenlokal wurden neben süßen Leckereien auch warme und kalte Delikatessen angeboten. Besonders beliebt, jedoch bei

Café Fassbender (ehemals Café Jansen) in der Kölner Altstadt (Obenmarspforten 7)

schönem Wetter schwer zu ergattern, war ein Platz an einem der Tische vor dem Café. 1998 übernahm Fassbender das Café Jansen in der Kölner Altstadt (Obenmarspforten 7), das sich mit vertikal gestreiften Seidentapeten, rotem Teppich und lindgrünen Polstersesseln in einem kreisrunden Cafésaal bis heute den Charme der 1950er-Jahre erhalten hat. In diesem Café sieht man oft Hochzeitspaare, da das Standesamt in Haus Neuerburg gleich gegenüberliegt. 2005 war das Café Kulisse für den Fernsehfilm „Kalter Sommer" (mit Iris Berben und Heino Ferch).

Weitere Cafés eröffnete Fassbender in der **Bonner** Sternstraße (1995), im Bonner Kaufhof-Gebäude und in **Bad Honnef**. Dort übernahm man 2008 das Café Jansen, dessen Namensgleichheit mit dem Kölner Betrieb jedoch nur zufällig ist.

Café Kleimann (Bonn)

Ein authentisches Zeugnis des Caféstils der 1970er-Jahre legt bis heute das Bonner Café Kleimann in der Rheingasse (hinter der Oper) ab. Der Betrieb wurde im April 1895 von Heinrich Kleimann und seiner Frau Anna (Winter) als Bäckerei gegründet. Damals lag hier das Rheinviertel, eines der ältesten Viertel in Bonn. Durch einen Bombenangriff wurde das Haus, in dem sich die Bäckerei befand, im Zweiten Weltkrieg zerstört, in der Rheingasse 16 und 18 jedoch 1956 wiederaufgebaut und um ein Café erweitert. 1957 übernahmen Tochter Liselotte Kleimann und ihr Mann Helmut Jachmich den Betrieb und führten ihn als Konditoreicafé weiter, das in der Zeit der Bonner Republik zum beliebten Treffpunkt für Politiker und Opernsänger wurde. Kleimann belieferte 30 Jahre lang die parla-

Café Kleimann in Bonn, 2021

mentarische Gesellschaft mit Gebäck, später die Landesvertretungen. 1976 wurde das Café renoviert und zeigt bis heute die für die 1970er-Jahre typischen, mit Kirschbaumholz vertäfelten Wandpaneele mit grüner Stoffbespannung. Im Verkaufsraum gibt es mehrere abgehängte Baldachine über der Theke. Die Deckenverkleidung zeigt die typischen kleinen Waben und im 45-Grad-Winkel abgeschrägten Ecken. Die Farben Braun und Grün überwiegen bei den aufgesetzten Kassetten, es gibt zahlreiche Metallakzente und viele Spiegel. Auch die Hängeleuchten aus rauchigem Strukturglas mit ihren überlappenden Scheiben sind Originalrelikte aus dem Jahr 1976.

In einem ähnlichen Stil waren das Café Krimphove in **Münster**, das Café Pieper in **Mülheim**, das Café Webels in **Recklinghausen** und das Café Uhlenbrock in **Neuss** eingerichtet. Auch hier herrschte Grün als bestimmende Farbe vor und an den Wänden waren rechteckige Kassetten aufgesetzt.

Café Pieper in Mülheim, 1985

Ein typisches Café der 1970er-Jahre: Webels in Recklinghausen

Zeitlos und klassisch – Die Traditionscafés

Bis weit in die 1980er-Jahre gab es noch zahlreiche Cafés, deren Geräume vom plüschigen Charme des Altmodischen gekennzeichnet waren. Sie galten auf bestimmte Art zeitlos – ausgestattet mit schweren Brokatvorhängen, flauschigen Orientteppichen und barock anmutendem Mobiliar. Spiegel, Holzvertäfelungen und Kuchentheke zeigten noch den alten Stil, wie auch das Interieur nur behutsam von seiner Patina befreit war. Wenn die Stühle und Fauteuils in die Jahre gekommen waren, wurden sie nicht ersetzt, sondern nur neu aufgepolstert. Diese inszenierte Behaglichkeit und Gemütlichkeit kam vor allem dem Geschmack des städtischen Bürgertums entgegen und den Gästen, die ihr Stammcafé schon seit Jahrzehnten besuchten und es schätzten, dass die Inhaber sich nicht an Modeströmungen und die Launen des Publikums angepasst hatten.

Solche „Traditionscafés" – von vielen abwertend auch „Oma-Cafés" gescholten – gab es zwischen 1980 und 1990 in jeder größeren Stadt Nordrhein-Westfalens. Ältere Damen mit Kopfbedeckungen aus Webpelz aßen dort mittags ihr Königinpastetchen mit Worcestersauce und nachmittags ein Stück Baumkuchen, störten sich nicht daran, dass der Kaffee in leicht ramponierten Kännchen aus Hotelsilber serviert wurde (oft mit einem selbstgenähten Filzüberzug über dem Henkel, damit

Café Wiacker in der Neustraße 1 in Herne (Foto von 1985)

30er-Jahre Atmosphäre im Café Wiacker in der Behrensstraße 4 in Herne

man sich nicht die Finger verbrannte). Die Gäste suchten diese Cafés bewusst auf, weil die Zeit dort spürbar langsamer verging als in den modernen Kaffee-Tankstellen mit ihren Latte macchiatos to go. Wohin sonst konnte man sich für ein oder zwei Stündchen noch mit einer Zeitung oder einem Buch zurückziehen?

Das 1932 eröffnete **Wuppertaler** Café Grimm am Kirchplatz in Elberfeld gehörte zu diesem Kaffeehaustyp wie auch das Café Berning in **Bochum** und das Café Wiacker in der Behrensstraße in **Herne**. Letzteres atmete bis Mitte der 1980er-Jahre noch die Atmosphäre des 1928 gegründeten Café Weyher, das Dieter Wiacker im Juni 1959 übernommen hatte. Schwere Kronleuchter hingen an der Decke, in runden kuppelartigen Vertiefungen, und überspannten den länglichen Caféraum. Winzige Vitrinen mit Sammlerporzellan waren in die Wände des Cafés eingearbeitet. Eine wuchtige Konstruktion aus Kirschbaumholz mit deckenhohen Säulen und integriertem Spiegel setzte einen markanten Akzent innerhalb des Cafés. Im **Bottroper** Café Beckhoff (eröffnet 1959) standen Sessel mit bequemen Rückenstützen aus Korbgeflecht. Massive Kronleuchter hingen an den Decken, und ein Konglomerat aus unterschiedlichen Tischleuchten gab dem Raum eine individuelle Lichtatmosphäre. Im hinteren Cafétrakt gefiel das große Fenster aus Glasbausteinen (abstrakte Blumenmotive aus gelbem, grü-

Oben rechts: Gastraum des Bottroper Café Beckhoff (1985). Unten rechts: Das von Herbert Koll gestaltete Glasbausteinfenster.

Oben: Manfred Scharr übernahm das Café Bußmann 1972 von seinem Vorbesitzer, der es Anfang der 1950er-Jahre im Sparkassengebäude am Neumarkt eröffnet hatte. Unten: Das Café Goebel in der Düsseldorfer Blumenstraße existierte 1985 bereits seit mehr als 100 Jahren und hatte um die Jahrhundertwende einen ausgezeichneten Ruf als „Café Flieger".

Das Café Albring-Rüdel mit seinem markanten Lichthof wurde 1967 von Ludger Rüdel und seiner Frau Ursula übernommen und zusammen mit deren Eltern August und Elisabeth Albring geführt. Der 1928 errichtete Flachbau zwischen Verkaufsraum und Backstube gehörte zu den wenigen Caféräumen im Ruhrgebiet, die den Zweiten Weltkrieg unbeschadet überstanden hatten.

nem, blauem und rubinrotem Glas), das der Bottroper Künstler Herbert Koll eigens für Hans Beckhoff angefertigt hatte.

Im **Gelsenkirchener** Café Bußmann wähnte man sich eher wie in einem Wiener Ringstraßen-Café als am Neumarkt der Revierstadt. Kronleuchter und Wandleuchten dominierten auch hier. Die Samtpolster waren weinrot bezogen, der Boden mit einem schweren Teppich ausgelegt. Die Gäste saßen dort an ganz bestimmten Plätzen – als seien sie verwachsen mit dem Ort; als kämen sie immer wieder zu ihrem Fauteuil am Fenster zurück oder zu der holzvertäfelten Ecke neben dem Eingang oder zum Tisch in Nähe der hohen rechteckigen Spiegel. Es gab Stammgäste im Bußmann, die sich grüßten und miteinander redeten und die von der Bedienung mit Namen angesprochen wurden. Wenn Schalke 04 spielte, konnte es vorkommen, dass man die Trainer auswärtiger Bundesligavereine im Gastraum traf oder Spieler des Gelsenkirchener Traditionsvereins tags darauf ihren Kaffee hier tranken. Manchmal sah man auch Prominente wie Karel Gott oder den CDU-Politiker Bernhard Vogel in den Caféräumen.

Das Café Halbeisen wurde am 11. November 1910 von Konditormeister Heinrich Halbeisen in der Horster Straße in Gelsenkirchen-Buer eröffnet. Nach seinem Tod im Jahr 1947 führte dessen Ehefrau das Geschäft zusammen mit ihrer Tochter Maria weiter, ehe Heinrich Huda den Betrieb 1973 übernahm. Typisch für den Gastraum war die sehr lange, nach oben hin abgerundete Wand im rechten Teil des Cafés (Foto von 1986).

In **Gelsenkirchen-Buer** galten das Café Halbeisen und das „Albring-Rüdel" als Cafés vom alten Schlag. Beide Galsträume fielen durch ihre eigenwillige Deckenkonstruktion auf. Im Café Halbeisen war sie leicht abgesenkt und indirekt beleuchtet. Die Sitzplätze am Durchgang zum Verkaufsraum wurden von trapezförmigen Glaskästen überspannt, aus denen das Licht sanft nach unten fiel. Der 1928 errichtete Flachbau zwischen Verkaufsraum und Backstube im Café Albring-Rüdel in der Hochstraße 10 gehörte zu den wenigen Caféräumen im Ruhrgebiet, die den Zweiten Weltkrieg unbeschadet überstanden hatten. Gleich beim Betreten faszinierte der ovale Lichthof in der Decke des Cafés, der die langen Tischreihen überspannte und sie in den schmalen hohen Spiegeln an der Stirnwand des Saals reflektierte. Nach dem Umzug des Cafés im Februar 1986 in die Ophoffstraße 5 wurde ein Großteil der Einrichtung übernommen und geschickt mit einem modernen Interieur kombiniert. Auch das Café Calvis in **Neuss** und das Café Böhle in **Ober-**

Café Böhle in Oberhausen (Foto aus dem Jahr 1985)

hausen schufen durch ihre in der Decke integrierten Lichthöfe eine behagliche und ganz besondere Kaffeehausatmosphäre. In **Düsseldorf** führte Paul Heinz Goebel das gleichnamige Café in der Blumenstraße, das vor allem von Niederländern und Japanern besucht wurde; sie schätzten die typisch deutsche Gemütlichkeit des plüschigen Ambientes.

In **Recklinghausen** besaß das 1921 gegründete Café Sternemann den Charme des Altmodischen – aufwendige, in Handarbeit hergestellte Holzarbeiten und filigrane Bleiverglasungen charakterisierten den Innenraum, in **Remscheid** waren es das Café Grah in der Wetterauer Straße 5 und das Café Noll in der Alleestraße 85. Letzteres wurde von Manfred Noll und seiner Frau Ursula geführt, die aus dem elterlichen Betrieb des Mülheimer Stadtcafé Sander langjährige Berufspraxis

Aufwendige Holzarbeiten, gaben dem 1921 gegründeten Café Sternemann in Recklinghausen seine charakteristische Atmosphäre. Noch in den späten 1980er-Jahren dominierten die markanten Trennwände den Gastraum.

Charakteristisch für das Dortmunder Café Strickmann waren die drei hintereinander liegenden Säle. Sie waren durch holzverkleidete Rundbögen miteinander verbunden und vermittelten einen Eindruck von längst vergessener Kaffeehausatmosphäre. Das Café befand sich in einem 1954 gebauten Haus in der Wißstraße 26-28. Foto von 1984.

mitbrachte. 1982 erweiterte das Ehepaar ihr Café auf fast 180 Sitzplätze.

In musealer Retro-Atmosphäre zwischen goldgerahmten Kitschmotiven, hübsch restaurierten Polsterstühlen und einem Sammelsurium alter Küchengeräte aus längst vergangenen Jahrhunderten – darunter gusseiserne Bügeleisen, nostalgische Kaffeebohnenspender und ein 130 Jahre alter flämischer Ofen – betreibt Christel Giese-Tiefenbach seit 1989 in **Essen-Rüttenscheid** das Café am Markt . Sängerin Cornelia Froboess gehörte während ihres Engagements am Aalto-Theater zu den Stammgästen, nannte die gemütlichen Räume oft ihr „Café Kleinod".

In **Dortmund** war zwischen 1953 und 1954 das ausgebombte Café Stickmann in der Wißstraße 26–28 neu errichtet worden. Die Familie Pfeffer führte dieses Café bis 2001 und bewahrte die Retro-Atmosphäre bis in die 1990er-Jahre. Wer den relativ schmalen Eingangsbereich des Cafés hinter sich gelassen hatte, war sofort beeindruckt von der räumlichen Tiefe, die von den drei hintereinanderliegenden Sälen ausging, in denen sich fast 250 Sitzplätze verteilten. Durch breite holzverkleidete Rundbögen miteinander verbunden, spiegelten die Räume einen Eindruck von längst vergessener Kaffeehausatmosphäre wider. Durchgängig fanden sich in dem Café kleine Tische mit grazilen, geschwungenen Beinen, auf denen Glasplatten lagen, die mit einem kunstvollen Korbgeflecht unterlegt waren. Dazu passten bequeme Lehnsessel mit beigebraun gestreiftem Stoffdekor.

In **Münster** galt das 1954 gegründete Café Müller, das von der Familie Müller bis Dezember 1990 am Marienplatz betrieben wurde, als Zeugnis des in den 1950er-Jahren kreierten „New Look". Farbe, Glanz und die schwungvolle Gestaltung des Cafés kennzeichneten perfekt das Lebensgefühl der Wiederaufbauphase nach dem Zweiten Weltkrieg. Entworfen hatten es die münsterischen Architekten

Kurt Diening und Hans Rohling. Nach der Schließung des Cafés hatte Gisbert Wellerdiek, der Referent des damaligen Oberbürgermeisters Jörg Twenhoven, vorgeschlagen, dem Stadtmuseum die Einrichtung des Cafés zu vermachen. Die Idee wurde aufgegriffen und das Café Müller konnte am 24. August 1993 mit seinem markanten Schaufenster und der geschwungenen Theke im Stadtmuseum wieder bestaunt werden – als „Kabinett 31". Das Ambiente wurde sorgsam von Edeltraut Bronold restauriert. Sie hatte die Lackierungen des Mobiliars Schicht für Schicht abgetragen, um die Originalfarbe aus dem Jahr 1954 wiederzugewinnen. Die Polsterbezüge waren nach alten Fotos rekonstruiert und neu gewebt worden.

Café Grah (Remscheid-Lennep)

In der Altstadt Lenneps, nicht weit von der Klosterkirche entfernt, lag das Café Grah, das 1874 erstmals öffentlich erwähnt wurde. Damals war Richard Isenburg der Inhaber und Lennep genoss einen Weltruf als Tuchstadt. Brigitte und Lothar Meister, die den Betrieb 1977 von ihren Vorbesitzern übernahmen, waren sofort von den großzügigen Räumlichkeiten mit über 120 Sitzplätzen angetan, die das alte Fachwerkhaus bot. Vor allem aber gefiel ihnen das Interieur aus der Jahrhundertwende mit samtgrün gepolsterten Kaffeehausstühlen und runden Marmortischen mit dreibeinigen Messingfüßen.

Cafe Grah in der Wetterauerstraße 5 in Lennep, Postkarte von 1910

Café Grah in Remscheid-Lennep, 1985

Der Vordersaal des Café Grah machte durch seine helle Fensterfront einen freundlichen Eindruck. Hohe Raumteiler und kleine rustikale Leuchten schufen gemütliche Nischen. Kleinere Sitzgruppen waren um eine Mittelsäule gruppiert oder an den halboffenen Raumteilern (aus hohen Messingrohren), die den Übergang zum mittleren Trakt bildeten. Im dritten Raum, der für größere Gesellschaften gedacht war, bestach die Original-Holzvertäfelung aus der Gründerzeit des Cafés mit ihren zwei integrierten Vitrinen. Auch die symmetrische Bleiverglasung des Oberlichts beeindruckte die Gäste.

Samstags räumten Brigitte und Lothar Meister Tische und Stühle aus dem Cafésaal und legten einen Tanzboden aus. Eine anspruchsvolle Kapelle ließ dann alte Traditionen wiederaufleben, denn das „Grah" war früher ein bekanntes Tanzcafé. Generationen von Schülern des Röntgen-Gymnasiums hatten sich dort an der Milchbar eingefunden.

2001 übernahm Jörg Meister den Betrieb von seinen Eltern, gestaltete ihn um und nannte ihn fortan „Café-Restaurant Meister's". Eine weitere Umbenennung in „Dröppelminna" erfolgte 2005, als Ursula Meister den Betrieb übernahm, jedoch am 31. Dezember 2006 Insolvenz anmelden und das Café schließen musste.

Nach aufwendiger Renovierung wurde es im Frühjahr 2013 von Roman und Annette Dabek unter dem Namen „RomAnnettes Cafe Grah" wiedereröffnet – viel Detailarbeit lag darin, die schönen Holzoberflächen der erhaltenen Schiebetür und der Rahmen aufzuarbeiten und deren ursprüngliche Maserung herauszustellen. Nach Auslaufen des Mietvertrags im August 2017 wurde das Café jedoch wieder geschlossen. Die Betreiber bedauerten dies und gaben als Grund Streitigkeiten mit dem Vermieter an (er hatte offenbar über Jahre hinweg Rückerstattungen unrechtmäßig einbehalten). Zudem war es den Pächtern untersagt, das Café mit seinen 80 Außensitzplätzen nach 22 Uhr zu betreiben. So blieben die beliebten „Mixtape Sessions" und auch Tanzabende – wie zum Beispiel die „Kubanische Nacht" mit Kai Heumann – rühmliche Ausnahmen. Im Herbst 2017 eröffnete in den Räumen des ehemaligen Cafés ein Brautmodengeschäft.

Café Profittlich in Wanne-Eickel (Herne)

Karl-Heinz Profittlich war 66 Jahre alt, als ich ihn im Sommer 1985 in seinem Café in der Hauptstraße 233 in **„Herne 2"** (dem ehemaligen **Wanne-Eickel**) traf. Ich hatte sein Lokal zufällig in der Fußgängerzone entdeckt, da ich für ein Buchprojekt auf der Suche nach schönen und originellen Cafés im Ruhrgebiet war. Ganze drei Gäste saßen im Lokal, als ich es betrat – zwei tuschelnde Schülerinnen und ein älterer Herr, der ein bisschen angeschickert und heruntergekommen aussah.

Ich schaute mich um, begann in Ruhe, den Raum zu adaptieren und kam aus dem Staunen nicht mehr heraus: Die geschnitzte Kassettendecke aus grün gestrichenem Holz

Auch 1985 atmete das Café Profittlich noch die Patina der 1920er-Jahre.

atmete noch deutlich sichtbar die Patina der Vorkriegszeit. Sie war beeindruckend gut erhalten – wie auch die Wandvertäfelungen aus dunkler Eiche, die von senkrechten grünen Balken durchbrochen waren. Die grünen Marmortische mussten 50 Jahre oder älter sein, die Stühle und gepolsterten Sessel, die angestaubten Vorhänge („Die mit Staub und Nikotin vollgesogenen Gardinen filterten das Tageslicht gnädig" schrieb später ein Journalist schonungslos offen), Tischsets, Leuchten und Accessoires ebenfalls. Dass man in diesem Café einst in Nischen saß, Rücken an Rücken auf gut gepolsterten Sofas, konnte man halbwegs erahnen. Die orientalischen Motive an den Wänden, die von Kunstmalern der 1920er-Jahre erstellt worden waren, schimmerten an einer Stelle des Gastraums schwach durch die Tapete. Die Zeit schien im „Profittlich" stehen geblieben zu sein. Ein solches Café hatte ich bis dato im ganzen Ruhrgebiet nicht gesehen.

Karl-Heinz Profittlich trug einen weißen Kittel – etwas schmuddelig, wenn man genau hinsah – und eine große schwarze Brille. Er dirigierte mich in die Ecke im hinteren Teil seines Cafés und bot mir einen Kaffee an – „auf Kosten des Hauses". Seine Schwester Hildegard brachte ihn mir. Sie war zwei Jahre älter als der 1918 geborene Karl-Heinz, trug ebenfalls einen weißen Kittel (mit zahlreichen Kaffeeflecken und Speiseresten auf dem Stoff). Ihr Haar war licht und strohig. Als sie lächelte, sah ich, dass sie kaum noch Zähne im Mund hatte.

„Als meine Eltern noch lebten, verkehrte hier die Hautevolee", erklärte mir Karl-Heinz Profittlich. „Fabrikanten, Studienräte vom Jungengymnasium, ein Mineralwasserfabrikant, Journalisten und Direktoren der Sparkasse. Manche spielten Doppelkopf, wie der Studienrat Fritsche oder der Apotheker Hess, die kamen am späten Nachmittag und blieben bis 20 Uhr. Wenn der vierte Mann fehlte, half mein Vater oft aus. In den 1920er-Jahren verkehrten hier auch viele Juden, wie zum Beispiel die Familie Geitheim."

Vater Sebastian wurde 1884 in Bölingen im Landkreis Ahrweiler geboren, erzählte Karl-Heinz Profittlich mit ruhiger, angenehmer Stimme. Zum namensgleichen (auch 2022 noch existierendem) Café in Rhöndorf gab es verwandtschaftliche Beziehungen,

Die Backstube des Cafés, 1925

denn Peter Profittlich, der Sohn von Bäckermeister Stephan Profittlich (er stammte aus Birresdorf im Landkreis Ahrweiler) war ein Vetter von Sebastian Profittlich. Dessen Lehr- und Gesellenjahre führten ihn nach Bonn, Köln und Elberfeld, bis er 1912 im Bochumer Café Rüßberg (ab 1939 Café Bering) anheuerte. Dort lernte er Maria Willig kennen, die er kurze Zeit später heiratete. Im Juli 1914 übernahm Sebastian Profittlich das Konditoreicafé Ölkers, das neben dem Kurhaus in Wanne-Süd lag. 1919 kauften die Profittlichs ein Haus in der Hindenburgstraße 63 (der späteren Hauptstraße) in Wanne-Eickel, in dessen

Untergeschoss sie das Café Profittlich einrichteten. Ende der 1920er-Jahre erhielt die Fassade des Cafés den ersten Neonschriftzug in Wanne-Eickel.

Das Café wurde schnell zu einem beliebten Treffpunkt. Die Honoratioren der Stadt trafen sich dort und zahlreiche Vereine hatten im Profittlich einen Stammtisch. In den 1920er-Jahren sah man oft Willi Henkelmann im Café sitzen – er wohnte im Haus der Profittlichs direkt über dem Cafétrakt und war eine Legende in Wanne-Eickel, da er auf seinem DKW-Motorrad über 100 Siege errungen hatte. Wenn Henkelmann sein Motorrad vor dem Café abgestellt hatte, scharrte sich nicht nur die Jugend um die Maschine. Auch im Café waren alle Plätze besetzt, um die lokale Berühmtheit zu sehen und zu hören. Henkelmann hatte 1927 die Motorrad-Europameisterschaft auf dem Nürburgring gewonnen. Im selben Jahr und auch im Jahr darauf wurde er Deutscher Meister in der Klasse bis 250 ccm. Auf der Heimreise vom Schleizer Dreieck-Rennen in Thüringen verunglückte

Der Gastraum des Café Profittlich in Wanne-Eickel, Postkarte von 1925

Henkelmann jedoch am 2. Juli 1928 tödlich. Er fuhr gegen einen Telegrafenmast und erlag seinen schweren Verletzungen. Sebastian Profittlich hielt seine Erinnerungen an den tödlichen Unfall auf der Rückseite eines Fotos fest, das er in seinem Café aufbewahrte: „Verunglückt beim Überholversuch auf der Rückfahrt von Schleiz, doppelter Schädelbruch, im Feld gefunden" war dort zu lesen.

Karl-Heinz Profittlich arbeitete ab 1939 im Betrieb seiner Eltern, nachdem er von 1932 bis 1936 eine Lehre im Bochumer Café Rüßberg absolviert hatte und danach in Lünen und

Dortmund Station gemacht hatte. 1957 übernahm er das Café offiziell von seinem Vater Sebastian, der im September 1961 verstarb. Dessen Frau Maria arbeitete bis zu ihrem Tod im Dezember 1972 im Café Profittlich. Tochter Hildegard (*1916) übernahm danach die Rolle der Mutter im Café.

Die Geschäfte liefen in der Nachkriegszeit bestens. Profittlich stellte Eisbomben für große Feiern her, u.a. für Robert Heitkamp, der in den 1960er-Jahren die Heitkamp GmbH zu einem der zehn größten Baukonzerne Deutschlands ausbaute. Viele Stammgäste, die das Café noch aus Vorkriegszeiten kannten, besuchten das Profittlich und machten es zu einem Familiencafé. Später kehrten auch Prominente hier ein, unter ihnen der Saxofon- und Bassklarinettenspieler Ulrich Blomann und der Schauspieler Willy Thomczyk.

Ende der 1960er-Jahre wollte der Kaufhauskonzern Hertie in Wanne-Eickel sesshaft werden und legte Pläne für einen Neubau des Warenhauses an der Ecke Hauptstraße/Overhofstraße vor. Das Haus der Profittlichs hätte dafür abgerissen werden müssen, doch Karl-Heinz Profittlich widerstand dem Kaufangebot. Auch den Vorschlag der Hertie-Manager, die Leitung der Kaufhaus-Cafeteria zu übernehmen, lehnte Karl-Heinz Profittlich ab. Was er später so manches Mal bereute, denn in den 1970er-Jahren wurde es ruhiger in seinem Café.

1985 war es Treffpunkt von aufgeschlossenen Schülerinnen und Schülern der umliegenden Gymnasien. Sie kamen, um dort zu klönen, aber auch wegen Karl Heinz Profittlich und dessen philosophischem Naturell. Oft konnte man ihn über Heraklit und Goethe diskutieren hören, genauso wie über Tonbandstimmenforschung in der Parapsychologie, oder über die Ewigkeit und Ludwig van Beethoven. „Ich hab's mit Heine und mit Heraklit", sagte er oft. „Und im Kunstbetrieb können Sie mich fragen, was Sie wollen." Viele kamen auch, um den Konditormeister über die Menschen zu befragen, die er alle gekannt hat und man ließ ihn von den guten alten Zeiten reden; auch von den schlechten – wie von den Judentransporten über die Hindenburgstraße, die er Ende der 1930er-Jahre durch das Fenster seines Cafés beobachtet hatte.

Als mein Buch über die Cafés im Ruhrgebiet im Herbst 1985 erschien, dauerte es nicht lange, bis die Presse auf das Café Profittlich stieß und sich der beiden Inhaber-Urgesteine annahm. Gudrun Kratz-Norbisrath zitierte den Konditormeister am 25. Januar 1986 in der Wochenendbeilage der „Westdeutschen Allgemeinen Zeitung": „Ich führe hier meine Unterhaltungen, die sehr aufschlussreich sind." Sie berichtete von einem japanischen Professor, der Karl-Heinz Profittlich noch auf einer Ansichtskarte versichert hatte, wie anregend das Gespräch mit ihm im Café war. Und dann die Familie in Milwaukee, USA, und der Mann aus Tel Aviv, der immer wieder nach Wanne-Eickel kam, um sich mit Karl-Heinz Profittlich über die Weltpolitik zu besprechen. Stefan Moses fotografierte das medienscheue Inhaber-Paar für den Bildband „24 Stunden Ruhrgebiet" und selbst ins Feuilleton der „Süddeutschen Zeitung" schafften es die Profittlichs.

Mitte der 1980er-Jahre wurden die Profittlichs in den Medien gefeiert, wie in der WAZ vom 25. Januar 1986.

Über das Ende des Café Profittlich las ich erst Jahre später im digitalen Geschichtsbuch für Herne und Wanne-Eickel („Herne von damals bis heute"). Der Journalist und Buchautor Wolfgang Berke nahm dabei in seinem Beitrag „Die gastronomische Zeitmaschine" kein Blatt vor den Mund: „Auf einen flüchtigen Blick wirkte das Café Profittlich äußerst charmant. Wer sich allerdings dort [Ende der 1980er-Jahre] niederließ und sogar noch etwas zu bestellen wagte, musste hart im Nehmen sein … Siff ohne Ende. Angetrocknete Kakaoreste vom Vorgänger an der Tasse, fremder Lippenstift am Glas oder undefinierbare Speisereste an der Kuchengabel gehörten bei Profittlich einfach dazu. Das Kuchen- und Tortenangebot war gut gemeint. Zumindest von Konditormeister Karl-Heinz Profittlich, der durchaus etwas von seinem Fach verstand. Wenn es nach ihm gegangen wäre, hätte er auch spätestens am nächsten Tag die nicht verzehrten Kuchen- und Tortenreste aus der Auslage entfernt und frisches Back- und Zuckerwerk feilgeboten. Was aber nicht den kaufmännischen Grundsätzen seiner Schwester Hildegard entsprach, die auf einen restlosen Verkauf und Verzehr jeglicher Süßspeise bestand. Zum Leidwesen des braven Konditors wurden den wehrlosen Gästen dann auch Kuchen und Torten gereicht, die das Haltbarkeitsdatum deutlich überschritten hatten. Reklamationen beantwortete Hildegard Profittlich dann ebenso mürrisch wie sie die gesamte Bewirtung gestaltete. Überhaupt hatten Reklamationen wenig Sinn – zum Beispiel, wenn die gesamte Auswahl sowieso nur noch aus zwei halben Torten bestand. Auch bei den Getränken war Vorsicht geboten. Die sicherste Wahl waren Erfrischungsgetränke, die in Flaschen serviert wurden. Man musste das Glas ja nicht nehmen …"

Anfang der 1990er Jahre kündigten auch die Pennäler dem Café Profittlich ihre Treue. Einige der Abtrünnigen ersetzten sogar hämisch die beiden „i" im Namen der Inhaber durch zwei „o" und machten „Profottloch" daraus. 1993 starb Karl-Heinz Profittlich, kurz darauf zog seine Schwester Hildegard in ein Altenheim. Das Haus in der Hauptstraße 233 stand einige Jahre baufällig zum Verkauf. Inzwischen wurde es renoviert – das Süßwarengeschäft „Candy Store" betreibt dort seit 2009 eine Filiale.

Erinnert und aufgeschrieben von René Zey (Januar 2022)

Von Porzellanservices und versilberten Kännchen

Für die Cafetiers der alten Schule war „Tischkultur" ein wichtiges Wort. Dazu gehörten versilberte Kännchen und Silberbesteck, Tischdecken aus Damast und Porzellangeschirr sowie Blumenvasen mit Frischblumen. Bis das altehrwürdige Café Schucan in **Münster** sein Besteck auf Cromargan umstellte, vergingen Jahrzehnte. Als Schucans Nachfolger – „Feller Mokka und Torte" – 1989 seine Pforten öffnete, begingen die Eigner einen kapitalen Fehler, indem sie die Kaffeesahne in Kunststoff-Portionsdöschen à 7,5 Gramm servierten. Wer wollte, konnte seinen Kaffee sogar in einem „Pott" bestellen. Ganz Münster schüttelte darüber den Kopf.

Versilberte Kännchen und Löffel sind bis heute Standard im Kölner Café Wahlen.

Auch das **Kölner** Café Wahlen am Hohenstaufenring legt bis heute Wert auf solche Etikette. Inhaber Heinz Wahlen hatte bereits 1978 den gesamten Bestand seines blaugold geränderten Hutschenreuther-Services vom Hersteller aufgekauft. 1995 hatte er sogar die letzten Rohlinge aus dem Hutschenreuther-Lager geholt und von einem Kölner Fachmann glasieren lassen. Jahrelang hatte sich Wahlen dagegen gesträubt, einen Mittagstisch in seinem Café zu servieren (der fremdartigen Gerüche wegen), aber aufgrund sinkender Umsätze war er schließlich von seinem Vorsatz abgerückt. 1999 machte er mehr Umsatz damit als mit seinen Torten.

Klassische Kaffeehausatmosphäre: Café Wahlen am Hohenstaufenring 64 in Köln

Die Einrichtung des Café Wahlen stammt aus den 1950er-Jahren: Gerüschte Vorhänge, Deckenlampen mit Schirmchen, Messinggarderoben, feudal hohe Decken. Dicke Perserteppiche dämpfen die Schritte, und die Stofftapeten mit ihren floralen grünen Mustern schlucken die ohnehin leisen Gespräche. Die Gäste sitzen in gepolsterten Stühlen mit Korbgeflecht an den Lehnen: reife Damen mit gestärkten Blusen und Perlenketten sowie grau melierte Männer mit Siegelring. Sie bestellen kaltes Geflügel auf Toast und Ragout fin mit Fleuron (ein kleiner Halbmond aus Blätterteig). Um sie herum heiteres Gemurmel, Porzellangeklim-

Ein Zuckertütchen von 1985 aus dem Essener Café Overbeck. Corporate Identity war dem Unternehmen wichtig.

190 Cafés der 1960er- und 1970er-Jahre

per und immer wieder das helle „Klick", wenn eine Gabel ein Kuchenstück abtrennt und auf den Teller schlägt. Geändert hat sich in sechs Jahrzehnten kaum etwas. „Wir wollten mal die Wandbespannung in einem anderen Muster machen, da hätten Sie mal die Gäste hören sollen", verriet Heinz Wahlen dem „Kölner Stadt-Anzeiger" im August 1999. Auch Willy Lenzen, der Inhaber des inzwischen geschlossenen Café Franck am Rudolfplatz, scheiterte mit neumodischen Ideen. „Wir hatten mal eine Raucherecke eingerichtet", berichtete er, „aber die rauchenden Stammgäste weigerten sich, ihre Plätze zu wechseln." Deshalb strahlte auch das Café Franck noch im Jahr 1999 mit Chippendalemöbeln, Schleiflack und einem riesigen Kronleuchter die behäbige Gediegenheit der Adenauer-Ära aus.

Auch das Café Overbeck muss hier noch einmal erwähnt werden. Es war das letzte wunderbar altmodische Kaffeehaus seiner Art in der **Essener** Innenstadt, ein Ort zum Entschleunigen. Keine Menükarte verwässerte das klassische Kaffeehaussortiment, kein Kochgeruch zerstörte die gediegene Atmosphäre. Café und Stammgäste schienen sich verschworen zu haben, die regionale Tradition, wie sie hier seit einem halben Jahrhundert gepflegt wurde, gegen die profillose Konfektion der Moderne zu verteidigen. „Schön, dass es das noch gibt", sagten die Kunden. Wenn man dort saß und lauschte, hörte man Sätze wie „Wir waren schon als Mädchen hier" oder „Die Pfauenaugentorte muss noch probiert werden". Oder „So einen Ort für ein Quätschken gibt es heute nirgendwo sonst mehr". Friedrich Magenau, von 1971 bis 2014 Geschäftsführer des Cafés, trug im Betrieb in der Backstube einen weißen Kittel, in den Verkaufsräumen jedoch stets einen dunkelblauen Anzug mit roter Krawatte. Während sich draußen auf der belebten Kettwiger Straße die Zeit in rasender Geschwindigkeit wandelte, die (Mode-)Läden kamen und noch schneller wieder gingen, stand das Café Overbeck wie ein Fels in der Brandung.

Die Speisekarte des Essener Café Overbeck zeigte auch 1985 in ihrer grafischen Gestaltung noch deutliche Elemente der 1950er-Jahre.

Fotodokumentation von Tobias D. Kern

Dem Fotografen Tobias D. Kern ist es zu verdanken, dass eine Vielzahl der Traditionscafés, die authentisch die Architektur der 1950er- beziehungsweise 1960er-Jahre widerspiegeln, fotografisch bewahrt wurden. Kern machte sich zu Beginn des neuen Millenniums zur Aufgabe, die letzten Cafés dieses Stils mit Großformatkameras in Schwarzweiß abzulichten. Interessierten ihn anfangs nur das Interieur der Galerie, so machte er auf Anraten seiner Fotoassistentin Barbara Kerbusk auch Fotos von der Fassade und der Backstube und erstellte Porträts von deren Besitzern. Auf die Einbeziehung von Gästen in seinen Aufnahmen verzichtete Kern aus Gründen der neusachlichen Architekturfotografie bewusst. Das Projekt wurde 2006/07

Gastraum des 1899 gegründeten Café Kramer in Euskirchen. © Tobias D. Kern, Köln.

vom Kulturwerk der VG Bild/Kunst Bonn gefördert. Als Beitrag zum Festival „Internationale Photoszene Köln" gab es 2008 in der „schaelpic photokunstbar" die erste große Ausstellung von Tobias D. Kern mit rund 80 Silbergelatine-Prints. 2011 folgte eine umfassende Schau in der Rotonda-Galerie Köln mit rund 140 Abzügen. Zu dieser Ausstellung erschien auch der Katalog „Ein Kännchen Kaffee bitte – Konditoreicafés der 50er- bis 70er-Jahre". 2017 folgte eine weitere Gesamtpräsentation der Fotografien bei der Architektenkammer NRW im Haus der Architekten in Düsseldorf. (Das Fotoprojekt von Tobias D. Kern ist nicht abgeschlossen – der Fotograf nimmt bis heute Hinweise entgegen, wo sich in Deutschland noch Cafés mit authentischer Innenarchitektur finden lassen.)

Vor allem im Rheinland wurde Tobias D. Kern fündig, allein in Köln hat der Architektur- und Industriefotograf vier schöne alte Cafés gefunden und deren Inte-

Gastraum des Wuppertaler Café Löwer in der Leimbacher Straße 118. © Tobias D. Kern, Köln.

rieur in Szene gesetzt. „Man sieht die Bilder mit dem sehnsüchtigen Gefühl, sich mal wieder mit den Eltern oder Großeltern an einen Tisch zu setzen", schrieb die „Westdeutsche Allgemeine Zeitung", „nach drinnen, weil: Draußen gibt es nur Kännchen und da ist die Welt zu hell, zu bunt, zu schnell, während sie hier in gedämpftem Licht beim sanften Geklingel von gutem Porzellan und glänzenden Kaffeelöffeln einfach ein wenig mehr nach sanfter Milde klingt."

Zu den Betrieben, die Tobias D. Kern in Nordrhein-Westfalen fotografiert hat, gehören in **Köln** das Café Bomheuer, das Café Jansen, das Café Osterspey, das Café Pascher (geschlossen 2019), das Café Schlechtrimen und das Café Wahlen; in **Euskirchen** das Café Kramer; in **Rheinbach** das Café Löhrer (inzwischen geschlossen); in **Baesweiler** (bei Aachen) das Café Weissinger (geschlossen 2013); in **Mönchengladbach** das Café Schürgers in der Bismarckstraße 47 (geschlossen 2015); in **Wuppertal** das Café Löwer (geschlossen 2015), das Café Michaelis in der Hochstraße 84 und das Café Schulte (geschlossen 2000); in **Herne** das Café Wiacker und in **Essen** das Café Overbeck (geschlossen 2014).

Die Fotoserie der genannten Cafés kann man auf der Homepage von Tobias D. Kern unter folgendem Link einsehen: https://www.tdk-photo.de/projekte/cafes/#bilder

Georg Maushagen – Der Zuckerbäcker®

Georg Maushagen wurde 1950 im schlesischen **Gleiwitz** geboren und siedelte 1959 nach **Bochum** über, wo die elterliche Familienküche schon früh sein Lebensmittelpunkt und „Hobbyraum" wurde. Später begeisterten ihn berühmte Hotelköche wie Walterspiel oder Horcher für eine Kochausbildung. Nach ersten Erfahrungen als Page im **Bochumer** Parkhotel begann Maushagen im „Hotel Engelsburg" **(Recklinghausen)** seine Ausbildung zum Koch. In **Berlin** erweiterte er seine Fähigkeiten im „Hilton Hotel". Dort entdeckte er auch seine

Georg Maushagen vor seinem Düsseldorfer Café, 2014. © Brigitte und Georg Maushagen.

Café Maushagen in Düsseldorf, 2012.
© Brigitte und Georg Maushagen.

Leidenschaft für die Patisserie. Danach wechselte er ins legendäre Restaurant „Horcher" nach **Madrid**, wo Curd Jürgens und zahlreiche internationale Schauspieler und Künstler Stammgäste waren. Einer seiner Kollegen war der Düsseldorfer Sternekoch Jean-Claude Bourgueil. 1973 wurde Maushagen Chefpatissier im **Hamburger** Hotel Intercontinental. Nebenbei praktizierte er an einer Grafik- und Designschule, kopierte alte Meister der Russischen Schule und lernte perspektivisches Zeichnen. Bereits in **Madrid** hatte er beim damaligen Kurator des Museo del Prado Privatunterricht genommen. 1975 machte Maushagen seine Meisterprüfung als Konditor und ging danach als Chefpatissier ins **Düsseldorfer** Hilton Hotel. Engagements in den Marriott Hotels **Washington** und **San Diego** (USA) folgten.

1977 wechselte Maushagen an die Albrecht-Dürer-Schule in **Düsseldorf**, um als Fachpraktischer Dozent angehende Konditoren im Zeichnen und Modellieren zu unterrichten. Beim Künstler Karl Kluth (1898–1972) nahm er Unterricht in Bildhauerei. Außerdem belegte er Gastsemester und Praktika in Grafik, Buchdruck und Zahntechnik. All das kombinierte er später in unterschiedlichen Variationen zur Herstellung seiner Kreationen in Confiserie und Konditorei.

Im August 1980 eröffnete Maushagen in **Düsseldorf** sein erstes Café, aus dem im Januar 1983 in Düsseldorf-Pempelfort (in der Jülicher Straße 9) das „Café-Konditorei & Institut für Patisserie & Zuckergestaltung Maushagen" hervorging. In der angeschlossenen Zuckerbäckerei kreierte er Schokoladen in allen Formen, Farben und Geschmacksrichtungen, schuf Sweet-Art-Objekte sowie Form- und Etagentorten für private und geschäftliche Anlässe, modellierte lebensgroße Figuren und Büsten aus Zucker und Marzipan – auch Busse, Autos, Schiffe, Häuser und Landschaften. Schon bald erwarb er sich den Ruf als „einer von Düsseldorfs größten Verführungskünstlern".

Anlässlich des Staatsbesuchs von Wladimir Putin und seiner Frau in der Landeshauptstadt schuf Maushagen im September 2001 für alle geladenen Gäste Fabergé-Eier und Tischdekorationen aus Zucker. Zum 80. Geburtstag von Hans-Dietrich Genscher fertigte

Die Hochzeitstorte von Georg Maushagen wurde nach Rimini in Italien geliefert. © Brigitte und Georg Maushagen.

er 2007 eine Torte zum Thema „In 80 Jahren um die Welt" (eine Auftragsarbeit für die Aachener Firma Lambertz) – mit einer Weltkugel aus Schokolade und Reproduktionen diverser Zeitungsseiten, die mit Lebensmittelfarbe auf Zuckerplatten gedruckt waren.

Für das Stadtmuseum Düsseldorf fertigte er eine 25 Quadratmeter große Reproduktion des historischen Banketts anlässlich der Hochzeit von Jacobe von Baden und Kurfürst Johann-Wilhelm zu Jülich-Kleve-Berg im Jahr 1585 an – mit Figuren und Motiven aus Marzipan und Zucker. Weitere Torten schuf er u.a. für die Geburtstage von Shakira, Fürst Albert von Monaco und Mario Adorf. Maushagens persönliches Highlight war eine mehrstöckige Torte für Ivana Trump, die er eigens in die USA flog.

Für die Deutsche Bank kreierte er Sparbücher aus Zucker, für DaimlerChrysler blies er ein Fahrzeug der C-Klasse aus Zucker. Für die Henkel KG in Düsseldorf modellierte er eine „Persil"-Werbefigur aus den 1950er-Jahren. Zu Maushagens Kunden zählten der Schauspieler Sir Peter Ustinov sowie der ehemalige US-Präsident Ronald Reagan.

Seit 1983 erschienen im eigenen Verlag die Fachbücher „Faszination in Zucker" und „Faszination in Marzipan". In der WDR-Sendung „Daheim und Unterwegs" lief von 2004 bis 2009 als erste TV-Live-Backshow Maushagens „Süße Sünde" mit stetig wachsender Fangemeinde. Darüber hinaus war Maushagen in ganz Deutschland mit seinen lebensgroßen Zuckerobjekten sowie dem oben erwähnten „Zuckerbankett Jülicher Hochzeit von 1585" in Einzel- und Gemeinschaftsausstellungen vertreten, u. a. im Zuckermuseum **Berlin** und im Bomann-Museum in **Celle**.

Am 2. November 2016 schloss Maushagen sein Düsseldorfer Café, siedelte zusammen mit seiner Frau Brigitte ins österreichische **Hermagor** (Gailtal/Kärnten) um, machte sich dort 2017 mit „Kärnten Sweet Art Innovation" erneut selbstständig und fertigt weiterhin süße Kreationen und regional bezogene Spezialitäten für Kunden in Österreich und Deutschland. Im August 2019 eröffnete er die „Zuckerakademie Alpe-Adria", die erste Zuckerschule Kärntens, und gab dort Einzelkurse in der Zuckergestaltung für Konditoren, Patissiers und Köche.

Kaffeeröstereien in Deutschland

J. J. Darboven, Azul Kaffee, Kaffee HAG

Die Konditoreicafés werden seit den 1930er-Jahren von Röstereien beliefert, die ihren Kaffeevertrieb speziell auf die Gastronomie ausgerichtet haben. Dazu gehören neben Jacobs vor allem J. J. Darboven mit ihrem „Idee Kaffee", ferner die Azul Kaffee GmbH & Co., Heimbs Kaffee und Kaffee HAG.

Die 1866 gegründete Firma J. J. Darboven aus **Hamburg** pries unter dem Markennamen „Idee-Kaffee" bereits 1927 einen besonders bekömmlichen „magenfreundlichen" Kaffee an, der in einem speziellen Veredelungsverfahren die Reiz- und Bitterstoffe bei vollem Erhalt des Geschmacks reduzierte.

Der neuartige Kaffee entwickelte sich binnen kürzester Zeit zum Erfolg. Bereits zwei Jahre nach der Markteinführung ließ J. J. Darboven die Produktionsanlagen ausbauen, um der ständig wachsenden Nachfrage gerecht zu werden. 1930 erweiterten die Brüder Arthur und Cäsar Darboven ihre Vertriebswege und konzentrierten sich nicht mehr nur auf den Lebensmittelhandel, sondern auch auf die Gastronomie.

Auch die Azul Kaffee GmbH & Co. aus **Bremen** (gegründet 1949) und die Gebr. Westhoff GmbH & Co. KG in Bremen setzten auf die gehobene Gastronomie und waren mit ihren Spezialkaffees Ende der 1950er-Jahre in zahlreichen Cafés und Hotelketten zu Hause. In den 1960er-Jahren zog sich die **Braunschweiger** Firma Heimbs Kaffee aus dem Einzelhandel zurück und konzentrierte sich auf die Belieferung der Gastronomie. 1954 entwickelte Heimbs das „Aerotherm-Röstverfahren", bei dem die Kaffeebohnen in einem indirekt erhitzten Luftstrom verwirbelt und schonend geröstet wurden. Ohne Berührung mit heißen Metallteilen, die das Röstergebnis beeinträchtigen, schweben die Bohnen gleichsam in der Luft und werden so von außen

nach innen gleichmäßig durchgeröstet. Durch die längere Verweildauer in diesem Luftstrom können die Kaffeebohnen ihre Röstaromen nuancenreich entfalten, ohne dass sie Gefahr laufen, zu verbrennen.

Einen großen Bekanntheitsgrad in der Gastronomie hatte auch die 1906 gegründete Kaffee-Handels-Aktiengesellschaft (Kaffee HAG) aus **Bremen**. Kaffee HAG wurde als erster Kaffee bereits zu Stummfilmzeiten in den Kinos beworben. Die Firma wurde im Einzelhandel durch ihr Kakaopulver „Kaba" und den Onko-Kaffee bekannt, in den Kaffeehäusern jedoch vor allem durch ihren entkoffeinierten Kaffee.

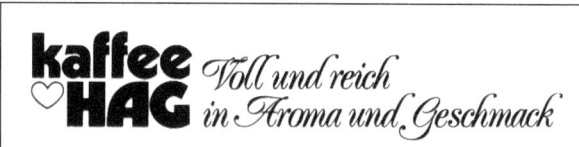

Ludwig Roselius, der Mitgründer von Kaffee HAG, hatte den frühen Tod seines Vaters auf übermäßigen Koffeingenuss zurückgeführt und deshalb an einem neuen Verfahren getüftelt, um den Kaffeebohnen das Koffein zu entziehen: Er ließ die Bohnen in Salzwasser aufquellen und fügte dann Benzol hinzu. 1907 ließ er sich das Verfahren patentieren und begann mit der weltweit ersten kommerziellen Produktion von entkoffeiniertem Kaffee. Das Bremer Unternehmen und die einprägsame Marke mit dem roten Herzen wurden zum Gattungsbegriff des entkoffeinierten Kaffees.

1979 verkaufte der Sohn des Gründers Kaffee HAG an das US-amerikanische Unternehmen General Foods Corporation (heute Mondolez International), die 2015 die Kaffeesparte an Jacobs Douwe Egberts (JDE) verkaufte. 1986 übernahm die Münchner Alois Dallmayr Kaffee oHG die Firma Heimbs, 1997 wurde auch die Azul Kaffee GmbH & Co. Teil des Gastronomievertriebs von Dallmayr. Der Münchner Konzern sicherte sich dadurch ein Tor zum norddeutschen Gastronomiegeschäft. Zu J. J. Darboven gehören durch Übernahmen heute Marken wie Burkhof Kaffee, „Eilles" und „Alfredo Espresso".

Regionale Kaffeeröstereien

Es gab auch regionale Kaffeeröstereien in Nordrhein-Westfalen wie Fricke's Kaffee in **Hamm** und VOX-Kaffee in **Münster**. Das 1923 von Adolf Groneweg und Karl Meintrup als „Kaffee- und Getreideröstereien Münsterländer Korn- und Malzkaffeewerk" (Mükorma – ab 1950 VOX) gegründete Familienunternehmen richtete als erster deutscher Kaffeeröster einen sogenannten Frischdienst ein, der die Firmenprodukte in Spezialfahrzeugen bis in die entlegensten Dörfer beförderte. In der

Blütezeit des Unternehmens liefen täglich Züge mit 300 bis 400 Kaffeesäcken pro Wagon vom Hamburger Seehafen aus in den Eisenbahnanschluss des VOX-Kaffee-Werks ein. 1956 überraschten die Münsteraner die Branche mit ihrem bei Tiefkühltemperaturen „tropa-gemahlenen" Kaffee. Auch Deutschlands erster hochvakuumverpackter Kaffee kam von VOX. 1971 musste Adolf Groneweg jun. das Unternehmen an die Melitta-Gruppe aus Minden verkaufen.

Vollmer Kaffee begann in den 1930er-Jahren als Kolonialwarenladen in der Geiststraße von **Münster** und verkaufte Kaffee, Schokolade, Kakao, Zucker und andere Genussmittel, die damals noch mit weißen Überseedampfern in Bremen oder Hamburg angelandet wurden. Den Kaffee röstete Gründer Heinrich Vollmer jeweils frisch und von Hand. Anschließend wurde er ausgeliefert – in Münster und im Münsterland und sogar bis ins Sauerland.

1948 wurde „Vollmer" Kaffeelieferant des Café Schucan in Münster. Der Kaffee wurde täglich frisch geröstet und frisch gemahlen angeliefert, oft bis zu 30 Kilogramm pro Tag. Mahlung und Mischung waren eigens auf das Wasser im Café und die speziellen Maschinen bei Schucan abgestimmt. Gebrüht wurde in einem sehr aufwendigen Filterverfahren. Auch das Café Albring-Rüdel (**Gelsenkirchen**) und das Café Maus (**Dorsten**) bezogen ihren Kaffee von Vollmer.

In den 1990er Jahren übernahm der langjährige Mitarbeiter Matthias Peters das Unternehmen von der Gründerfamilie Vollmer. Heute beliefert Vollmer Partner in ganz Deutschland, u.a. Miele, Cafe Extrablatt oder die zahlreichen Filialen der Bäckerei Terbuyken.

In den Getränkekarten der Cafés und Kaffeehäuser warben die Röstereien stets mit eigenen Logos. Azul Kaffee gab es beispielsweise im **Dortmunder** Café am Neutor und im Kaffeehaus **Remagen**. Idee Kaffee wird in den Cafés der Wiacker GmbH in **Herne** und der Café Knigge KG in **Bielefeld** getrunken. Im Altstadt-Café Jansen (**Essen**) und Café Franck (**Köln**) gab es Heimbs Kaffee. Café Böhle (**Oberhausen**), Café Pieper (**Mülheim**)

und Café Dobbelstein in **Duisburg** setzten in den 1980er-Jahren auf die „Goldene Tasse" von Onko sowie auf Kaffee HAG. Das Café Journal (**Krefeld**) und das Café Residenz (**Castrop-Rauxel**) servierten sogar Illy Caffé. Für Overbeck in **Essen** stellte Burkhof-Kaffee exklusiv eine Spezialmischung her.

A. Zuntz sel. Wwe. (Bonn)

In **Bonn** röstete im Stadtteil Poppelsdorf die Firma A. Zuntz sel. Wwe. („des seligen Amschel Zuntz Witwe") bis 1978 ihren Kaffee. Der Betrieb wurde als Kolonialwarenladen gegründet, den Rechel Zuntz (eine streng religiöse Jüdin) nach dem Tod ihres Mannes ab 1837 in der Tempelgasse betrieb. 1840 zog Rechel in die Hundsgasse 14 (heute Belderberg). Anfang der 1850er-Jahre entwickelte Zuntz den „kandierten Kaffee" (beim Röstvorgang wurde Zucker zugefügt, der auf den Bohnen karamellisierte). Unter Leitung der Söhne Albert (1849–1881) und Josef Zuntz (1858–1901) expandierte das Unternehmen überregional. 1879 wurde eine Filiale in **Berlin** eröffnet, 1889 in Hamburg. Im Jahr 1887 erhielt Zuntz ein Patent auf die Herstellung eines Kaffeekonzentrats. 1891 wurde der Unternehmenssitz nach

Zuntz-Werbung aus dem Jahr 1920: Dame mit Schutenhut

Bonn-Poppelsdorf in den Grünen Weg 78 (heute Königsstraße) verlegt. Dort wurde nicht nur eine neue Rösterei mit Verwaltungsgebäude errichtet, sondern auch eine Anlage zur Zubereitung von Teemischungen importierter Ware.

Bis 1900 entwickelte sich die Firma zu einem erfolgreichen Unternehmen und genoss einen guten Ruf. Sie trug seit 1893 den Titel des „Hoflieferanten Seiner Hoheit des Herzogs Ernst von Sachsen-Coburg", des „Herzogs Georg von Sachsen-Meiningen", „Seiner Königlichen Hoheit des Prinzen Wilhelm von Preußen" und sogar den Titel „Hoflieferant Seiner Majestät des Kaisers und Königs" auf ihren Firmenbögen. Der Grafiker Julius Gipkens, der u. a. Verpackungen für Sarotti und Stollwerck entworfen hatte, kreierte 1909 das markante Logo der Firma A. Zuntz sel. Wwe. Kurz vor der Jahrhundertwende begann der Kaffeeröster, Filialen mit angegliederten

Zuntz-Kaffeestuben in den 1930er-Jahren

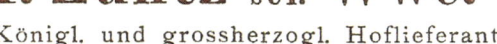

Kaffeestuben einzurichten. Die erste Kaffeestube in **Berlin** wurde 1898 am Spittelmarkt eingerichtet. Bis 1914 entstanden mehr als 30 solcher Kaffeestuben (u. a. in **Potsdam, Dresden, Hannover, Bonn** und **Köln**). Die Zuntz'schen Kaffeestuben besaßen Kultstatus, vor allem in Berlin und Dresden. Sie wurden von Literaten, Künstlern und Prominenten besucht. 1934 bestand das Vertriebsnetz aus elf Filialen und 1930 Verkaufsstellen mit 17 Kaffeestuben. Die Firma hatte zu diesem Zeitpunkt etwa 750 Mitarbeiter.

1919 übernahm Albert Zuntz die Bonner Niederlassung und sein Bruder August den Betrieb in Berlin, wohin auch der Hauptsitz der Firma verlegt wurde. Nach der Machtergreifung durch die Nationalsozialisten wurde das Unternehmen als jüdisches Eigentum erfasst und noch 1933 „arisiert" (d. h.

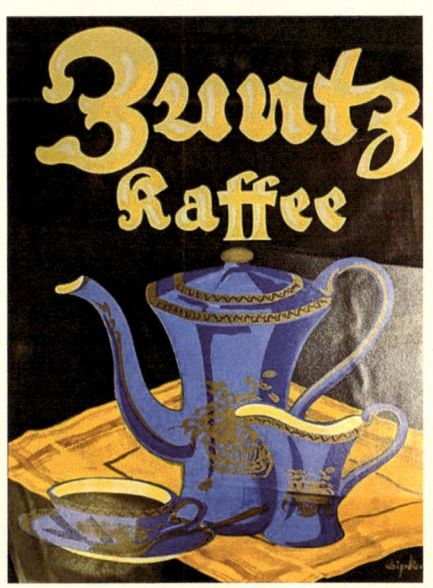

Oben: Zuntz-Anzeige von 1898.
Rechts: Zuntz-Werbung von 1929, entworfen von Julius Gipkens.

ein NSDAP-Mitglied [Paul Kramer] wurde als dritter Gesellschafter in die Geschäftsführung aufgenommen). August Zuntz wurde zum „Teilhaber ohne Rechte" erklärt. Er durfte nach außen nicht mehr in Erscheinung treten, führte die Firma jedoch im Stillen weiter, um 1938 – kurz nach der Reichsprogromnacht – nach England zu emigrieren. Die übrigen Familienmitglieder wurden durch Deportationen, Selbstmord als letzte Fluchtmöglichkeit oder auch durch geglückte Flucht auseinandergetrieben.

Als der Zweite Weltkrieg beendet war, war die Firmenzentrale am Magdeburger Platz in Berlin niedergebrannt, und von den 68 Filialen bestanden nur noch 14. Die Niederlassung in Bonn konnte vor der Beschlagnahmung durch die Besatzungstruppen gerettet werden. Sie stellte in den Nachkriegsjahren Ersatzkaffee aus Getreide und Zuckerrüben her. Alle verbliebenen Kaffeestuben wurden einheitlich im Stil der 1950er-Jahre eingerichtet. Der Kundschaft standen die neuesten Presseerzeugnisse zur Verfügung, die sie auf komfortablen Stühlen studieren konnte. Peter Zuntz, der Neffe von August Zuntz, führte den Betrieb nach 1945 in **Berlin** weiter, doch bereits 1951 erfolgte die Übernahme durch die „Dallmayr Kaffeerösterei". Zum 125. Betriebsjubiläum wurde auf dem Berliner Kurfürstendamm 20 (direkt neben dem Café Kranzler) das Café „Zuntz im Zentrum" eingeweiht. 1971 zog sich Peter Zuntz aus dem Betrieb zurück, 1976 übernahmen Dallmayr und J. J. Darboven die Firma und führten die Marke noch einige Jahre als „A. Zuntz sel. Wwe." weiter. Die Niederlassung in Bonn schloss bald nach dem Verkauf 1976.

Das Firmengebäude in der **Bonner** Königsstraße wurde 1980 abgerissen, von der alten Bausubstanz blieben lediglich der neugotische Giebel und zwei historische Säle erhalten. Das gesamte rückwärtige Areal (mit Brennerei, Packraum und Verladestation) wurde demontiert. Heute steht dort eine Anlage mit Luxuswohnungen („Chateau Gothique").

Kaiser's Kaffee-Geschäft AG (Viersen)

Die „Kaiser's Kaffee Geschäft AG" geht auf Josef Kaiser (1862–1950) zurück, der 1880 das Kolonialwarengeschäft übernahm, das von seiner Mutter im elterlichen Wohnhaus in **Viersen-Hoser** geführt wurde. Dort hörte er von den Klagen der Hausfrauen, die am heimischen Herd in der Pfanne grüne (rohe) Bohnen rösteten, um daraus Kaffee zu bereiten. Die Bohnen verbrannten jedoch häufig in der Pfanne, was Kaiser nach einem Verfahren suchen ließ, die Bohnen gleichmäßig zu rösten. Mit Hilfe des familieneigenen Handrösters gelang ihm schließlich eine optimale Röstung, die er schon bald mit einem Pferdewagen direkt zu den Kunden brachte. Da sein Kaffee reißenden Absatz fand, erwarb er 1882 zwei Rösttrommeln aus Kaldenkirchen (heute Stadt Nettetal), die er ab 1885 auf Gasmotorbetrieb umstellte. Damit war für die „Dampf-Kaffee-Rösterei von Hermann

Kaiser", wie die Firma nun hieß, der erste Schritt zur Mechanisierung der Kaffeeverarbeitung getan. Josef Kaiser nutzte sein Know-how, das er im Kolonialwarengeschäft gewonnen hatte, für eine bahnbrechende Vertriebsidee: Er gründete – zunächst im Ruhrgebiet – kleine Geschäfte, in denen die Hausfrauen den Kaffee kaufen und zwischen verschiedenen Sorten und Mischungen wählen konnten. Dazu gab es alles, was das Herz des Kaffeeliebhabers begehrte: Kaffeedosen, Porzellan, Kaffeefilter, aber auch Tee, Kakao, Zwieback, Biskuits, Printen, Mandeln, Fondants, Marzipan, Honig, Zucker und Bonbons.

Der Eröffnung der ersten Filiale am 1. Mai 1885 in der **Duisburger** Beeckstraße 39 folgten zwei weitere Geschäfte in **Essen** (Limbecker Tor) und **Bochum** (Bongardstraße). Kaisers Filialprinzip eines niedrigpreisigen, überschaubar gehaltenen Sortiments von qualitativ hochwertigen Standardwaren trug zur Gewinnung eines großen Kundenstamms bei. 1887 gründete der Viersener Unternehmer Filialen in den vier größten bergischen Städten **Elberfeld**, **Barmen** (beide heute Stadt **Wuppertal**), **Solingen** und **Remscheid** sowie eine Zweigniederlassung in **Berlin**, der in atemberaubendem Tempo Hunderte weitere folgten. Die 200. Filiale wurde bereits 1898 eröffnet, die 500. Filiale feierte Kaiser im Jahr 1900.

Ab 1899 hieß die Firma offiziell „Kaiser's Kaffee-Geschäft GmbH". 1891 heiratete Kaiser Julie Didden (1870–1942), die Tochter des Viersener Brauereibesitzers und Landwirts August Didden, der Kaiser in die Malzkaffeeherstellung einführte. 1906 ließ Kaiser die Kaffeerösterei seines Verwandten Hermann Kaiser in Dülken zu einer Malzkaffeefabrik umbauen, der zwei weitere Fabriken in **Berlin-Spandau** und **Heilbronn** folgten. Durch die Produktion von Malzkaffee gewann Kaiser weitere Kunden durch weniger betuchte Bevölkerungsschichten, die sich den teuren Kaffee nicht leisten konnten. Als der Erste Weltkrieg ausbrach und durch die Seeblockade der Entente-Mächte der Import von brasilianischem Kaffee einbrach (ein Haupteinkommenszweig von Kaiser's), konnten die Verluste teilweise durch die nun intensiver betriebene Malzkaffeeproduktion aufgefangen werden. Mit anhaltendem Firmenwachstum ließ Kaiser eigene Kakaowerke sowie Schokolade-, Zucker- und Backwarenfabriken errichten.

Kaiser's Kaffee-Geschäft in Viersen, 1930er-Jahre

Verkaufsraum der ersten „Kaiser's Kaffee-Geschäft"-Filiale in Duisburg, 1885

1939 erreichte die Zahl der Filialen mit über 1900 ihren Höchststand und Kaiser's galt als Europas größter Kaffeeröstereibetrieb. Nach Ende des Zweiten Weltkriegs und dem Tod von Josef Kaiser am 17. Juni 1950 übernahm dessen Sohn Walter die Firma. Er eröffnete 1952 in **Duisburg** das erste Selbstbedienungsgeschäft. 1969 betrieb die Kaiser's Kaffee-Geschäft AG 565 Filialen und erwirtschaftete einen Umsatz von 732 Millionen DM. 1971 wurde Kaiser's von der Unternehmensgruppe Tengelmann übernommen.

Lokale Kaffeeöstereien – Maassen, „Plum's Kaffee" und „Schamong"

Neben den großen Röstereien in Deutschland gibt es heutzutage auch zahlreiche lokale Anbieter mit hohem Qualitätsanspruch. NRW-Kaffeehochburg ist der Regierungsbezirk **Münster**. Hier wird über die Hälfte des Röstkaffees hergestellt. Insgesamt gibt es im Land neun größere Kaffeeröstereien mit jeweils mehr als 20 Mitarbeitern. In **Heiligenhaus** hat sich die 2005 von Inhaber und Röstmeister Uwe Liebergall gegründete Rösterei „Kult-Kaffee" etabliert. In **Monschau** produziert die Caffee-Rösterei Wilhelm Maassen seit 1862 hochwertige Kaffees in ihrem 300 Jahre alten Stammhaus in der Stadtstraße 24. Der Gründer belieferte damals Kunden aus Monschau und dem Montjoier Land und lieferte sogar in das Gebiet um Eupen-Malmedy, wohin der Kaffee mit der Vennbahn und dem Fahrrad gebracht wurde. Auch der Versandhandel hat seine Ursprünge in jener Zeit. War zu Beginn des 20. Jahrhundert bei Maassen noch ein Kugelröster im Einsatz, der von einem Fafnir-Gasmotor angetrieben wurde, so werden seit 1952 ausgesuchte Rohkaffees in einem gasbeheizten Probat-Trommelröster zu feinsten Röstungen veredelt. Der Verlesetisch – ein Museumsstück, das jedoch noch täglich im Einstz ist – stammt von der 1862 gegründeten „Kalker Trieurfabrik und Fabrik für gelochte Bleche Mayer & Cie." in Heumar.

Seit 1862 in Monschau ansässig: die „Caffee-Rösterei Wilhelm Maassen" in der Stadtstraße 24

Lokale Kaffeeröstereien

Obwohl das Handverlesen der Chargen wirtschaftlich kaum vertretbar ist, leistet sich Maassen diesen Luxus bis heute. Zum Abwiegen und Verpacken der Kaffees benutzt die Rösterei ebenfalls ein altes Gerät: die elektro-automatische Einwiegemaschine „Präzi-Blitz" aus dem Jahr 1966. Auch der Proberöster, der es erlaubt, kleinste Mengen zu verkosten, ohne gleich einen ganzen Sack Rohkaffee zu verarbeiten, stammt noch aus den 1950er-Jahren.

Die älteste Rösterei in Nordrhein-Westfalen (und in Deutschland) ist „Plum's Kaffee" in **Aachen**. Die Erfolgsgeschichte der Firma begann 1812, als Xavier Plum sein „Kolonialwaren- und Spezereiengeschäft" eröffnete und 1820 als „Plum's Kaffee" eintragen ließ. Damals wurde der Rohkaffee noch mit dem Pferdewagen von Antwerpen nach Aachen geholt und vor Publikum im Schaufenster geröstet.

Das Traditionsunternehmen wird in dritter Generation von Jürgen Vogeler und seinem Sohn Ralf betrieben. Als kleiner Privatröster kann „Plum's Kaffee" auf Plantagen zurückgreifen, die für die Großen der Branche aufgrund zu geringer Mengen uninteressant sind. Der Hauptsitz mit Verwaltung, Rösterei und Werkstatt liegt im Hammerweg 4 in Aachen. Nach einem Umbau im Jahr 2008 gibt es dort einen Verkaufsraum für frische Kaffeebohnen sowie Kaffee- und Espressomaschinen. Der kleine Eckladen in der Aachener Körbergasse ist seit 1983 eine Institution, sowohl für Touristen als auch für Aachener Kaffeefreunde.

Kölns älteste Rösterei ist „Schamong" in der Venloer Str. 535 im Stadtteil Ehrenfeld. Der Betrieb wurde am 1. September 1949 von Josef Schamong gegründet, der das Geschäft als Filiale der Rösterei „Lülsdorff Kaffee" leitete. 1960 kaufte er die Filiale, erwarb einen Trommelröster der Probat-Werke aus **Emmerich** und gründete die Marke „Schamong Kaffee".

Links: Die älteste Kafferösterei in Nordrhein-Westfalen: Plum's Kaffee in Aachen. Rechts: Kölns älteste Kaffeerösterei: Schamong in der Venloer Straße 535.

Lokale Kaffeeröstereien

Cafés der 1980er-Jahre

Zwischen Plexiglas und venezianischen Altglasspiegeln

Zu Beginn der 1980er-Jahre setzte eine Welle von Café-Neugründungen ein, die sich als Alternativen zu den klassischen Konditoreibetrieben verstanden. Ihre Betreiber waren in den meisten Fällen branchenfremd und hatten mit dem Konditoreihandwerk nichts zu tun, wie beispielsweise die Inhaber des Café Journal in **Krefeld**, des Café des Arts in **Moers**, des Café Zürich in **Dortmund** oder des Café Middendorf in **Münster**. Sie entstammten einer Generation, die in der Nachkriegszeit geboren wurde, deshalb orientierte sich ihre Café-Konzeption nicht mehr am „Kranzler" oder „Metropol", sondern war bewusst als Opposition zur düster-schummrigen Gemütlichkeit der Traditionscafés der 1950er- und 1960er-Jahre gedacht. Neue Maßstäbe setzten auch Strömungen wie Punk und New Wave bei der Innenraumgestaltung, was zu Materialien wie Plexiglas und Metall führte. Kahle helle Wände wurden mit grellen Strahlern beleuchtet, hohe Spiegel und weiße Lederschwinger dominierten den Gastraum.

Aber es gab auch Cafés mit Luxus und Chic, deren Interieur (Jugendstil-Fenster oder Rokoko-Wandvertäfelungen) aus alten Schlössern Belgiens und Hollands stammte und in vielem den französischen Bistros ähnelte. Ohne Innenarchitekt konzipiert und in monatelanger Arbeit selbst umgebaut und eingerichtet (wie im Fall des **Wuppertaler** Luisencafés oder des 1984 eröffneten Café Ludwig in **Bochum**), bestachen diese Lokale durch Originalität und frische Ideen.

Rolf Nierfeld, der durch seine Essener Automaten GmbH zu Wohlstand gekommen war, ließ 1984 im **Gelsenkirchener** Bahnhofscenter ein

Seite 208 und 209: Café Middendorf in Münster. 1985 übernahm Philippe Jorand die Leitung des Cafés. Als Café Midy war es bereits weit über Münsters Grenzen hinaus bekannt.

Links: Das Café Ludwig in Bochum wurde von Rainer Tiepner gestaltet. Mitte: Das Café Journal in Krefeld war eine Mischung aus Bistro, Brasserie und Café. Unten: Die Bar von Rick's Café.

Caféhaus mit Art-déco-Elementen und einer Kuppel aus grünem Tiffany-Glas bauen, die den Bereich über der Wendeltreppe überspannte. Das **Dortmunder** Café d'Hombruch nahm Elemente des Brüsseler Café Falstaff auf; die Sitzgruppen standen auf hölzernen Podesten und die Wände waren mit Motiven aus den

1920er-Jahren geschmückt. In „Rick's Café" in **Münster** – angelehnt an die legendäre Bar „Rick's Café Américain" aus dem Film „Casablanca" – hingen Wimpel verschiedener Rugby- und Football-Clubs und alte Reklameschilder („Miller's Beer", „Life-Beer") an den Wänden. Ein riesiger Ventilator vom Typ Hunter (Originalimport aus den USA) hing unter der Decke; ein Cola-Automat aus den 1950er-Jahren (funktionstüchtig bis auf die Tatsache, dass er erst zehn Minuten nach Münzeinwurf die Flasche auswarf) stand neben der Theke. Großflächige Poster und farbige Kalender-Pin-ups von 1953 komplettierten den Wandschmuck.

Ulrich Weise, Inhaber des 1981 eröffneten **Düsseldorfer** Café du Nord, ließ im Gastraum seines Lokals bewusst nur zwei Farben zu – Ultramarinblau und Weiß.

Rechts: Das Luisencafé in Wuppertal wurde 1978/79 von Theo Hecker in einer ehemaligen Webereimaschinenfabrik eröffnet. Unten: Der Gastraum von Rick's Café in Münster.

Alles Helle (die Marmorböden, die Marmortische, das milchige Glas der Leuchten) wurde dadurch umso deutlicher betont. Die Gäste konnten sich zurückziehen in diesem Ambiente, wurden nicht von grellen Spots oder aufdringlichen Tischleuchten angestrahlt, hatten das angenehme Gefühl, für sich zu sein und doch in einem belebten Café zu sitzen, in dem es nie leer war.

Andere 80er-Jahre-Cafés versuchen, sich spielerisch an den Wiener Kaffeehausstil anzulehnen und gestalteten den Gastraum bewusst mit viel Plüsch und Kristallleuchtern. Im **Essener** Café du Pont (1980 eröffnet und nach einem Brand 1983 neu eingerichtet) sah man venezianische Altglasspiegel an den Wänden; hier und da Fayence-Tischlampen; handgeschnitzte französische Lehnsessel; türkisfarbene Marmortische aus Italien. Wer den plätschernden Wandbrunnen neben dem Treppenaufgang zur oberen Galerie hinter sich ließ, hatte einen hervorragenden Blick auf den gesamten Eingangsbereich. Unweigerlich wurde die Aufmerksamkeit auf die meterhohe Palme gelenkt, die von Parterre bis zur abgeschrägten Stirnfront der Fassade reichte. Ein

Links: Das Café du Nord an der Nordstraße in Düsseldorf. Wer sehen und gesehen werden wollte, saß vorne in Nähe der zur Straße geöffneten Glasfront.
Oben und rechts: Das Café du Pont in Essen lag neben dem Rathaus (Porschekanzel 105), direkt am Eingang des 1979 errichteten City-Centers.

riesiger Kristallleuchter überspannte diesen Raum und gab sein Licht in allen Variationen nach unten ab. Noch opulenter war das „Tapas" eingerichtet, das der Besitzer des „Du Pont" 1985 im Stil eines römischen Gartens in der Essener Theaterpassage (Rathenaustraße) eröffnet hatte. Exotische Grünpflanzen umrahmten die große Terrasse, auf der man ein typisch spanisches Frühstück mit Café con leche, Churros und Schokosauce, spanischem Brot und fruchtigen Konfitüren genießen konnte.

Architekt Hans Gerhard Pzola, der nach Entwürfen von Hans J. Holst und Detlef Lotte 1985 das Café d'Hombruch in Dortmund konzipierte, griff bewusst Elemente des Brüsseler Jugendstils auf, um sie den räumlichen Gegebenheiten anzupassen, die er in der Harkortstraße vorfand.

Café König (Düsseldorf)

Inhaber des legendären Düsseldorfer Café König war Wolfgang Struck – eine schillernde Figur in der Landeshauptstadt. Struck wurde als Handballtorwart bekannt, spielte während der WM 1964 sechsmal für die deutsche Nationalmannschaft und stand danach mehrere Jahre beim TV Oppum zwischen den Pfosten. Parallel zu seiner sportlichen Betätigung hatte er nach einer Lehre zum Bankkaufmann Jura studiert. Als Mitbegründer, Teilhaber und Geschäftsführer des Devisenhandelsbüros Bierbaum in Düsseldorf brachte er es zum mehrfachen Millionär. Seine Kunden: Banken in Europa, Amerika, Afrika, dem Nahen und Fernen Osten, mit denen er per Standleitung verbunden war. An guten Tagen setzte er bis zu 8 Milliarden US-Dollar um.

Zu Beginn der 1980er-Jahre trat Struck als Mäzen des Handball-Vereins TuRU Düsseldorf auf, bescherte dem Verein 1984 den Aufstieg in die Bundesliga, wo TuRU sechs Jahre lang blieb und in dieser Zeit bemerkenswerte Erfolge erzielte.

Strucks zweites Hobby war das Café König auf der Düsseldorfer Kö, das er seit 1981 betrieb. Kaum ein Szene-Café in Nordrhein-Westfalen war dermaßen reduziert auf seine wesentlichen Grundelemente – da lenkte nichts ab, erschien nichts verspielt. Kein Wandschmuck, kein einlullendes Ambiente. Stattdessen überall klare Linien und klare Flächen. So waren die Wände und Decken dezent apricotfarben gehalten, zeigte der Boden des Cafés große diagonal verlegte Quadrate aus braunem und weißem Marmor. Lange

Szenetreff und Nachtcafé – das „König" in Düsseldorf

Sitzbänke im rechten Teil wirkten schlicht, aber äußerst zweckmäßig. Unaufdringlich waren die vorwiegend in Beige gehaltenen Stoffe – bis auf einige wenige Polster, die durch ihre neongrüne und grellorange Farbgebung auffielen. Modemacher trafen sich im „König", Geschäftsleute, Boutiquebesitzerinnen, Fotografen, Designer und Mannequins. Da machte es Spaß, sich unter die Leute zu mischen und zu beobachten, Blicke aufzufangen, zu flirten oder miteinander zu reden. Wolfgang Struck mochte sie alle. Er schätzte die Prominenz, die Schickeria wie auch die weniger Exzentrischen und bemühte sich um eine Art von Natürlichkeit in seinem Café, in der sich jedermann wohlfühlte. Je nach Stimmung kam es vor, dass er aus dem Stehgreif etwas organisierte. Mal eine Geburtstagsparty für Fotomodell Diana (die den Champagnertempel des „König" betreute) oder wenn's regnete: die Happy Hour mit Gratiscocktails für jeden Gast. 1987 verspekulierte sich Struck an der Börse, häufte Steuerschulden in Millionenhöhe an und setzte sich im selben Jahr mit seiner zweiten Frau Polly (eine Philippina) nach Manila ab, um dort die Verjährung seiner Steuersünden auszusitzen. Seinen Schickeria-Treff Café König übernahm damals der Champagner-Händler Claus Görtz.

Café Egmont (Aachen)

Das Café Egmont in der Aachener Pontstraße war bei seiner Eröffnung im Jahr 1992 komplett neu und aufwendig eingerichtet worden. Viele ornamentverzierte Bänke, Tische, Spiegel und Leuchter kamen aus belgischen Beständen. Die Atmosphäre war dermaßen originalgetreu den belgischen Lokalen nachempfunden, dass der Westdeutsche Rundfunk (WDR) dort im August 2003 Teile des „Schimanski"-Krimis „Der Golem" drehen ließ. Der Großteil des Films spielt im Diamantenviertel Antwerpens. Das dortige Restaurant „Rosenfeldts Deli" wurde jedoch ins Aachener Café Egmont verlegt. 50 schwarz gekleidete Orthodoxe mit wallenden weißen Bärten und Hut machten die Pontstraße im August 2003 zwei Tage lang zum jüdischen Viertel.

Über die Region hinaus bekannt ist das Café bis heute für das in Deutschland einzigartige „Café chantant" (eine belgische Tradition), bei der neben Sänger/-innen aus Lüttich und einzelnen Gästen aus dem Publikum bisweilen auch A-capella-Chöre Chansons darbieten.

Das Aachener „Stadtmagazin" schrieb 2021 über das Egmont: „Schon ab 8:00 Uhr morgens tummeln sich hier die ersten Gäste, um den Tag mit einem ausgiebigen Frühstück bei einer Zeitung der deutschen oder internationalen Presse zu beginnen. ... Auf der Mittagskarte findet man Flammkuchenspezialitäten ebenso wie Quiche Lorraine oder Saisonales wie *Öcher Eäzezupp* und hausgemachten Grünkohl mit Mettwurst. ... Am Abend verwandelt sich das ‚Egmont' in eine angesagte Bar. Bei einem der zahlreichen belgischen Biere, einem *Bitburger*-Pils oder *Sion*-Kölsch vom Fass, haben die Gäste Gelegenheit, in fröhlicher Runde zu verweilen."

Fotos: Café Egmont in der Aachener Pontstraße 1

Cafés mit Live-Gigs, Lesungsreihen und Vernissagen

Modern und neu war aber auch die Kaffeehausphilosophie jener Betriebe. Die Gastlichkeit beschränkte sich in den meisten Fällen nicht ausschließlich auf das Speise- und Getränkeangebot, sondern berücksichtigte vor allem kommunikative Aspekte. Das Platzangebot war überschaubar und da die Inhaber der Cafés oft selbst anwesend waren, kannten sie ihre Gäste gut. Da wurden Neuankömmlinge ins Gespräch gezogen und Stammgäste kamen immer wieder, weil die Atmosphäre in diesen Cafés der einer großen Familie ähnelte. Man konnte dort ohne Hetze seine Zeit vertun, konnte lesen oder tratschen und seinen Träumen und Ideen nachgehen. Man schlürfte Café au lait – halb Milch, halb Kaffee – und knabberte an einem Baguette. Aus den Lautsprechern im Gastraum ertönten Chansons oder Smooth Jazz. Und das alles am helllichten Tag.

Kommunikativ zeigten sich diese Cafés aber auch, indem die Inhaber Lesungsreihen veranstalten (wie im „Kleinen Café" in **Unna** oder in „Rick's Café" in **Mülheim** mit den von Wolfgang Hausmann organisierten Freitagslesungen); indem sie Live-Musik anboten oder die Wände des Gastraums für wechselnde Ausstellungen

Konzertsaal, Jazzclub und Billardsalon – das Luisencafé in Wuppertal (1985)

nutzten. Das Café Journal in **Krefeld** legte neben gehobenen Zeitschriften und Magazinen mehr als 20 Tageszeitungen in seinen Räumen aus, die nach altem Stil in hölzerne Zeitungsstöcke gespannt waren. Eine elektronische Lichtzeitung verbreitete in regelmäßigen Abständen (ähnlich wie im **Düsseldorfer** „N.T.") die neuesten Nachrichten. Das **Bochumer** Café Ferdinand offerierte in seinen Räumen über 40 Monatsmagazine und veranstaltete in loser Folge Fotoausstellungen. Jedes Jahr vor Weihnachten fand dort eine Kunstauktion zu Gunsten von Amnesty International statt.

Das **Wuppertaler** Luisencafé verstand sich als „Konzertsaal, Jazz-Club und Billard-Salon" und im **Gelsenkirchener** Café Kolmar fanden Veranstaltungen wie der „Bayrische Nachmittag" oder der „Russische Abend" statt, die von den Freunden des Gelsenkirchener Musiktheaters durchgeführt wurden. Am Wochenende spielte ein Pianist Kaffeehausmusik oder einer der Gäste setzte sich ans Klavier.

Das Café Nord am Viehofer Platz in Essen

Auch im 1983 eröffneten **Kölner** „Melody" (Café & Pianobar in der Dürener Straße 169) gab es deutlich mehr als nur Kaffee. Wer das gläserne Entree hinter sich gelassen hatte, gelangte in einen langgestreckten, mit warmen Farben akzentuierten Raum, an dessen Wänden sämtliche Bilder um das Thema Musik kreisen. Mitten im Raum stand ein schwarz lackiertes Piano, an dem nicht nur Stefan Katona (einer der beiden Inhaber) spielte, sondern auch seine Gäste. Die Studenten der Musikhochschule kamen dorthin wie auch mancher Profi aus der Musikszene. Der Kontrabassist Ira Coleman, der später mit Sting um die Welt tourte, spielte dort, aber auch die Schlagzeuger Jeff Hamilton, Garcia Morales und Willy Ketzer, die Sänger Grady Tate und Stevie Woods sowie der Kölner Jazz-Musiker Peter Fessler traten im „Melody" auf. Es kam sogar vor, dass sich Gäste ein Herz fassten und mit in die Session einstimmten. Marion Eickler schrieb 2012 im „Kölner Stadt-Anzeiger" anlässlich der Schließung des Lokals: „Das Melody war ein seltsam zeitloser Ort. Weil dort ein immer gleiches Dämmerlicht herrschte. Man tauchte ein und blieb. Manchmal die ganze Nacht. Dann tranken und rauchten die Gäste und die Musiker jammten." Das 1991 gegründete **Essener** Café Nord – das Wohnzimmer der Rock- und Metalszene im Ruhrgebiet – beschenkte seine Gäste zum 25-jährigen Bestehen mit drei Tagen Open-Air am Viehofer Platz. Dort traten 2016 vor 3500 Gästen das Quintett „SuperFly 69" sowie „Sacred Reich", „Armored Saint" und „Peter Pan Speedrock" auf.

Stockheim (Düsseldorf)

Die Erfolgsgeschichte von Stockheim begann 1948 mit dem Restaurant „Wolfsschlucht", das der Bäcker und Konditormeister Heinz Stockheim in **Düsseldorf** eröffnet hatte. Zu Beginn der 1950er-Jahre kamen die Restaurants der alten Messe Düsseldorf hinzu, 1955 waren es die Betriebe am Düsseldorfer Hauptbahnhof. In den 1960er-Jahren erweiterte Stockheim die Schwerpunkte seines Betriebs auf das Catering von Großveranstaltungen. 1971 gewann er den Düsseldorfer Flughafen als wichtigsten Kunden, ein Jahr später die „Rheinterrasse" und 1983 das „Schiffchen" in der Altstadt. Zusammen mit seinem Sohn Karl-Heinz weitete Stockheim die Firma zur Stockheim-Gruppe mit sechs Geschäftsfeldern aus. Die Gruppe übernahm Flughafen- und Bahnhofs-Restaurants in ganz Deutschland (u.a. Köln-Bonn), Messen und Casinos, die Bewirtung von Empfängen und Banketts sowie das Airline-Catering (u.a. Hapag Lloyd). 2010 erwirtschaftete Stockheim mit 1245 Beschäftigten einen Umsatz von mehr als 79 Millionen Euro. Nach einem Insolvenzverfahren, das 2018 abgeschlossen war, schrumpfte die Gruppe jedoch auf den Standort Düsseldorf zusammen, wo sie nach wie vor einen Teil der Messegastronomie, die „Rheinterrasse" sowie das „B2B"-Café im Düsseldorfer Flughafen betreibt.

In der **Düsseldorfer** Kasernenstraße 1 überraschte Stockheim in den 1980er-Jahren mit seinem Café „Nouvelle". Das Konzept war in jeglicher Beziehung neu. Es gab dort eine Kaffeebar mit 22 Sorten (vom Einspänner über Ginger Kaffee, Diplomatenkaffee und Café Pastis bis hin zu Choc-Moc, einer Trinkschokolade mit Mokka), ein zehn Meter langes Kuchenbüfett sowie Quiches mit herzhaften Zutaten. Der Rund-um-die Uhr-Betrieb war innenarchitektonisch eine Augenweide.

Ebenfalls zu Stockheim gehörte das Düsseldorfer „N.T." (eine Abkürzung von „Nachrichten-Treff"). Das Lokal war eine Kombination aus Café, Bar und Restau-

Speisekarte des „Nouvelle", 1984

rant, das im Verlagsgebäude der „Westdeutschen Zeitung" auf der Königsallee 27 residierte. Im Inneren imponierte das mehrere Meter lange Neon-Schriftband, das die neuesten Meldungen aus aller Welt anzeigte. Fernseher liefen dort von morgens früh um 8 Uhr bis spät in die Nacht und an einer Art Schwarzem Brett hingen ein Meter lange Faxnachrichten, die im Viertelstundentakt ausgetauscht wurden. Am Eingang konnte man internationale Zeitungen kaufen. Düsseldorfer verglichen das Café mit dem „Matin" in **Paris** oder dem „Tribune" in **New York**. Man saß im „N.T." bei gedämpftem Licht auf noblem Leder, eingerichtet war der Szene-Treff wie ein englischer Pub – mit vielen dunklen Hölzern und viel Messing. Von den Logen-Tischplätzen hatte man einen guten Überblick auf das Geschehen und die Gäste. Man traf hier viele Menschen, die mit Schreiben, Nachrichten, Fotografie, Kunst, Banken und Börsen zu tun hatten. Aber auch „Szenehengste" und Gestylte saßen dort, um allabendlich ihren Narzissmus zu zelebrieren: schlicht und teuer gekleidete Mitdreißiger im Boss-Jacket, junge Frauen mit grell geschminkten Lippen und schwarz umrandeten Augen, in Fetzenbluse und engem Lederrock. „Alles war möglich im N.T.", schrieb eine Journalistin in der „Rheinischen Post" über das Café, „nur nach Müsli riechen durfte man nicht."

J. Berns GmbH / Niederrheinische Landbäckerei Berns

Der Gründer des Café Berns entstammte einem alten Grafschafter Bauerngeschlecht in Eversael und eröffnete dort 1860 eine Bäckerei mit Gastwirtschaft. Ein Bruder des Gründers, Karl Berns, betrieb damals eine Bäckerei in **Moers**. Mit dem Pferdewagen ging es auf holprigen Straßen bei Wind und Wetter „über Land", um die abgelegene Bauernschaft mit begehrten Waren zu beliefern. Außerdem erfolgte die Versorgung der Rheinschiffe per Boot. Im Laufe der Jahrzehnte entwickelte sich aus dem kleinen Betrieb eine Großbäckerei und Konditorei, die alle Produkte in ihrem Stammhaus in **Budberg** herstellte. In den 1980er-Jahren besaß die J. Berns GmbH fünf Cafés und zahlreiche Filialen am Niederrhein. Das erste Café eröffnete 1979 im Herzen der Altstadt von **Moers** (in der Steinstraße 20). Es hatte 120 Sitzplätze im Innenbereich und 80 Plätze im Straßencafé, das mit hellbeigen Tropenschirmen aus Leinen überdacht war. Ausgefallene Kunstdrucke, die zwischen eigenwillig gestalteten Spiegeln hingen, prägten den Innenraum. Tiefhängende konische Messingleuchten und eine schachbrettartig in den Deckenbereich integrierte Hinterglasbeleuchtung sorgten für ein angenehmes indirektes Licht. Das Café hatte bis 23 Uhr geöffnet (freitags und samstags sogar bis Mitternacht), dann spielte dort ein Pianist Livemusik. Etwas kleiner war das 1982 eröffnete Café Berns in der Fußgängerzone der **Duisburger** Innenstadt (Ecke Münzstraße/Steinsche Gasse). An seinem markanten Schriftzug auf den Fensterfronten war es schon von der Königstraße aus sichtbar. Im Erdgeschoss befand sich das Kuchenbüfett und ein umfangreiches Sortiment an Brot und Weißgebäcken für den Außer-Haus-Verkauf. Das eigentliche Café erreichte man über einen verspiegelten Treppenaufgang, der in einen lichtdurchfluteten Raum auf der ersten Etage führte. Ockerfarben gebeizte Buchenholzstühle mit hellgrünen Polstern standen hier vor zierlichen Marmortischen, die in den Abendstunden mit Kerzen dekoriert waren. Auffallend waren neben verschiedenen Kunstdrucken an den Wänden die eigenwilligen Spiegelflächen aus kleinen, auf Eck stehenden Quadraten. Im Sommer wurde das Platzangebot um ein Straßencafé in der Münzstraße erweitert.

Da die Mieten in den Innenstädten von Jahr zu Jahr stiegen, beschloss die J. Berns GmbH 1998, die Cafés und auch das Filialgeschäft aufzugeben und sich nur noch auf das Wochenmarktgeschäft zu konzentrieren. Heute beschäftigt die „Niederrheinische Landbäckerei Berns" (nicht zu verwechseln mit der Bäckerei Berns KG in Viersen, die im August 2019 Konkurs anmelden musste), fast 200 Mitarbeiter/-innen. Sie ist auf Märkten im Bergischen Land und am Niederrhein vertreten – in Wuppertal, Solingen und Leverkusen genauso wie in Krefeld, Geldern und Xanten. Brötchen, Brot und Kuchen werden

Das Café Berns in Moers war in den 1980er-Jahren wegen seiner besonderen Atmosphäre und seiner Piano-Livemusik beliebt.

Café Berns in der Friedrich-Heinrich-Allee in Kamp-Lintfort, 2021

zentral in der Friedrich-Heinrich-Allee 182 in **Kamp-Lintfort** hergestellt, wo Johann Berns, der als Geschäftsführer in der sechsten Generation tätig ist, im Jahr 2012 sogar noch einmal ein Café eröffnete. Auch in **Straelen** wagte Berns diesen Schritt. In beiden Cafés gibt es selbst hergestelltes Eis, dessen Rezepte von Konditormeisterin Naomi Berns stammen, die an Eisschulen in Frankreich, Italien und Deutschland ausgebildet wurde.

Zwischen Longdrinks und Cocktails – Die Nachtcafés

Gastronomisch verstanden sich fast alle genannten Cafés der 1980er-Jahre als Mischbetriebe, die neben dem traditionellen Angebot auch einen Mittagstisch mit oft ausgefallenen Spezialitäten offerierten. Ein Großteil der neuen Cafés nannte sich Abend- oder Nachtcafé und hielt seine Räumlichkeiten entsprechend lang geöffnet. In **Bochum** hatte das „Treibhaus" am Konrad-Adenauer-Platz bis 5 Uhr früh geöffnet. Das Musik-Café schuf mit viel Chrom und Neon eine coole Atmosphäre für ein anspruchsvolles Szenepublikum. Der gesamte Boden des Lokals sowie sämtliche Wände waren mit weißgrauem Marmor ausgestattet, auch die Tische, von denen

Größter Stolz des Café im Bauturm in Köln ist moxxa.caffè, den die Betreiber von ausgewählten Kooperativen importieren und selber rösten. Neben den kulinarischen Genüssen liegen den Betreibern auch kulturelle Aspekte am Herzen, dazu gehören regelmäßige Ausstellungen, Musik zur „Tour Belgique" sowie Lesungen und Veranstaltungen rund um die „Crime Cologne".

viele fest installiert waren. In lauen Sommernächten versammelten sich Hunderte von „Treibhäuslern" vor den weit geöffneten Fenstern und auf der Terrasse des Cafés.

Das „Patu" in der Bochumer Kortumstraße hatte bis 4 Uhr früh geöffnet, das „Tucholsky" in der Bochumer Viktoriastraße bis 5 Uhr früh. Durch die enge Verbindung zu Künstlerkreisen und zum Bochumer Stadttheater fanden hier in loser Folge Kulturveranstaltungen wie Lesungen und Rezitationen statt. Für 15 DM konnte man aus einem umgebauten alten Blumenautomat „Kunstobjekte" ziehen. Weiß beschürztes Personal bediente Jung und Alt in den zwei unterschiedlich gestalteten Innenräumen. Beliebt war ein Platz an der lang gestreckten, dem Schnitt des Raums folgenden Bar.

Auch Billardcafés erlebten in den 1980er-Jahren ein Revival. Dort traf man nicht nur Männer, sondern auch Frauen, die an den filzbezogenen Spielflächen, an den Queues und klick-klackenden Kugeln Spaß gewonnen hatten. In **Düsseldorf** war das Café Schneider auf der Grad-Adolf-Straße beliebt, in **Köln** der „Billard-Saal" auf der ersten Etage des „Bazaar de Cologne" in der Mittelstraße 12–14.

Café Hallmackenreuther (Köln)

Das Café Hallmackenreuther am Brüsseler Platz in Köln wurde im Januar 1990 von Stefan Kriegeskorte (*1951) eröffnet. Unter dem Namen „Steve Borg" war Kriegeskorte von 1980 bis 1996 Bassist bei der kölschen Band BAP. Zudem war er ein großer Loriot-Fan, denn Hallmackenreuther war der Name des Bettenverkäufers in einem Sketch des Humoristen. In den 1990er- und 2000er-Jahren war das Café ein Kultlokal, in dem sich Künstler und Intellektuelle zeigten. Filmschaffende wie Edgar Hoppe waren dort zu Gast, ebenso Hans W. Geißendörfer (der Vater der „Lindenstraße"), Wim Wenders, Elke Heidenreich und Marie-Louise „Mariele" Millowitsch.

Im Trapez zwischen Stadtgarten, Rudolfplatz und Aachener Straße, das bis heute ein Eldorado für Kölner Nachtschwärmer ist, sorgte die Kombination aus Café, Kneipe, Club, Bar und Restaurant von Beginn an für volle Auslastung; im Keller des „Hallmackenreuther" fanden regelmäßig Partys statt. „Das Vintage-Mobiliar schuf eine elegante und zugleich gemütliche Atmosphäre", schrieb Michelle Weyers im Portal „Mit Vergnügen

Köln". „Hier war Platz für Kaffeekränzchen, Kölsch und Kultur. Der Treffpunkt der Kunst- und Musikszene." Der Eingang des Lokals in seinem 60er-Jahre-Look aus Glas und Messing gehört zu den bekanntesten Gastro-Fronten in Köln. Wenn man vor der Fassade steht, leuchtet rechts an der hohen Wand im Inneren des Cafés eine Neon-Ballerina, die eine Frau in einem Cocktailkleid darstellt. Sie wirft ein cremefarbenes Licht durch die riesige Fensterfront.

Ende November 2017 war das „Hallmackenreuther" plötzlich geschlossen, ohne dass jemand den Grund dafür wusste. Erst Wochen später kam in den sozialen Medien ans Licht, dass es Meinungsverschiedenheiten zwischen dem Geschäftsführer Sahand Hagi und Kriegeskorte sowie der Hausverwaltung gegeben hatte. Am 14. Januar 2019 – nach mehr als einem Jahr, in dem die Fenster verhängt waren – feierte das „Hallmackenreuther" sein Comeback mit Disc Jockeys und Special Guests wie Ono Mao, Bula Bula Moosplaneten und Köski Royal.

Quirliges 70er-Jahre-Kult-Café: das Hallmackenreuther am Brüsseler Platz 9 in Köln

Das Interieur des Cafés war bunter geworden: Die pompöse Treppe, die zur Empore hinaufführte, wurde von magentafarbenen Deckenleuchten beschienen und die ewig lange Theke schien noch länger geworden zu sein. Was das „Hallmackenreuther" seit 1990 ausmachte, spürt man auch 30 Jahre später: „Hier fühlt man sich aufgehoben", schrieb Oliver Polak in der Zeitung „Die Welt". „Hier bekam man ein Gefühl von Liebe, man wurde verstanden und konnte verstehen. Man hat geredet, sich ausgetauscht, es entstanden Ideen, ein Ort der Sicherheit, wenn man sich abends in die orange gepolsterten Eames-Schalenstühle verkroch."

Müsli, Weggli und Prosecco – Die Frühstückscafés

Seit Beginn der 1980er-Jahre befand sich auch die Struktur des klassischen Konditoreicafés im Umbruch, in dem es längst nicht mehr nur Kaffee, Kuchen und Torten gab. Noch 1935 hieß es in der Verbandszeitschrift: „Der Gastwirt muss mehr oder weniger für das leibliche Wohl seiner Gäste sorgen, während der Konditor für das Wohl seiner Gäste sorgt, das über die gewöhnlichen leiblichen Bedürfnisse hinausgeht. Das heißt also: Mittag- und Abendessen muss der Mensch haben. Dafür sorge der Gaststätteninhaber. Den Genuss von Torten, Kuchen und sonstigen Leckereien befriedigte der Konditor."

1985, genau 50 Jahre später, boten die Konditoreicafés eine bunte Palette von kleinen Zwischenmahlzeiten und Tellergerichten an, die von bürgerlichen Gerichten bis hin zur Nouvelle Cuisine reichte. Ein neues Publikum zog dadurch in die Cafés ein: Geschäftsleute, Angestellte, Vertreter/-innen und viele andere, die als „Kantinenflüchtlinge" ihre Mittagspause hier verbrachten und ein preisgünstiges Speiseangebot in ansprechender

Frühstücken im Duisburger Café Berns, 1985

Atmosphäre genossen. Das Café wurde betriebsamer, war aber insgesamt zwischen Frühstück und Nachmittagskaffee ausgelasteter. Ende der 1980er-Jahre wurden die Cafés auch als Treffpunkte am Morgen und Vormittag immer beliebter und das bis dahin vernachlässigte Frühstück erlangte einen immer größeren Zuspruch. Waren es zunächst Schüler und Studenten, die in Freistunden oder zwischen den Seminaren auf ein „Müsli-Frühstück" oder „WG-Frühstück" für den schmalen Geldbeutel in ihr Stammcafé einkehrten, so folgten schon bald Hausfrauen und Rentner/-innen, die lieber in Gesellschaft frühstückten als allein. Wer zu zweit kam, konnte ein „Double Trouble" zum vergünstigten Preis bekommen, bei mehr als vier Personen gab es oft Vergünstigungen in Form von zusätzlichem Lachs oder einer Getränke-Flatrate.

In „Nierfeld's Caféhaus" in **Gelsenkirchen**, das durch seine citynahe Lage im Bahnhofscenter (zwischen U-Bahnausgang und Busbahnhof) prädestiniert für Freiberufler und Geschäftsleute war, gaben sich am frühen Morgen bereits Rechtsanwälte und Banker die Türgriffe in die Hand, wählten zwischen dem „schnellen Frühstück" oder vier Arten des „großen Frühstückgedecks" (jeweils mit Kännchen Kaffee, Tee oder Kakao sowie nach Preisen gestaffelten Extras). Wem das nicht reichte, der konnte unter den „Internationalen Frühstücken" wählen, z. B. dem Englischen (mit Jam, Cornflakes, Kippers, Schinken, Setzei mit Speck) oder dem Schweizer Frühstück (mit Milchkaffee, Weggli und Müsli mit Früchten).

Frühstücken in Nierfeld's Caféhaus in Gelsenkirchen, 1985

Die Zeiten, in denen eine Heerschar von Angestellten zwischen Tür und Angel morgens in hastig geschmierte Fabriksemmeln mit Marmelade biss – in der einen Hand die Aktentasche, in der anderen eine Tasse Kaffee –, waren spätestens in den 1990er-Jahren vorbei; wie auch die Ära trister Plastikpöttchen mit Marmelade und grober Leberwurst sowie in Cellophan gepferchter Käsescheiben, die jahrzehntelang in Cafés (und Hotel-Frühstückszimmern) angeboten wurden, passé war. Ein Frühstück wurde nunmehr ausgiebig zelebriert – mit Forelle und Pasteten, hausgemachten Marmeladen, feinstem Imkerhonig, frisch gebackenen Croissants, knusprigen bis vollkornigen Brotsorten, Joghurts und Kefir, Darjeeling-Tees, hauseigenen Kaffee-Spezialmischungen und Prosecco.

Immer opulenter werdende Frühstücksbüfetts zogen in die Cafés ein, später auch der Samstags- oder Sonntagsbrunch. Einen legendären Ruf genoss das Frühstücksbüfett im **Duisburger** Café Berns in der Münzstraße (untermalt mit Livemusik von einem hochtalentierten Pianisten) sowie das Angebot im **Düsseldorfer** „Confetti's", wo es von 10.30 bis 15 Uhr Wachteln und Krabben, Kaviar und kalten Braten, Carpaccio und Roastbeef oder Ham and Eggs gab, alles wohldekoriert aufgefahren auf weißem Damast. Ebenso üppig war das Büfett bei „Leysieffers" auf der Kö, im Café-Bistro „Alter Wartesaal" in **Köln** oder im **Bochumer** Café Ferdinand. Und natürlich die Frühstücksmenüs (mit mehreren Gängen) im **Düsseldorfer** Café Maushagen. In den Großstadt-Cafés gab es zum Frühstück sogar Livemusik („Jazz-Lunch im Sheraton") oder man lud zu einem „Opern-Frühschoppen" ein.

Bankräuber im Hagener Café Dickhut

Am 17. August 1988 wurde das Café Dickhut in der Elberfelder Straße 91 in Hagen zum Schauplatz eines traurigen Zwischenspiels. An jenem Tag baten 30 Minuten vor Ladenöffnung fünf Gäste um Einlass und bestellten fünfmal das große Frühstück des Hauses. Was Inhaber Werner Dickhut und die Kellnerin Anja Ellerkmann (heute Anja Paul) damals nicht wussten: Die beiden durchgeschwitzten tätowierten Männer, die sich die Speisekarte geben ließen, waren Dieter Degowski und Hans-Jürgen Rösner, die am 16. August 1988, um 7.55 Uhr in Gladbeck-Renfort eine Filiale der Deutschen Bank überfallen hatten. Die übrigen drei Gäste waren die beiden Geiseln aus der Bank (ein Kassierer und eine Kundenberaterin) sowie die um 0:55 Uhr zugestiegene Freundin Rösners (Marion Löblich). Das Quintett war seit 21.47 Uhr des Vortags auf der Flucht, wechselte mehrfach die Fahrzeuge und landete auf seiner Irrfahrt durch Nordrhein-Westfalen schließlich in Hagen.

Zweieinhalb Stunden hielt sich die Gruppe im Café Dickhut auf. Degowski und Rösner zahlten die Rechnung von 38,75 DM und verließen das Café mit einem üppigen Trinkgeld. Unbehelligt. Unbemerkt. Dann stiegen sie in ihren Mercedes mit Essener Kennzeichen ein und fuhren in Richtung Bremen davon. Während des Frühstücks sollen SEK-Beamte auf den Dächern in der Bergstraße gelauert haben. Ein Observierer soll die Lage schräg gegenüber im Café Pabst genau protokolliert haben. Angeblich sollen auch zwei Zivilpolizisten während des Gangster-Frühstücks im Café Dickhut gesessen haben. Doch Anja Paul dementierte, als sie Jahre später davon erfuhr: „Nie im Leben", sagte die Kellnerin, „da war niemand."

Die Irrfahrt der Bankräuber durch das nordwestliche Deutschland sowie die Niederlande endete am 18. August 1988, nachdem die Geiseln mehrfach ausgetauscht und letztlich durch Silke Bischoff und Ines Voitle ersetzt worden waren. Mit einer gewagten Rammaktion mitten auf der A3 bei Bad Honnef beendete das SEK die Flucht. Bei der Schießerei wurde Silke Bischoff von einer Kugel getötet.

Cafe Extrablatt – Ein Mix aus Café, Bistro und Kneipe

Ein guter Tag fängt bis heute in den Filialen von „Cafe Extrablatt" (bewusst ohne Accent aigu auf dem e von Cafe geschrieben) mit einem guten Frühstück oder sogar einem ausgedehnten Frühstücksbüfett an. Das „erste Extra des Tages" wird dort von montags bis samstags (8.30–12 Uhr) und an Sonntagen (9–13 Uhr) inklusive frischen Croissants, kräftigem Kaffee und selbst gekochten Konfitüren angeboten – so oft und so viel man mag. Als klassischer Ganztagesbetrieb gibt es im „Extrablatt" aber auch mittags und abends Gerichte für den kleinen und großen Hunger – alles, was sich schnell und ohne viel Aufwand auf den Tisch bringen lässt: Schnitzel und Currywurst, Pizza, Pasta und Salate. Außergewöhnliche oder auch nur aufregende Kreationen sind dort allerdings nicht zu erwarten.

Bundesweit identisch: der markante Schriftzug von Cafe Extrablatt

Spätabends finden sich Kinogänger, Touristen und Business People bei Wein, Cocktails, Secco und Spirituosen ein (täglich ab 19 Uhr herrscht *Shaker Time* mit Open End). Beim Kaffee am Morgen und Nachmittag legt Cafe Extrablatt Wert darauf, jede Tasse frisch zu brühen und mit einem Druck von 11 bar und maximal 94 Grad in wenigen Sekunden zuzubereiten („Schümli-Kaffee"); es gibt Kuchen (u. a. Daimtorte und den „ApfelstruDeal") sowie frisch zubereitete Waffeln.

Der vordere Teil eines Cafe Extrablatt ist meist wie ein klassisches Bistro hergerichtet: dunkle Bistrostühle und -tische, eine große geschwungene Holztheke mit viel Messing, alte Werbeplakate und -schilder an den Wänden. Aus gut versteckten Lautsprechern rieseln zeitlose Hits und in der Ecke flimmert ein großer Flachbildfernseher ohne Ton. „Lockere Ungezwungenheit" heißt die Philosophie des Unternehmens – nicht elitär und versnobt, sondern ein Ort für möglichst breite Zielgruppen. Vom Kleinkind bis hin zum Rentner soll sich jeder Gast im „Extrablatt" wohlfühlen. Kein (Konditorei-)Café im herkömmlichen Sinn, sondern eher eine moderne Form der guten alten Eckkneipe.

1988 gründeten die Brüder Richard und Christoph Wefers in ihrer Heimatstadt **Emsdetten** die erste „Extrablatt"-Filiale in der Rheiner Straße 2. Als der zweite Standort in **Münster** 1989 in der Salzstraße an den Start ging und ihm Erfolg beschieden war, beschlossen die Brüder, ihr Konzept an interessierte Franchisenehmer weiterzugeben. So entstand 1993 eine 280 Quadratmeter große Filiale in **Rheine**, 1997 ein „Extrablatt" am Friedrich-Ebert-Platz in **Hagen** und im selben Jahr eine Filiale am Neumarkt in **Wuppertal-Elberfeld**.

In **Emsdetten** errichteten die Wefers-Brüder eine Produktionsküche für hochwertige Convenience Food mit eigener Entwicklungsabteilung, eine Verwaltungs- und Servicegesellschaft sowie eine eigene Logistikzentrale. Ein Großteil der Speisen

Cafe Extrablatt in Bergheim

Die Bar des Cafe Extrablatt in Bergheim

für die „Extrablatt"-Filialen kommt im Zuge der Systemgastronomie aus der Großküche in Emsdetten.

Durch die konstante Auslastung der „Cafe Extrablatt"-Filialen über alle Tageszeiten hinweg erzielte das Unternehmen solide Gewinne und eröffnete in einem atemberaubenden Tempo immer neue Café-Restaurants. Die meisten Filialen liegen in Fußgängerzonen, oft an Marktplätzen (wie in **Wuppertal**, **Neuss**, **Bergheim, Köln**, **Coesfeld**, **Düren**, **Jülich** oder **Bad Homburg**). Die Cafés fassen 150 bis 250 Gäste, haben große Außenterrassen und lichtdurchflutete, verschiebbare Panoramafenster, oft auch vorgesetzte Wintergärten. Die Räume sind meist auf zwei Ebenen verteilt (wie in **Münster** am Aegidiimarkt, in **Gelsenkirchen**, **Ratingen** und **Emsdetten**). Manche Cafés haben ihr Domizil in historischen Gebäuden aufgeschlagen (wie in **Ratingen**, **Moers** und **Unna**) oder liegen an beliebten Ausflugszielen. So erlaubt das im März 2013 eröffnete Cafe Extrablatt auf dem ehemaligen

Westfalia-Gelände in **Herdecke** einen wunderschönen Blick auf die Ruhr, wie auch das 2019 eröffnete Cafe Extrablatt am Baldeneysee in **Essen**. Als „Fährmann" wurde es bis zum Jahr 2000 noch als reine Betriebsgaststätte für ehemalige EVAG-Angestellte geführt. Auch das R-Café (R steht für die Abkürzung River) in **Arnsberg-Neheim** erlaubt einen Blick auf die Ruhr, zudem ist es ein Mekka für Radfahrer, denn es liegt direkt am beliebten Ruhrtal-Radweg. In **Letmathe** gibt es ein zweites R-Café (es gehört ebenfalls zur CE-Franchise GmbH), das auf Stelzen steht und direkt in die Lenne hineinragt. Die Gäste haben von dort einen grandiosen Ausblick, denn der Fluss fließt unter dem Terrassenbereich des Cafés hindurch.

Von den heute 90 „Extrablatt"-Filialen befanden sich 2021 knapp 75 in Nordrhein-Westfalen. Die meisten lagen im Ruhrgebiet und entlang der **Rheinschiene**. Aber auch in vielen Kleinstädten (u.a. in Winterberg, Beckum, Lüdinghausen, Jülich, Grevenbroich, Viersen, Kamp-Lintfort und Kamen) sowie im **Emsland** (Nordhorn, Rheine und zweimal in Lingen) kann man „Extrablätter" finden. Die größte und umsatzstärkste Filiale in Deutschland und damit das Flaggschiff der Gruppe steht seit 1997 in der Grupenstraße in **Hannover**. Es bietet seinen Gästen mit 460 Sitzplätzen eine der größten Außenterrassen in der dortigen Fußgängerzone. Das zweitgrößte „Extrablatt" liegt mit 400 Sitzplätzen und 350 Außenplätzen auf dem **Essener** Kennedyplatz. Inzwischen gibt es sogar drei Filialen in **Marokko** (in Marrakesch, Casablanca und Marina Smir) sowie in **Kapstadt** (Südafrika).

Das Cafe Extrablatt auf der Rüttenscheider Straße in Essen wurde im August 2013 eröffnet.

Cafés der 1990er-Jahre

Italienische Lebensart in NRW– Die Espresso-Bars

Ende der 1990er-Jahre begann der Siegeszug der Kaffee- und Espresso-Bars in Deutschland und brachte neuen Schwung in das Kaffee-und Kuchengewerbe. Mussten zwischen 1994 und 1997 etwa 3 Prozent der traditionellen Konditoreicafés schließen, boomte das Geschäft mit der schnellen heißen Tasse. Vor allem jüngere Leute schätzten die ungezwungene Atmosphäre und das Kaffeegenuss-Erlebnis. 2002 gab es bereits 400 Kaffee-Bars in Deutschland, vor allem in den Großstädten. Ihr Kennzeichen: eine Vielzahl von Kaffeespezialitäten (wie Caramel Macchiato, Dark Chocolate Mocca, Honey Crunch), kleinen Snacks und Kaffee zum Mitnehmen („Coffee to go"). Ganz normaler Kaffee war plötzlich out.

Die Gastronomen eröffneten ihre Lokale an publikumswirksamen Orten wie dem **Kölner** Neumarkt oder dem **Düsseldorfer** Medienhafen. Der Italiener Erminio Biasini betrieb seinen Coffee-Shop in der Delikatessenabteilung des Düsseldorfer Carsch-Hauses und selbst im Düsseldorfer „Stilwerk" wurden Espressi und Caffès zubereitet. In **Köln** leistete die „Alfredo Bar Caffè" in den WDR-Arkaden Pionierarbeit, es folgten das „Brindelmayers" in der Venloer Straße, „Henry's Coffee World" im DuMont-Carré, das „4 Cani" (ab 2016 „Cato", später „Café de Paris") an der Benesisstraße/Ecke Ehrenstraße und das „4 Espressi" im Olivandenhof. Selbst in den wenig beschaulichen Colonaden des Kölner Hauptbahnhofs eröffneten Espresso-Bars, darunter Filialen der Edelmarken Poccino und Segafredo (später „Coffee Fellows" und „Starbucks"). Mit der Segafredo-Bar an der **Münchner** Oper hatte Deutschland 1989 sein erstes Stehcafé bekommen – als Versuch, italienische Lebensart und Cafékultur zu verbreiten. Seinen Kaffee italienisch zu trinken – im Stehen und zubereitet in einer verchromten Espressomaschine, serviert mit kleinen Dolci (Süßigkeiten), einem Tramezzino-Brot oder Antipasti –, war seitdem zum Trend geworden.

Nicht wenige Lokale nahmen sich auch die amerikanischen Coffee Bars zum Vorbild, die Starbucks Mitte der 1980er-Jahre mit durchschlagendem Erfolg eingeführt hatte. Statt Amarettini und Panini gab es dort Bagels, Brownies, Muffins und Donuts – und Dutzende von verführerischen Kaffeekompositionen. Klein, groß,

Segafredo in den Colonaden des Kölner Hauptbahnhofs

mit Milch oder fettarmer Sahne, ohne Schaum und stattdessen mit einem Spritzer Grappa. Auch Tchibo setzte auf den neuen Trend, experimentierte in **Düsseldorf**, **Bonn** und **Krefeld** mit den „Beans Brothers Coffee Bars" und anderswo mit der „Tchibo Coffee Bar". Die „Beans"-Filialen im Rheinland wurden nach kurzer Zeit wieder geschlossen, bundesweit entstanden bis Ende 2001 jedoch über 100 „Coffee Bars" (mit aromatisierten Kaffee-Kreationen) in kaufkraftstarken Ballungsgebieten, auf Flughäfen und Bahnhöfen sowie in Kinocentern, Dienstleistungs- und Bürogebieten. Um den handwerklichen Charakter der Herstellung zu betonen, wurden die Espressoautomaten durch Halbautomaten ersetzt. Als zweites Standbein wurden Snacks serviert: dreieckige Sandwiches, italienisch angehauchte Baguettes, Croissants, süße Muffins und Kuchen. Um die sanitären Auflagen zu umgehen, gab es in den Coffee Bars keine Sitzplätze, sondern nur Stehhilfen. Um möglichst viele Gäste an einem Tisch unterbringen zu können, wurden die Tischplatten wie eine Schiffsschraube segmentiert und um drei runde Flügel ergänzt.

Nestlé entwickelte mit „Café Nescafé" ein eigenes Coffee-Shop-Konzept und eröffnete am **Wiener** Westbahnhof, in **Salzburg** und **Frankfurt** die ersten Filialen.

Kraft Foods (Jacobs) eröffnete in **Berlin** zwei „J-Cups Coffee Shops" und auch die italienischen Kaffeeketten Segafredo und Lavazza (die Filialen wurden von unabhängigen Lizenznehmern betrieben) rüsteten in Deutschland auf. „Segafredo Espresso-Bars" (sie warben mit dem Slogan „Original italienische Caffè-Kultur in Germania") gibt es heute in Nordrhein-Westfalen vor allem in den Porta-Möbelhäusern (zum Beispiel in **Aachen**, **Frechen**, **Bornheim**, **Köln**, **Bielefeld** und **Gütersloh**). Die italienischen Kaffeeröster kooperierten zudem mit Tankstellennetzen (Agip und Esso) sowie mit der Mitropa, was zu einer verstärkten Präsenz in Bahnhöfen führte. Selbst die Steakhouse-Kette „Maredo" eröffnete im Jahr 2000 im Centro **Oberhausen** ihre erste deutsche „Costa Coffee Bar", der weitere Filialen in **Köln**, **Düsseldorf** und **Frankfurt** folgten.

Woyton, Balzac Coffee, Meyerbeer, Coffee Fellows & Co.

Daneben gründeten auch viele Jungunternehmer aus Deutschland Coffee-Shop-Ketten. Roman Koidl eröffnete 1997 in der **Frankfurter** Börsenstraße seinen ersten „World Coffee Shop" und besaß zwei Jahre später bereits 30 Filialen. In **Düsseldorf** setzte 1998 Martin Schäfer mit dem „Woyton" auf der Mittelstraße ein Ausrufezeichen. Das Konzept setzte auf die Atmosphäre amerikanischer Coffee Bars mit der Qualität eines Restaurants und der Schnelligkeit einer Fast-Food-Kette. Sämtliche Produkte – vom Kaffee bis zum Sandwich – werden vor Ort zubereitet. Ein Bauer aus der Region beliefert die Filialen (2020 waren es 17, davon vier in Köln, zwei in **Düsseldorf** und eine in **Hilden**) täglich mit frischer Milch.

Das Angebot „Mischpult" – knackig-frische Salate, die von den Mitarbeiter/-innen von Hand nach Kundenwünschen gemixt und in bunten Bowls serviert werden – wird gleichermaßen von Schülern, City-Shoppern und Geschäftsleuten geschätzt. Überall bei „Woyton" ist es gemütlich und duftet es nach Kaffee.

Woyton an der Hohe Straße in Köln

Bei Woyton wird Kaffee zelebriert, egal ob Americano, Cortado, Flat White oder Batch Brew

Seit 2014 können Kunden in den Filialen mit dem Flammenden-Männchen-Logo ausgesuchte Bohnen aus Panama, Malawi oder Zimbabwe genießen, die selbst geröstet und frisch aufgebrüht werden. Auch das **Düsseldorfer** Unternehmen „Espresso Perfetto" hatte Erfolg und kann heute mit vier Café-Standorten in der Landeshauptstadt sowie Filialen in **Essen**, **Bochum**, **Dortmund**, **Krefeld** und **Köln** aufwarten.

Wilhelm Andraschko, der Gründer des legendären **Berliner** Café Einstein („Das Kaffeehaus ist immer ein Ort des Geistes, kein gastronomischer Ort. Wer Kuchen essen will, geht in eine Konditorei"), eröffnete 1999 seine ersten „Einstein-Coffee-Shops" in der Friedrichstraße und am Hackeschen Markt. 2007 expandierte Andraschko mit zwei Filialen in **Bonn** (inzwischen sind beide wieder geschlossen). 2020 gab es 19 Filialen in **Berlin** sowie weitere in **Potsdam** und **Frankfurt**.

Im Herbst 1997 gründeten die **Hamburger** Schwestern Vanessa und Natalia Kullmann die „Balzac Coffee GmbH" und eröffneten ihren ersten Laden in den „Colonnaden" an der Alster. 2011 fusionierten sie mit der „World Coffee Company". Mit der Zusammenlegung entstand eine Coffee-Shop-Kette mit 57 Filialen in 18 Städten (vornehmlich in Norddeutschland). Nachdem „Balzac" 2017 von

„Espresso House" übernommen wurde – ein führender Kaffeebar-Anbieter mit über 310 Coffee Shops in Schweden, Norwegen, Finnland und Dänemark –, begann die Umstellung auf das neue Konzept. Die zu „Espresso House" umgebauten Läden boten mehr Aufenthaltsqualität und glänzten durch eine höhere Kaffeekompetenz.

Die 2001 von Michael Strohfeldt gegründete Meyerbeer-Coffee-Kette suchte ihre Nische anfangs in Standorten, die in der Nähe von Universitäten und Schulen lagen. 2020 fand man die Coffee-Shops in Einkaufszentren (wie in **Essen** am Limbecker Platz), in den westfälischen **Münster**-Arkaden, auf der Friedrichstraße in **Düsseldorf** oder in **Paderborn** in der Westernstraße. Durch die Corona-Krise musste Meyerbeer jedoch Ende 2020 Insolvenz anmelden.

Das Unternehmen verwendete für seine Getränke eine Spezialröstung (House Blend), die exklusiv von einer italienischen Rösterei in der Toskana hergestellt wurde. Zudem bot die Firma eine Vielzahl an Kaffeesorten aus unterschiedlichen Anbaugebieten täglich frisch als „Coffee of the day" an. Mit Laptop oder Smartphone konnte man in allen Meyerbeer-Filialen in Nordrhein-Westfalen kostenlos surfen. Mehr und mehr wuchs jedoch der Konkurrenzdruck unter den Coffee-Shop-Betreibern und der Markt begann, sich durch Fusionen und Übernahmen (siehe oben) neu zu sortieren. Nur wer eine bestimmte Größe hatte, konnte über-

Espresso Perfetto am Markt 20-24 in Neuss

Oben: Coffee Fellows in den Colonaden des Kölner Hauptbahnhofs.

Unten: Coffee Fellows steht neben erstklassigem Kaffeegenuss für eine stylishe, gemütliche Inneneinrichtung, die dem Slogan „Feel at Home" gerecht wird.

leben. Das verstand insbesondere der 1967 in Mülheim an der Ruhr geborene Stefan Tewes. Als Leistungssportler im Hockey hatte er 1992 mit der Nationalmannschaft die Goldmedaille bei der Olympiade in Barcelona gewonnen, studierte danach in München Betriebswirtschaftslehre und promovierte an der Universität Duisburg-Essen. 1999 gründete er zusammen mit seiner Frau Kathrin die „Coffee Fellows GmbH" und eröffnete im selben Jahr den ersten Coffee-Fellows-Shop in der **Münchner** Leopoldstraße. Kernprodukte waren – und sind es bis heute – hochwertige Kaffeespezialitäten sowie traditionell zubereitete Bagels. 2004 stellte die Firma die Expansion von Coffee Fellows auf ein Franchisesystem um, 2011 übernahm

Tewes, der bis dahin mit seinen Shops überwiegend in Süddeutschland vertreten war, 25 Filialen der „Coffeeshop Company", die vorwiegend in Einkaufszentren Ost- und Norddeutschlands betrieben wurden. 2016 eröffnete Coffee Fellows in Kooperation mit „Tank & Rast" zahlreiche Filialen an Autobahnraststätten Nordrhein-Westfalens, beispielsweise in **Gütersloh** (Raststätte Gütersloh-Süd), **Solingen** (Raststätte Ohligser Heide), **Hürth** (Raststätte Ville-West), **Freudenberg** (Raststätte Siegerland-West), **Bottrop** (Raststätte Bottrop-Süd), **Eschweiler** (Raststätte Aachener Land), **Hamm** (Rhynern-Nord) oder **Hünxe** (Hünxe West). Darüber hinaus gab es in NRW Shop-Filialen an gut besuchten Standorten in **Düsseldorf**, **Köln** und **Dortmund**. 2020 betrieb Coffee Fellows über 230 Coffee-Shop-Filialen in Deutschland und Europa.

Zugang zum World Wide Web – Die Internetcafés

Mitte der 1990er-Jahre entstanden weltweit die ersten Internetcafés, in denen man gegen Entgelt unbegrenzten Zugang zum World Wide Web bekam. In diesen Cyber-Cafés standen außer Tischen und Stühlen meist nur münzbetriebene PCs, häufig wurden auch Snacks und Getränke zum Verkauf angeboten. Die meisten Internetcafés waren kleine eigenständige gewerbliche Einrichtungen mit Ladencharakter, die ihre Blütezeit in den Anfangsjahren des Internets hatten, als Computer noch teuer in der Anschaffung waren und nicht jeder einen heimischen Internetanschluss besaß. Das Publikum der Cyber-Cafés war gemischt: Geschäftsleute auf der Durchreise kehrten dort ein, um Videokonferenzen abzuhalten, Jugendliche und Internet-Freaks surften dort ungestört im Netz – und viele Migrantinnen und Migranten nutzten die Cafés, um dort E-Mails zu schreiben oder per Skype Kontakt mit ihren Freunden und Verwandten aufzunehmen, da die Kosten geringer waren als per Telefon. Zur Jahrtausendwende gab es Internetcafés quasi an jeder Ecke in Groß- und Kleinstädten. Inzwischen haben WLAN-Hot-Spots sie verdrängt. In Städten oder Stadtteilen mit hohem Migrantenanteil entstehen seit den 2020er-Jahren Internetcafés in Kombination mit Wettbüros, wie beispielsweise im

Café Roma in Frechen: Die Terminals mit dem Internetzugang stehen in schlichten Sekretären aus Holz. Auch die Einrichtung ist schlicht und funktional gehalten.

Café Roma in **Frechen**, wo Wett-Terminals der Firma Tipster stehen – mit 24-Zoll-Touchscreen, mehrsprachigem Benutzermenü, Bondrucker, Geldscheinakzeptor und Barcode-Scanner. Die Terminals ermöglichen eine durchgehende Wettabgabe dank optimaler Quotenverfügbarkeit und schnellster Quotenaktualisierungen bei Live-Ereignissen.

In **Köln** gab es 1995 – als erst drittes Café in Deutschland – das „Internet-Café" im „Mustang Jam Store" auf der Breiten Straße. Virtuell chatten konnte man auch im **Düsseldorfer** „g@arden" oder im „eCommerce-Treff". Dort war sogar Drucken, Faxen, Scannen und Brennen erlaubt. Von Office bis Online-Broking war dort alles möglich (manche Düsseldorfer kamen in der Mittagspause nur für den schnellen Aktienhandel in den „eCommerce-Treff"). Fürs leibliche Wohl sorgte das integrierte Bazzar Caffè. Studenten, Kulturschaffende und wissensdurstige Menschen nutzten das Düsseldorfer Mediencafé im „Buchhaus Stern-Verlag". Umso

öfter, nachdem dort eine Filiale der Kaffeehauskette „Woyton" eingezogen war, in der es Milchkaffee, Bagels und Zimtschnecken gab. In **Duisburgs** „Magic Internet3000" am Kuhlenwall gab es einmal im Monat attraktive Preise zu gewinnen, wenn Computerspieler gegeneinander antraten, um den „Gamemaster" zu ermitteln. Ansonsten konnte man dort mit Kaffee und Cheeseburger ausgestattet das Netz unsicher machen. Fast 30 Computer stellte das „WebMania-Café" in der **Dortmunder** Kampstraße seinen Gästen bereit. An den Wochenenden fand dort regelmäßig die 14-stündige „Gamer's Night" statt, zu der es zu einem moderaten Preis einen Riesenteller Spaghetti Bolognese gab.

McCafé – Shop-in-Shop zum Erfolg

Dem steigenden Kaffeedurst der Deutschen kam auch McDonald's entgegen und eröffnete am 1. Oktober 2003 auf der Hohe Straße in **Köln** das erste „McCafé" in der Bundesrepublik. Nur zehn Tage später wurde im McDonald's Restaurant am Kölner Barbarossaplatz das zweite McCafé in Deutschland eröffnet. Das neuartige „Shop-in-Shop"-Konzept (es basierte auf einer eigenständigen gastronomischen Einheit in einer bestehenden Filiale), das der amerikanische Konzern bereits 1993 im australischen **Melbourne** eingeführt hatte, setzte auf eine hochwertige Lounge-

Atmosphäre mit Ledersesseln und Polstern in Rot, Orange und Gelb. Der durch Raumteiler vom Fast-Food-Bereich abgetrennte Cafébereich erinnerte eher an ein elegantes Szenelokal als an eine Hamburger-Braterei. Die Sprache auf den Speisekarten hatte McDonald's an den gängigen Coffeeshop-Slang angepasst: Cappuccino und Latte macchiato gab es in den Größen „regular", „tall" und „grande". Die Öffnungszeiten wurden ausgedehnt, außerdem war das Angebot preisgünstiger als bei vergleichbaren Caféketten.

Ende 2005 gab es in Deutschland 54 McCafés. Im Oktober 2008 wurde die 500. deutsche McCafé-Filiale eröffnet (knapp 250 Millionen Euro hatten der Konzern sowie die Franchisenehmer 2008 in den Umbau bestehender Restaurants in Filialen mit McCafé investiert). McCafé war damit zum Spitzenreiter im deutschen Coffeeshop-Markt geworden. Mitte 2013 war die Anzahl der deutschen McCafés auf 817 gestiegen. 2020 gab es fast 900 McCafés in Deutschland. Auf dem anfänglichen „Club-54"-Look mit den dominierenden Farben Rot, Orange und Gelb war ab 2009 eine dezentere Designlinie gefolgt, die der französische Innenarchitekt Philippe Avanzi verantwortete. In den McCafés hat er aktuell die Atmosphärewelt „Wood & Stone" durchgesetzt – mit Naturfarben in Braun-Beige-Tönen und runden Formen. Naturholz in Kombination mit Leder zielte auf eine Wohlfühlatmosphäre, die zum längeren Verweilen animieren sollte. Im Angebot der McCafés sind bis heute Kaffeespezialitäten (wie „Pumpkin Spice Latte" – aus 100% Arabica-

Bohnen und einem Schuss Pumpkin-Spice-Sirup), hochwertige Tees und Schoko-Heißgetränke. Eisgekühlte Kaffeespezialitäten – zum Beispiel Frappés in verschiedenen Geschmacksrichtungen sowie Iced Coffee und Iced Chocolate – erweitern den Genuss an heißen Tagen. Serviert werden die Getränke nicht in Bechern, sondern in Gläsern oder Porzellantassen. Darüber hinaus gibt es frische Fruchtsäfte, Kuchen und Gebäck (wie zum Beispiel Brownies, Cookies, Lemon Cheesecake, Popcorn Donuts oder Apple Salted Caramel Muffins).

Um eine nachhaltige Lieferkette zu gewährleisten, bezog McDonald's seit 2008 seinen Kaffee von Plantagen in Brasilien, Honduras und Peru, die nach Kriterien der Rainforest Alliance (RFA) zertifiziert waren. Im Zuge des deutschlandweiten Umbaus unter dem Motto „Restaurant der Zukunft", mit dem der Konzern 2016 einen Paradigmenwechsel einleitete, verfügten nicht nur die McCafés, sondern auch die Kaffeemaschinen im Fast-Food-Bereich über das Angebot von „Barista made Coffee". Die Zubereitung oblag dabei den von McDonald's intern geschulten Kaffee-Experten – den Baristas –, die für alle Schritte bei der Kaffeezubereitung verantwortlich waren; dies betraf u. a. die Menge und den Mahlgrad des Kaffeemehls sowie die Wassermenge und Durchlaufzeit. Espressobasierte Heißgetränke wurden mit speziellen Siebträgermaschinen von La Cimbali oder WMF hergestellt.

Durch McCafé gelang es der Fast-Food-Kette, zu Beginn des neuen Millenniums die schleppenden Absätze wieder anzukurbeln: Wurde ein bestehendes Burger-Restaurant mit einem McCafé ausgestattet, stieg der Umsatz um 10 bis 15 Prozent, denn McCafé hatte seine Verkaufsspitzen am frühen Morgen und am Nachmittag – genau dann, wenn der Umsatz im Fast-Food-McDonald's nur schleppend lief. Das Coffeeshop-Modul lockte zudem neue, auch ältere Gäste an, die zuvor keinen Fuß in ein Fast-Food-Restaurant gesetzt hatten. 2015 eröffnete McDonald's in der Union Station im kanadischen **Toronto** sein erstes eigenständiges Café.

In einer McDonald's-Filiale am letzten Wochenende, irgendwo in Deutschland

„Die McCafé-Theke ist personell nicht besetzt, während hinter dem Burger-Schalter fünf Personen vorzufinden sind. Eine Person mit Headset, zwei weitere an einer Kasse und zwei weitere Mitarbeiter geben einen betriebsamen Eindruck durch Aufräumen oder Umräumen. … Ein Gast steht an der McCafé-Theke. Er schaut sehr lüstern auf die Donuts in der Kuchenvitrine. Nichts passiert. Er blickt zur normalen Burgertheke und nach zwei Minuten des Wartens wechselt er die Theke und bestellt einen Cappuccino – ohne Donut.

Die nächsten zwei Kunden – scheinbar zusammengehörig – stehen an der McCafé-Theke. Ein Mitarbeiter taucht nach einer Minute auf. Er macht zwei Kaffees to go und packt zwei Cookies ein. Danach ist er wieder an der Burgertheke verschwunden.

Die Kuchentheke ist mit zwei Reihen ausstaffiert. Aus meiner Erinnerung sind es sonst drei Ebenen, doch ich kann mich auch täuschen. Drei Sorten Donuts mit jeweils einem Exemplar, ansonsten ist eine Auswahl an gekühlten Getränken zu sehen. Na klar, denke ich mir, es ist 17.30 Uhr, doch dann fällt mir einer der McCafés in Wien ein. Da war abends um 21 Uhr die Kuchentheke noch mit einer Vielfalt bestückt, die geradezu zu etwas Süßem verführt hat. Doch zurück zur deutschen Filiale.

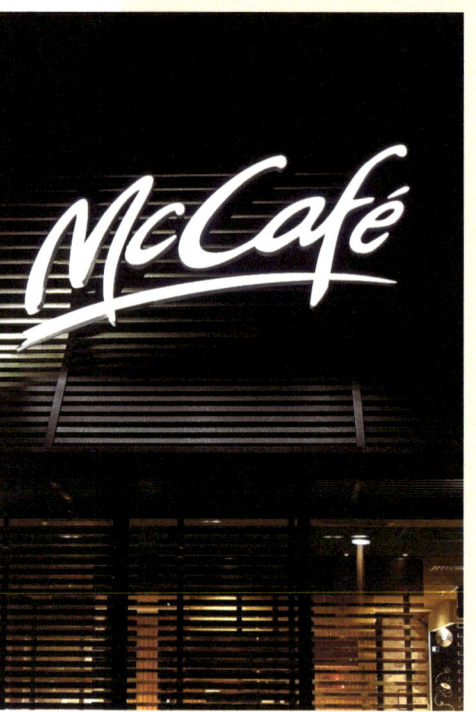

Ein weiterer Gast steht an der McCafé-Theke. Er sucht und hat scheinbar ein Double Cookie ins Auge gefasst. Es eilt die Mitarbeiterin mit dem Headset herbei. Sie beginnt die Kaffeebestellung entgegenzunehmen und zu machen, während scheinbar ein Gast am Autoschalter eintrifft. Die Mitarbeiterin wird unruhig und leicht hektisch. Sie spricht in ihr Headset. Sie beeilt sich, den Kaffee des vor ihr stehenden Kunden fertigzustellen. Sie fragt nicht weiter nach, ob es denn auch noch etwas Süßes sein darf und kassiert den Kunden ab. Es wird deutlich, dass sie mit den Gedanken beim Gast des Autoschalters ist. Ihr ist entgangen, dass der Kunde zwei Mal nach dem Double Cookie gefragt hat. Sie ist wieder verschwunden, während sich der Gast noch Zucker vom Tablett in seinen Kaffee streut. Weder der erste Mitarbeiter noch die zweite hat auf mich den Eindruck gemacht, dass er/sie eine Barista-Ausbildung innehaben.

Ich frage nach: Wie ist das denn – hat McDonald's für die McCafé nicht ausgebildete Baristas? Ja, nach Rückfragen wird mir bestätigt, dass die Kaffees von ausgebildeten Baristas zubereitet und ausgeschenkt werden. In Österreich ist dafür stets mindestens ein Barista-Mitarbeiter abgestellt. Es ist den Österreichern wichtig, dem Kunden im McCafé stets eine wohlfühlende Café-Atmosphäre mit schmackhafter und vielfältiger Kuchenauswahl während der gesamten Öffnungszeit zur Verfügung zu stellen. Während man in Deutschland scheinbar rein betriebswirtschaftlich denkt. Die Kuchenanzahl wird mit dem Start und Ende der Kaffeezeit massiv erhöht bzw. wieder reduziert. Das Abstellen eines Mitarbeiters wird vermutlich als unnütze Mitarbeiterkosten verstanden."

Nicole M. Pfeffer: „Von der Grundhaltung erfolgreicher Unternehmen" (2016)

Starbucks – Cafés für die Laptop-Generation

Der wichtigste Global Player kam jedoch schon im Mai 2002 nach Deutschland – ein Jahr früher als McDonald's und mit sehr viel Geld und einem langen Atem, um das angestrebte Ziel von 180 Filialen zu realisieren. Eine Firma, die in Sachen Coffee Shop das Rad erfunden hatte und damals mit weltweit über 3500 Filialen längst ein ganz großes drehte: Starbucks, das als „Starbucks Coffee, Tea and Spice" am 30. März 1971 von den Studienfreunden Gerald Baldwin, Gordon Bowker und Zev Siegl im Hafen von **Seattle** (Washington) gegründet wurde.

Bis 1983 war die Firma ein reines Kaffee-, Tee- und Gewürzgeschäft (der Name war an den ersten Steuermann und Gegenspieler von Käpt'n Ahab in Herman Melvilles „Moby Dick" angelehnt). Das änderte sich jedoch, als der gebürtige New Yorker Howard Schultz 1982 die Leitung des Einzelhandels und der Vermarktung bei Starbucks übernommen hatte. Auf einer Geschäftsreise in Mailand sah er staunend, wie sehr der Genuss von Kaffee in den italienischen Bars und Coffee Shops als Ritual des urbanen Lebens geschätzt wurde. Schnell kam ihm die Idee, solche Coffee Shops auch in den USA einzuführen – mit Kaffee zum Mitnehmen in übergroßen Bechern und in zahlreichen Geschmacksvarianten, darunter Caramel Macchiato, Caffè Mocha und White Caffè Mocha sowie eisvermischte Getränke (Frappuccino), bei denen eine Kaffee- („blended coffee") oder Milchbasis („blended cream") mit zerkleinertem Eis und verschiedenen Aromen zu einem Kaltgetränk verarbeitet wurde. Und das zu Preisen ab 3 Dollar aufwärts.

Schultz war sich sicher, dass sein Konzept in den USA Erfolg haben würde, denn dort gab es nicht nur schlechten Kaffee, sondern auch keine Orte, an denen man sich zum Kaffee treffen konnte – eine Kaffeehauskultur wie in Europa fehlte in den Vereinigten Staaten. Schultz überzeugte Baldwin, Bowker und Siegl von seiner Idee, sodass schon Ende 1983 die ersten Coffee Bars in den Starbucks-Läden eröffnen konnten. Obwohl sie wirtschaftlich großen Erfolg hatten, lehnten die Inhaber jedoch eine weitere Expansion ab, was Schultz veranlasste, die Firma zu verlassen und 1985 zunächst eine eigene Kaffeebar („Il Giornale") zu eröffnen, in denen er

wichtige Kundenerfahrungen sammelte. Mithilfe von Investoren kaufte er dann 1987 das Unternehmen Starbucks für 3,8 Millionen US-Dollar und begann – mit elf Läden und 100 Angestellten – mit der Expansion einer US-weiten Kaffeehauskette. Schultz ließ ein eigenes Logo für die weißgrünen Pappbecher entwerfen, in denen der Kaffee serviert wurde – eine barbusige Meerjungfrau. Er verkaufte eigene Kaffeeröstungen in den Shops, ließ (bis 2019) Zeitungen in seinen Filialen auslegen und bot via WLAN einen kostenfreien Internetzugang an. Aber nicht nur im Sitzen, auch beim Gehen und Autofahren wurde der Kaffee getrunken.

„Starbucks-Coffee-Shops sind Treffs zu jeder Tages- und Nachtzeit", schrieb ein Journalist, „Cafés der Alten Welt, neu interpretiert für ein Amerika, das sich lange gesehnt hat nach etwas, was Stadtplaner den ‚dritten Ort' nennen – einen Treffpunkt, der zwischen Wohnung und Arbeitsplatz liegt." Starbucks schaffte es, aus dem traditionellen Café eine Art öffentliches Wohnzimmer zu machen, in dem die Kunden sich wie Mitglieder in einem Club fühlten. Das schuf ein neues Gemeinschaftsgefühl, das dem Zeitgeist der jungen Smartphone- und Laptop-Generation entsprach. Sie brachten ihre Schulbücher oder Seminarunterlagen mit, tippten den fälligen Essay dort ein, erledigten ein paar Geschäftstelefonate. Viele Kunden bestellten ihren Morgenkaffee aus Bus und Bahn heraus über ihr Handy – und sparten sich so das Anstehen. Die App „Mobile Order & Pay", mit deren Hilfe die Getränke im Voraus bei einer Starbucks-Filiale nach Wahl in Auftrag gegeben werden konnten, nutzten 2015 fast zehn Millionen US-Kaffeefans.

1989 hatte Schultz die Anzahl seiner Filialen in den **USA** auf 55 verfünffacht, vor allem an der amerikanischen Westküste und in Portland (Oregon). Nach einem Börsengang im Jahr 1992 konnte er sein Filialnetz auf 272 Standorte ausweiten, 1994/95 gab es in den USA 676 Starbucks-Shops. Bis zum Jahr 2000 expandierte die Firma weiter und zählte weltweit über 3500 Filialen – das Unternehmen war in **China** und den **Vereinigten Arabischen Emiraten** ebenso vertreten wie in **Australien**. Fast jeden Tag eröffnete seitdem irgendwo auf der Welt ein Starbucks-Café – der Jahresumsatz ging in die Milliarden. Als Howard Schultz 2018 aus der Firmenleitung ausschied, war Starbucks mit 28.000 Cafés in 75 Ländern vertreten und zu einer globalen Mega-Marke geworden.

Die erste Starbucks-Niederlassung in **Österreich** wurde am 8. Dezember 2001 in der Kärntner Straße in Wien eröffnet. Auch in der **Schweiz** ist die Kette seit Ende 2001 vertreten. In **Deutschland** begann der Eroberungszug im Mai 2002, wo die ersten beiden Filialen am Brandenburger Tor und in den Hackeschen Höfen in

Bis heute gibt es in den Starbucks-Filialen – wie hier in Aachen am Markt 35 - einen kostenlosen WLAN-Zugang. Vor allem bei Studierenden und Schüler/-innen ist die Kette sehr beliebt.

Berlin eröffneten, im Rheinland dann am Friesenplatz in **Köln**. Mit Rücksicht auf die Besonderheiten des deutschen Marktes wurde der Kaffee anstatt in Pappbechern auch in einer Steingut-Tasse angeboten. Es gab Selbstbedienung und Rauchverbot, um einen aromareichen Kaffeegenuss zu gewährleisten. In Italien, dem unerreichten Fabelland des Caffè – eröffnete Starbucks erst im September 2018 die erste Filiale. Zum 50. Geburtstag des Unternehmens versprach Starbucks, Wasserressourcen zu schonen und weniger CO_2-Emissionen freizusetzen. Weltweit sollen klimaresistente Bäume verteilt werden, um gefährdete Wälder in wichtigen Kaffeegebieten wiederherzustellen. Bis 2030 strebt Starbucks an, beim Anbau seines Rohkaffees Klimaneutralität zu erreichen.

Die deutschen Starbucks-Filialen gehörten anfangs zu 82 Prozent dem Kaufhaus-Konzern Karstadt-Quelle, der damit junge, markenorientierte Kunden anziehen und das eigene Image modernisieren wollte. Krisenbedingt musste die Karstadt Tochter „Coffee GmbH" jedoch im November 2004 ihre Beteiligung an Starbucks veräußern. 2014 machte die amerikanische Firma 135 Millionen Euro Umsatz in Deutschland. Ende 2019 zählte Starbucks 165 deutsche Filialen, davon 144 eigene Geschäfte und 14 Kaffeehäuser unter den Franchisenehmern New Vision, SSP Germany und Marché. In Nordrhein-Westfalen gab es fast 50 Filialen, darunter in der City Galerie **Siegen**, in den Colonaden des **Kölner** Hauptbahnhofs, in den Shadow-Arkaden in **Düsseldorf**, im **Essener** Einkaufscenter am Limbecker Platz, im Aquis Plaza in **Aachen**, im Centro **Oberhausen**, im Hanse-Carré **Münster** und in den meisten Einkaufsstraßen der großen Städte, wie zum Beispiel auf der Kortumstraße in **Bochum**, der Mercatorstraße in **Duisburg** oder der Sternstraße in **Bonn**.

Döbbe, Kamps, Oebel & Co. – Die Bäckerei-Cafés

Von seinem Ziel, in Deutschland mindestens 180 Niederlassungen aufbauen zu wollen, blieb Starbucks bis heute entfernt, was daran lag, dass seit den 1980er-Jahren die Bäckereien bundesweit Backshops mit Steh- oder Sitzcafés in Supermärkten, Baumärkten, Einkaufszentren und Gartencentern eingerichtet hatten und damit Nischen besetzten, in die Starbucks nicht vorstoßen konnte. Ketten wie Döbbe, Kamps oder Oebel kamen auf 25 bis 30 Prozent Marktanteil. Regionale Bäcker wie Voosen, Schneider und Heinemann (2021 mit jeweils über 20 Filialen im **Rhein-Erft-Kreis**), Kraus (über 20 Filialen im linksrheinischen **Köln** und im **Rhein-Erft-Kreis**), Merzenich in **Köln**, Berns am **Niederrhein**, Evertzberg im **Bergischen Land** oder Olsson im Raum **Bielefeld** taten es ihnen gleich. Im **Rhein-Sieg-Kreis** entstand aus dem 1956 gegründeten Café Gilgen (von 1979 bis 2005 „Gilgen's Tortenkutsche") in **Uckerath** 2008 die „Gilgen's Bäckerei & Konditorei GmbH & Co. KG". Sie ist heute ein modernes mittelständisches Unternehmen mit mehr als 500 Mitarbeitern zwischen Bad Honnef und Windeck bzw. Linz und Lohmar. Die Ketten, die noch zu Beginn des Millenniums vor allem in den Großstädten vertreten waren, drängten nun auch in die kleinen und mittelgroßen Städte. Die **Hürther** Bäckereikette Klein's Backstube, die im Rhein-Erft-Kreis mehr als 100 Bäckereien betreibt – zum Teil mit Stehcafés und Cafés mit 25 bis 60 Sitzplätzen – kooperiert nicht nur mit Rewe, Bauhaus und Obi, sondern seit 2020 auch mit dem Discounter Aldi-Süd (zum Beispiel in Hürth-Fischenich).

Die **Aachener** Bäckereikette Oebel, die in ihren erfolgreichsten Zeiten mehr als 150 Filialen und 940 Mitarbeiter hatte, eröffnete seit den 1990er-Jahren an vielen Standorten in Nordrhein-Westfalen geschmackvoll eingerichtete Cafés, dazu gehörte das Café Hirsch in **Monschau** (seit Februar 2021 im Besitz von Lutz Schell) und die erste „Cafétankstelle" in Deutschland. Sie entstand 2013 in der umgebauten Tankstelle Am Schönenkamp 148 im **Düsseldorfer** Süden. Die Preistafeln, auf denen einst die Benzinpreise angezeigt

Oben: Café Merzenich in Pulheim-Brauweiler. Mitte: Café Nieland in Hattingen – ein typisches Bäckerei-Café der 2020er-Jahre mit zur Fußgängerzone hin geöffnetem Café. Unten: Café Heinemann in Frechen-Königsdorf.

wurden, gaben nun die Preise für Cappuccino und belegte Brötchen an. Rund 50 Sitzplätze und ein großer überdachter Außenbereich sorgten für ein stimmiges Ambiente. Gebacken wurde jedoch bei Oebel schon länger nicht mehr selbst: Das Brot bezog man von „Kronenbrot" in Würselen. Nach der Insolvenz von „Kronenbrot" im Juni 2019 gerieten jedoch vier Wochen später auch die Oebel-Bäckereien in Schieflage. Im **Großraum Köln** (einschließlich Brühl, Bonn und Hürth) wurden zahlreiche Oebel-Filialen von der Bäckereikette Schneider übernommen. Im **Düsseldorfer Raum** (einschließlich Neuss und Wuppertal) wurden die meisten Läden von Brinker weiterbetrieben – allerdings unter dem alten Namen Oebel. Weitere Backshops und Cafés wurden u. a. auch von „Kleins Backstube", Merzenich, Hardt, Oehme und Horsthemke übernommen.

In **Aachen** und Umgebung ist seit 1858 auch das Bäckereiunternehmen Nobis Printen tätig. Die Firma besitzt heute 44 Bäckereien und Cafés, u. a. in Aachen (das schönste und größte befindet sich am Münsterplatz), in **Stolberg**, **Eschweiler**, **Düren**, **Jülich** und **Würselen**.

Großen Erfolg mit ihren Bäckereien und Cafés hatte auch die Büsch GmbH mit Sitz in **Kamp-Lintfort**. Entstanden ist die Bäckerei in den 1970er-Jahren aus kleinsten familiären Verhältnissen am Niederrhein. Damals entschied sich Norbert Büsch, das Bäckereihandwerk zu erlernen, nachdem er schon auf dem Bauernhof seiner Eltern einen eigenen Steinofen gebaut und darin Brote gebacken hatte. Mit

Nobis Printen besitzt zahlreiche Cafés in Aachen und Umgebung, u. a. am Aachener Münsterplatz.

198 Standorten und einem Umsatz von 134 Millionen Euro war Büsch 2020 die führende Handwerksbäckerei in Nordrhein-Westfalen. Seit 2002 ist „Die fröhliche Bäckerei Büsch" – so der Leitspruch seit der Unternehmensgründung im Jahr 1987 – als Tochtergesellschaft Teil der EDEKA Rhein-Ruhr Gruppe. Verkaufsstellen mit Cafés (zum Teil auch mit Sitzplätzen im Außenbereich) finden sich in zahlreichen Edeka- und Marktkauf-Filialen, vor allem am **Niederrhein** (Wesel bis Köln), im **Wuppertaler Raum** und im **Ruhrgebiet** (Duisburg bis Unna), aber auch in Einkaufszentren und OBI-Märkten.

Ähnlich sieht es bei der Regionalgesellschaft von EDEKA in **Ostwestfalen** aus. Hier finden sich unter der Führung des Labels „Schäfer's" nicht nur Brot und Kuchenspezialitäten in über 800 Verkaufsstellen, sondern auch chic eingerichtete Cafés. Den Grundstein von „Schäfer's" legte Daniel Rennekamp am 1. Oktober 1898 in **Kleinenbremen**, heute ein Stadtteil von **Porta Westfalica**. 1952 wurde die Bäckerei in dritter Generation von Werner Schäfer übernommen, der seinen Betrieb Mitte der 1970er-Jahre an die EDEKA Minden-Hannover veräußerte. Seitdem vergrößerte sich das Unternehmen stetig und ist nunmehr in fünf Regionen zu Hause: **Porta Westfalica**, **Lehrte** bei Hannover, **Sülzetal/Osterweddingen** bei Magdeburg, **Teutschenthal** bei Halle/Saale und in **Berlin**.

Bei allem Erfolg, den die Espresso- und Coffeebars zu verzeichnen hatten, sank jedoch die Zahl der Deutschen, die angaben, täglich in einen Coffeeshop zu gehen,

Café Heinemann in Kerpen gehört zu den schönsten und größten Cafés der Bäckereikette.

ab 2014 kontinuierlich. Das spürte zuerst Starbucks und suchte in seinen Filialen nach Alternativen zu den Angeboten an Heißgetränken, um die Läden auch in ruhigen Phasen des Tages auszulasten. Kalte Getränke und ein verändertes Angebot an Speisen sollten wieder mehr Menschen am frühen Mittag und Nachmittag in die Filialen locken. Manche Getränkevarianten hatten auch ihren Neuigkeitswert und ihre Sogwirkung verloren, sodass Starbucks mit „Cold Brews" oder sogar „Nitro Cold Brews" (hierbei wird der Kaffee mit kaltem Wasser zubereitet) und „Blonde Espresso" die Neugier auf die Marke aufrechtzuerhalten versuchte.

Schleichend sortierte sich der Markt neu. Der Konkurrenzdruck wuchs und nur wer eine ausreichende Größe oder eine innovative Idee besaß, hatte ökonomisch eine Zukunft. Die 2013 in **Kopenhagen** gegründete Kette „Copenhagen Coffee Lab" eröffnete beispielsweise 2020 in **Duisburg** ihre fünfte Filiale. Weitere Häuser gab es in **Essen-Holsterhausen** und in **Düsseldorf** – in der Benrather Straße und am Carlsplatz, wo das Unternehmen 2018 in die Räume des ehemaligen Café Bittner eingezogen war. Auch im Medienhafen gab es eine Filiale, sie wurde aber am 31. Oktober 2019 wieder geschlossen. Die Kette ist in erster Linie eine Bäckerei, deren Kaffee aus eigener Röstung in Kopenhagen stammt.

Café Gilgen's in Bad Honnef

Gebacken wird dort täglich und zwar nur einmal. Anstelle von Tiefkühl-Rohlingen gibt es Backwaren aus Sauerteig (frisches Brot, Brötchen und Gebäck), die frei von Zusatzstoffen sind. „Copenhagen Coffee Lab" wirbt damit, dass der Kaffee in Dänemark ganz anders geröstet wird, als man es hierzulande kennt. Die ausgewählten Bohnen werden kürzer geröstet und sind danach hellbraun statt schwarz, der Kaffee schmeckt eher fruchtig als bitter. Um die Kaffeebar kümmert sich ein(e) ausgebildete(r) Barista.

Cafés der 2000er-Jahre

Third-Wave-Cafés – Bewusstsein für guten Kaffee

Seit den 2010er-Jahren setzte bei den Kunden zunehmend das Bewusstsein für hochqualitativen Kaffee ein, der wieder in seiner reinsten Form getrunken wurde – schwarz und nicht mehr mit Zusätzen wie Milch, Zucker oder Sirup. Damit einher ging die Wertschätzung für einen nuancenreichen Geschmack, für die Sortenvielfalt und auch die Anbauregionen des Kaffees. Hellere Kaffeeröstungen, bei denen die Eigenheiten des jeweiligen Rohkaffees besser zur Geltung kamen, verdrängten zum Beispiel die bitteren dunklen Röstungen, auch traten fruchtige Aromen und angenehme Säuren geschmacklich in den Vordergrund. So blieb der Eigengeschmack von hochwertigem Kaffee erhalten.

Vor allem junge Leute verlangten nach „gutem Kaffee", für dessen Genuss sie sich viel Zeit nahmen – wie umgekehrt auch die Baristi sich viel Zeit für die Zubereitung nahmen. Wie bei Wein oder Tee entstand eine eigenständige Genusskultur, bei der Kaffee zum sinnlichen und auch optischen Vergnügen (zum Beispiel „Latte Art") wurde. Die Herkunft des Kaffees wurde wichtig, wie auch das Engagement für eine nachhaltige und partnerschaftliche Zusammenarbeit der Röstereien mit den Kaffeeproduzenten in den Anbauländern. Single Estate Coffees (Plantagenkaffees, die nur von einer Farm bzw. einer Farmgemeinschaft stammten und damit als besonders sortenrein galten) wurden zunehmend nachgefragt, da sie von kleinen und oft familiengeführten Farmen stammten, wo der Kaffee mit größter Sorgfalt angebaut wurde.

Für Caféinhaber ist nachhaltiger Kaffee inzwischen zum wichtigen Kriterium für die Auswahl einer Rösterei geworden. Milena Wälder beschreibt dies anschaulich

Auf jedem einzelnen Beutel der Frechener Rösterei „Tim & Sebastian's" wird das genaue Datum und der Name des Röstmeisters angegeben.

am Beispiel einiger **Kölner** Betriebe in ihrer Diplomarbeit „Einen Kaffee, bitte": „Das Café Brot & Butter im Warenhaus ‚Manufactum' schenkt Feichtinger Kaffee aus. Es ist ein biologisch angebauter Kaffee (Single Origin), der über direkten Handel von Kleinbauernkooperativen gehandelt wird. Er wird vor Ort in Guatemala bei schonender Trommelröstung geröstet. So werden Arbeitsplätze im Ursprungsland gesichert. Weiterhin hat ‚Brot & Butter' eine Espressoröstung von ‚Trinci' im Angebot. Hierfür werden die Bohnen über Holz geröstet. Der Espresso wird von dem Familienbetrieb ‚Trinci' fur ‚Manufactum' hergestellt. Das Café Hommage bietet Bohnen von ‚Tom röstet' und ‚Ernst' an. Die Rösterei in Köln-Raderberg röstet sortenrein, ebenfalls bei geringer Temperatur und längerer Dauer, damit die Bohne ihr Aroma entfalten kann und Säure abgebaut wird. Die Rösterei Ernst in der Südstadt bezieht ihren Rohkaffee ausschließlich über den direkten Handel. Geröstet wird im handwerklichen Trommelröstverfahren in kleinen Chargen (5 kg). ... Im Café Waidmeister oder im ‚Törtchen Törtchen' wird Kaffee aus der

Verkaufsraum der „Kaffeemanufaktur" in Arnsberg, 2021

Heilandt-Rösterei aus Köln angeboten. Heilandt ist ein biozertifizierter Röstbetrieb, der sich für Qualität, Transparenz, Nachhaltigkeit, Fairness, Rösttradition und Gesundheitsbewusstsein einsetzt und diese Werte kontrolliert. Es wird ebenfalls schonend und sortenrein im Trommelröster bei 210 °C bis zu 22 Minuten lang geröstet."

In Deutschland wurden zwischen 2005 bis 2015 über 400 neue Röstereien gegründet. Ökonomen und Soziologen nannten die neue Konsumhaltung „Third Wave"-Bewegung – ein Begriff, der erstmals 2002 von Trish Rothgeb in einem Artikel der Röstergilde des amerikanischen Spezialitäten-Kaffeeverbands verwendet wurde. Rothgeb unterteilte die Wertschätzung des Kaffeegenusses in drei chronologisch aufeinanderfolgende Strömungen (sogenannte Waves): First Wave, Second Wave und Third Wave.

Hot Roasted Love in Bielefeld ist bekannt durch seinen frisch aufgebrühten „Kostproben-Kaffee". © Sascha Kaiser / Hot Roasted Love, Bielefeld.

Die erste Kaffeewelle entwickelte sich Anfang des 20. Jahrhunderts, nachdem sich das „braune Gold" durch zunehmende Kaffeeimporte aus den europäischen Kolonien verbilligt hatte. Damit kamen nicht mehr nur Reiche in den Genuss von Kaffee. In den Städten und später auch auf dem Land wurde der Kaffee in kleinen Läden gemahlen und für jedermann bezahlbar verkauft. In den 1950er Jahren tauchte Bohnenkaffee vorgemahlen und in Blöcke gepresst, später auch gefriergetrocknet als Massenprodukt in den Supermärkten auf. Angeschoben wurde diese Welle vor allem durch die Entdeckung des industriellen Verfahrens für die Herstellung von löslichem Kaffee (1901 erfunden vom Japaner Dr. Sartori Kato), der ab 1938 von der Firma Nestlé vermarktet und vertrieben wurde, aber auch durch die zahllosen Kaffeehausgründungen in der ersten Hälfte des 20. Jahrhunderts.

Mit Beginn der 1960er-Jahre leitete in den USA der niederländischstämmige Alfred Peet eine Art Gegenrevolution ein. Sein Kaffeehaus „Peet's Coffee & Tea" in **Berkeley**, Kalifornien, stand ganz im Zeichen der Rückbesinnung zum Qualitätskaffee. Zu Beginn der 1970er-Jahre teilte er sein umfassendes Wissen mit den Starbucks-Gründern Gerald Baldwin, Gordon Bowker und Zev Siegl. Mit der Systemgastronomie, die wenige Jahre später bei Starbucks einsetzte – gefolgt von anderen

Systemgastronomen wie McCafé, Costa Coffee, Balzac Coffee oder den „Segafredo Coffee Bars" (siehe oben) – entstand die zweite Kaffeewelle. Espressobasierte Milchgetränke – zum Teil mit Sirup, Sprinkles (Zuckerstreusel) oder Rahm verfeinert – begeisterten Kaffeetrinker in nahezu allen westlichen Ländern. Die Kunden hatten plötzlich Wahlmöglichkeiten und dadurch das Gefühl von Individualität: Sie konnten ihren Macchiato oder Cappuccino mit mehr oder weniger Schaum bestellen oder ihn „Decaf" und „Double Shot" trinken. Parallel dazu etablierte sich die Take-away- bzw. Coffee-to-go-Kultur.

Der eigentliche Kaffeegeschmack – jenseits des hohen Anteils an Milch, Sirup und künstlichen Aromen – wurde bei Starbucks jedoch hintenangestellt. In Opposition dazu legten deshalb kleine und mittelständische Kaffeeröstereien ihr Augenmerk auf den Geschmack und die Qualität, so wurde beispielsweise der Begriff „Spezialitätenkaffee" (Speciality Coffee) zum ersten Mal von Erna Knutsen verwendet. Gemeint sind damit besonders hochwertige Spitzenkaffees, die nach einem fest definiertem Verkostungs- und Bewertungsverfahren mindestens 80 von 100 möglichen Qualitätspunkten (Cupping Scores) erreichen. Nach jahrzehntelanger Unterbrechung fanden auch die qualitativ höherwertigen Arabica-Bohnen wieder zurück in die kommerzielle Kaffeetasse.

Mitte der 1990er-Jahre begann dann die dritte Kaffeewelle, die von US-amerikanischen Kaffeeröstereien wie „Intelligentsia Coffee" (**Chicago**), „Counter Culture Coffee" (**Durham**) und „Stumptown Coffee Roasters" (**Portland**) ausgelöst wurde. Die Welle baute auf die Systemgastronomie auf, fokussierte aber zu 100 Prozent auf den Geschmack und ein sensorisch perfektes Kaffee-Ergebnis. Das Augenmerk lag auf der stetigen Verbesserung aller Stufen in der Wertschöpfungskette (Anbau, Aufbereitung, Röstung, Zubereitung). Kaffee und Espresso wurden nach einer konkreten Rezeptur zubereitet, bei der eine Feinwaage zum Einsatz kam, mit der sich zum Beispiel die „Brew Ratio" (das Verhältnis zwischen dem Gewicht des verwendeten Kaffeepulvers und des Gewichts des damit extrahierten Espressos) berechnen ließ.

Schrieb beispielsweise die klassische italienische Formel für den perfekten Espresso die Extraktion von 7 Gramm Kaffeemehl in 25 Sekunden zu 25 Milliliter Espresso vor, so galt die Rezeptur außerhalb Italiens als völlig überholt. Dort wurden für einen „Single Shot" (einen einfachen Espresso) bereits 9 bis 11 Gramm Kaffeepulver verwendet. Auch alternative und traditionelle Zubereitungsmethoden wie Aeropress, French Press (Stempelkanne) oder Siphon sowie das händische Aufbrühen mit einer „Hario V60" oder der Chemex-Karaffe standen im Vordergrund.

Vom Barista verlangte man, dass er nicht nur seine Espressomaschine mustergültig bedienen konnte, sondern mit viel Liebe zum Detail das Allerbeste aus der Kaffeebohne herausholte, um eine möglichst perfekte Tasse Kaffee zu servieren.

Als i-Tüpfelchen auf einem guten Cappuccino oder Flat White galt plötzlich „Latte Art" – die kreative Gestaltung der Milchschaumoberfläche von Espressogetränken mit grafischen Motiven wie Blättern, Blumen, Herzen oder abstrakten geometrischen Motiven. Die Milch wird dafür zunächst geschäumt, um anschließend mit einer bestimmen Technik in den Espresso eingegossen zu werden. Baristi verwenden für ihre „Malkunst" Werkzeuge wie Spatel, Latte Art Pen, Spieße, Stricknadeln und sogar Zahnarztbesteck.

Speciality-Coffee-Röstereien

Parallel zu dieser Entwicklung stieg in Deutschland von Jahr zu Jahr die Anzahl der Speciality-Coffee-Röstereien mit angeschlossenen Third-Wave-Cafés, die den Rohkaffee in kleinen Chargen rösteten, was eine größtmögliche Qualitätskontrolle und Frische erlaubte. Der Kaffee bekam dadurch die Zeit, die er brauchte, um ein Maximum an Aroma, Fülle und – beim Espresso – auch Crema zu entwickeln. „Rubens Kaffeerösterei" in Essen-Rüttenscheid – eingerichtet im Stil eines alten Kolonialwarenladens – hat beispielsweise 20 charaktervolle, milde oder elegant-schokoladige Kaffee- und Espressosorten aus Afrika, Mittel- und Südamerika, der Karibik und Asien im Angebot, die mehrmals täglich in kleinen Chargen geröstet werden. Für Filterkaffees wird eine Röstzeit von etwa 18 Minuten veranschlagt, für Espressi sogar noch etwas länger. Abschließend wird der Kaffee handverlesen und kommt am nächsten Tag in den Verkauf – anders als bei Röstereien, die ihre Bohnen teils tage- und wochenlang in riesigen Spendern lagern und dann ohne Versiegelung in quasi offenen Tütchen an die Kunden verkaufen.

Sebastian Becker schreibt in seinem Blog „Pottspott": „Es ist ein Unterschied, ob Kaffee auf riesigen Plantagen von Maschinen geerntet wird – ganz gleich, ob die Kaffeebohne a) überreif oder b) noch unreif ist (am Ende wird dann alles zusammengeworfen und durch eine intensive Röstung glattgebügelt) – oder aber, ob die Kaffeebohnen liebevoll von Hand geerntet werden, über Tage und Wochen hinweg, immer nur die wirklich reifen

Bohnen, und diese dann schonend und mit viel Liebe und Erfahrung von Hand geröstet werden."

Timothy John Reid, der 2018 mit Sebastian Alexander Nowak-Pütz in **Frechen** die Kaffeerösterei „Tim & Sebastian's" gründete (im stilvollen Manufakturambiente mit Ladentheke, Espresso-Bar und Rösttrommeln) hat diverse Espresso- und Kaffeesorten mit Noten von schokoladig bis fruchtig im Angebot. Die Bohnen kommen aus Kolumbien, Brasilien und Äthiopien. „Ich liebe Kaffee, bin besessen davon", sagt Reid. „Ich probiere ihn aus, verändere ihn, stelle ihn in Frage, beobachte ihn und tausche mich über Kaffee aus." In ihrem Café in Kerpen bieten Reid und Nowak-Pütz ihre Röstungen von Hand aufgegossen an.

Als Spezialitäten-Kaffeerösterei versteht sich auch „Coffee Pirates" in **Essen-Rüttenscheid**. Der Laden von Christina und Patrick Schiller ist in einen Theken- und einen kleinen Sitzbereich unterteilt. Zum Caffè Latte, Cappuccino oder Doppio gibt es an der Kaffeebar hausgebackene Kuchen, frisch zubereitete Bagel oder Joghurt mit

„Coffee Pirates" in Essen auf der Rüttenscheider Straße 218 ist in zwei großen Räumen untergebracht: Im linken Gebäudetrakt gibt es eine Kaffeebar, im rechten Trakt befindet sich die eigentliche Rösterei mit Verkaufsgeschäft. Geröstet wird mit einem Probat „Probatone 12".

Früchten und Müsli, von süß bis herzhaft. Die eigentliche Rösterei befindet sich im Raum daneben. Geröstet wird in einem gasbetriebenen Trommelröster, der mit der digitalen Steuerung „Pilot Roaster Shop" der Probat-Werke aus Emmerich ausgestattet ist. Jeder Röstgang wird digital aufgezeichnet, visualisiert, archiviert und ist damit jederzeit über einen PC oder Laptop nachvollziehbar. Die aufgezeichneten Temperaturverlaufskurven erleichtern beispielsweise das gezielte Reproduzieren einmal verwendeter Röstprofile und unterstützen somit die Herstellung qualitativ konstanter Röstergebnisse. Am Bildschirm kann der Röstmeister eventuelle Abweichungen vom gewünschten Röstprofil frühzeitig erkennen und ggf. Korrekturmaßnahmen einleiten. „Coffee Pirates" verkauft sogar personalisierte Kaffeetüten mit kundeneigener Röstung und von Kunden vorgeschlagenen Logos.

Die Probat-Werke in Emmerich

Die Probat-Werke in **Emmerich,** die 2018 ihr 150-jähriges Firmenjubiläum feierten, gelten als Weltmarktführer innovativer Kaffeeröstmaschinen. Das Leistungsspektrum umfasst aber nicht nur den Bau von Röstmaschinen, sondern auch die Entwicklung und Konstruktion sowie die Planung und Umsetzung kompletter industrieller Produktionsanlagen.

Als „Emmericher Maschinenfabrik und Eisengießerei" wurde die Firma 1868 vom 28-jährigen Maschinenbauingenieur Theodor von Gimborn und den beiden Kaffeeimporteuren Carl L. J. van Gülpen und Johann Heinrich Lensing gegründet. 1959 erfolgte die Umbenennung in „Probat-Werke".

Mitte des 19. Jahrhunderts konnte Kaffee nur roh in Kolonialwarengeschäften gekauft werden. Zu Hause musste er dann mit Hilfe weitestgehend primitiver Handröster über dem Ofen oder Herd geröstet und anschließend gemahlen werden. Alexius (Sohn von Carl L. J. van Gülpen) hatte die Idee, nicht nur rohen, sondern auch gerösteten Kaffee zu verkaufen. Theodor von Gimborn konstruierte den „Emmericher Kugelröster", um Kaffee in größeren Mengen und gleicher Qualität rösten zu können. Der Kugelröster ging in Serienfertigung und es begann eine neue Epoche der Kaffeeproduktion.

Lensing und van Gülpen hatten nicht nur ein eigenes Interesse, um Röstkaffee zu verkaufen, sondern waren sich des Potenzials ihrer wachsenden Kundschaft – vornehmlich Lebensmittel- und Kolonialwarenläden – bewusst. Sie übergaben von Gimborn die Kundenkartei ihres Handelsunternehmens und übertrugen ihm die Verantwortung der Emmericher Maschinenfabrik und Eisengießerei (EMF). Somit ließen sich ehemalige Rohkaffeekunden auch für den Kauf eines Ladenrösters begeistern.

Gimborn blieb nicht untätig und entwickelte freudig weiter, denn die Nachfrage nach Kaffee wuchs Ende des 19. Jahrhunderts enorm. Die Kapazitäten der Röster wurden

Anzeige für den „Kugel-Kaffee-Brenner" (1870). Die Ausführung AZ kostete damals 48 Mark, die Ausführung des etwas größeren Modells AX kostete 80 Mark.

schnell zu klein: Mit dem Kugelröster stieß Theodor von Gimborn bei 120 kg pro Ladung an eine Grenze, die er mit der Entwicklung eines Trommelrösters deutlich überschreiten konnte. Die Kombination mit einem Exhauster (ein Ab- bzw. Ansaugapparat) verkürzte die Röstzeit auf 12 bis 18 Minuten (der Kugelröster ohne Exhauster benötigte ca. 30 bis 40 Minuten); der 1884 patentierte Koksschnellröster wurde 1889 noch mit Gas patentiert. Damit war der Weg zur industriellen Röstung geebnet. Basierend auf der damaligen Technik wird der Trommelröster bis zum heutigen Tag mit einer Stundenleistung von 5 bis 3000 kg gebaut. Anfang der 1890er-Jahre waren die EMF schon von Vancouver bis Melbourne bekannt. Die USA waren trotz der 1864 gegründeten Konkurrenz J. Burns einer der vielversprechendsten Märkte.

1916 verstarb Theodor von Gimborn und sein Sohn Carl, ebenfalls Ingenieur, übernahm die Leitung. Die beiden Weltkriege hinterließen auch bei der EMF ihre Spuren. 1945 war das Werk fast vollständig zerstört. Anfang der 1950er-Jahre war es nötig, neue Kontakte zu knüpfen. Hiermit wurde Carl Hans (der Sohn von Carl von Gimborn) beauftragt. Wenn er sich mit dem langen Namen der Firma „Emmericher Maschinenfabrik und Eisengießerei" vor-

Kugelröster Typ AZ von 1870 (Ø 310 mm. Handbetrieb, Beheizung: Koks, Kohle. 5 kg Rohkaffee pro Charge).
© Probat-Werke, Emmerich. Foto: Marina Weigl.

stellte, stieß er auf Unverständnis. Sobald er jedoch den Namen des Schnellrösters – den bereits 1890 eingeführten „Probat" nannte –, wurde er mit offenen Armen empfangen.

Diese Erfahrung ließ eine sieben Jahre dauernde Diskussionen entstehen, bei der sich Carl und Sohn Hans um eine Umbenennung stritten. Hans setzte sich schließlich 1959 durch, sodass die „Emmericher Maschinenfabrik und Eisengießerei" in „Probat-Werke" umbenannt wurde. 1968 legte Carl die Firmenleitung in die Hände seines Sohnes.

Zum Trommelröster, dessen Grundprinzip eine sich auf horizontaler Achse drehende Trommel ist, kam 1969 der erste Tangentialröster hinzu. 1973 wurde die Zentrifugal-Rösttechnologie patentiert. Mit der Drehbewegung auf vertikaler Achse und der Kombination aus Röstschale und Lamellenring sorgte das Modell für ein besonders homogenes und schonendes Durchmischen des Röstguts. Heute heißen die Industrieröster-Systeme „Neptune", „Jupiter" und „Saturn". Abhängig vom System können die Röstzeiten 90 Sekunden schnell sein, aber auch 20 Minuten betragen. Die meisten Probat-Anlagen werden heutzutage mit Gas geheizt (in der Regel auch Ladenröster). Vereinzelt findet man noch Holz, Kohle oder Koksbefeuerung. Im Kommen sind wieder elektrische Ladenröster.

Trommelröster S, Typ Probat mit angebautem Kühlsieb, ca. 1895 (Tischausführung der S-Serie Probat. Kraftantrieb, Koksbeheizung, ca. 6 kg Rohkaffee pro Charge). © Probat-Werke, Emmerich. Foto: Marina Weigl.

Probat hält über 120 Patente und hat Tochterunternehmen in den USA, Brasilien, Italien, Schottland, Indien und Kanada. Heute leitet Wim Abbing (der Schwiegersohn von Hans von Gimborn) in vierter Generation das Unternehmen.

Das Museum für Kaffeetechnik, das sich im Verwaltungsgebäude der Probat-Werke befindet (Reeser Straße 94 in Emmerich), zeigt eine beeindruckende Sammlung alter Röster und kaffeerelevanter Geräte, die die Entwicklung der Rösttechnik über drei Jahrhunderte verdeutlichen. Tina von Gimborn-Abbing, die das Museum leitet, gewährt im Rahmen von Führungen unterschiedliche Einblicke in die Geschichte des Kaffees – vom Anbau bis zur Zubereitung. Im September 2022 wird die Sammlung in neuem Glanz wiedereröffnet werden.

© Tina von Gimborn-Abbing (Probat-Werke, Emmerich)

In **Dortmund** hat sich die 2015 von Benedikt und Johannes Heitmann in der Saarlandstraße gegründete Kaffeerösterei „Neues Schwarz" (mit angeschlossener Espresso- und Brewbar) einen Namen gemacht. Die Kaffeebar in der Kleppingstraße wirbt mit dem Slogan „Life is too short for bad coffee" und besticht durch ihr stylisches Ambiente, das von Philipp Fischer gestaltet wurde. Ins Auge fallen der große Betontresen und die Kupferrohre an den Wänden, die sich von der schwarzen Wandfläche absetzen. Wie auch bei „Ernst Kaffeeröster" in **Köln** stehen bei „Neues Schwarz" helle Röstungen im Fokus, die die Vielfalt der feinen Aromen zur Geltung bringen. Die Geschmacksphilosophie geht in Richtung weniger Säure und Bitterstoffe; die enthaltenen Fette sollen möglichst in der Bohne bleiben. Latte Macchiato gibt es im „Neuen Schwarz" nicht, denn hell gerösteter Kaffee funktioniert nicht mit zu viel Milch. Im Sitzbereich werden handgebrühter Kaffee (Filter, Aeropress und French Press), espressobasierte Kaffeespezialitäten sowie ausgewählte Kuchen (zum Beispiel Bananenbrot mit Blaubeeren) angeboten. Aus der „La Marzocco" kommen Cappuccino, Latte, Espresso – und das in stets zwei Sorten (wie „Classic" oder „El Bosque"). Aus einer hochwertigen US-amerikanischen „Batch Brewer" stammt der fein abgestimmte Filterkaffee. Techniken wie Blooming (Anquellen), Aufgießen in Intervallen oder „Kreisen" können perfekt mit der Batch-Brew-Maschine programmiert werden. Viele Kaffeebars bieten auch ein feines und ausgesuchtes Sortiment an Schokoladen, Kakaos und Tees an – von kleinen namhaften Herstellern, wie „Blanxart" aus Barcelona, „Chocolatemakers" aus Amsterdam, „Bonnat" aus Frankreich, „Hamann" und „Blömboom" aus Berlin oder „Goldhelm" aus Erfurt.

Die **Bielefelder** Rösterei „Hot Roasted Love" wechselt immer wieder ihr Sortiment, sodass die Kunden viele unterschiedliche Sinneseindrücke von Kaffeesorten genießen können, wie beispielsweise „El Vampiro" aus der Region Antioquia (Kolumbien) oder „Rocko Mountain" aus Yirgacheffee, einer Stadt im Südwesten Äthiopiens. An jedem Freitag gibt es einen frisch aufgebrühten „Kostproben-

Hot Roasted Love röstet seinen Kaffee mit einem Trommelröster von Toper. © Sascha Kaiser / Hot Roasted Love, Bielefeld.

Hot Roasted Love in Bielefeld baut die Spezialisierung auf ausgesprochen gute Rohkaffees und Fairness in der gesamten Produktionskette ständig aus und sucht dabei explizit den Austausch mit Rösterkolleg/-innen. © Sascha Kaiser / Hot Roasted Love, Bielefeld.

Kaffee" – mal aus der Handfilter-Brewbar, mal aus der Chemex oder Aeropress. Die hochwertigen Sorten überzeugen durch ihr Röstprofil, durch ihre komplexen Aromen und durch ihren filigranen Aufbau. Inhaber Sascha Kaiser, der die Kaffees selber röstet, hat sich bei den Kaffeeverpackungen von Beginn an für einen Aromaschutz aus Kraftpapier mit Barrierefolie entschieden. Die Verpackungen besitzen ein Aromaschutzventil und einen Ziplock zum Wiederverschließen.

Die Zahl von Third-Wave-Röstereien und -Cafés wächst von Monat zu Monat, zu ihnen gehören unter vielen anderen die Chocolaterie und Coffeebar „Cioccolato" in **Krefeld**, „Herr Hase" im **Münsteraner** Kreuzviertel, „Loser Coffee Bar" in **Paderborn**, „Simply Coffee" und „RöstCult" (mit der speziellen Arabica-Hausmischung „Der Buchholzer") in **Duisburg**, „Pottschwarz" in **Mülheim an der Ruhr**, „Röst.art" in der **Bochumer** Grabenstraße sowie das Bochumer Café „Stüh33", die Kaffeerösterei „rabenschwarz" in **Schwelm**, „[....] raum" in **Witten**, „Kaffeehandwerk", „Caphe House" und „Dritan Alsela Coffee" in **Düsseldorf**, „Karabusta" in **Mettmann**, **Haan** und **Solingen** (im Eingang des neu gestalteten C&A am Graf-Wilhelm-Platz), „Cologne's Roastery", „Schamong Kaffee", Ernst Kaffeeröster", „Heilandt" und „Van Dyck" in **Köln** sowie die Kaffeerösterei „Pagnia" in **Siegen** (mit angeschlossenem Café in der Siegener Oberstadt und an der

Schamong Kaffee in Köln röstet mit einem gusseisernen Trommelröster von Probat.

Lingese-Staumauer in **Marienheide**). In **Arnsberg** (neben dem Alten Rathaus) gründete Katharina Dlhoš 2016 eine private, unabhängige Kaffeerösterei – die Kaffeemanufaktur Arnsberg. Im Ladenlokal steht ein Trommelröster des niederländischen Herstellers Giesen (Foto rechts unten), in dem der Kaffee in kleinen Mengen schonend von Hand geröstet wird.

Die **Dortmunderin** Patricia Witt schenkt schon seit Jahren ihren Kaffee aus der eigenen Privatrösterei auf dem Hauptwochenmarkt am Hansaplatz aus. Der **Dortmunder** Diensteanbieter „Pour Coffee" fährt sogar mit einem Kaffeewagen durch Nordrhein-Westfalen, um sortenreinen Kaffee im Handaufguss („pour over") anzubieten – von Schloss Burg (Solingen) bis nach Bad Sassendorf, vom Abendmarkt in Recklinghausen und Bochum bis hin zum Nachtflohmarkt in Dortmund.

„Pottschwarz" (Mülheim an der Ruhr)

„Pottschwarz" ging 2016 mit einem kleinen Café in der Lehnerstraße 14 in Mülheim-Saarn an den Start. Inhaber Oliver Kraus, der viele Jahre lang lokaler Bereichschef für die Lufthansa war, hatte zuvor eine einjährige Ausbildung zum Barista absolviert. Die Einrichtung des Cafés ist ein Mix aus gemütlich, modern und ruhrgebietsverliebt. Bei schönem Wetter kann man draußen sitzen, hört dann jedoch den Verkehrslärm von der Straßburger Allee.

Herzstück des Cafés ist die Theke mit einer handgearbeiteten Slayer-Espressomaschine aus Seattle (USA). Durch die besondere Fertigungsweise dieser Maschine können die Aromen im Kaffee perfekt extrahiert werden. Auf der Kaffeekarte stehen Köstlichkeiten wie Shakerato, Affogato und Americano. Für den kleinen Hunger gibt es Croissants, herzhafte Stullen oder einen kleinen Snack. Auch eine Auswahl von Kuchen und Torten wird dort angeboten.

2017 eröffnete Kraus in einem historischen Gebäude in der Düsseldorfer Straße 77 – nur wenige Meter vom Café entfernt – eine Rösterei. Dort wird der Kaffee auf einem 12-kg-Trommelröster von Probat („Emily") geröstet. Die Kaffeebohnen, die „Pottschwarz" über ausgesuchte Händler bezieht, werden nicht nur fair gehandelt, sondern enthalten durch eine besonders schonende Röstung auch nur wenige Bitterstoffe – die Aromen können sich dadurch besser entfalten. Kaffeeverkostungen sind sowohl in der Rösterei als auch im Café möglich.

Zu den erfolgreichsten Röstungen von „Pottschwarz" gehören die „Mischung No. 1" aus El Salvador (eine Spezialität aus 100 Prozent Arabica-Bohnen mit einem Aroma von Kakao und dunklen Beeren), die „Mischung No. 3" aus Brasilien (aus Catuai- und Bourbon-Bohnen, die in Minas Gerais auf Anbauhöhen zwischen 750 und 1100 Metern wachsen), die „Mischung No. 4" aus Myanmar (mit viel Frucht und leichten Toffeenoten), die „Mischung No. 7" aus Kolumbien (ein Hochlandkaffee, der die leichten Noten von braunem Zucker und Traube vereint) sowie die „Mischung No. 9" aus Peru (mit Aromen von Karamell, Marzipan und Limette).

AeroPress, Chemex, Barista und Latte Art

Die meisten Third-Wave-Cafés haben einen eigenen (Online-)Shop, in dem sie Kaffee-Tools für Handaufgüsse sowie Barista-Tools anbieten. Dazu gehören Range Server (Kaffeekannen) aus Glas aus der Hario-V60-Reihe, der Kaffee- und Espressozubereiter „AeroPress" sowie Karaffen von Chemex, die dank spezieller Papierfilter Bitter- oder Schwebstoffe aus dem Kaffee fernhalten. (Die sanduhrförmige Chemex-Karaffe wurde übrigens 1939 vom emigrierten deutschen Ingenieur Peter Schlumbohm entwickelt und steht heute als Designklassiker im New Yorker Museum of Modern Art [MoMA]). Die „Hario V60 Drip Scale" misst bei Bedarf gleichzeitig das Gewicht und die Extraktionszeit, also die Kontaktzeit von Wasser und Kaffeepulver bei der Kaffeezubereitung.

Zu den Barista-Tools gehören Tamper (mit denen das Pulver im Siebträger zusammengedrückt wird), Tamping-Matten (die die Arbeitsfläche sauber halten und

Klassiker unter den Kaffee-Tools für Handaufgüsse sind die Produkte des japanischen Glas- und Keramikherstellers Hario (gegründet 1921). Die Produktpalette umfasst Kaffeefilterhalter (Dripper), Kaffeebereiter, Kannen und Filter.

schützen) sowie Kännchen aus Edelstahl, die sich perfekt zum Aufschäumen der Milch eignen. Für das Gießen von Latte-Art-Motiven verfügen diese „Pitcher" über eine spitz verlaufende Tülle. Auch Schulungen und Seminare rund um das Thema Kaffee werden in den Third-Wave-Cafés angeboten – zum Beispiel Cuppingkurse (Verkostungskurse), Basis- und Baristakurse, Latte-Art-Kurse oder spezielle Beratungen zu passenden Siebträgermaschinen. Malzig, blumig? Rauchig oder erdig? Ähnelt der Kaffeegeruch dem von Karamell? Schmeckt die Röstung nach Schokolade? – Das Spektrum von Kaffee ist groß und bei den Cuppings hat man die Möglichkeit, immer tiefer in das Thema einzutauchen.

„Schamong" in **Köln-Ehrenfeld** – die älteste Rösterei der Domstadt – bietet „Brew it yourself"-Filterkaffee-Workshops an. Die **Münsteraner** „roestbar" von Sandra Götting und Mario Joka (mit Filialen im Kreuzviertel, am Bohlweg, am Theater und in der Domgasse) wirbt mit individuellen Trainings „für Einsteiger, ambitionierte Home-Baristi, Kaffeeprofis sowie Barista-Champions" und verweist auf Aylin Ölcer (deutsche SCA Barista Meisterin 2020) sowie Erna Tosberg (deutsche SCA Barista Meisterin 2013 und 2015), die dort individuelle Trainings absolvierten. In der „**Bonner** Kaffeeschule" kann sogar eine weltweit anerkannte Ausbildung der Speciality Coffee Association (SCA) erworben werden. Das Unternehmen bietet Zertifizierungen gemäß der SCA zu den Modulen „Introduction to coffee", „Barista skills", „Brewing", „Roasting", „Sensory skills" und „Green Coffee" an.

Auch die Großen der Branche setzen inzwischen auf Third Wave. Nestlé-Chef Mark Schneider erwarb 2017 mit 68 Prozent des Aktienkapitals die Mehrheit an der hippen Kaffeekette „Blue Bottle Coffee", die 2002 in **Oakland**, Kalifornien, gegründet wurde. Mit ihren über 100 Filialen gilt sie als eine der trendigsten und auch teuersten Caféketten der Welt. Nestlé spricht in diesem Zusammenhang von „Super-Premium-Cafés". Der Kaffee wird bei „Blue Bottle" in riesigen Glaskolben frisch aufgebrüht. Die Innenausstattung ist bewusst als Erlebniszone gestaltet und macht die Läden zu „Kaffeepilgerstätten", die man nicht in erster Linie betritt, um nur Kaffee zu trinken.

Neben „Blue Bottle" setzt Nestlé auch auf eine innovative Kaffeemaschine namens „Roastelier", mit der der Konzern Hipster-Kaffeebars erobern will. Mit der rund ein Meter großen Luxusapparatur können Coffee-Shop-Besitzer ihren eigenen Kaffee rösten und mit Hilfe eines Touchscreens alle wichtigen Parameter genau bestimmen – vom Mahlgrad bis hin zur Wasserhärte. In Griechenland und Skandinavien waren die Maschinen 2019 bereits im Einsatz, 2020 folgten weitere Märkte. Seit April 2015 zündete Nestlé auch im sogenannten Kapselkrieg die nächste Stufe und eröffnete sein weltweit erstes eigenes Café in der **Wiener** Einkaufsmeile Mariahilfer Straße. Zur Auswahl standen alle Kaffeesorten der Marke Nestlé sowie mehr als 20 Kaffeespezialitäten, die von Baristas zubereitet wurden.

Das Sterben der großen Kaffeehäuser

Für die klassischen Konditoreicafés war die Entwicklung, die im ersten Jahrzehnt des 21. Jahrhunderts eingesetzt hatte, nicht leicht zu verkraften. Obwohl im Jahr 2000 Kaffee das beliebteste Getränk in Deutschland war und der durchschnittliche Pro-Kopf-Verbrauch bei 162 Litern pro Jahr lag, gingen die Umsätze in den klassischen Kaffeehäusern von Jahr zu Jahr zurück. Zu groß war die Konkurrenz durch Coffeeshops und Caféketten wie Starbucks, McCafé und Coffee Fellows. Zu viele Bäckereien boten in ihren Backshops und angegliederten Cafés Espresso, Cappuccino und mehr in ähnlichen Variationen an wie es die Konditoreicafés taten. Hinzu kam der Coffee to go, der vor allem eine jugendlich urbane Zielgruppe ansprach. Gab es 1998 noch 813 Konditoreibetriebe in Nordrhein-Westfalen, so waren es 2020 nur noch 578.

Familiengeführte Betriebe hatten es darüber hinaus schwer, mit den günstigen Preisen der industriell belieferten Großkonkurrenz mitzuhalten. Die Ketten benötigten weniger Platz, weil sie ihre Waren nicht frisch backen mussten. Und die eingesparten Quadratmeter schlugen sich in geringeren Mietkosten nieder, was zu einem Wettbewerbsvorteil führte. Wer aus Altersgründen keinen Nachfolger für ein Konditoreicafé fand, musste einen Käufer für das Inventar und die Backstube finden, doch das war nicht leicht, weil der Finanzbedarf erheblich war. Als Folge dieser Entwicklung mussten zahlreiche Cafés schließen – auch große Häuser, die über Jahrzehnte das Bild der Städte geprägt hatten.

Münster: Clair Schucan übergibt an „Feller Mokka und Torte"

Das Kaffeehaussterben jener Jahre zeigt sich exemplarisch in der Stadt **Münster**. Stückchenweise – wie bei einer Torte – verschwand dort die Kaffeehauskultur in der Innenstadt. Den Anfang machte das Café Schucan. Jakob Otto Schucan war am 11. Februar 1982 im Alter von 80 Jahren gestorben und seine Tochter Clair hatte kurz darauf die Leitung des traditionsreichen Hauses übernommen. Mitte der 1980er-Jahre kursierten dann erste Gerüchte, dass „Schucan" schließen werde.

Es gab keinen Nachfolger in der Familie von Clair Schucan, der das Café fortführen wollte, außerdem war es kaum noch rentabel, ein dermaßen großes Kaffeehaus zu betreiben, weil der Personalaufwand zu hoch war. Als am 17. Mai 1988 bekannt wurde, dass Clair Schucan das Dreigiebelhaus samt Café an die damalige Hussel-Holding AG aus Hagen (heute „Douglas") vermietet hatte, war die Empörung in der münsterischen Bevölkerung groß. Die Kaufleute in der Altstadt fürchteten, dass nun weitere Konzerne ihre Hände nach dem Prinzipalmarkt ausstrecken würden und die Gäste des Schucan trauerten um ihr Stück Heimat in dem liebgewonnenen Traditionshaus.

Der Konzern versuchte, die Stadt Münster an den Umbaukosten zu beteiligen, doch die Stadt winkte ab. Die Probleme für Hussel vergrößerten sich, weil sich Clair Schucan zwar an den vereinbarten Kaufpreis für das Café hielt, nicht jedoch an die abgesprochene Miete. Sie verdoppelte den Pachtzins plötzlich, sodass Hussel das Café nicht mehr rentabel betreiben konnte und entschied, es am 31. März 1989 zu schließen.

Die Stimmung in der Bevölkerung schaukelte sich in den folgenden Monaten dermaßen gegen Hussel auf, dass die Holding Umsatzeinbußen aufgrund des entstandenen Negativimages befürchtete. Da zum Konzern auch die Schweizer Confiserie Feller gehörte, die mehrere Café-Restaurants erfolgreich in anderen Großstädten betrieb, gab Hussel beschwichtigend bekannt, das Café Schucan auf einer Teilfläche des Dreigiebelhauses weiterzuführen – im ersten Stock,

Der Zauber des Café Schucan

„Stets war Schucan, wer wollte das leugnen, von einem Hauch Eitelkeit umweht. Manches in diesem Hause erinnerte tatsächlich an das Theater. Hier saß man auf einer Bühne und im Parkett. Nur hob sich natürlich kein Vorhang, hier reichte schon eine große Drehtür, durch welche die Besucher regelrecht ins Café geschleust wurden und damit ihren eigenen, persönlichen Auftritt in der Öffentlichkeit erhielten. Dies galt besonders für die Wintermonate, in denen die Drehtür witterungsbedingt laut und vernehmlich quietschte. Akustisch derart angekündigt, verstummte dann häufig für einen Augenblick das Stimmengewirr, und auch das Tassengeklapper ließ kurzfristig nach, um dann nach kritischer Inaugenscheinnahme des Neuankömmlings mal schneller, mal langsamer wieder den alten Pegel zu erreichen. Neugierde und Selbstdarstellung gingen bei Schucan eine treffliche Symbiose ein. Während die Herren ihre Kommentare häufig unverhohlen von sich gaben, geschah dies bei den Damen eher tuschelnd hinter vorgehaltener Hand. Dass auch mancher Flirt bei Schucan ins Eheglück führte, sei nur am Rande erwähnt."

Aus: Wolfgang Weikert / Bernd Haunfelder: Schucan, eine Legende (S. 114–115)

wo sich früher der große Billardsaal befand. Im Erdgeschoss verzichtete der Konzern auf die Einrichtung eines Buch- und Zeitschriftengeschäfts der Tochtergesellschaft „Montanus" und stellte die Räume für den Confiserieverkauf des Cafés zur Verfü-

Café Schucan im Dreigiebelhaus am Prinzipalmarkt 24/26 in Münster (Foto von 1985). Rechts: Die Speisekarte des Cafés.

gung. Das Schaufenster wurde dadurch transparenter und man konnte direkt in den Verkaufsraum blicken. Rentabel war der Betrieb für Hussel allerdings zu keiner Zeit – der Konzern subventionierte die hohe Miete durch Gewinne der Münsteraner Tochtergesellschaften von Douglas, dem Süßwarengeschäft Hussel sowie dem Schmuck- und Uhrengeschäft Weiss.

Der Imageschaden hatte sich jedoch spürbar verringert. Noch während der Umbauphase verkaufte Clair Schucan das Dreigiebelhaus an den münsterischen Geschäftsmann Hans E. Schneberger.

Am 13. Oktober 1989 eröffnete das neue „Schucan", größtenteils mit dem alten Inventar (Kronleuchter, Tische Stühle und Theke). Selbst die Engadiner Winterlandschaft von Eugen Fernholz hing wieder im Café (als Leihgabe von Clair Schucan). Auch ein Großteil des alten Personals, allen voran Backstubenleiter Friedhelm

Pecher, konnte zurückgewonnen werden. Nur die legendäre Drehtür war den neuen sicherheitstechnischen Vorgaben zum Opfer gefallen, Einlass ins Café gewährte nunmehr eine automatische Tür.

Auch an die neue Kaffeerösterei und an die warmen und kalten Gerichte im Café mussten sich die Münsteraner erst gewöhnen. An den Glanz der alten Zeiten konnte das neue Schucan allerdings nicht mehr anknüpfen. 1997 musste auch das „Feller Mokka und Torte" (wie das „kleine Schucan" sich nannte) schließen. „Das Café wurde als Surrogat gewertet", schrieb die Presse, „das dem Original nicht das Wasser – und erst recht nicht die hausgemachte Schokolade – reichen konnte." Die Thalia-Buchhandlung zog dort ein, heute befindet sich in dem Haus eine Modeboutique.

Münster: Die „Roestbar" zieht ins Café Kleimann ein

Am 31. März 2016 musste das Café Kleimann am Prinzipalmarkt in **Münster** schließen, das Bernd Kleimann gemeinsam mit seinen beiden Geschwistern in dritter Generation geführt hatte. Der 1934 gegründete Betrieb war immer „ein Café mit Eckchen", schrieb Günter Benning in den „Westfälischen Nachrichten". „Unten saß man etwas verborgen, nach oben führte eine geschwungene Treppe. Hinten war der legendäre Blaue Salon [so genannt wegen seiner Polstersessel aus blauem Samt], der erste Nichtraucherraum Münsters (damit die Schüler dort nicht kifften). Kleimann war ein Ort für Intimes. Ein stiller Ort." Regelmäßig schlürfte dort ein Musikerstammtisch seinen Kaffee . Bei Geburtstagen gönnte sich die Runde mit der 86-jährigen Geigerin Lilligret Middelberg ein großes Stück Torte. Die ehemaligen Musiker vom Sinfonieorchester kamen seit 20 Jahren. „Wir konnten einfach nicht voneinander lassen."

Das Traditionscafé musste nach 86 Jahren schließen, weil es zum einen unter Standortfaktoren litt (es gab kaum Außenplätze unter den Bögen vor dem Eingang, zudem hatte man dort zu wenig Sonne), zum anderen war die Konkurrenz übermächtig. „Roestbar", Cafe Extrablatt und Starbucks im Zentrum hatten dem Café die Umsätze weggenommen, aber auch Szenecafés wie „Teilchen & Beschleuniger" oder „Tante August" (beide mit angestaubtem Retro-Mobiliar) kosteten „Kleimann" Marktanteile. Ebenfalls Ende März 2016 musste das nur 18 Quadratmeter große Kaffeestübchen „Milchmädel" in der Domgasse 4 schließen, da es die Logistik des Café Kleimann mitgenutzt hatte. Eine Filiale der „Roestbar", die Mario Joka und Sandra Götting in Münster betreiben, zog dort im Juni 2016 ein.

Münster: Café Krimphove –
Das Aus für Blumen-Soffi und Appeltiefe

Im September 2016 schloss ein weiteres großes Haus in **Münster** – das Café Krimphove. Der Familienbetrieb in der Ludgeristraße existierte seit 1895. Konditormeister Anton Krimphove hatte das Café damals in einem typisch münsterischen Bürgerhaus eröffnet. Als das Haus 1944 durch einen Bombenangriff zerstört wurde, ließen es Karl Krimphove und seine Frau Hildegard in der Ludgeristraße 85/Ecke Hötteweg neu errichten und eröffneten es am 3. Dezember 1949.

Krimphove machte sich schnell einen Namen in Münster, vor allem durch seine originellen Spekulatiusfiguren, die einen besonderen Bezug zur Stadt hatten. Der Grafiker Paul Pausen hatte eigene Backformen für die Figuren entworfen – sie zeigten Hermann Landois (den Gründer des Westfälischen Zoologischen Gartens), den Drehorgelspieler Clemens Honsel, den Briefträger Overnüte, die Blumen-Soffi, den Kiepenkerl, die Appeltiefe (Obstverkäuferin), den Türmer, den Fahnenschläger und viele andere.

Einladende Sprossenfenster mit großen Rundbögen kennzeichneten den vorderen Teil des Café Krimphove in Münster (Foto von 1985). Im hinteren Teil bestimmten aufgesetzte, sechsteilige Spiegelflächen die Atmosphäre.

1988 hatten Karl Krimphove jr. und seine Frau Silvia den Betrieb übernommen, mussten ihn aber 2004 verkleinern, als die „Münster-Arkaden" gebaut wurden. Die „Westfälischen Nachrichten" schrieben: „Damals blieb nur das Haus Krimphove auf seiner Insellage inmitten der Abrissarbeiten standhaft. Der Konditormeister musste sein Haus nicht verlassen, sich aber von seiner Backstube trennen. Die Krimphoves reduzierten ihr Angebot – Teegebäck, Hartgebäck und Plunderteilchen gab es nicht mehr. Eine Modernisierung des Cafés war die Folge. Bis zum Arkaden-Neubau blickte Familie Krimphove auf das Flachdach der Sparkasse, dann versperrte das Einkaufszentrum den Weitblick auf Dom und Überwasser." In den 1960er-Jahren hatte die Konditorei 25 Torten täglich verkauft und 33 Mitarbeiter beschäftigt. Als Karl Krimphove das Café am 17. September 2016 schloss, waren es noch drei Beschäftigte. Nach 121 Jahren ging dann die Ära zu Ende.

Münster: Gabriele Kahlert-Dunkel übergibt das Café Grotemeyer

Am 23. März 2019 schloss eine der letzten Ikonen klassisch-münsterischer Cafékultur – das Café Grotemeyer. An ihrem 80. Geburtstag im Jahr 1986 hatte sich Annelie Kahlert aus dem Betrieb zurückgezogen (sie starb im Jahr 2000) und ihre Kinder Reinolf und Gabriele an der neu gegründeten Grotemeyer KG beteiligt. Noch im selben Jahr wurde das Café renoviert, ohne den Stil grundlegend zu verändern. 1989 wurde das Haus in der Salzstraße 24, das bis dahin nur bis zum ersten Stock ausgebaut worden war, um zwei weitere Stockwerke ergänzt. Parallel dazu realisierte Reinolf Kahlert zusammen mit dem Architekten Gerd Brinkhaus den Wiederaufbau des Lortzingsaals, der 45 Jahre lang eine Ruine geblieben war, von der nur noch die Mauern und die markanten Korbbögen standen. Als der Saal im November 1990 fertiggestellt war, wurde er auf seiner Fläche von 240 Quadratmetern (mit einer Galerie-Ebene) als Abend- und Nachtgastronomie betrieben.

Die Geschäfte im Café Grotemeyer liefen weiterhin gut. 1993 eröffneten die Geschwister Kahlert das Café Colibri in der Stadtbücherei. Der Betrieb wurde von vielen Gästen aufgrund der Internetzugänge als „kleines Büro" genutzt. Gabriele Kahlert-Dunkel erweiterte das Angebot der Grotemeyerschen Konditorei und Marzipanmanufaktur, empfing Geschäftsleute und die Stadtprominenz in ihrem Café – wie auch Schauspieler/-innen und Filmgrößen, u.a. Ruth Leuwerik und Otto Waalkes. Es gab eine enge Zusammenarbeit mit den münsterischen Filmtheaterbetrieben, und Talkmasterin „Frau Möllenbaum" empfing über viele Jahre prominente Gäste im Café (u.a. den Designer Dieter Sieger). Auch der BPW, der Verband

Den Gastraum des Café Grotemeyer (hier in einer Aufnahme von 1985) charakterisierten rote Polsterstoffe in der Bestuhlung, Teppiche sowie kostbare Kronleuchter und Wandleuchten.

berufstätiger Frauen, sowie der Verein „Frauen u(U)unternehmen" (in beiden Organisationen war Gabriele Kahlert-Dunkel im Vorstand vertreten) machten das Café Grotemeyer zum Ort ihrer Treffen und Veranstaltungen.

Mit der Finanzkrise im Jahr 2009 zogen erste dunkle Wolken über dem Betrieb auf. Gerüchte über eine bevorstehende Insolvenz des Café Grotemeyer machten in Münster die Runde, doch Reinolf Kahlert und Gabriele Kahlert-Dunkel zeigten sich kämpferisch. Als der Betrieb jedoch vom Münchner Gastronom Thomas Hirschberger ein lukratives Angebot bekam, die Caféräume im Erdgeschoss zu verpachten und sich auf der ersten Etage zu verkleinern, zögerten die Kahlerts nicht lange. Im Februar 2014 zog das Café Grotemeyer in die erste Etage des Hauses in der Salzstraße (ins ehemalige Wohnzimmer der Familie) und eröffnete für seine Gäste bereits im Oktober einen neuen Blick auf den Erbdrostenhof. Lediglich die Backstube wurde an den Kappenberger Damm ausgelagert. Für den Verkauf von Torten, Pralinen und Marzipangenüssen wurde der bisherige Schmuckladen im Erdgeschoss umgebaut. In den ehemaligen Caféräumen eröffnete eine Filiale der Restaurantkette „Hans im Glück", die sich auf Burger spezialisiert hatte.

Gabriele Kahlert-Dunkel hatte den neuen Trakt des Cafés bewusst modern gestaltet: Es gab nun bequeme Ledersessel statt samtbezogene Polster, neues Geschirr und eine moderne Gestaltung des Thekenbereichs. Auch die Bilder von Fritz Grotemeyer hingen dort. Die Gäste konnten in den neuen Räumen ihren Kuchen genießen, dabei Zeitung lesen oder ein Pläuschchen halten. Nach wie vor hatte der frisch aufgebrühte Kaffee Tradition bei Grotemeyer. Das Brühverfahren benötige Zeit, fast genauso lange wie ein gut gezapftes Bier.

Obwohl der Betrieb durch die Verkleinerung der Caféfläche weniger personalintensiv und damit wirtschaftlicher geworden war, entschloss sich die Inhaberin aus Altersgründen 2019 dazu, das Angebot ihrer Erdgeschossmieter „Hans im Glück" anzunehmen und auch die erste Etage zu vermieten. Das Café Grotemeyer schloss in fünfter Generation am 23. März 2019. Eine sechste Generation stand nicht bereit, da die drei Kinder der Inhaberin erfolgreich eigene berufliche Wege eingeschlagen hatten.

„In der Hauptblütezeit gab es in Münster sehr viele Cafés", sagte Gabriele Kahlert-Dunkel zum Abschied. „Du konntest mit dem Café Servatii anfangen, dann gab es Gottenbusch an der Ecke zur Promenade. Dann ein kleines Café am Ende der Salzstraße. Rechts herunter ging es zu Café Henke, dann weiter zu Café Middendorf. Geradeaus ging man zu Kleimann. Dann zu Schucan. In der Ludgeristraße zu Krimphove. Am Ludgeriplatz zu Café Müller. Und am Bahnhof zurück über Café Bücker. [...] Als Schucan geschlossen hatte, war das der Anfang vom Ende."

Das einzige Café in Münster, das 2020 noch an die alten Zeiten erinnert, ist das Marktcafé am Domplatz 6–7. Es wurde am 27. Mai 1997 feierlich eröffnet. Die riesige Holztheke, die den Cafésaal dominiert, stand bis 1996 in Paris, Saint-Denis und Clichy. An dieser Theke, die ca. 1930 angefertigt wurde, standen laut Gästebuch des alten Wirtes schon Ernest Hemmingway, Arthur Miller und Jean Gabin. Der Kaffee wird im Marktcafé aus Bohnen der italienischen Rösterei Segafredo Zanetti aus Bologna mit einer echten Astoria-Siebträger-Maschine zubereitet.

Das Marktcafé am Domplatz in Münster (2021). © Mark Brouwer, Marktcafé Münster.

Düsseldorf: Bye, bye Bittner – der lange Weg zum Abschied

In **Düsseldorf** geriet 2003 der Konditorei- und Cafébetrieb von Bittner, den Carl Heinz Mander im März 1972 übernommen hatte, ins Schlingern. Mander hatte noch am 31. August 1983 am Düsseldorfer Carlsplatz 20–21 ein neues geräumiges Café eröffnet, das aufgrund seiner plüschig-kultigen Atmosphäre viele Jahre lang eine Anlaufstelle für Stammgäste und Touristen war. Zu Beginn des neuen Millenniums zog dort mit Kunst und Kultur ein frischer Wind in die Caféräume ein. Seitdem dominierten dreidimensionale Deckengemälde des Künstlers Jürgen Weber zum Thema Jahreszeiten das Ambiente. Das Café öffnete auch abends und brachte Shows und Veranstaltungen auf die Bühne. Neben einem modernisierten Kaffeeangebot konnte man dort nun königlich schlemmen – wie in den anderen beiden Bittner-Cafés in der Grabenstraße und den Schadow-Arkaden. Gleichwohl geriet Otto Bittner in zunehmende Zahlungsschwierigkeiten und musste 2003 Insolvenz anmelden.

Dem Duisburger Konditoren Uwe Limper war es zu verdanken, dass die Bittner-Cafés weitergeführt werden konnten. Er kaufte 2004 den Betrieb und erwarb zugleich die Rechte am Namen Otto Bittner. Kurz darauf eröffnete er eine weitere Filiale der Confiserie Otto Bittner (mit Sitzplätzen) in der Kö-Galerie.

Konditorei Limper (Duisburg)

Die Konditorei Limper wurde 1958 in der Mülheimer Straße in **Duisburg** gegründet. 1979 entstand in Hamborn die erste Limper-Filiale, zwei Jahre später folgte die zweite mit der Übernahme des Café Bleekmann am Kalkweg. 2012 betrieb Limper sieben Cafés in **Duisburg, Düsseldorf** und **Mülheim** (Rhein-Ruhr-Zentrum), in denen selbst hergestellte Back-, Konditorei- und Confiseriewaren angeboten wurden. Seit 1994 wurde in einer 1200 Quadratmeter großen Halle am Großenbaumer Handwerkshof in Duisburg produziert.

Im November 2013 musste die Duisburger Muttergesellschaft Limper jedoch Insolvenz anmelden. Für die Bittner-Cafés sah es mehrere Wochen lang schlecht aus, zudem sollte der im Dezember 2013 auslaufende Mietvertrag am Carlsplatz nicht verlängert werden. Mit einem großen roten Gästebuch kämpfen die Bittner-Mitarbeiter verzweifelt für den Erhalt ihres Cafés – wollten Kunden sensibilisieren, mögliche Investoren und auch den Vermieter überzeugen.

Als Retter trat schließlich die Büsch-Gruppe aus **Kamp-Lintfort** auf. Sie übernahm 2004 die verbliebenen Cafés von Otto Bittner sowie den Produktionsbetrieb von Limper am Handwerkshof in Großenbaum. Die beiden Verkaufsstellen in der Mülheimer Straße in **Duissern** und in der Rathausstraße in **Hamborn** wurden an die Bäckerei Bolten verkauft, das Café Limper am Kalkweg 178 in **Wedau** wurde von Otto Dobbelstein am 1. April 2004 übernommen. Für das Café Otto Bittner in der Kö-Galerie in **Düsseldorf** konnte kein Interessent gefunden werden, da der Mietvertrag vom Vermieter bereits vor der Insolvenzantragstellung gekündigt worden war. Die Schließung dort erfolgte Ende März 2004. Schließen musste auch das kleine Bistro-Café Otto Bittner, das erst im August 2003 in der Düsseldorfer Straße in **Saarn** (Speicherplatz) eröffnet worden war (ehemals „Sanetti-Bar" von Chocolatier Buss).

Norbert Büsch und seine Frau Silke investierten rund eine halbe Million Euro in den Umbau der Räume am Carlsplatz. Dunkles Holz und klare Linien sorgten für eine spürbar modernere Atmosphäre, die schweren Kronleuchter und alten Polsterstühle verschwanden und wurden an treue Kunden versteigert. Als das Café am 18. September 2014 wiedereröffnet wurde, sprach es endlich auch eine jüngere Zielgruppe an.

In **Großenbaum** ließ Büsch einen Teil der Produktionsstätte in ein Café umbauen, in dem sich vor allem samstags lange Schlangen vor der Tür bildeten und es bisweilen unmöglich war, einen freien Platz in dem kleinen Gastraum zu finden. Im Mai 2018 mussten die Produktionsstätte und das Café jedoch schließen, da die Produktion aus Gründen einer effizienteren Nutzung von Synergien zu Büsch nach **Kamp-Lintfort** verlegt wurde.

Am 26. August 2018 wurde dann auch das Café Bittner am Carlsplatz geschlossen. Die Räume wurden von der Kette „Copenhagen Coffee Lab" bezogen, die bereits zahlreiche Filialen in Nordrhein-Westfalen betrieb. Ein Jahr später – am 24. August 2019 – schloss auch das letzte verbliebene Café Bittner im Rhein-Ruhr-Zentrum (in der unteren Etage an der Rolltreppe) in **Mülheim**. Mit ihm verschwand nach 114 Jahren der Name Otto Bittner aus der Geschichte der Kaffeehäuser dieser Region.

Die Bäckerei Büsch nannte eine Reihe von Gründen für die Schließung: Zum einen wurde es immer schwieriger, während des ganzen Jahres das Cafégeschäft wirtschaftlich zu betreiben. Gerade in den warmen und heißen Sommermonaten gingen die Besucher nicht in die Innenstadt oder ins Einkaufscenter, sondern nutzten verstärkt die Außengastronomie. Fehlende Parkplätze, geringe Möglichkeiten der Außenbewirtschaftung und ein zunehmender Konkurrenzdruck durch Kaffeeketten in der Umgebung ließen darüber hinaus die Umsätze einbrechen. Ein reiner Café-Betrieb machte deshalb keinen Sinn mehr.

Düsseldorf/Osnabrück: Leysieffer wird insolvent

2020 musste in **Düsseldorf** auch das Café Leysieffer schließen. Dort, wo einst Bittner in der Königsallee 44 residierte, hatte Leysieffer im Sommer 2001 eine Filiale eröffnet. Das dunkle Rot der Lederbänke, die schwarzbraun marmorierten Bistrotische und die terrakottafarben gestrichenen Wände verliehen dem Café auf der ersten Etage ein gediegenes Ambiente. Zwischen Palmen, blitzenden Kaffeemaschinen und viel Glas saß man dort sehr kommod. Im Erdgeschoss befand sich die Confiserie mit einer kleinen Kaffeebar im französischen Bistrostil. Umso länger waren die Kuchentheke und die Regale mit feinster Confiserie. Es gab dort frühmorgens fürstliche und sogar preiswerte Frühstücke, den Tag über dann kleine Bistro-Snacks und Tellergerichte, vor allem aber die legendäre „Sylter Rote Grütze".

Leysieffer (Osnabrück)

Leysieffer wurde von Ulrich Leysieffer in **Osnabrück** gegründet, der 1909 zusammen mit seiner Frau Emilie in der Krahnstraße ein Café gründete (heute das Stammhaus der Firma). Nach Ende des Zweiten Weltkriegs wurde das schwer beschädigte Haus wiederaufgebaut und von Karl Leysieffer weitergeführt, der dort 1950 den ersten „Himmlischen" kreierte – einen Schokoladen-Trüffel, der zum Markenzeichen der Firma werden sollte. Die steigende Nachfrage nach Pralinen und Süßwaren aus der Leysieffer-Manufaktur ermutigte zur Expansion. 1964 begann der Versandhandel. Im Jahr 1967 stieg Axel Leysieffer in dritter Generation in das Unternehmen ein. 1973 zog Leysieffer in die heutige Produktionsstätte nach **Osnabrück**. Es folgte die Gründung von 16 Chocolaterien in **München, Berlin, Hamburg** und auf **Sylt**.

Im April 2019 musste das Unternehmen aufgrund von Vertriebsproblemen (Leysieffer war zu spät ins Geschäft mit dem Lebensmitteleinzelhandel eingestiegen) einen Insolvenzantrag stellen. Dies bedeutete das Aus für das Düsseldorfer Café auf der Königsallee – es musste im Juni 2020 schließen. Der geschäftsführende Gesellschafter Jan Leysieffer fand jedoch im Januar 2020 mit Deel & Winkler einen Investor, der das Familienunternehmen weiterführte. Im Juni 2021 verließ das Traditionsunternehmen sein Stammhaus und zog ins Haus „Tenge" in der Altstadt. Das neue Leysieffer-Stammhaus firmiert dort seit Oktober 2021 als „Haus der Genusskultur".

Essen: Ein Juwelier zieht ins Café Overbeck ein

Die allgemeine Krise, in die das Kaffeehausgewerbe im neuen Millennium geraten war, ging auch am **Essener** Café Overbeck nicht vorbei. Bereits im Jahr 2000 hatte das Unternehmen das Stammhaus in der Limbecker Straße sowie das Café in der Hauptpost schließen müssen, weil sich die Post am Willy-Brandt-Platz vergrößerte. Der Betrieb schrumpfte in den folgenden Jahren – 2013 hatte Overbeck nur noch 35 Mitarbeiter, mit allen Aushilfen waren es 60. Neben dem Hauptcafé auf der Kettwiger Straße 15 gab es nur noch die 1959 eröffnete Filiale auf der Rüttenscheider Straße 66. Nicht mehr wegzudenken und wirtschaftlich nun auch nötig geworden war der Mittagstisch zu erschwinglichen Preisen, denn die Konkurrenz war größer geworden für Overbeck. Ketten wie „Starbucks", Bäcker, die alles „to go" verkauften, Eisdielen, die inzwischen auch Frühstücke anboten sowie florierende Außenbetriebe wie das „Solo" neben der Essener „Lichtburg" hatten dem Café peu à peu Marktanteile abgenommen.

Das Café Overbeck in der Essener Hauptpost (hier in einer Aufnahme von 1985) fiel durch großflächige Wandteppiche auf. Die Saaldecke bestand aus türkisfarbenen Keramikfliesen, die das Licht reflektierten. Die Tischleuchten wurden eigens für das Café entworfen.

Am 1. Oktober 2014 musste der Traditionsbetrieb beim Amtsgericht Essen Insolvenz anmelden. „Uns droht die Zahlungsunfähigkeit", sagte Eckard Overbeck (der 1959 geborene Sohn von Egon Overbeck), der das Café seit zwei Jahrzehnten in dritter Generation geführt hatte. Großflächige Umbauarbeiten im benachbarten Schuhhaus Böhmer hatten das Terrassengeschäft im Sommer 2014 verdorben, hinzu kamen gestiegene Energiekosten für Café und Backstube.

Was erst später bekannt wurde: Das Rheinische Amt für Denkmalpflege hatte ein Gutachten erstellt, das am 23. Juli 2014 an die Denkmalbehörde der Stadt Essen geschickt wurde. Darin wurde empfohlen, den gesamten Häuserkomplex – sowohl das Café Overbeck als auch das Haus auf der Kettwiger Straße – unter Denkmalschutz zu stellen. Die Betreiberfamilie, der die Immobilie gehörte, wehrte sich dagegen, weil Umbauten oder energiesparende Sanierungsmaßnahmen dadurch komplizierter und vor allem teurer zu werden drohten.

Eine Entscheidung musste jedoch die Denkmalbehörde der Stadt Essen treffen, die das Café Overbeck bereits vor 20 Jahren in die Liste von Essener Bauten mit erhaltenswerter Architektur der 1950er-Jahre aufgenommen hatte. Die Behörde stimmte schließlich zu, sodass am 16. April 2015 der Gebäudekomplex auf der Kettwiger Straße 15 als Baudenkmal eingetragen wurde. Eine vorläufige Unterschutzstellung war bereits im Januar 2015 erfolgt.

Der Café- und Konditoreibetrieb in der Kettwiger Straße wurde bis Ende Dezember 2014 fortgeführt, dann fand die 82-jährige Firmengeschichte ihr trauriges Ende. Viele Essener fanden sich am 27. Dezember noch einmal „für einen letzten Cappuccino, ein letztes Stück Sachertorte zum ‚Leichenschmaus' in das elegante Kaffeehaus in der Kettwiger Straße ein", schrieb die „Westdeutsche Allgemeine Zeitung". „Manche hielten das klassische Interieur für die Nachwelt fest,

Das Café Overbeck auf der Kettwiger Straße in Essen war aufgrund seiner authentischen 1950er-Jahre-Atmosphäre Kult (oben in einer Aufnahme von 1985). Im Januar 2015 kaufte der Juwelier Andreas Mauer die Immobilie und ließ sie nach den Auflagen des Denkmalschutzes restaurieren (siehe Seite 281). Dazu gehörten die Treppenanlage, die kannelierten Säulen mit Kragenbeleuchtung, die hölzernen Deckenzierleisten, die Neorenaissance-Laternen im Innenraum und auf dem Balkon sowie die Messingwandleuchten und floralen Applikationen aus Muranoglas.

filmten die Familie bei der letzten Tortenschlacht, fotografierten die kunstvoll geschichteten Pralinen oder den elegant-geschwungenen Schriftzug über dem Eingang." Vom 22. bis 28. Dezember konnten die Kunden Deko-Artikel aus dem Café Overbeck kaufen – 4 Euro für versilberte, leicht angelaufene Eisschalen oder 17,50 Euro für ein ganzes Gedeck aus Kaffee- und Teetassen.

Bis zuletzt hatte die Belegschaft – und mit ihr ganz Essen – gehofft, ein neuer Betreiber würde das Café übernehmen; doch alle Bemühungen verliefen im Sand. Am 1. Januar 2015 kaufte der Juwelier Andreas Mauer, der im „Handelshof" am Willy-Brandt-Platz in dritter Generation ein Schmuck- und Uhrengeschäft besaß, die Immobilie in der Kettwiger Straße. Die Architektur des Geschäftshauses sowie die bautechnischen und stilistischen Elemente aus den 1950er-Jahren, die das Café kennzeichneten, wurden erhalten. Mit viel Liebe zum Detail (und einer insgesamt siebenstelligen Summe) wurden u. a. alle vorhandenen Lichtelemente in der hauseigenen Werkstatt gereinigt, restauriert oder in den Originalzustand von 1955 zurückversetzt. Die alten Original-Tapeten wurden von einer Spezialfirma hergestellt und auch die beiden geschwungenen Neonschriftzüge „Overbeck" an der Fassade im fünften Stockwerk erstrahlten in neuem Glanz.

Wer das Juweliergeschäft betritt, wird vieles wiedererkennen: die geschwungene Treppe, die kannelierten Säulen mit Kragenbeleuchtung, die dreiteiligen Messingwandleuchten, die kostbare Deckenleuchte im Zwischengeschoss, die geschwungenen Deckenzierleisten, die Wabengitter im Untergeschoss. Die „historische Sitzecke" (siehe Seite 281) ist mit dem Originalmobiliar aus der Cafézeit ausstaffiert. Auf einer Staffelei sind Schwarzweißfotos mit Motiven des alten Café Overbeck zu sehen. Auf dem Balkon gegenüber des Schuhhauses „Böhmer" steht sogar eine Sitzgruppe mit Tisch aus den 1950er-Jahren. Stieße man nicht auf das Schild mit der Aufschrift „Herzlich Willkommen in unserer Rolex Welt", könnte man meinen, im alten Overbeck-Haus sei die Zeit sei stehengeblieben.

Siegburg: Die Jakob Fassbender GmbH gerät ins Trudeln

Im **Rhein-Sieg-Kreis** musste im Juli 2008 die „Jakob Fassbender GmbH" mit Stammsitz am **Siegburger** Marktplatz Insolvenz beantragen. Schuld an der Misere waren nach Aussagen der Geschäftsführung die drastisch gestiegenen Rohstoff- und Energiepreise mit Preiserhöhungen um bis zu 50 Prozent. Erst am 1. April 2009 hatten sich Investoren gefunden, die den Betrieb weiterführten. Die Produktion zog vom Markt 12 in Siegburg in das Industriegebiet, wo außerdem das Geschäft „Fassbender to go" eröffnete. 2012 wurde das Café Bottler in der **Bonner** Vivatsgasse übernommen. Seit 2014 gehörte in Siegburg auch das Literaturcafé in der Stadtbücherei zu den Fassbender-Filialen. Als im Frühjahr 2015 in der zentralen Produktions- und Verpackungshalle in Siegburg ein Brand ausbrach, trug die Versicherung nur einen Teil der Kosten und die Fassbender GmbH blieb auf einem sechsstelligen Euro-Betrag sitzen. Dies führte im August 2018 erneut zur Insolvenz. Am 1. Januar 2019 übernahm der Gastronom Klaus Hilger den Betrieb und überführte die Cafés in die „Fassbender Genusskultur" – als Teil einer neuen Gesellschaft. Das Café Bottler in **Bonn** und die Konditorei Jansen in **Bad Honnef** wurden nicht weiter betrieben, alle anderen Standorte blieben erhalten.

Weitere Caféschließungen in Nordrhein-Westfalen

Manche Cafés wurden im neuen Millennium geschlossen, weil sich keine Nachfolger fanden, wie im Fall des Café Dreisbach in **Hagen** (geschlossen 2000), des Altstadt-Café Jansen in **Essen-Kettwig** (geschlossen 2001) oder des Café Dingwerth am Alten Markt in **Bielefeld** (geschlossen 2010). Mehr als 75 Jahre war das Café Müller in **Wuppertal** ein beliebter Treffpunkt für alte und junge Vohwinkeler, ehe Heike Müller es am 31. März 2009 schließen musste, weil sich niemand fand, der den Traditionsbetrieb übernehmen wollte.

Auch das Café Brons in **Solingen** schloss im September 1988, weil keines der Brons-Kinder in die Fußstapfen der Vorfahren treten wollte. Einige Tische aus dem Café stehen heute im Gräfrather „Kaffeehaus" von Peter von der Heiden. Lediglich die dünnen Marmorplatten wurden durch dickere Holztischplatten ersetzt. 2008 schloss das Café Melchiors in der Solinger Hauptstraße, das seine Wurzeln in der 1840 gegründeten Bäckerei hatte.

Andere Cafés wurden einfach abgerissen (wie 2017 das Glas-Café auf dem Husemannplatz in **Bochum**) oder eröffneten an einem anderen Ort neu, wie das Café Zimmermann in **Köln**, das 2001 das Stammgeschäft in der Herzogstraße aufgeben musste, jedoch im Kirchweg in **Köln-Junkersdorf** weitermachte. Das **Kölner** Café Franck am Rudolfplatz, das 2004 schließen musste (es wurde bis zuletzt von der 91-jährigen Witwe des Inhabers Willy Lenzen geführt), eröffneten Daniel Vollmer und Annette Hahl 2004 mit Teilen des alten Mobiliars in der Eichendorffstraße 30 in Köln-Neuehrenfeld neu.

Mit viel Liebe fürs Detail hauchten sie dem Café, das zuvor eine Filiale von Café Franck war, neues Leben ein, ohne dabei den besonderen Charme und die

Das Café Franck in Köln-Neuehrenfeld wurde 2004 mit Teilen des alten Mobiliars wiedereröffnet, die aus dem geschlossenen Stammhaus Café Franck am Rudolfplatz stammten. Den Filterkaffee bezieht Café Franck von der Rösterei Van Dyck aus Köln-Ehrenfeld.

Geschichte des Traditionsbetriebs aus den Augen zu verlieren. Der vordere Teil ist im Retro-Charme der 1950er-Jahre eingerichtet, im hinteren Teil erwartet die Gäste eine Lounge. 2014 übergaben Vollmer und Hahl das Café an zwei ehemalige studentische Aushilfskräfte (Ergün & Groß), die ihre Lehrjahre hinter der Theke und im Service verbracht hatten. An den Wochenenden verwandelt sich das Café in die „Shibuya-Lounge", dann gibt es Cocktails, Musik und auch Tanz.

Café Best (Wuppertal)

Das Café Best am Mühlenweg in Wuppertal-Barmen wurde 1897 von Caspar und Anna Best gegründet. 1929 übernahmen es Walter und Grete Best. 1960 wurden Hans Walter und Inge Best Inhaber des Cafés. Zahlreiche prominente Gäste saßen dort, darunter Willy Millowitsch, Claus Wilcke und Johannes Rau. Von 1970 bis 1985 richtete das Café den Geburtstag des gebürtigen Wuppertalers Rau im Engelshaus aus. Rau war 1970 Oberbürgermeister der Stadt, agierte anschließend als Wissenschaftsminister des Landes Nordrhein-Westfalen und war von 1978 bis 1998 Ministerpräsident von NRW. Nach 122 Jahren schloss das Café Best am 17. Juni 2019. Rainer und Anke Reinhardt, die den Betrieb 1988 von Hans Walter und Inge Best übernommen hatten, gingen in den Ruhestand, ohne einen Nachfolger gefunden zu haben.

Viele Cafés wurden nach ihrer Schließung auch von Franchiseketten übernommen wie das **Krefelder** Café Decker (heute Cafe Extrablatt) oder das Markt-Café in **Recklinghausen** (heute Cafe Extrablatt). Andere Cafés wechselten zwar die Namen, blieben aber am selben Ort, wie am Markt 4 in **Schwerte**: Nachdem das 1983 eröffnete „Café am Markt" trotz Qualität und avantgardistischen Interieurs (u. a. Stahlrohrstühle von Harry Bertoia) aufgeben musste, nannte es der neue Inhaber „Café Solo". 2013 übernahm Sivita Karakus die Räumlichkeiten und machte daraus das Café Herrlich. In **Velbert (Neviges)** schlossen Magdalena und Tilmann Paaß im Dezember 2018 ihr 110 altes Konditoreicafé Paaß und übergaben es Lars Jedert, der es als Café Nostalgie weiterführt.

Andere Cafés verschwanden aber auch für immer: Im August 2000 musste das 1911 gegründete Café Calvis in **Neuss** schließen. Die Krefelder Straße, an der das Café lag, war für den Kundenverkehr gesperrt worden. Dadurch fielen 100 Park-

Retro-Charme im Café Nostalgie (ehemals Konditoreicafé Paaß) in Velbert-Neviges

plätze weg, was zu empfindlichen Umsatzeinbußen führte. Inhaber Friedhelm Calvis nahm kein Blatt vor den Mund und sprach von einer „Entwertung von Eigentum durch eine verfehlte Stadtplanung".

Ein Jahr später wurde auch die Uhlenbrock GmbH in Neuss verkauft. Aus dem Café, das Martin und Agnes Uhlenbrock 1932 in der Kapitelstraße eröffnet hatten, war durch zahlreiche weitere Übernahmen (u.a. Café Fischer in der Niederstraße und Café Heeren am Büchel) im Laufe der Jahrzehnte ein großes Filialnetz entstanden. Zuletzt firmierten 14 Cafés unter dem Eulen-Logo der Konditorei Uhlenbrock. Die Kaiser GmbH, die den Betrieb 2001 übernommen hatte, musste nur ein Jahr später Insolvenz anmelden.

Cafés in Hagen

Café Tigges – Bernhard Tigges hatte 1867 eines der Fachwerkhäuser, die den **Kirchplatz der Johannisstraße** ringförmig säumten, gekauft und dort am 12. April 1867 eine Bäckerei eingerichtet. 1911 gründete der Sohn des Gründers, Franz Tigges, an derselben Stelle ein Café für 50 Gäste. Im Zweiten Weltkrieg wurde das Haus von Bomben schwer getroffen, jedoch 1945 wieder aufgebaut. Die Räumlichkeiten wurden im Stil der 1950er-Jahre eingerichtet und sukzessive erweitert. Als das „Tigges" am 12. April 1967 sein 100-jähriges Bestehen feierte, konnten 300 Gäste im Café Platz finden. Seit 1992 wurde das Café in vierter Generation von Franz Tigges jr. und Dr. Ulrich Tigges geleitet, die beide den Beruf des Konditors gelernt hatten. Als verkehrspolitische Maßnahmen der Stadt und eine sinkende Nachfrage nach Konditoreiwaren den Fortbestand des Kaffeehausbetriebs gefährdeten, schloss Hagens ältestes Café am 31. Januar 2005.

Café Fischer-Buserath – Das zweitälteste Café in Hagen war das 1877 gegründete Café Fischer-Buserath in der **Frankfurter Straße** 83. Das ursprüngliche Gebäude wurde im Zweiten Weltkrieg zerstört und 1954 im Erdgeschoss eines mehrgeschossigen Wohnhauses neu errichtet, dem Café war eine Konditorei angeschlossen. Hier trafen sich seit Ende der 1980er-Jahre die Ehefrauen der Hagener Malermeister, die sogenannten Malerfrauen – zu einem gemütlichen Kaffeekränzchen „bei Kaffee, Kuchen und einem Glas Kribbelwasser". Die Damen trafen sich ursprünglich im Café Bock und wechselten, nachdem es 1986 schließen musste, ins „Fischer-Buserath" – bis auch dieses Café 2015 seine Pforten schloss.

Café Dreisbach – Der Gründung des Café Dreisbach ging die Eröffnung einer Bäckerei in der **Kampstraße** 16 voraus, die Julius Dreisbach 1869 eingerichtet hatte. Sein Sohn Robert erweiterte 1900 das Geschäft um ein Café und den Verkauf von Konditoreiwaren und verlegte den Betrieb in die **Elberfelder Straße** 22. 1908 erweiterte er das Café auf 50 Plätze und ließ 1916 sogar einen Anbau errichten, der in der ersten Etage die Zahl der

Das Hagener Café Dreisbach hatte 150 Sitzplätze. Hohe und sehr breite Fensterfronten machten das Café angenehm hell und erlaubten den Blick auf den Fußgängerbereich der Hohenzoller und Elberfelder Straße.

Sitzplätze auf 100 ansteigen ließ. 1931 übernahm Fritz Dreisbach den Kaffeebetrieb und richtete im Erdgeschoss einen zusätzlichen Caféraum ein. Am 2. Oktober 1943 wurde das Haus bei einem Bombenangriff weitgehend zerstört. Nach einer Komplettrenovierung, die eine einjährige Schließung des Cafés erforderlich machte, zeigte sich das Haus im Juli 1958 wesentlich vergrößert und modernisiert. Die angenehme Weiträumigkeit des Cafés stammte aus dieser Umbauphase. Goldgelbe Polsterstoffe, dunkle Hölzer und schwere Teppiche schufen eine behagliche Gemütlichkeit. Als Rolf und Ulrike Dreisbach, die den Betrieb seit 1981 führten, keinen Nachfolger für ihr Café fanden, wurde es zum Bedauern der Hagener Bevölkerung im Jahr 2000 geschlossen.

In **Aachen** schloss 2007 nach fast 100 Jahren das Café Sandmann, in **Oberhausen** verabschiedete sich das Café Böhle von seinen Kunden. In **Dorsten** musste im Dezember 1997 das traditionsreiche Café Maus schließen, das zwischen den 1960er- und 1990er-Jahren die beste Adresse war, wenn es um den Besuch hochrangiger Politiker in Dorsten ging. Durch eine Mieterhöhung von 4.175,29 DM auf 9.700 DM monatlich war das Café nicht mehr zu bewirtschaften. In **Köln** mussten bis Dezember 2007 das Café Füllenbach (am Eigelstein), das Café Cremer (in der Breiten Straße) und das Café am Berlich schließen.

Café am Berlich (Köln)

Das Café am Berlich in Köln wurde 1977 vom griechischen Ehepaar Zoitsa und Georgius Georgopulos eröffnet, die es von der Gründerfamilie Lemm übernommen hatten. Damals befand sich der Betrieb noch auf der gegenüberliegenden Straßenseite (Auf dem Berlich 8–10) und war wegen seiner Schaukästen mit lebenden Affen und Meerkatzen sowie exotischen Vögeln beliebt. Die Papageien hießen die Gäste oft mit kessen Worten wie „Quatschkopf" oder „Nazis raus" willkommen. Als der WDR-Komplex errichtet wurde, zog das „Papageiencafé", wie die Menschen im Veedel es nannten, in die frei gewordenen Räume der Post. Die Familie Georgopulos nahm jedoch nur zwei gesprächige Graupapageien – Oliver (35) und Rambo (20) – mit in die neuen Räume und schenkte die übrigen Tiere dem Kölner Zoo. Als der Pachtvertrag zum 30. September 2007 auslief und eine Verlängerung anstand, einigte sich das Ehepaar Georgopulos mit der Erbengemeinschaft „Auf dem Berlich 3–5" über einen neuen Pachtvertrag. Dann aber flatterte der Pächterin ein Brief der Bäckereikette Kamps ins Haus, die in den Räumen eine weitere Filiale ihres Back-Cafés „Bastian's" eröffnen wollte. Man bot dem Ehepaar eine Abstandssumme von 200.000 Euro und eine höhere Miete an. Da Zoitsa und Georgius Georgopulos jedoch nur die Pächter waren, verwiesen sie auf die Eigentümergemeinschaft, der u.a. die Familie von Ex-Postminister Christian Schwarz-Schilling angehörte. „Der zwischen Erbengemeinschaft und dem Pächter-Ehepaar ausgehandelte neue Vertrag kam daraufhin nicht mehr zustande", schrieb der „Kölner Stadt-Anzeiger" im September 2007. „Die Eigentümer hatten ‚Bastian's' den Vorzug gegeben und erneut eine Kündigung geschickt." Am 23. September musste das Café am Berlich schließen.

In **Witten** schloss 2009 das 1890 gegründete Café Leye in der Bahnhofstraße. Ulrich und Ingeborg Pfeffer hatten den Betrieb mit seinen 200 Sitzplätzen auf der ersten Etage 1973 übernommen. Handgefertigte Tischleuchten, Teppichboden mit Rosenmustern, rostrote Polstergarnituren und kleine runde Kaffeetische machten den Charme des Cafés aus. Im Oktober 2012 zog dort ein neuer Pächter ein:

Café Leye in der Bahnhofstraße 13 in Witten, 1985

die „Projektfabrik". Sie richtete eine „Schule für Kunst, Kommunikation und Wirtschaftsgestaltung" ein. Über eine Crowdfunding-Kampagne sammelten Stephan Nussbaum, Julia Ebner und Jan Hagelstein 2020/21 bei „Starnext" mehr als 17.000 Euro ein, um dem Café Leye neues Leben einzuhauchen. Am 25. Mai 2021 feierte das Trio die Wiedereröffnung des Betriebs. In **Iserlohn** wurde im August 2019 das Brücken-Café geschlossen. Zugehängte Scheiben, die Terrasse vor dem großen, gesichtslosen Haus in der Treppenstraße leer – so sah es im **Bielefelder** Traditionscafé Groll aus, das im Juli 2020 aufgab.

In **Paderborn** musste im Dezember 2013 das Café am Dom schließen. Der Grund waren Mieterhöhungen. Im selben Jahr schloss in **Krefeld** nach 35 Jahren das Café Journal – das von der Bundesregierung erlassene Rauchverbot hatte zu empfindlichen Umsatzeinbußen geführt. In **Gelsenkirchen** gab 2014 das Café Meißner den Pavillon am Heinrich-König-Platz auf, in dem 1984 die Familien Slomian und Kolmar das lichtdurchflutete Café Kolmar eröffnet hatten. Als Relikt der 1980er-Jahre-Architektur stand der Pavillon noch Ende 2021 in der Gelsenkirchener Innenstadt – allerdings im siebten Jahr in Folge ohne Mieter.

Den Pavillon in Gelsenkirchen betrieb bis 2014 Café Meißner, davor das Café Kolmar (Foto rechts).

Bye, bye, Café Göttlich (Bonn)

„Das Café Göttlich war eine Art Wohnzimmer, nicht nur für mich; semesterlang vergeudete ich dort sinnvoll Zeit mit Quatschen und Schreiben, oft auch sinnlos beim Erstellen von Hausarbeiten oder mit stupidem Lernen. Den schmalen, länglichen Gang nach den weißen Glastüren, von denen der Holzlack abblätterte, säumten links eine Reihe Tische mit einer langen Holzbank, rechts eine Spiegelwand, an der immer mindestens ein Element einen Sprung hatte. Vermutlich sollte sie Größe vortäuschen und für Licht sorgen. Man musste stets mit eilig entgegenkommenden Bedienungen und trödelnden Gästen rechnen. Denn das ‚Göttlich' war auf der Fürstenstraße lange Zeit das letzte Café, bei dem man nicht Schlange stehen musste für Getränke. Und überraschend gut waren die Servicekräfte, die aufmerksam vorbeischauten. Viele machten dies im ‚Göttlich' seit Jahren.

Das ‚Göttlich', es hatte immer ein verlebtes Flair. Die Wandfarben, die Marmortische mit Macken, der auch lange nach dem Rauchverbot festklebende Hauch von Zigarettenrauch. Im Barbereich öffnete sich der Raum ein wenig. Kaum zu glauben, dass auch Konzerte und Vernissagen dort stattfanden. Draußen saß man auf bordeauxfarbenen und grauen *Gardena*-Plastikstühlen, im Winter gab es rote Decken zum Schutz gegen die Kälte. Es gab Frühstück nach Wunsch, wer später kam, musste mit belegten geviertelten frischen Fladenbroten Vorlieb nehmen. Abends wichen

Café Göttlich in Bonn. © Sebastian Eckert, Bonn. Das Café schloss am 31. 12. 2014.

die weißen Milchkaffeeschalen den Bier- und Cocktailgläsern, dann wurde aus dem Café ein Treffpunkt mit einem für Bonn sehr mondänen Hauch. Das ‚Göttlich' am Abend, es hätte auch in Berlin stehen können. Ein bisschen wenigstens. Es war eine Institution.

Dem technischen Fortschritt verweigerte man sich konsequent. Wer WLAN suchte, sollte woanders hingehen. Man wollte keine Gäste, die stundenlang an einem Milchkaffee nippen und dabei arbeiten und surfen. Hier sollte man miteinander reden, nicht schweigen. Es gab ein Kommen, Treffen und Gehen, wirklich leer war es nie. Die einzigen zugänglichen Steckdosen im Laden fanden sich in Türnähe, waren bei Kennern umkämpft. Im Winter bollerte dort eine altertümlich aussehende Elektroheizung machtlos der einströmenden Kälte entgegen.

Das Publikum war keineswegs homogen, auch Mütter mit Kinderwagen, vom Shopping gezeichnete Mädelspaare und Bonn-Besucher fanden hier ein Päuschen. Ruhig war es selten zur Mittagszeit. Das Schnattern der Gäste sorgte für einen hohen Lärmpegel, die Musik war immer etwas zu laut. Oft schien man über Monate nur eine einzige CD im Player zu haben, die dann auch noch sprang und öfters einen leichten Schubser brauchte. All das verzieh man dem ‚Göttlich', passte es doch zum Rest des Ladens. Es war schon irgendwie urig, das ‚Göttlich'. Bald soll man dort stattdessen Klamotten kaufen können. So ist das mit Revolutionen."

© Sebastian Eckert auf https://kaffeegefluester.de/?p=651

Auch der **Rhein-Sieg-Kreis** war vom Kaffeehaussterben nicht ausgenommen. 2014/15 schlossen in **Hennef** die beiden letzten Cafés, die von Inhabern geführt wurden: das Café Kreuz und das Café Wingen. Von den einst 30 Cafés seit 1878 waren 2021 nur noch drei Häuser nach traditionellem Muster übrig: das Panorama-Café Krey, das Café-Restaurant „Zum Alten Turm" und das Weincafé – alle drei lagen im Ausflugsstädtchen **Blankenberg**.

Das Hennefer Traditionsunternehmen Balensiefen – es besaß u.a. zwei Cafés in der Frankfurter Straße 109 und am Markt 5 in Hennef sowie Filialen in **Geistingen** und **Bonn** (dort hatte man das renommierte Café Dahmen übernommen) – geriet zu Beginn des Millenniums in Turbulenzen.

Als die Inhaber in vierter Generation am Europaplatz in **Siegburg** 2003 ein mehrstöckiges Hotel bauen ließen, in dessen Untergeschoss ein Café mit hohen Glasflächen zur Fußgängerzone entstand, konnte Balensiefen schon bald die Raten nicht mehr zahlen. Das Zwangsversteigerungsverfahren wurde im September 2005 eingeleitet. Am 31. Juli 2007 meldete das Traditionsunternehmen nach 105 Jahren Konkurs an.

Quo vadis? – Eine Bestandsaufnahme

Cafés im Raum Köln–Bonn – Von Café Wahlen bis Café Müller-Langhardt

Gleichwohl hatten auch zahlreiche Konditoreicafés der Krise getrotzt und waren erfolgreich durch sie hindurchlaviert. In **Köln** gibt es nach wie vor (Stand: Januar 2022) Traditionscafés wie das Café Reichard am Dom, das Café Eigel in der Brückenstraße, das Café Printen Schmitz und das Café Fromme in der Breite Straße, das Café Riese auf der Schildergasse, das Café Wahlen am Hohenstaufenring und das oben erwähnte Café Zimmermann (seit 2001 in abgespeckter Form in Köln-Junkersdorf). Das 1919 gegründete Café Osterspey in Köln-Sülz (siehe Foto links) wurde nach diversen Besitzer- und Namenswechseln (bis Januar 2021 Café Midsommar) im Sommer 2021 von Lea Schlosser und Kevin Thomas Kleber übernommen und wieder als Café Osterspey geführt. In den Räumlichkeiten ist noch immer der Glanz alter Zeiten zu spüren. Neben Sahne-, Baiser-, Eissplitter- und Buttercremetorten wird dort Schamong-Kaffee aus Köln-Ehrenfeld serviert. Die Gründerfamilie Osterspey hatte sich bereits 1990 aus dem Betrieb zurückgezogen.

Café Reichard (Köln)

Das Café Reichard wurde von Georg Reichard am 9. November 1855 in einem schmalen Haus auf der Hohe Straße 154 in Köln eröffnet. Im Jahr 1905 erfolgte der Umzug in das Haus Unter Fettenhennen 11. Da dort nur 30 Sitzplätze zur Verfügung standen, schuf Georg Reichard eine Verbindung zum Nachbarhaus und erweiterte die Räumlichkeiten.

Das Reichard-Haus gilt als eines der wenigen Gebäude, die unmittelbar nach Vollendung des Kölner Doms 1880 im Zuge einer groß angelegten städtebaulichen Neueinfassung entstanden waren. Im Zweiten Weltkrieg wurde das Haus zwar stark beschädigt, die Grundmauern standen jedoch noch, sodass es schon 1948 wieder aufgebaut werden konnte. 1966 kaufte der WDR das Haus und brachte in den Etagen über dem Café Tonstudios und Konferenzräume unter. 1983 wurde das Gebäude abgerissen und die Fassade nach Plänen der Architekten Friedrich Wilhelm Kraemer, Sieverts und Partner im

Stilvoll und elegant: Das Kölner Café Reichard Ende der 1950er-Jahre

neugotischen Stil errichtet. Hinter der historischen Werksteinfassade war auch das Interieur des Café Reichard verändert worden. Dort dominierten nun Tische und Stühle aus Vogelaugenahorn, glitzernde Kristallleuchter, rosafarbener Marmor und rosafarbene Velourspolster. Viele Jahre lang spielte dort ein Stehgeiger, der von einem Pianisten begleitet wurde. Geführt wurde das Café mit seinen 400 Sitzplätzen seit 1975 von Wilma und Fritz Betz (die Betz Gastronomie GmbH betrieb in den 1980er-Jahren auch das Restaurant „Chalet Suisse" und das „Brauhaus Sion"), die dort nicht mehr nur Kaffee und Kuchen servierten, sondern den Betrieb auf ein Ganztagesgeschäft umstellten – mit einem großen Frühstücksbüfett am Morgen, einem Mittagsbüfett für Stadtbummler und Mittagspäusler aus den umliegenden Büros und Kanzleien sowie einem

Café Reichard im Jahr 2021

294   Quo vadis? – Eine Bestandsaufnahme

Restaurantbetrieb bis 20 Uhr. Kaffee und Kuchen gibt es natürlich auch bei Reichard, und beides lässt sich an der vielleicht attraktivsten Stelle Kölns genießen – in dem lichtdurchfluteten Glaspavillon des Cafés (mit einem integrierten höhergelegenen Podest), der seit 1986 bei jedem Wetter einen ungehinderten Blick auf die Westfassade des Kölner Doms erlaubt (wie auch von der Terrasse mit seinen 400 Sitzplätzen). Zum 150-jährigen Bestehen im Jahr 2005 erstrahlte der Teesalon in neuem Glanz. Reichards hauseigene Konditorei stellt täglich mehr als 100 Torten her, an den Wochenenden fast 300. Hinzu kommen bemerkenswerte 200 Kilogramm Pralinen pro Monat.

Das älteste noch bestehende Café in der **Solinger** Innenstadt ist das Konditoreicafé Kersting in der Kölner Straße 92. Vitus Kersting hatte es am 1. Juli 1953 von Adolf Kersting übernommen (die Namensgleichheit war zufällig) und 1972 an Backstubenleiter Ralf Puchwein und seine Frau Anneliese übergeben. 20 Jahre lang führte das Ehepaar das Café mit etwa 15 Mitarbeitern weiter und bot den Gästen eine klassische Kaffeehausatmosphäre. Große Fenster auf zwei Seiten des Gastraums gaben einen schönen Ausblick auf das Geschehen am Graf-Wilhelm-Platz.

1992 übernahm Randolf Puchwein, der Sohn der beiden Inhaber, das Café. Er ließ 1995 den Gastraum renovieren und eine große und inzwischen überdachte Terrasse vor dem Café anlegen. Nach dem frühen Tod von Randolf Puchwein im

Oben: Das älteste noch bestehende Café in der Solinger Innenstadt ist das Konditoreicafé Kersting in der Kölner Straße 92, Postkarte von 1952. Unten: Das Café Rittershaus in Bonn auf einer Postkarte der 1930er-Jahre. © Hans-Werner Greuel, Bonn.

Juli 2015 übernahm das Ehepaar Sandra und Sebastian Wadulla das Konditoreicafé Kersting. Mit den „Pralinen made in Solingen" trafen die Wadullas den Zeitnerv vieler Bürger der Klingenstadt. Die fünf Sorten in der eigens designten Schachtel stehen für den Schleifer, das Zöppken, die Lieferfrau, den Kotten und die Klinge.

In **Bonn** führen Rolf und Sabine Jachmich das Café Kleimann (gegründet 1895) in der Rheingasse in vierter Generation. Auch wenn das 1894 gegründete Café Rittershaus in der Bonner Kaiserstraße längst geschlossen hat, gibt es in den alten Räumlichkeiten immerhin einen Nachfolger – das Café „Sahneweiß".

Über 100 Jahre alt ist auch das 1913 gegründete Café Müller-Langhardt am Markt 36. Bis heute halten sich Gerüchte, dass dort in der Nachkriegszeit französische Spione tätig gewesen sein sollen – in direkter Sichtweite zum Alten Bonner Rathaus, auf dessen Balkon sich Theodor Heuss 1949 als erster Präsident der Bundesrepublik Deutschland feiern ließ. Das Café hatte am 1. Juli 1984 Helmut Kohl und Hans-Dietrich Genscher zu Gast – am Tag, als Richard von Weizäcker in der Beethovenhalle als Bundespräsident vereidigt wurde.

Neuer Name in vertrauten Räumlichkeiten: Aus dem Café Rittershaus wurde das Café Sahneweiß. Damals wie heute ist es aufgrund seines großen Gastraums und des weitläufigen Wintergartens beliebt bei den Studierenden der Universität Bonn.

Stilvoll und elegant: Das Bonner Café Müller-Langhardt am Markt

Cafés in Ostwestfalen, im Sauerland und am Niederrhein

In **Bielefeld** ist die Café Knigge KG im Jahr 2022 an fünf Standorten vertreten. Das Café in der Bahnhofstraße ist das größte Kaffeehaus in Ostwestfalen und feierte 2012 sein 100-jähriges Bestehen. 2014 hatte Inhaber Wolfgang Windau (er fertigte im September 1954 während seiner Lehr- und Wanderjahre die Hochzeitstorte für Audrey Hepburn und Mel Ferrer, die sich in der Kapelle auf dem Bürgenstock in der Schweiz das Ja-Wort gaben) in der Obernstraße einen Coffee Store eröffnet – das Café Kunstwerk. Im Herbst 2019 folgte in der Güsenstraße 2 das nur 50 Quadratmater große „Schokoli" (eine Chocolaterie mit Café).

Im **Sauerland** feierte Georg Poggel 2020 in vierter Generation das 90-jährige Bestehen seines 1930 gegründeten Cafés in **Hemer**. In **Attendorn** führen Markus und Uta Harnischmacher den Betrieb weiter, den Albert und Maria Harnischmacher am 1. August 1930 am Kirchplatz eröffneten (sie übernahmen das ehemalige Café Biergans). In **Iserlohn** feierten Bernd und Ute Bücker 2019 das 80-jährige Jubiläum ihres Café Spetsmann und das 110-jährige Jubiläum ihrer Konditorei am

Das Café Harnischmacher in Attendorn gibt es seit 1930.

Poth, auch wenn ihre beliebte Dependance – das „Brücken-Café" – im selben Jahr schließen musste, da die Brücke zwischen Schillerplatz und Rathaus aus Sicherheitsgründen abgerissen wurde.

Zu den ältesten noch heute bestehenden Cafés in **Hagen** gehört das 1927 eröffnete Café Flores in der Bülowstraße 4. Das Café mit seinen 50 Sitzplätzen ist stilvoll eingerichtet (gepolsterte Stühle, klassisches Porzellan). Männer in Robe sind im „Flores" keine Seltenheit, weil das Landgericht in der Nähe liegt. Viele Anwälte und Richter springen mal eben über die Straße, um einen Kaffee zu trinken oder sich süße Nervennahrung zu gönnen. Auch viele Leute aus dem Viertel um die Bülowstraße kommen ins „Flores". Bis 1987 wurde das Café von den Inhabern geführt, 1988 übernahm das Ehepaar Dorin den Betrieb. Anfang 2019 erfolgte die Geschäftsübergabe an Shkurte Peci, die das Café mit ihrem Mann Armend weiterführte.

Am **Niederrhein** hat sich die Konditorei und Confiserie Heinemann mit ihren Cafés in **Krefeld**, **Düsseldorf**, **Neuss** und **Mönchengladbach** behauptet. In **Ratingen** führt Alexander Bös sein 1908 eröffnetes Café in der Düsseldorfer Straße in vierter Generation. In **Frechen** übergab Konditormeister Heinz Kremer, der 1998 das Konditoreicafé Mockenhaupt in der Frechener Fußgängerzone übernommen hatte, im Juni 2021 das Stadt-Café Kremer an Mariam Sfar und Bernd Bonnen.

Café Spetsmann in Iserlohn wurde seit 1909 von Familie Schnettelker betrieben. 1939 übernahm Familie Spetsmann das Café, von 1969 an führten es Ursula und Josef Bücker, denen auch das Brückencafé gehörte.

Stadt-Café Wanders in Kleve. Das 1981 gegründete Café verfügt auf zwei Etagen über 190 Sitzplätze sowie über 50 Terrassenplätze.

Mehr als 100 Jahre am Marktplatz in Goch: Confiserie und Café Martens. Kaffee gibt es dort von der Arnheimer Rösterei Peeze.

In **Simonskall** in der Eifel hängte Marita Heller nach über drei Jahrzehnten Servierschürze und Kuchenschaufel an den Nagel und übergab ihr Café Kern an Christina Bungenberg. Der Betrieb war aus einem Einfamilienhaus hervorgegangen, das von Februar bis Mai 1987 zum Café ausgebaut wurde. Später wurde noch ein Wintergarten angebaut, sodass auch größere Events (Hochzeiten, Geburtstage, Jubiläen) regelmäßig stattfinden konnten.

Cafés im Ruhrgebiet – Von Dobbelstein bis Strickmann

Auch im **Ruhrgebiet** trotzten einige Betriebe der Krise. In **Mülheim** an der Ruhr führen Friedhelm Großenbeck jr. und seine Frau Anke, geb. Holthaus, in der siebten Generation das Stadtcafé Sander und verkaufen neben Kuchen und Torten ihre „Mölmsche Nöte" (karamellisierte Walnüsse, die mit Nougat und Schokoladenkuvertüre ummantelt sind). In **Recklinghausen** übernahm Dirk Sternemann 1987 das Café am Kaiserwall von seinem Vater Franz Josef und passte das Interieur behutsam dem Zeitgeschmack an. 115 Jahre in Familienhand befand sich 2020 das Café Schwarte am Willy-Brandt-Platz 5–7 in **Gladbeck**. Johann Feldhaus hatte das Café gegenüber dem heutigen Rathaus 1904 gegründet und bis 1959 geführt.

Café Wiacker GmbH (Herne)

Dieter Wiacker und seine Frau Margarete hatten am 2. Juni 1959 mit der Übernahme des ehemaligen Café Weyher in der **Behrensstraße** den Grundstein für ihren Erfolg gelegt. Als Ende der 1970er-Jahre die Kapazitäten für die Backstube nicht mehr ausreichten, eröffnete das Ehepaar 1979 ein neues Café in der Herner **Neustraße** und ließ das alte Café in der Behrensstraße bis 1997 als Filiale bestehen. Im Jahr 2000 übernahmen die Kinder der Gründer (Tochter Ute sowie die Söhne Rainer und Frank) den Betrieb und expandierten in den Folgejahren. Mit 70 Mitarbeitern zählt das Unternehmen heute zu den größten Konditoreien in der Region. Neben dem Konditoreicafé in der Neustraße betreibt Wiacker eine Filiale in **Bochum** („Wiacker Boulevardcafé" im Modehaus Baltz). Mit den „Wiacker Gartencafés" in den „Risse"-Blumenmärkten ist das Unternehmen in **Recklinghausen** und dreimal in **Dortmund** vertreten. Kooperationen gibt es auch in **Frechen** und **Münster**. Darüber hinaus übernimmt Wiacker das Catering für große Firmen und Konzerne. Zu den Wiacker-Kunden gehören Prominente wie Starfriseur Udo Walz, Schauspielerin Veronica Ferres oder die Klitschko-Brüder. Große Firmen wie Aral BP, Primark oder Rewe lassen hier Spezialtorten oder Firmenpräsente anfertigen.

Hugo Schwarte – einst Geselle bei Feldhaus – und seine Frau Maria pachteten das Café 1960 und bauten es im Laufe der Jahrzehnte bis auf 150 Sitzplätze aus. 1995 übernahmen es Sohn Heiner Schwarte und seine Frau Sandra. Im September 2014 übernahm die Bäckerei Karl aus Hünxe das 1984 gegründete Dom-Café (früher Café Bergendahl) in der Gladbecker Hochstraße 29–31. Nach dem Konkurs der Bäckerei im Juni 2019 wurde das Café von der Bäckerei Sporkmann weitergeführt.

In **Essen** feierte das Café Sprenger am Stadtwaldplatz 2018 sein 85-jähriges Bestehen. Das 1933 von Patricia Silberbach, Carl und Erna Sprenger gegründete Café in der Huyssenallee war 1959 in die Frankenstraße 282 gezogen und hat heute Verkaufsstellen in Heisingen, Rüttenscheid, Kettwig und Werden. Patricia Silberbach, die Enkelin der Gründer, führt den Betrieb inzwischen in dritter Generation.

Stadtcafé Sander in Mülheim, 1985

Das Café Sprenger am Essener Stadtwaldplatz feierte 2018 sein 85-jähriges Jubiläum.

Viele Jahre lang war Fußballtrainer Otto Rehhagel Stammgast im „Sprenger" (er spielte von 1960 bis 1963 als Verteidiger bei Rot-Weiss Essen), auch die Tennisbundesliga-Mannschaft des ETUV traf sich vor Ligaspielen im Café zum Frühstück. Boris Becker, Charly Steeb, Eric Jelen – sie alle haben dort ihren Kaffee getrunken. Dem Café Werntges in Essen-Werden, das 1976 von Heinz Werntges im zweitschmalsten Haus Deutschlands eröffnet wurde, gliederte Tochter Barbara 2013 „Werntges Traumtorten" an.

Charakteristisch für die Architektur der 1950er-Jahre ist die vorkragende Fensterfront.

Café Kötter (Essen)

Mit einem kleinen Geschäft in der Essener **Kurfürstenstraße** begann die Geschichte des Café Kötter. Konditormeister Heinz Kötter und seine Frau Felicitas hatten dort 1959 eine Konditorei und Backstube eröffnet, wenige Jahre später dann eine zweite Verkaufsfiliale in der **Witteringstraße** in Essen-Süd. In der **Dorotheenstraße** in Rüttenscheid ließ das Ehepaar ein Haus mit Konditorei, Backstube und großzügigem Verkaufsraum bauen. 1977 erwarb das Paar das alte Litt-Haus in der **Rüttenscheider Straße** 73. Sie ließen das Gebäude abreißen und eröffneten in dem Neubau das Café Kötter. Doch nur ein Jahr nach der Eröffnung starb der Firmengründer. Felicitas Kötter war seitdem mit ihren drei Kindern auf sich selbst gestellt. Sie krempelte die Blusenärmel hoch und kämpfte fortan für ihren Betrieb. Im Sommer 1984 eröffnete sie in der **Huyssenallee** das „Kötter Café am Theater". Das Haus lag schräg gegenüber des 1988 fertiggestellten Aalto-Theaters. Mit großzügig verglasten Fronten, die vom Boden bis zur Decke reichten, wurde das Café ein Forum für Kommunikation.

Dass Frau Kötter ihr Handwerk verstand, stellte sie nicht nur in ihrer Konditorei, sondern auch mit einer mehrstöckigen Torte für den „Rockpalast", der von 1977 bis 1986 in der Essener „Grugahalle" stattfand, unter Beweis. Für die Talkshow des Essener Journalisten Jochem Schumann in der „Casanova" kreierte sie 1982 einen Riesenkuchen, aus der zur Gaudi der geladenen Gäste ein Gogo-Girl stieg. Im Jahr 1995 übernahm Tochter Susanne das Konditoreicafé Kötter auf der Rüttenscheider Straße und feierte 2019 das 60-jährige Jubiläum ihres Cafés.

Oben: Das Schaufenster des „Kötter Café am Theater" auf der Essener Huyssenallee. Unten: Kuchentheke und Gastraum von Café Kötter auf der Rüttenscheider Straße.

Das ehemalige Stadtcafé Mangelmann in der Steinbrinkstraße 217 in Oberhausen-Sterkrade, Foto von 1985

Auf 110 Quadratmetern offeriert sie dort zusammen mit Ehemann Frank Tefert Torten für jeden Anlass – ob zum Geburtstag, zur Hochzeit oder auch zum Abschied. In **Oberhausen** führt Konditormeisterin Angelika Cordes ihr Café in der Brandenburger Straße sowie das Stadtcafé in der Steinbrinkstraße (das ehemalige Stadtcafé Mangelmann) in dritter Generation. Auch das Café Bauer in der Marktstraße ist seit über 90 Jahren in Familienhänden. Konditormeister Jochem Bauer führt das Café zusammen mit seiner Frau ebenfalls in der dritten Generation. In **Bottrop** feierte das Stadt-Café im Frühjahr 2019 sein 100-jähriges Bestehen. In **Datteln** übergab im Juni 2020 Konditormeister Manfred Fischer nach 53 Jahren

Das Oberhausener Café Bauer befindet sich seit 1949 in der Marktstraße. Es hat seinen Ursprung im Konditoreibetrieb, den Heinrich Bauer 1929 in Oberhausen-Altstaden gegründet hatte. Walter Bauer übernahm es 1970.

Das 1928 gegründete Café Fischer in Datteln führte noch bis 1982 den Namen seines Gründers Pepping. Konditormeister Manfred Fischer übernahm es 1967.

sein Café an Günther Alfred Pfeffer weiter. Der Name „Fischer" blieb zur Freude der Stammgäste im Schriftzug des Cafés erhalten.

In **Gelsenkirchen** führt Tanja Pabst das Café ihrer Eltern weiter, das es seit 1964 in der Arminstraße gibt. Margarete und Heinz Pabst hatten es 1950 in der Weberstraße/Ecke Kirchstraße eröffnet. Mit ihrem „Wunschtorten"-Konzept machte die gelernte Konditormeisterin schnell Furore. In **Dortmund** wurde aus dem 1978 eröffneten Café Wolf („Der Treff auf feine Art") in der Kampstraße 45 das Café Bernstein.

Mit einem neuen Gastronomiekonzept startete Uwe Suberg 2020 in **Marl** (Marler Stern 29b). Er kreierte „Noah's Place" als Café und Bar im urbanen, gemütlichen Deli-Design mit vielen Pflanzen, farbigen Kissen, Reiseführern aus aller Welt und viel Holz. Angesprochen fühlen sollte sich eine bunte Zielgruppe, zu der Familien, Freunde, Paare und Singles zählten wie auch Geschäftsleute, Arbeiter, Schüler und Studierende. Im Juli 2021 eröffnete das zweite „Noah's" in **Gelsenkirchen** (Neumarkt 1) und im Oktober 2021 in **Recklinghausen** (Palais Vest im Löhrhof 1). Für 2022 sind Neueröffnungen in Datteln und im Münsterland geplant.

Es gibt im „Noah's" diverse Frühstücke, u.a. mit Pancakes, Porridge und Obstsalat. Für den kleinen Hunger hält die Küche Stullen, Salate und trendige Bowls bereit. Belgische Waffeln und Kuchen mit verführerischen Namen wie „New York Cheesecake" oder „Chocolate Triology Precut" locken die Gäste am Nachmittag ins Café. Darüber hinaus gibt es ganztägig Gerichte wie kanadische Poutine, türkische Pide, Pasta, Burger, Spare Ribs und jede Menge vegetarische und vegane Gerichte. Die Getränkeauswahl reicht von Kaffee- und Schokoladenspezialitäten über ausgefallene „Freaky-Shakes" bis hin zu exotischen Cocktails und Weinen aus aller Welt.

In **Duisburg** hatte Otto Dobbelstein im Januar 2004 den Betrieb an seine beiden Töchter Heike und Anja Dobbelstein (5. Generation) übergeben. Anja übernahm zusammen mit ihrem Mann das Stammhaus auf dem Sonnenwall 8, Heike bekam die Filiale auf der Königstraße. Unter der Ägide der beiden Frauen fand am 28. April 2008 das 150-jährige Geschäftsjubiläum statt, das im Vorfeld mit umfangreichen Renovierungen der unteren Cafébereiche und der Erneuerung der Außenfassade am Sonnenwall einherging. Im Oktober 2011 wurde in der ersten Etage des Cafés am Sonnenwall die „Green Lounge" eröffnet – mit neongrünen Polstern auf Stühlen und Sofas, was für ein frisches, modernes Ambiente sorgte. Im Mai 2014 wurde das Café am Kalkweg 178 im Duisburger Süden eröffnet und damit ein drittes Café Dobbelstein in Duisburg gegründet. Anfang 2016 wurde das Kö-Café teilmodernisiert und bietet nun neben einem klassischen Ambiente auch einen modern eingerichteten Teil innerhalb der Räume. Ab und zu kommen Künstler vorbei, die im Theater oder am Dellplatz einen Auftritt haben. Die Schimanski-Crew und Götz George waren nicht nur in den Drehpausen zu Gast im „Dobbelstein". Das Café war auch in diversen Folgen der Krimiserie „Tatort" zu sehen.

Die Kaffeemühlen im Duisburger Café Dobbelstein

Das Café Dobbelstein ist berühmt für Hunderte von Kaffeemühlen, die Otto Dobbelstein in den Räumlichkeiten des Cafés am Sonnenwall 8 ausstellt (siehe auch Seite 161). Seine Sammlung umfasst inzwischen mehr als 1000 Objekte. Angefangen vom ältesten Stück – einer österreichischen Blechkaffeemühle aus dem 18. Jahrhundert – bis hin zu modernen Modellen aus den USA, gibt es keine einzige Doublette an der riesigen Wand im Vordertrakt des Cafés, die als Ausstellungsfläche der Sammlung gilt. Über das größte Exemplar – 450 Kilogramm schwer – berichtete sogar die deutschsprachige Ausgabe des Buches „Guinness World Records". Die wertvollsten Stücke sind aus Porzellan. Viele Exponate wurden aus platz- und versicherungstechnischen Gründen gar nicht erst im Café ausgestellt. Abgeschlagene Ecken, defekte Mahlwerke und andere Fehler restaurierte der Konditormeister selbst.

Otto Dobbelstein ließ auf der ersten Etage des Cafés auch ein kleines Museum errichten, in dem sich das Wareneingangsbuch von 1858 neben alten Rezeptbüchern des Gründers befindet. Bleiformen, aus denen 1901 dem Fürsten Otto von Bismarck das Eis gestürzt wurde, kann man ebenso bestaunen wie alte Lübecker Marzipanformen oder Briefe und Zeugnisse, die von den Wanderjahren des Firmengründers und dem Leben und Arbeiten der folgenden Generationen berichten. Geschnitzte Keks- und Spekulatiusbretter aus der Gründergeneration findet man an zahlreichen Wänden des Cafés.

In **Dortmund** hatte sich Alfred Pfeffer 2001 aus dem Café Strickmann zurückgezogen, das er 1964 übernommen hatte. Im selben Jahr übernahm der Dortmunder Verleger Dieter Borgmann das Café und legte es am 15. Januar 2002 mit dem Dortmunder Traditionsunternehmen Feinkost Köhler (seit 1853) unter dem Dach der „SolArgent Gastronomie GmbH" zusammen. Das alte Strickmann hieß nun „Koehler's Café Strickmann" und galt als gelungene Verbindung zwischen plüschigem Café und anheimelndem französischem Bistro. Als Borgmann am 20. August 2016 verstarb, versuchten die Erben des kinderlosen Verlegers, den Betrieb weiterzuführen. Die Hauseigentümer des ursprünglichen Café Strickmann – eine Erbengemeinschaft, deren Mitglieder zu großen Teilen in der Schweiz leben – verlängerten jedoch den Pachtvertrag nicht. Am 16. August 2018 musste der Cafébetrieb eingestellt werden.

Das 1921 gegründete Café Strickmann in Dortmund ist bis heute eines der schönsten Kaffeehäuser in Dortmund und auch im Ruhrgebiet (hier auf einem Foto von 1985).

Den Dortmundern ging die Schließung des Traditionsbetriebs ans Herz. „Das Koehler's war Heimat und Familie", sagte die Schauspielerin und Sängerin Tirzah Haase. Mehr als 2000 Kunden sprachen sich mit einer Unterschriftenaktion für den Erhalt des Cafés aus. Auch die städtische Wirtschaftsförderung mischte bei der Suche eines potenziellen Nachfolgers mit. Im November 2018 sah man dann plötzlich Handwerker in dem leer geräumten Café und Ende November erfuhr man aus der Presse, dass das Ehepaar Daniel Hein und Larissa Böhme unter dem Dach der „Dortmunder Café GmbH" das „Strickmann" weiterbetreiben wollten. Die beiden studierten Betriebswirte hatten zwischen 2002 und 2011 bereits mit Dieter Borgmann das Café geführt. Am 16. November 2018 verkündeten dann die „Ruhr-Nachrichten": „Das Café Strickmann eröffnet wieder!" In den Schaufenstern hingen Zettel, auf denen das „schönste Wohnzimmer Dortmunds" Servicemitarbeiter und Jungköche suchte. Am 1. Advent begrüßte das Betreiber-Ehepaar die ersten Kunden – und die staunten nicht schlecht, denn das charmante Retro-Erscheinungsbild war geblieben: unter den Glasflächen der Tische sah man nach wie vor die vertrauten Flechtmuster von einst.

Cafés in Aachen

In **Aachen** bietet das Café Middelberg die größte Kuchen- und Tortenauswahl der Stadt. Schon das Schaufenster verspricht einen genussvollen Aufenthalt. Das Stammhaus befindet sich am Jahnplatz in Burtscheid, das Café in der Innenstadt liegt in der Rethelstraße. In direkter Nähe zum Aachener Dom liegen das Café Nobis (Münsterplatz 3) und das Café „Lammerskötter im Hof" (bis 2021 „Haus zum Mohren").

Das Gebäude des „Lammerskötter" stammt aus der Zeit um 1656. Zu Beginn des 18. Jahrhunderts war darin ein Stoffhändler ansässig, der das erste Obergeschoss als Warendepot nutzte und dort edle Stoffe lagerte. 1994 renovierten Ute und Anton Moll das alte Handwerkshaus und schufen Sitzplätze auf drei Etagen. In der Kapellenstraße 2 findet man eine weitere Filiale von „Lammerskötter", die auch als Café-Restaurant betrieben wird.

Das Wahrzeichen an der Fassade des „Aachener Café Hauses"

In einem wunderschönen Backsteinhaus und ebenfalls auf drei Etagen empfängt das „Aachener Café Haus" in der Krämerstraße seine Gäste. Auf jeder Etage steht eine Kuchenvitrine mit üppiger Auswahl.

Der Kaffee stammt aus der hauseigenen Rösterei. Sehr ausdrucksstark ist die „Aachener Café Haus-Mischung" (100 % Arabica). Als „Traum in Zuckerwerk" gilt das „Barbarella" in der Aachener Pontstraße 40. Es nennt sich „Cupcake-Café" und hat Dutzende von quietschbunten Törtchen im Angebot, u. a. „Kirsch-Küsschen", „Berry Blue", „Red Velvet" und „Lemon Curd". Das Interieur des Cafés ist überwiegend in Weiß gehalten, was den Gastraum angenehm hell wirken lässt. Hier und da gibt es pinkfarbene Akzente (zum Beispiel bei der Farbgebung der Speisekarte).

Mit Vintage-Charme, Bistrokost, Livemusik und Außenplätzen im verwilderten Garten fasziniert das Café Kittel in der Pontstraße 39. Das Aachener Magazin „Klenkes" schreibt dazu: „In den hinteren Räumen lässt es sich prima vor dem Alltag verstecken, in Eingangsnähe kann man durchs Schaufenster das Treiben auf der

Kuchentheke und Gastraum des Aachener Café Barbarella

unteren Pontstraße beobachten. Ohne Klischees bemühen zu wollen, ein bisschen mehr *links* und *Strickjacke* und *Rasta* als in anderen Cafés in Aachen findet man hier schon." In der Pontstraße 1 liegt das legendäre „Egmont", das sich als Café, Kneipe und Cocktailbar versteht (siehe Seite 217).

Eine wechselhafte Geschichte erlebte vor allem das Aachener Café am Büchel, das Leo van den Daele sen. 1890 gegründet hatte. Nach dem Tod von Leo van den Daele jun. im Jahr 1984 gab es ein kurzes Pächter-Zwischenspiel mit Konditormeister Horst Moldt (er betrieb vier Cafés in **Duisburg**, u.a. im Botanischen Garten), ehe die 77-jährige Thea van Daele sich wieder hinter die Theke stellte. Sie führte das Café bis 1990, ehe auch sie mit 81 Jahren verstarb. Den Erben hatten sie und Leo van Daele auferlegt, Haus und Café 30 Jahre lang im Familienbesitz zu lassen, was die Erben befolgten, indem sie 1992 umfangreich modernisierten und

Links: Café Kittel in der Aachener Pontstraße 39. Mitte: Sitzgruppe im Café Lammerskötter. Rechts: Fassade des Café Barbarella in der Aachener Pontstraße 40-42.

erhebliche Summen in eine neue Küche neben der Backstube im Hof sowie in neue Sanitäranlagen investierten. Betrieben wurde das Café danach 17 Jahre lang von Hans-Peter Meier und seinem Team, der es bis Dezember 2010 führte, ehe der Pachtvertrag auslief. Prof. Dr. Karl-Heinz Schiffers, ein Neffe von Thea und Leo van den Daele, vertrat nach Ablauf der 30-jährigen Frist die Erben der Familie van den Daele, denen die Immobilie am Büchel gehörte. Ihm war es zu verdanken, dass 2011 mit der Kockartz AG aus dem ostbelgischen Raeren ein neuer Pächter für die „Alt-Aachener Kaffeestuben" gefunden wurde. Alexander Kockartz, der in der Grenzregion zahlreiche Bäckerei-/Konditoreifilialen betreibt (u.a. in **Eupen**, **Hauset**, **Eynatten**, **Lichtenbusch** und **Kelmis**), ließ das Aachener Traditionscafé in neuem Glanz erstrahlen, renovierte es behutsam, indem er Tische und Stühle vereinheitlichte und dem Innenraum insgesamt eine aufgeräumtere Optik verlieh. Neben den legendären Reisfladen und Printen gibt es dort nun auch feine belgische Patisserien und Backwaren, aber auch Pastetchen und Flammkuchen sowie das bombastische „Pailasse"-Verwöhn-Frühstück für zwei Personen.

Fassade (links) und Innenraum (Erdgeschoss) der Alt-Aachener Kaffeestuben, 2021

Die „Alt-Aachener Kaffeestuben Van den Daele"

Wer das 1890 gegründete Café 100 Jahre später betrat, konnte nur hoffen, in der ersten oder zweiten Etage noch ein freies Plätzchen zu ergattern, denn es war stets proppevoll bei „van den Daele". Das historische Gebäude, in dem es sich bis heute befindet, stammt aus dem Jahr 1655 und überstand sogar den verheerenden Aachener Stadtbrand von 1656. Im Laufe der Jahrzehnte wurden die vier unterschiedlichen Häuser, die dort standen, zu einem großen Kernbau zusammengeführt. Da die Bausubstanz 350 Jahre lang weitgehend unverändert blieb, ist es eng dort und für Gehbehinderte oder Mütter mit Kinderwagen unmöglich, in die Tiefen des Hauses vorzudringen.

Die insgesamt sieben Räume – von der „Alten Küche" über das „Räumchen" bis hin zu „Versailles" mit dem Stammbaum der Familie und einem sehenswerten Kronleuchter

„Versailles" mit Kronleuchter aus weißer Keramik. Rechts: Maria und Jesus (Holzmodel).

– sind verwinkelt und nur über eine Vielzahl von Treppenstufen zu erreichen. Über steile Stiegen oberhalb der beiden Gastronomie-Etagen gelangt man in Zimmer, die früher als Lagerstätten genutzt wurden. Eine Tochter der Familie Schiffers wohnte dort zu Studienzeiten. Bis Mitte der 1960er-Jahre lebten auch die Eltern von Leo van den Daele unter dem Dach des Hauses. Das Ambiente des Cafés wurde bis 2011 durch seine Möblierung aus der Blütezeit des „Aachen-Lütticher Barock" geprägt. Dort überwog dunkles Holz mit vielen Spiegeln und einer Antik-Deko (verschnörkelte Vitrinen, Delfter Kacheln, Kaffeekannen und unzählige Printenformen an den Wänden).

Leo van Daele jun., der im belgischen Walhorn geboren wurde, entwickelte in den ersten Jahren seiner Selbstständigkeit nicht nur eigene Rezepturen für eine Reihe süßer Köstlichkeiten, sondern auch nach streng geheimem Rezept kunstvolle Printen- und Spekulatiusfiguren. Die Backstube verließen meisterhaft dekorierte Motive der Aachener Geschichte: Reiter, Kavaliere, Könige und Kaiser (auch Napoleon stand Modell) sowie Heiligendarstellungen. Eine Spezialität war die „beschwipste Printe", die mehrfach in Alkohol getränkt und mit Nüssen und Rosinen verfeinert wurde. Auch Springerle (ein traditionelles Festtagsgebäck aus Anis-Eierschaum-Teig) bekam man bei „van den Daele".

Den Beinamen „Printenbaron", den der Inhaber schon bald erhielt, hatte er sich redlich verdient. Seine umfangreiche Sammlung von Holzmodeln, die van den Daeles Familie seit drei Generationen zusammengetragen hatte, suchte ihresgleichen im Aachener Umland. Als persönlichen Dank und zu Ehren der „Öcher Prent" ließ Leo van den Daele 1985 die Skulptur „Printenmädchen" von Hubert Löneke fertigen, die noch heute vor dem Kaffeehaus an der Ecke Büchel/Rethelstraße steht.

Es braucht viel Willensstärke, um an den wundervoll dekorierten Schaufenstern dieses Cafés vorbeizugehen. Dort liegen kleine Kunstwerke aus Früchten und Zucker, verführerische Obsttörtchen und natürlich auch Träume aus Schokolade und Creme. Und Reisfladen (etwa mit Aprikosen, Kirschen oder Pflaumenmus), denn „Riesflamm", wie sie in Aachener Mundart heißen, gehören zu den Besonderheiten der dortigen Backwaren. Sie wurden nach belgischer Rezeptur mit hohem Eigehalt und schöner brauner Kruste hergestellt. Bei „Öchern" und Touristen gleichermaßen begehrt ist auch das „Fladen-Arrangement" (zwei kleine Fladen nach Wahl, eine weiche Printe und Kaffee, so viel man will). Der Kaffee stammt – wie in fast allen Cafés rund um den Dom – aus der Aachener Rösterei „Plum's" (gegründet 1820). Kakao-Spezialitäten werden in Form von Schokoladenplättchen in einer kleinen Schüssel mit einer separaten Tasse heißer Milch serviert.

Selbstgebackenes in umgebauten Scheunen – Die Land- und Hofcafés

Als Geheimtipp galten zu Beginn des neuen Millenniums die Land- und Hofcafés, die Guts- oder Bauernhöfen angeschlossen sind. Wanderer und Radfahrer kehren dort bis heute gern ein, aber auch Familien mit Kindern, denn oft liegt ein großer Spielplatz oder ein Tiergehege bzw. Streichelzoo direkt am Haus.

Viele Landcafés haben als Hofläden begonnen, in denen regionale und saisonale Produkte direkt vom Erzeuger erworben werden können: Neben Kartoffeln, Obst und Gemüse sind das Freilandeier, selbstgemachte Wurst- und Fleischwaren, selbstgebackenes Brot sowie Marmeladen, Honig, Fruchtsäfte, Liköre und mehr. Oft stellen auch Künstler/-innen ihre Werke dort aus.

Idyllisch im Grünen gelegen, oft auch an Flüssen, kann man hier die Hektik der Stadt hinter sich lassen. Eine ungenutzte Scheune, ein leerstehender Stall oder sogar die Diele eines Bauernhauses sind zum gemütlichen Gastraum umgebaut. An schönen Tagen kann man auf der Außenterrasse sitzen, mit Blick ins Grüne, und gemütlich Kaffee trinken und ein Stück Kuchen essen. Die meisten Betriebe bieten auch einen Mittags- und Abendtisch an. Ausgebildete Konditoren findet man in Land- und Hofcafés nur selten, dennoch ist die Kuchen- und Tortentheke stets einladend und üppig, sodass man Zeit braucht, um eine Auswahl zu treffen. Alles ist selbstgebacken und vielerorts stammt inzwischen auch der Kaffee aus eigener Röstung.

Im **Münsterland** findet man in „Holtkamp's Deele" (**Ibbenbüren**) eine legendäre Stachelbeertorte, im Café von Hof Gehring (**Riesenbeck**) gibt es eine für die Region typische Pumpernickeltorte und „Spahn's Kaffeepott" in **Ostbevern** serviert den Kaffee aus unverwechselbaren Pöttges (Tontassen). Im **Teutoburger Wald** werden im „Café im Schafstall" (**Versmold**) westfälische Pfannkuchen angeboten. Von der Technik des Blaudrucks, die in **Schieder-Schwalenberg** (Kreis Lippe) seit über 100 Jahren praktiziert wird, zeugt das „Blaudruck-Café" mit seinen blauweißen Tischdecken und Vorhängen sowie der obligatorischen Blaubeertorte. Im Café des „Böggen-Hofs" in **Beverungen** gibt es eine spezielle „Fachwerktorte". Im **Sauerland** lockt das Bauernhofcafé „Leissetal" (**Schmallenberg**) mit seinem selbstgebackenen Walnuss-Apfelzopf. „Serks Kaffeestube" in **Bad Sassendorf** wirbt mit dem Slogan „Eine Tasse und ein Stück Kuchen für eine Stunde jäten in den Gartenwegen oder Beeten". Den original „Raumländer Schiefergeist" gibt es in der „Stünzeler Kaffeestube" **in Bad-Berleburg**. Das dortige Café wurde auf dem ehemaligen Heuboden des Gutshofs eröffnet. In der Eifel ist das urig eingerichtete Café im Ferienhof Schmickerath bei Wanderern und Radfahrern beliebt, es liegt in **Woffelsbach** (Gemeinde Simmerath) in unmittelbarer Nähe des Rursees.

Am **Niederrhein** kann man in „Jacobs Café" in **Straelen** in einem umgebauten Jagdhaus ein deftiges Bauernfrühstück bekommen oder sich an einer Niederrheinischen Kaffeetafel laben. Die gibt es auch im Landhaus-Café Selders in **Hünxe-Drevenack**. Der Weg von Pilgergruppen und Niers-Wanderern auf ein „lecker Köppken Kaffee" führt direkt am Bauerncafé Büllhorsthof in **Winnekendonk** (bei Kevelaer) vorbei. Im Sommer steht dort auf einer Tafel am Eingang: „Heute Holunderblüten-Rhabarber-Erdbeer-Schorle". Im Herbst ist „Nuss-Schoko-Streusel" mit Eierlikör ein Renner. In **Geilenkirchen** bietet das Landcafé „Haus Immendorf" ein üppiges Waffelbüfett mit süßen und herzhaften Beilagen (Eierlikör, Kirschen, Sahne, Milchreis, Schokosauce und herzhafte Dips).

Im **Bergischen Land** lockten die Landgasthäuser die Städter bereits ab 1870 in ihre Lokale. Was damals noch „ausgiebige Kaffeemahlzeit" oder „große Kaffeerestauration" hieß, ist seit den 1930er-Jahren die „Bergische Kaffeetafel". Zu ihren Bestandteilen gehören Hefeblatz mit und ohne Rosinen, Schwarzbrot oder Pumpernickel, Korinthenweißbrot, süßer Brotaufstrich in Form von Honig und Zuckerrübensirup (oder Birnen- und Apfelkraut), außerdem Milchreis, Zucker und Zimt, backfrische Waffeln und heiße Sauerkirschen.

Der Kaffee wird typischerweise mit einer Kranenkanne aus Zinn – der „Dröppelminna" – am Tisch eingeschenkt. Nicht selten wird die Tafel um herzhafte Komponenten wie Eierspeisen oder Wurst- und Fleischwaren ergänzt. Für Erwachsene endet sie meist mit einem Schnaps. „Haus Rüden", Café Meyer, das 1957 eröffnete Café „Zum Rittersturz" sowie das Café-Restaurant Kalkum (alle in **Solingen-Burg**) servieren eine solche Bergische Kaffeetafel (ab zwei Personen), ebenso das Landcafé Flocke in **Leverkusen**, das Café „Alte Dombach" (mit angeschlossenem Papiermuseum) in **Bergisch Gladbach** und das Café Kroppenberg in **Bensberg**.

Haus Rüden in Solingen nennt die Kaffeetafel in Bergischer Mundart „Kaffeedrenken mit allem dröm und dran". Zum Abschluss serviert man dort einen Johannisbeer-Aufgesetzten.

Café Kroppenberg (Bensberg)

Die Brüder Heinrich und Willy Kroppenberg hatten 1955 in der Bensberger Innenstadt (unterhalb des alten Bergfrieds) eine Konditorei mit einem gemütlichen Café eröffnet, das sich damals noch „Burg-Café" nannte. 1977 übernahm Sohn Hermann mit seiner Frau Angela den Betrieb in der Hauptstraße 46 und führte ihn 20 Jahre lang. 1997 verlegte das Ehepaar das Café aus der verkehrstechnisch ungünstigen Innenstadt in das Fachwerkhaus in der Eichelstraße 13–15. Urgroßvater Hermann Kroppenberg hatte 1927 das Waldcafé „Haus Hummelsbroich" in der Brüderstraße eröffnet, das zu einem der beliebten Ausflugsziele im Kölner Raum wurde, ehe der Bau der A4 im Jahr 1969 die Schließung des Cafés erzwang. Man trank im „Haus Hummelsbroich" im Bergischen gebrautes Wicküler-Bier oder ließ sich die Bergische Kaffeetafel mit Bauernblatz und Schwarzbrot schmecken, das aus der Bäckerei Allexi in Bensberg stammte – deren Tochter Antonia heiratete später den Konditor Hermann Kroppenberg. Da Antonias Eltern das Fachwerkhaus in der Eichelstraße gehörte, zog das Café Kroppenberg 1977 in die Räume der ehemaligen Bäckerei.

Gedeck mit Panoramablick – Beliebte Ausflugscafés

Auch Ausflugscafés und Konditoreien in historischen Ortskernen erfreuten sich im neuen Millennium hoher Beliebtheit – wie in **Solingen** („Kaffeehaus" am Gräfrather Markt), **Burg an der Wupper** (Bergische Zwieback-Manufaktur), **Essen-Kettwig** („Lavendel" im Brücken-Café) **Hattingen** (Café Adele), **Neviges** (Café Nostalgie, direkt gegenüber des Wallfahrtdoms; der Inhaber serviert dort ganz im Sinne traditioneller österreichischer Kaffeehauskultur „Julius Meinl"-Bohnenkaffee mit einem Glas Wasser!), **Wülfrath** (Café Schwan), **Linz am Rhein** (Café Leber) oder **Bad Münstereifel** (Café Printenhaus und Café Erftgold, vormals Café am Salzmarkt). Das Café Küchenberg in **Uckerath** an der Sieg lebte viele Jahre lang von den zahlrichen Reise-

Café Adele in Hattingen, 2021

bus-Gästen aus den Niederlanden und dem Bonner und Kölner Raum, die dort vor ihrem Besuch der Stadt Blankenberg einen Zwischenhalt machten.

Ein Dorado für Caféliebhaber ist das Eifelstädchen **Monschau**. Fast ein Dutzend Cafés und Bistros findet man hier im Umfeld des Marktplatzes und in den engen Gassen der historischen Altstadt – vom Café Hirsch bis hin zu Zimmermanns und zum Bistro Weekend. Das älteste Café der Stadt geht auf das Jahr 1770 zurück, in dem die Familie Breuer im Gebäude des heutigen Rur-Cafés eine Bäckerei betrieb (sie gibt es noch immer im Erdgeschoss). 1918 erteilte der Kreisausschuss August Wilhelm Breuer die Erlaubnis zum Ausschank alkoholfreier Getränke in seinem Café. Seit 2014 wird der Betrieb nur noch als Restaurant

Café am roten Haus in Monschau

geführt. Bis heute ist die Holzvertäfelung mit Motiven aus dem Monschauer Land erhalten, die 1925 vom Höfener Kunstschreiner A. Foerster exklusiv für das Café angefertigt wurde.

Das Café Kaulard am Monschauer Markt wurde am 4. April 1958 von Siegfried Kaulard in einem 350 Jahre alten historischen Gebäude eröffnet. Standen dort in den 1950er-Jahren noch die typischen Resopal-Möbel, so ließ Kaulard das Café später von der Monschauer Möbelwerkstatt Theissen im Stil des Lütticher Barock einrichten. Zahlreiche Ölgemälde aus der besten Phase des Eifeler Kunstmalers Paul Siebertz hängen dort heute in den Gasträumen. In der Laufenstraße betreibt Elke Klein das „Café am roten Haus". Es hat 65 Sitzplätze und eine Terrasse mit 45 Plätzen. Von dort hat man eine schöne Aussicht auf den Laufenbach mit seinem kleinen Wasserfall, der neben dem Roten Haus in die Rur mündet. Spezialität der hauseigenen Backstube sind die „Monschauer Dütchen" – leichte Eierbisquithörnchen, die mit Eis und Früchten bestellbar sind.

Links: Außenterrasse des Café Kaulard am Marktplatz in Monschau.

Rechts oben: Gastraum des Café Hirsch (Obergeschoss). Mitte: Rur-Café zur Zeit der Wwe. A. Breuer. Unten: Die historische Bäckerei / Conditorei im Rur-Café.

Gastraum und Schaufenster des Café Kaulard in Monschau

Heinos Rathaus-Café (Bad Münstereifel)

Im Kurstädtchen Bad Münstereifel war das Rathaus-Café des Schlagersängers Heino (bürgerlich: Heinz Georg Kramm) fast 16 Jahre lang eine der Hauptattraktionen des Ortes. Heino, der vor seiner Gesangskarriere von 1952 bis 1955 in Düsseldorf eine Lehre zum Bäcker und Konditor absolviert hatte, eröffnete 1996 sein Café am Marktplatz des Eifelstädtchens (in der Marktstraße 18 – heute „Puma"-Store) und brachte damit Glanz und auch Geld nach Bad Münstereifel. Die Gäste – von Reisegruppen aus Erkrath bis hin zu Senioren-Maiköniginnen aus Bonn-Röttgen – kamen scharenweise mit Bussen zum Heino-Sightseeing, denn der Sänger war oft persönlich in seinem Café anwesend und empfing seine Besucher mit rotem Hemd, schwarzer Weste und einem Lächeln, während im Hintergrund seine Hits in Dauerschleife aus den Lautsprechern erklangen. In Folge 1266 von „TV total" besuchte sogar der Entertainer Stefan Raab das Heino-Café. Sein Clip aus „Bad Monstereichel" ging in die TV-Geschichte ein.

Alte Plattenhüllen mit dem Heino-Konterfei, Goldene Schallplatten hinter Glas und die legendäre Haselnusstorte in der Kuchenvitrine – so sah es bis zum 31. Mai 2012 in dem Café aus. Dann lief der Pachtvertrag aus, den Heino nicht verlängerte, da Finanzinvestoren die schönsten Fachwerkhäuser im Ort aufzukaufen begannen, um den Ortskern in ein großes Outlet-Center zu verwandeln.

Heino vor der Vitrine mit seinen Musikpreisen.
© Joerg H. Wagner, Bad Münstereifel.

Der Schlagerstar zog stattdessen mit seinem Café in den hinteren Bereich des historischen Kurhauses in der Nöthener Straße 10. Heino und seine Frau Hannelore wohnen dort seit 2009 und haben die gesamte zweite Etage als Privatwohnung bezogen. Im August 2020 wurde allerdings auch dieses Café geschlossen, da Investor Marc Bruchserseifer Teile des Gebäudes kernsanieren und die alte Technik aus den 1970er-Jahren austauschen ließ.

Bis zu seiner Schließung wurde das Café nicht von Heino selbst, sondern von den Inhabern des Kurhauses betrieben und nach 20 Uhr als Restaurant genutzt. 150 Sitzplätze standen den Gästen dort zur Verfügung. Ein Dutzend Goldener Schallplatten aus

Heinos Café im Kurhaus von Bad Münstereifel. © Joerg H. Wagner, Bad Münstereifel.

dem Rathaus-Café hingen dort an den altrosa getünchten Wänden wie auch zahlreiche Bilderrahmen mit Fotos, die Heino u. a. mit Udo Jürgens, Mick Jagger und Siegfried & Roy zeigten. Die übrigen Erinnerungsstücke aus dem alten Lokal wurden eingelagert. Die Eröffnung von „Heinos Café" (so der offizielle Name) wurde am 24. Juni 2012 auf der Terrasse des Kurhauses gefeiert – mit über 700 Besuchern und Schlagerstars wie Graham Bonney, Chris Andrews und Chris Roberts.

Morgens kam Heino bisweilen zum Frühstücken in das Café und gab dann geduldig Autogramme. Hin und wieder trat er auch live auf dem Klosterplatz in Bad Münstereifel auf, wenn das Outlet-Center zum Late-Night-Shopping bis 22 Uhr rief. Wie ein schwarzer Messias strahlte er dann im Bühnenlicht, sang in Lederjacke mit Silbernieten, Gothic-Kreuz und Totenkopfring gecoverte Songs im Heavy-Metal-Stil. Wenn die Fans „Zugabe" riefen, verschwand er hinter der Bühne und wechselte sein Outfit. „Statt Leder trägt er wieder Rollkragenpullover und rotes Jackett. Dann intoniert er seine Altherrenschnurren, ‚Schwarrrze Barbara' und ‚Blau blüht derrr Enzian'. In diesem Moment hat in Bad Münstereifel das Alte das Neue wieder eingeholt", schrieb Rolf-Herbert Peters im Oktober 2017 auf ‚Stern online'."

Auch Cafés an beliebten Radwegen oder Bahntrassen erfreuen sich zunehmender Beliebtheit, zum Beispiel die Café & Bar Celona am Ruhrtalradweg in **Essen-Steele** oder an der Nordbahntrasse bei **Wuppertal** das Café Hutmacher (im Bahnhof Mirke), das Boulder-Café (im Bahnhof Blo) oder das Wichlinghauser Café Nordbahntrasse. Am Panorama-Radweg Niederbergbahn (er führt von Essen-Kettwig nach Haan) liegt die von Alexandra und Uwe Liebergall geführte Rösterei Kult-Kaffee (Westfalenstraße 12 in **Heiligenhaus**), die vornehmlich Kaffeespezialitäten für Gastronomie, Hotellerie, Industrie- und Endkunden produziert. Im hauseigenen Coffee-Shop besteht jedoch eine Möglichkeiten zur Verkostung.

Am Lenneradweg in **Schmallenberg** liegt das Cafe „Zeit am Wasserrad". Es gibt dort selbst gemachte Kuchen und riesige Windbeutel (süß oder herzhaft), die man auf der Terrasse direkt am Wasserrad oder drinnen – inmitten des liebevoll zusammengestellten Sammelsuriums von alten Gegenständen und Küchenutensilien – genießen kann.

Eine Renaissance erlebten auch die Park- und Schlosscafés, die sich bereits zu Beginn des 20. Jahrhunderts einer großen Beliebtheit erfreuten. Hierzu gehören im neuen Millennium u. a. das Café Gut Heidefeld in **Bocholt-Spork**, das Park-Café an der Kurpromenade in **Bad Westernkotten Erwitte**), der „Zimt & Zucker Kaffeepavillon" und das Café Viva im **Dortmunder** Westfalenpark – außerdem das Schlosscafé im

Das Café „Zeit am Wasserrad" in Schmallenberg

Park **Benrath**, das Café in den Arkaden auf Schloss Augustusburg in **Brühl** und das Café Schloss Türnich in **Kerpen**. Direkt neben dem großen Kräutergarten sitzt man dort unter einem der Sonnenschirme und genießt den Blick aufs Schloss sowie Kaffee, Kuchen oder einen Snack – alles bio und ohne Zusatzstoffe.

In einem fast 300 Jahre alten Fachwerkhaus befindet sich das Café Profittlich in **Rhöndorf**. Vorn im „Lädchen" stehen die Produkte aus der Backstube zum Verkauf. Im hinteren Bereich, aber auch in der Bauernstube im Obergeschoss sowie auf der Terrasse können sich die Gäste mit Blick auf den Ziepchensplatz ihren Kuchen und ihre Tortenstücke gut schmecken lassen.

Bäckermeister Stephan Profittlich aus Birresdorf (Landkreis Ahrweiler) hatte 1892 in der Drachenfelsstraße 21 (in der sich das Café auch heute noch befindet) eine Bäckerei eröffnet. 1924 wurde es um ein Café erweitert. Von 1953 bis 1959 machte der spätere Inhaber Peter Profittlich Schlagzeilen, weil er sich mit Bundeskanzler Konrad Adenauer im sogenannten Seilbahnstreit angelegt hatte. Profittlich hatte zur Steigerung des Fremdenverkehrs in Rhöndorf den Bau einer Seilbahn von Rhöndorf auf den Drachenfels initiiert und

Das Café Profittlich in Rhöndorf befindet sich in einem Fachwerkhaus von 1731.

mit Geschäftsleuten sogar die „Drachenfels Luftseilbahn Gesellschaft" gegründet. Doch Adenauer – der in Rhöndorf wohnte und den Verlust der beschaulichen Ruhe des Ortes befürchtete – lehnte das Vorhaben mit der Begründung ab, dass der Bau „eine Verschandelung des Siebengebirges" sei. Der Streit gipfelte darin, dass Adenauer zeitweise die Brötchen von der Bäckerei Profittlich abbestellte. Im Februar 1959 untersagte schließlich der Kölner Regierungspräsident Dr. Riegler eine Baugenehmigung für die Seilbahn.

Wie wichtig die Attraktivität eines Ortes für den Erfolg und das Überleben eines Cafés ist, zeigt exemplarisch die Stadt **Blankenberg (Rhein-Sieg-Kreis)**, die durch ihre vielen Denkmäler und vor allem durch die Burg, die um 1150 auf einem hohen Felssporn über der Sieg von den Grafen von Sayn errichtet wurde, ein Touristenmagnet ist. Burg, Stadt und Kirche gelten als Muster eines mittelalterlichen Dynastensitzes, dessen Grundstruktur erhalten und an den Türmen, Mauern und Gräben ablesbar ist. Heute gibt es dort drei Cafés. Das Café-Restaurant „Zum Alten Turm" in der Katharinenstraße 6 wird inzwischen in sechster Generation von Johannes und Franz Drecker geführt. Vater Wilhelm Drecker hatte bereits 1918 die Konzession für eine Gastwirtschaft in dem alten Fachwerkhaus beantragt (die Familie Drecker ist seit 1720 in Besitz des Hauses).

Das Panorama-Café Krey im historischen Schulgebäude von Blankenberg (dort wurden 1867/1868 die Kinder des Ortes unterrichtet) wurde 1971 vom Bäckermeister Paul Krey gegründet. Im Keller des Gebäudes befand sich die Backstube. Die Umsätze in dem attraktiven Ausflugsstädtchen waren hoch, sodass schon bald eine große Aussichtsterrasse angelegt werden konnte, von der Besucher einen schönen Blick über das Siegtal bis zur Kölner Bucht und zum Siebengebirge hatten. 1988 übernahm Paul-Karl Krey, der Sohn des Gründers, den Betrieb und erweiterte ihn auf inzwischen 100 Sitzplätze im Innenbereich und 70 Terrassenplätze.

Krey sind die Windbeutel-Spezialitäten zu verdanken, die über die Grenzen der Stadt Blankenberg hinaus bekannt wurden. Zu den beiden Windbeutelfesten im Jahr kommen die Besucher inzwischen in Bussen angereist. Zahlreiche Prominente haben sich bislang im Panorama-Café eingefunden, darunter Götz George, Marie-Luise Marjan (Mutter Beimer aus der „Lindenstraße"), Udo Lindenberg sowie Wolfgang Overath und Fritz Schramma (ehemaliger Oberbürgermeister von Köln). 2019 wurde das Café von Sebastian Bourmann und Julia Przybyl übernommen.

Das Weincafé Alt-Blankenberg am Markt befindet sich in einem über 300 Jahre alten Fachwerkhaus. Der Gastraum mit seinen 24 Sitzplätzen ist bis heute mit alten Möbeln ausgestattet, die überwiegend aus der Zeit um 1900 stammen. Die Wände sind schief und einige Fußböden sind krumm. Im ganzen Haus gibt es keinen einzigen rechten Winkel. Im schattigen Weingarten vor dem Haus – mit Weinreben, Weinpresse und Rüsselbrett – stehen 35 Sitzplätze zur Verfügung.

Von Café Peters zu Peters SchokoWelt (Lippstadt)

Ein besonderes Ausflugsziel stellt „Peters SchokoWelt" in **Lippstadt** dar, die aus dem ehemaligen Café Peters am Markt hervorging. Das Café wurde 1936 von Franz Peters gegründet – damals noch als Eisdiele, die in den Wintermonaten zum Café umfunktioniert wurde. Als der Inhaber nach Ende des Zweiten Weltkriegs in Kriegsgefangenschaft geriet, führte seine Frau Henny sieben Jahre lang das Café am Markt allein weiter und machte es zu einer der renommiertesten Adressen im Ort. 1966 heiratete Norbert Frochte die Tochter des Gründers (Bärbel Peters) und baute die hauseigene Pralinenmanufaktur aus, die anfangs kleine Confiserien belieferte, später auch Großkunden wie die Confiserie Most und die Lufthansa. 1977 übernahm Norbert Frochte die Geschäftsleitung. Er ließ das Café Peters renovieren und vergrößern und entwickelte 2008 die „Pecarée" – feinste Trüffelfüllungen, die von einer hauchdünnen Schale umhüllt sind.

2018 eröffnete die Peters GmbH in der Hansastraße 11 (im Gewerbegebiet am Wasserturm) auf mehr als 1200 Quadratmetern das Erlebniszentrum „SchokoWelt", das es in

Die Café-Bar in Peters SchokoWelt. © Peters SchokoWelt, Lippstadt.

ähnlicher Form nur im 1993 von Hans Imhoff initiierten Kölner Schokoladenmuseum gibt. Ein Fahrstuhl befördert den Besucher zunächst in den „SchokoHimmel" auf Ebene V des im Industrie-Steampunk gehaltenen Gebäudes. An klaren Tagen kann man dort bei Kaffee und Kuchen von der Sonnenterrasse aus den Blick bis zum Teutoburger Wald schweifen lassen. Eine geführte Tour mit einem Schoko-Concierge beginnt auf Ebene V – in einer Bildergalerie wird zunächst die Geschichte der Familie Peters erzählt. Auf Ebene IV kann man im Rundkino Filme über den Anbau von Kakao und seine Verschiffung in die Häfen der Welt anschauen. In einem Duftlabor können die Besucher ihren Geruchssinn testen. Auf Ebene III stellen Meister der Confiserie vor den Augen der Zuschauer köstliche Schokoladenskulpturen und Pralinen her, von denen auch gekostet werden darf. Auf Ebene II kann man in der Backstube aus nächster Nähe erleben, wie Schokoträume sowie köstliche Kuchen und Törtchen wahr werden. Dort steht auch der fantasievoll gestaltete Schokobrunnen, aus dem fein duftende Schokolade in drei Sorten aus dem Hahn strömt. Die Führung endet auf Ebene I im über 100 Quadratmeter großen „Pralinen-Shop", den man durch ein riesiges Schlüsselloch betritt. Dort gibt es auch eine Kaffee-Bar mit frischen Törtchen, Kaffee vom Barista und kleinen Mittagssnacks. Im 2011 eröffneten Flagship-Store neben der „SchokoWelt" bietet Peters seit 2011 sein komplettes Pralinensortiment und gegossene Schokoladen sowie Tee- und Käsegebäck an. Peters Produkte werden heute weltweit in 31 Ländern vertrieben.

Ausblick

Von Retro-Cafés, Nähcafés, Abteicafés und Non-profit-Cafés

Eine einheitliche Definition dessen, was ein Kaffeehaus eigentlich ist oder zu sein hat, gab es zu Beginn des 21. Jahrhunderts nicht mehr. Die Inhaber von Stehcafés, Coffee Shops, Frühstückscafés, Café-Kneipen, Szene-Cafés, Billardcafés, Neon-Cafés, Literaturcafés, Kunstcafés, Museumscafés wie auch von Land-, Hof- und Ausflugscafés haben neben den klassischen Konditoreicafés eine facettenreiche Palette dieses Lokaltyps geschaffen. Seit den 2010er-Jahren gab es zahlreiche Neugründungen von Retro-Cafés, die mehr an Wohnzimmer als an ein Lokal erinnerten. Hierzu zählen das „Weltempfänger" und das Café Fridolin (beide in **Köln-Ehrenfeld**) mit ihren zusammengewürfelten antiquarischen Möbeln (Ohrensessel, Blümchenporzellan, stoffbespannte Lampenschirme). Im Kölner „Häppchen" kann man sogar einen Kronleuchter aus 4000 Wäscheklammern bestaunen.

Es gab ein Revival der Literaturcafés wie im Fall des „Livres" in **Essen**, in dem bis heute Lesungen und Poetry Slam stattfinden. In aus Holzkisten zusammengesetzten Regalen stehen dort Bücher zum Stöbern, Lesen, Mitnehmen, Wiederbringen und Tauschen. Im **Kölner** „Goldmund" gibt es sogar eine offizielle Bookcrossing-Zone (ein Konzept der „Bücherwanderung").

Inzwischen gibt es Cafés in Gartencentern wie in den zahlreichen Filialen von Dehner, Risse oder „Schley's Blumenparadies". Es gibt Cafés in Concept Stores (wie das „Garden Art" am Ortsausgang von **Schalksmühle** oder das Café im Second-Hand-Warenhaus „Fundhaus" in **Schmallenberg**) und in Trödelscheunen (wie im „Kulturgut Schrabben Hof" in **Silberg**). Es gibt Trauercafés für den Leichenschmaus nach Beerdigungen und sogar Cafés in ehemaligen Kirchen, wie im Fall des „Café Denk Mal" in **Recklinghausen**, das 2007 in einem evangelischen Gotteshaus eröffnet wurde (seit 2020 geschlossen). Das Kreuz auf der Dachspitze der Andreas-Kirche war Denkmal und zugleich Wahrzeichen des Cafés.

Es gibt Abteicafés wie auf dem Klosterberg in **Meschede** oder Nähcafés wie „Mr. & Mrs." in **Bonn-Beuel** (inzwischen geschlossen) oder das von der Modedesignerin Andra Matei gegründete „Sperling" in **Hennef**, in dem Interessentinnen

Das Café Livres im Essener Moltkeviertel ist eine Mischung aus klassischem Lese- und Literatur-Café im französischen Stil.

einen Nähmaschinen- und/oder Overlockmaschinen-Führerschein erwerben können. Es gibt Cafés an originellen Orten wie im Führerhaus eines ausrangierten Krans („Kran-Café" am Ufer des Hafens im **Leverkusener** Stadtteil Hitorf). Ende der 1990er-Jahre gab es sogar ein „Etagen-Café", mit dem „Tante Minchen" (bürgerlich: Emilie Grell) fast 40 Jahre lang über die Jahrmärkte im **Ruhrgebiet** zog. Über eine Treppe ging es hinauf in ihr rollendes Café, das rundum verglast war und einen idealen Rundblick über jeden Kirmesplatz im Revier bot.

Das Bonner Café Apfelkind gewinnt gegen Apple

Ins Café Apfelkind in Bonn, das in einem heimeligen Altbau in der Argelanderstraße 48 residierte, führte eine kleine Treppe. Wer dort ein Konditoreicafé oder eine Café-Bar erwartete, wurde eines Besseren belehrt, denn das „Apfelkind" war ein Familiencafé, „Klein Bullerbü", wie es Inhaberin Christin Römer nannte. Sie hatte das Café 2001 gegründet, um Kindern und Eltern einen entspannten Ort zu bieten, deshalb gab es ein liebevoll eingerichtetes Spielzimmer im „Apfelkind" wie auch Kinderprodukte (Holz-

Café Apfelkind eröffnete am 30. April 2001. Das Logo des Cafés zeigte einen roten Apfel mit einem Kinderprofil; entworfen hatte es „frischeminze GbRGrafikdesign". © frischeminze GbRGrafikdesign und Webdesign, Bonn. Foto: Cordula Spankus.

stifte, Schulrucksäcke, Kinderkleidung, Stofftiere), die in limitierter Auflage von kleinen Herstellern aus der Region produziert wurden und im Café erworben werden konnten. Es gab Kakao, Kinderpunsch und Zimtwaffeln für die Kleinen sowie Latte mit Apfelkuchen für die Erwachsenen.

Christin Römer hatte die Idee für den Namen „Apfelkind" und beauftragte die Agentur „frischeminze GbRGrafikdesign und Webdesign" mit der Entwicklung eines Logos – ein roter Apfel mit einem Kinderprofil. Römer wollte damit später Tassen, Kleidung und auch Spielzeug schmücken. Sie reichte das Logo drei Monate nach Eröffnung ihres Cafés beim Deutschen Patent- und Markenamt (DPMA) in München ein und staunte nicht schlecht, als sie fünf Tage vor Ablauf der Widerspruchsfrist Post von den Anwälten des IT-Konzern Apple Inc. aus Cupertino, Kalifornien, bekam. Die Anwälte bestanden darauf, dass Christin Römer auf verschiedene Klassen des Markenrechts verzichten sollte, da eine „erhebliche Verwechslungsgefahr" mit dem Apple-Logo (ein angebissener Apfel) bestand.

Die Cafébesitzerin blieb jedoch standhaft und ließ sich auf einen nervenaufreibenden Schriftwechsel mit den Anwälten ein, der zwei Jahre dauerte. Sie argumentierte, dass ihr Apfel-Logo statt einer Biss-Spur ein integriertes Kindergesicht habe, zudem würde das Symbol nie isoliert, sondern immer nur mit dem Schriftzug „apfelkind" verwendet. An diesem Apfel hat sich Apple schließlich die Zähne ausgebissen. Im Oktober 2013 zog der Konzern den Widerspruch beim Markenamt zurück. Damit endete einer der bizarrsten Fälle des internationalen Markenrechts.

Das kleine Café und seine Besitzerin wurden durch den Streit deutschlandweit bekannt – vom „Stern" und „Spiegel" über „Handelsblatt" und „Focus" berichteten die Medien über den Sieg des kleinen „Apfelkinds". Gleichwohl musste das Café aus wirtschaftlichen Gründen im September 2018 schließen.

Es gibt Non-profit-Cafés, die in erster Linie dem zwischenmenschlichen Austausch dienen und das Kommerzielle hintenanstellen. Dazu gehören Baby- und Kinderwagencafés sowie Schüler-, Jugend- und Seniorencafés. Unterhalten werden diese Einrichtungen von den Kommunen, kirchlichen Einrichtungen, Familienbildungsstätten oder Verbänden wie der Arbeiterwohlfahrt.

In **Pulheim** hat der „F.e.V. Beratung, Bildung, Kultur und Treff für Frauen" mit seinem Café F. einen Treffpunkt für Menschen geschaffen, die miteinander ins Gespräch kommen und neue Kontakte knüpfen möchten. In **Duisburg** existiert seit fast 40 Jahren das „Kirchencafé" in der Karl-Marx-Straße 20, das zum festen Bestandteil der Marxloher geworden ist. Man kann dort für wenig Geld frühstücken oder über Gott und die Welt reden. Am Marktplatz im Duisburger Stadtteil Aldenrade wurde im Oktober 2020 ein weiteres Kirchencafé (mit Beratungsangebot „B 8 Lich") eröffnet. Der Kaffee dort trägt den schönen Namen „Schwarzer Abt". In **Aachen** feierte das Café Plattform für Wohnsitzlose 2018 sein 30-jähriges Bestehen. Susanne Laschet, die Frau des ehemaligen NRW-Ministerpräsidenten Armin Laschet, unterstützt das Café als Mitglied des Förderkreises. Das **Bochumer** Café Eden wird von einem eingetragenen Verein betrieben, auch dort dienen die Einnahmen des Lokals, das mal Café, mal Bar und mal kuscheliges Konzertwohnzimmer ist, lediglich der Kostendeckung. In **Moers** gestaltete die Bühnenbildnerin Birgit Angele 2019 das „Café Z" im Erdgeschoss des Wallzentrums Moers – ein zentrales Projekt des Schlosstheaters. In **Wermelskirchen** eröffnete 2017 das „Waschcafé", das sich aus einem Treffpunkt für Flüchtlinge entwickelt hat – dem Café International. In den ehemaligen Räumen der „Bergischen Morgenpost" geben ehrenamtliche Mitarbeiter/-innen Migranten Hilfe im Umgang mit Behörden. Wer keine Möglichkeit hat, die eigene Wäsche zu waschen, kann auf zahlreiche Waschmaschinen und Trockner in den Räumen des Cafés zurückgreifen.

In Repair-Cafés helfen Elektriker, Schneiderinnen, Tischler und Fahrradmechaniker/-innen bei Reparaturen von Haushaltsgeräten, Fahrrädern und Computern. Stets gibt es in den Non-profit-Cafés ein kleines Verpflegungsangebot, meist in Form von Kaffee und Kuchen bzw. belegten Brötchen.

Es gibt auch winzige Cafés, wie „Das kleine Altstadt-Café" in **Arnsberg** (nicht größer als eine Wohnstube) oder in **Bochum** das „Kinkerlitzchen", „Fräulein Coffea" und die „Kleine Zuckerbäckerei" mit ihren Cupcakes, Cake-Pops, Macarons und sonstigen Hincookies. Es gibt Cafés wie „Wonnetörtchen" in **Bonn**, die ihren Küchlein Vornamen wie Jupp, Detlev, Melli, Betsy oder Lotta geben. In **Dortmund**

Das Waschcafé in Wermelskirchen

Das Café Verweilchen befindet sich im ältesten Haus von Bergheim (erbaut im 16. Jahrhundert).

kämpft das „Kieztörtchen" um Kundschaft und im ältesten Haus von **Bergheim** hält sich das Café Verweilchen mit großem Einsatz und seinem wunderschönen Ambiente am Ort. Es gibt auch Ein-Frau-Cafés wie das 2018 eröffnete Café Dorffräulein in **Duisburg-Serm**, das nach zwei Jahren wieder schließen musste. Es gibt sogar Cafés, die keine sind, sondern nur so heißen – wie das Café Erdmann im **Dortmunder** Westpark, das lediglich als Biergarten fungiert. Kein Café, sondern Burger-Restaurants sind das Café de Sol in **Bochum-Wattenscheid** (eine Filiale der Franchisekette Gastro & Soul GmbH 2021) und das Hard Rock Cafe in der **Kölner** Gürzenichstraße (eine Filiale der Franchise-Kette Hard Rock Cafe International). Es gibt sogar mobile Cafés wie das Café „Hin & Weg" in **Wuppertal**, wo Harry von Löwis seit 2012 mit seinem Dreirad (einer umgebauten „Piaggio Ape") unterwegs ist, um auf Messen, Hochzeiten, Stadtfesten, Wochenmärkten, Galas oder Incentives präsent zu sein. Mit seiner „Gaggia"-Siebträgermaschine, einem „Fiorenzato"-Mahlwerk und einem erfahrenen Barista sorgt er dennoch für perfekten Kaffeegenuss.

Auch Michael Hamacher (mit seinem Kaffeewagen Café Glück An St. Aposteln in **Köln**), Roberto Mirabile (mit seinem roten Caféccino-Mobil am Clarenbachkanal in Köln) oder Julia Redisiu und Burghard Stephan mit ihrem umgebauten silberfarbenen 1972er Citroen HY (sie stehen auf diversen Kölner Wochenmärkten) gehören zu den erfolgreichen mobilen Ein-Mann- bzw. Ein-Frau-Unternehmen. Selbst durch die Corona-Pandemie kamen die mobilen Cafés: Eine Plexiglasscheibe, Recup-Becher und eine Kasse, die von den Kunden selbst bedient wurde, brachte sie schadlos durch die langen Lockdowns.

Museumscafés – Wo Kunst und Genuss aufeinandertreffen

Zahlreichen Museen in Nordrhein-Westfalen wurde inzwischen ein Café angegliedert, in dem die Gäste nach dem Besuch einer Ausstellung einkehren können. Das Museumscafé in **Gelsenkirchen-Buer** befindet sich direkt neben dem Haupteingang des Städtischen Kunstmuseums an der Horster Straße. Architekt Albrecht Wittig hatte es in den 1980er-Jahren bewusst nüchtern konzipiert – mit schwarz gehaltenen Wänden und Stühlen, matt gestrichenen Fensterrahmen und dunkelgrauen Steinfliesen, die das Licht absorbierten. Lediglich die Platten der Marmortische waren weiß gehalten. Doerte Storf und die Künstlerin Angelika Stephan hatten das Café im Mai 1984 eröffnet, zu bestimmten Anlässen kreierte Konditor Vöcklinghaus die „Piet-Mondiran-Torte". Die Eiskarte, die

Das von Albrecht Wittig konzipierte Museumscafé in Gelsenkirchen-Buer, 1985

vom Herner Künstler Jürgen Grislawski entworfen wurde, hielt Kreationen wie „Andys Banane, „Junge Wilde" oder „Christo-Kelch" parat. Als „Museumscafé Pirandello" ist aus dem Café inzwischen ein italienisches Restaurant geworden.

Das Café Biemel im Museum Insel Hombroich in **Neuss** erinnert mit seinem Namen an den Philosophen Walter Biemel (1918–2015). Er war Hombroich als Beirat für Philosophie eng verbunden und hat seinen gesamten wissenschaftlichen Nachlass der Stiftung des Museums vermacht, die den Bestand als Archiv Walter Biemel führt. Als Insider-Tipp in **Köln** gilt das Café im Museum für Angewandte Kunst, das von Michael Holtmann im einladenden Innenhof des MAKK betrieben wird. Das im Schatten der Minoritenkirche gelegene Café ist eine Oase der Ruhe. In **Paderborn** bietet das direkt neben dem Dom gelegene Café am Museum mit seinen großen offenen Fenstern einen schönen Blick auf den Marktplatz und Neptunbrunnen. Am südlichen Ortseingang der historischen Altstadt von **Lügde** befindet sich auf der Hinteren Straße 86 (im 1799 errichteten Vierständer-Fachwerkhaus) das Lügder Heimatmuseum. Im Obergeschoss des geschichtsträchtigen Hauses wurde ein uriges Café eingerichtet – zwischen den Schlafkammern des Bauernehepaares, dem Zimmer der Magd und der Kornkammer. In **Gütersloh** wurden im Jahr 2000 zwei kleine Fachwerkhäuser von der Mauerstraße in die Kökerstraße 11 umgesetzt. Das Wohnhaus konnte nicht zerlegt werden, deshalb wurde es in einem hölzernen Transportkäfig „verpackt", auf einen Tieflader gehoben und am neuen Standort abgeladen. Es wog fast 20 Tonnen. In den beiden Häusern lädt heute ein Museumscafé zu Kaffee und Kuchen ein. In **Krefeld-Linn** betrieben Michaela und Andreas Montz bis Juli 2020 ein Café, das dem Museum Burg Linn angeschlossen war. Das Lokal war durch seine Windbeutel und Blechkuchen auch über Krefelds Grenzen hinaus bekannt. Das gläserne Museumsfoyer, in dem die Kuchentheke und die 50 Plätze untergebracht waren, hatte der Architekt ursprünglich nicht als Café konzipiert. Es fehlte eine Lüftung, was vor allem im Sommer zu einer erheblichen Aufheizung führte. Auch sorgten Museumskasse und Café unter einem Dach oft für eine drangvolle Enge.

In den Cafés des neuen Millenniums sind Atmosphäre und Kommunikation entscheidend geworden und vor allem für die junge Generation wichtiger als die bloße Konsumation von Kuchen und Torten. Man will sich in einem Café wohlfühlen, wenn man dort mit Freunden kommuniziert, Meetings abhält oder für sich allein sitzt. Jeder ist willkommen – wie in einem großen Wohnzimmer oder in einer Ersatzfamilie.

Es ist zwangloser und lässiger geworden in den Cafés und Coffeeshops als noch vor Jahren. Was wichtig ist, ist guter Kaffee aus besten Bohnen, dessen Zubereitung und Konsumation bewusst zelebriert wird. Im Idealfall kann er sogar frisch geröstet an der Theke gekauft werden. Sehen und gesehen werden kann man in diesen Cafés natürlich auch, aber das Bedürfnis danach ist nicht mehr ganz so groß wie noch in den 1980er-Jahren, als die Szene-, Nacht- und Neoncafés Guckkästen der Mondänen, Modepuppen und Erfolgreichen sowie von Selbstdarstellern waren.

Das Kaffeehaus mit seiner unverfälschten Patina der Gründerzeit ist dagegen weitgehend verschwunden. Auch den „Mythos Kaffeehaus" – als Ort des Träumens, Lauschens, Schnorrens und Dichtens – findet man heute kaum noch. Ihn hat es in Nordrhein-Westfalen bis zu den 1930er-Jahren in vielen Städten gegeben, danach nur noch in den großen Kaffeehäusern der Nachkriegszeit.

Es ist anzunehmen, dass Cafébars und Coffeeshops im 21. Jahrhundert die traditionelle Kaffeehauskultur ablösen werden. Manches Café, das heute noch existiert und in diesem Buch erwähnt wurde, wird spätestens dann eine wehmütige Erinnerung sein, wenn Renovierungen sein Bild verändert haben oder seine Pforten geschlossen sein werden.

Cafés im Lockdown – Zwischen Plexiglas und Desinfektionsspendern

Für die Cafetiers in Deutschland nicht vorherzusehen waren die Auswirkungen der Infektionskrankheit COVID-19, die ihren Ursprung in China hatte und im Frühjahr 2020 Europa erreichte. Die Zahl der Infizierten und vor allem der Todesfälle stieg im März weltweit in einem dramatischen Tempo an, so dass die WHO die Epidemie zur Pandemie erklärte. In Deutschland waren Kontaktbeschränkungen nötig, um die Ausbreitung des Virus zu verlangsamen. Am 22. März 2020 einigten sich Bund und Länder darauf, Ansammlungen von mehr als zwei Personen im öffentlichen Raum zu untersagen. Ausgenommen waren Familien sowie in einem Haushalt lebende Personen. In der Öffentlichkeit galt ein Mindestabstand von 1,5 Metern zu fremden Menschen. Es blieb zwar erlaubt, zur Arbeit, zum Einkaufen, zum Arzt oder zu anderen nötigen Terminen zu gehen – sämtliche Restaurants, Gaststätten und Cafés mussten jedoch schließen. Davon ausgenommen war die Lieferung und Abholung mitnahmefähiger Speisen für den Verzehr zu Hause.

Die Caféinhaber reagierten flexibel auf die neue Situation, bauten ihr Außer-Haus-Geschäft mit einer reduzierten Speisekarte aus, nahmen telefonische Bestellungen an und sorgten dafür, dass die Speisen unter Beachtung der Hygienevorschriften abgeholt werden konnten. Viele Betriebe kamen jedoch nicht mehr auf ihre durchschnittlichen Tagesumsätze, geschweige denn in die Zone des Profits. Den Bäckereien brachen beispielsweise Lieferaufträge an Hotels und Tagungszentren weg, gleichzeitig mussten die Mieten für Ladenlokale und Backstuben weiterhin bezahlt werden. Tanja Pabst, die in ihrem **Gelesenkirchener** Café empfindliche Umsatzeinbrüche durch die Pandemie erfahren musste (die Produktion ihrer „Wunschtorten" kam aufgrund der Absagen von Feierlichkeiten und Festen nahezu zum Erliegen), machte aus der Not eine Tugend und kreierte mit Humor und Augenzwinkern kleine Torten in Form von Toilettenpapierrollen (Toilettenpapier war zu Beginn der Pandemie flächendeckend ausverkauft). Andere Konditoren taten es ihr gleich wie Jörg Kraume aus Bielefeld mit seinen „Klopapier-Kuchen in zwei Geschmacksrichtungen" oder Hubertus Schmitz (Café Schleypen in **Geilenkirchen**) und Tim Kortüm (Inhaber einer Bäckerei und Konditorei im **Dortmunder** Ortsteil Schüren). Es gab sogar Konditoren, die ein „Corona-Sortiment" mit roten, blauen und grünen Viruspralinen anboten.

Auch die Inhaber von Third-Wave-Cafés reagierten auf die Corona-Krise. Sascha Kaiser von Hot Roasted Love in **Bielefeld** brachte den Soli-Kaffee „Systemrelevant" heraus, den er im März 2020 an Bielefelder Krankenpfleger/-innen, Pflegedienste und Sozialangebote verschenkte. Die zweite Auflage von „Systemrelevant" ging im November 2020 als wertschätzende Unterstützung an Bielefelder Künstler und Kulturschaffende, die durch Corona kein Einkommen hatten.

Die Landesregierung in Nordrhein-Westfalen hatte es den Caféinhabern zwar relativ schnell ermöglicht, eine Corona-Soforthilfe in Höhe von 9000 Euro zu beantragen, doch die deckte nur bedingt die Fixkosten (laufende Leasingraten, Hypothekenkredite und Mietforderungen) ab. Wer keine Rücklagen hatte, um diese Situation zu überstehen, geriet schnell in Existenznot. Umfangreichere Hilfsprogramme erfolgten erst später.

Den Soli-Kaffee „Systemrelevant" (ein Spezialitätenkaffee aus Kolumbien) verschenkte Hot Roasted Love aus Bielefeld in der Corona-Krise 2020 und 2021.

Als am 2. Mai 2020 der strikte Lockdown endete und die erste Welle abgeklungen war, gab es weiterhin eine Vielzahl von Vorschriften und Beschränkungen für die Betriebe. So mussten im Eingangsbereich der Cafés Desinfektionsspender angebracht werden, die Eingangstüren mussten geöffnet bleiben und die Plätze sollten den Gästen jeweils zugewiesen werden. Zwischen den Tischen war weiterhin ein Mindestabstand von 1,5 Metern zu wahren. Büfetts waren untersagt, es gab lediglich einen Tellerservice. Anstelle von mehrseitigen Speisekarten wurden digitale oder laminierte Speisekarten empfohlen. Stammtische waren untersagt. Wenn möglich, sollten Plexiglasscheiben zwischen den Tischen aufgestellt werden. Für das Personal war das Tragen eines Mund-Nasen-Schutzes verpflichtend. Die Abstandsregel zwang die Gastronomen zu einer drastischen Reduzierung der Sitzplätze.

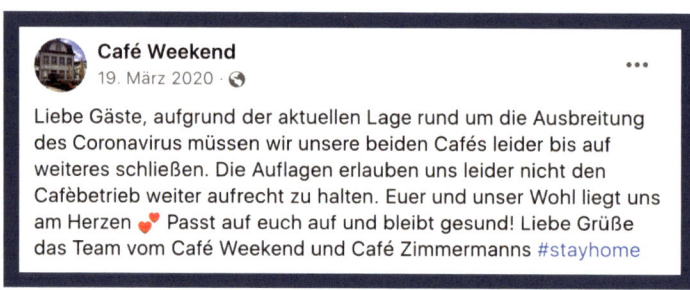

Facebook-Eintrag des Café Weekend in Monschau, 19. März 2020

Diese Beschlüsse veränderten die Cafélandschaft nachhaltig, auch für die Kunden. Sie mussten ihre Masken so lange aufbehalten, bis sie zum Tisch geführt und sich hingesetzt hatten. Dann waren Name, Adresse, Telefonnummer und das Datum des Besuchs auf einem Zettel zu notieren. Zur Kontaktnachverfolgung vermerkte die Bedienung zudem die Tischnummer und die Dauer des Aufenthalts. Bewegte sich ein Gast im Raum, etwa beim Gang zur Toilette oder zur Theke, so galt wieder die Maskenpflicht. Sobald ein Gast das Café verließ, reinigte die Bedienung mit Papiertüchern und Desinfektionsspray die Stuhlgriffe und den Tisch.

Einer der wenigen Profiteure der ersten Corona-Welle war Peter Schulze, der **Bochumer** Besitzer des Café Treibsand. Zusammen mit seiner Ehefrau Claudia Pigos hatte er im April 2020 einen Kiosk am Kemnader See von der Freizeitmetropole Ruhr angemietet und erweckte die „Bude 128" zu neuem Leben, servierte dort auf 300 Quadratmetern (inkl. Biergarten) Speisen, Kuchen

Corona-Alltag in der Gastronomie der Jahre 2020/21: geschlossene Cafés und hochgestellte Stühle

und Getränke. Da die Kemnade während des Lockdowns ein beliebtes Ziel für Spaziergänger, Rad- und Inlinefahrer war, liefen die Geschäfte gut.

Anderswo akzeptierten viele Gäste jedoch die neuen Umstände nicht und blieben den Cafés fern. Der Kaffeekonsum im März und April 2020 ging in den Cafés und Coffeeshops coronabedingt um rund 76 Prozent zurück (in 2020 insgesamt um 23 Prozent gegenüber dem Vorjahr). Selbst in Bäckereien, die weiterhin geöffnet bleiben durften, schrumpfte der Kaffeeausschank um 17 Prozent. Dem von Tchibo herausgegebenen „Kaffeereport 2021" zufolge stieg jedoch der private Kaffeekonsum um 35 Prozent, was vor allem durch die Arbeit im Home Office bedingt war.

Manche Cafés trotzten der Krise mit Humor und starteten Aktionen auf „Facebook" oder „Instagram", luden Bilder von gedeckten Tischen auf der sonnigen Terrasse hoch und machten den Gästen digital Mut, durchzuhalten. Auf den Websites der Cafés hieß es jedoch allerorten: „Lockdownbedingt leider vorübergehend geschlossen bzw. nur eingeschränkter Fensterverkauf."

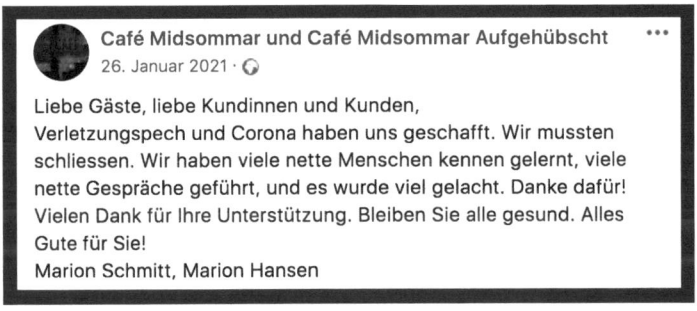

Facebook-Eintrag des Café Midsommar in Köln, 26. Januar 2021

Leere Kleiderbügel an der Garderobe, rotweiß gestreifte Absperrbänder vor den Sitzbereichen – so sah es monatelang in den Bäckerei-Cafés aus. An den Fensterscheiben anderer Betriebe fehlten plötzlich die Gardinen und die vertrauten Grünpflanzen und man konnte bis zur anderen Seite hindurchschauen, da der Gastraum leergeräumt war. Keine Stühle mehr, keine Theke mehr, nur ein blauer Putzeimer mit einem Schrubber, der schräg an der Wand lehnte.

Vor allem die kleinen Cafés erwischte die Krise. In **Jülich** schloss im Juni 2020 das Café Rumpelstilzchen am Markt, in **Köln** verabschiedete sich am 26. Januar 2021 die Betreiberin des Café Midsommar an der Luxemburger Straße. Nach fast 25 Jahren am Ort gab „Das kleine Café" in **Herne** bekannt: „Schweren Herzens schließen wir am 21. August 2020. Danke für die schöne Zeit. Es tut uns leid, Sie nicht mehr als Gäste begrüßen zu können, aber die aktuellen Umstände machen diesen Schritt nötig!" In **Bonn** schloss das Kult-Café „Giaccomo" am Bottlerplatz.

In **Lütgendortmund** gaben Joanna Smolka und Kai Schmitt im August 2020 ihr Café Blickpunkt auf. Zu groß waren die finanziellen Einbußen während des wochenlangen Lockdowns. In **Dortmund** musste das Café „Lokales" am Westpark schließen – wie viele andere Betriebe in Nordrhein-Westfalen auch.

Doch die Leidenszeit für die Caféinhaber war mit dem Abebben der ersten Welle noch nicht beendet: Im Spätherbst 2020 stiegen die Inzidenzzahlen im Zuge von Corona wieder sprunghaft an, sodass die Bundesregierung Anfang November entschied, die Cafés erneut zu schließen. Die Stimmung in der Branche verdüsterte sich schnell, je länger der Lockdown andauerte – auch wenn Bund und Länder den Gastronomen nunmehr bis zu 75 Prozent des Umsatzes aus dem Vorjahr erstatteten. Was niemand erwartete hatte, trat dann ein: Der Lockdown wurde zum Dauerzustand. Durch eine Änderung des Infektionsschutzgesetztes Ende April 2021 wurde sogar eine „Bundesnotbremse" mit Ausgangssperren eingeführt. Diese Beschränkungen endeten erst am Pfingstwochenende des 22. und 23. Mai 2021 mit dem Abebben der „dritten Welle" und den bundesweit fallenden 7-Tage-Inzidenzen unter 100 im Zuge der fortschreitenden Impfungen gegen Corona.

Großeinsatz im Café Päusken (Rietberg)

Sabine Goller und ihr Ehemann Klaus, die im Stadtkern von **Rietberg** (Kreis Gütersloh) das Café Päusken betreiben, kämpften in der Corona-Krise um ihre Existenz und öffneten trotz Lockdowns am Gründonnerstag (1. April 2021) ihr Café, um unter Einhaltung der Hygieneregeln im Biergarten mehrere Dutzend Gäste zu bewirten. Die Gollers hatten auf ihrer Homepage eine entsprechende Ankündigung verfasst und erklärten, mit ihrer Aktion auf die schwierige Lage der Gastronomie aufmerksam machen zu wollen. Und dass sie wieder Geld verdienen wollten – zum ersten Mal seit November 2020. Das Café hatte nur tagsüber geöffnet und sich auf Frühstückbüffets und Mittagsgerichte spezialisiert. Als das Ordnungsamt erschien und die Inhaber sich weigerten, das Lokal sofort zu schließen, kam es zum Großeinsatz: 14 Polizisten und sogar der Bürgermeister rückten an. Ein Trupp vom Bauhof räumte das Mobiliar aus dem Biergarten, das Ordnungsamt nahm die Personalien der Gäste, Wirte und Bedienungen auf und verhängte Bußgelder. Die „Aktion des zivilen Ungehorsams" machte bundesweit Schlagzeilen – von der „Bild"-Zeitung bis hin zu den „Westfälischen Nachrichten".

Die kurze Wiedereröffnung des Cafés wurde politisch schnell instrumentalisiert. Während es bundesweit Glückwünsche, Spendenangebote und Respektsbekundungen hagelte, schrieben andere von einer „zunehmenden Distanz zwischen ehemals braven Bürgern und dem Staat".

„Schön, dass ihr da seid!" – Cafe Extrablatt hieß nach dem Ende des Lockdowns im Juni 2021 auf Plakaten seine Gäste willkommen.

Die Lockerungen im Sommer 2021 brachten jedoch nicht allen Cafés den erwünschten Aufschwung. Die Gäste kamen eher zögerlich und trauten sich vor allem bei schlechtem Wetter nicht, in einem kleinen Gastraum einen Kaffee zu trinken und ein Stück Kuchen zu essen. Aufgrund der mäßigen Umsätze verschlankten manche Inhaber den Cafébetrieb, öffneten nur noch an vier statt an sieben Tagen oder machten früher Feierabend. Andere fanden nach dem Lockdown nicht das nötige Personal. „Wir haben in der Corona-Krise fast die Hälfte der Mitarbeiter verloren", berichtete Abed Mansour, Eigentümer des Café Florian in **Düsseldorf-Pempelfort**. Zehn der einstmals 21 Festangestellten hatten sich während der Zwangsschließungen in der Pandemie verabschiedet und neue Jobs in anderen Branchen angenommen. Dies betraf insbesondere Köche, Kellner/-innen oder Servicekräfte der Café- und Espressobars und weniger die Konditoreibetriebe.

Nach Berechnungen des Deutschen Hotel- und Gaststättenverbands (Dehoga) haben mehr als 130.000 Arbeitskräfte die Branche während der Pandemie verlassen, das waren rund zwölf Prozent der sozialversicherungspflichtigen Angestellten – Aushilfen waren in dieser Rechnung nicht einmal enthalten. Auch Gastronom Mark Brouwer, der in **Münster** das Marktcafé und die beiden Floyd Coffee Lounges (am Domplatz und in der Stubengasse) betreibt, berichtete von Problemen mit dem Personal. Von 45 Aushilfen im Frühjahr 2020 (vor Corona) waren Ende August 2021 lediglich elf verblieben.

Das Café Residenz in Castrop-Rauxel gibt auf

Am 18. Januar 2021 schloss das Café Residenz in der Altstadt von **Castrop-Rauxel**, das Hans-Joachim Schmale-Baars 35 Jahre lang geführt hatte. Er war am 1. April 1985 in das Gebäude der „Alten Apotheke" gezogen und hatte das Café schnell zu einer Institution in der Stadt gemacht. Für viele Castrop-Rauxeler war das Residenz über Jahrzehnte *die* Adresse, wenn es galt, einen runden Geburtstag oder ein Ehejubiläum zu feiern.

Im neuen Millennium hatte Schmale-Baars sein Café auch zum kulturellen Treffpunkt gemacht. Er organisierte Kaffeehausmusik, Rezitationsabende und die Veranstaltung „Nachtfahrt Live" mit Comedy. Zur Auftaktveranstaltung von „Ruhr.2010" feierte das komplette Team des Radiosenders „Eins Live" im Residenz. Es gab das jährliche amerikanische Thanksgiving mit Truthahnbüfett und Folklore, zum 100. Jahrestag des Untergangs der „Titanic" veranstalte das Café ein Motto-Dinner – in historischen Kostümen und dem original Bordmenü vom 14. April 1912.

Zum 25-jährigen Jubiläum des Residenz überraschte Ehemann Gerald Baars seinen Partner, indem er Opernsängerinnen und -sänger des legendären Caffé Tacci aus New York einlud. Zum 30. Jahrestag kamen Ensemblemitglieder der Kammeroper Köln, die im alten Walzwerk in Pulheim beheimatet war, nach Castrop-Rauxel.

Zum 35. Jubiläum am 1. April 2020 sollte die Kammeroper erneut im Café Residenz auftreten, vielleicht hätte man auch eine „Festa Italiana" gegeben – doch stattdessen kam

Corona. Erwartbare Umsätze in Höhe von mehreren zehntausend Euro (über 50 gebuchte Familienfeiern, Konfirmationen, Hochzeiten und Geburtstage mussten aufgrund der coronabedingten Restriktionen ausfallen) lösten sich in Wohlgefallen auf. Das Café musste schließen, die Mitarbeiter wurden in Kurzarbeit geschickt, nur der Ladenverkauf und das dem Café angegliederte Hotel durften für Reisende geöffnet bleiben.

Der Betrieb der Konditorei lief nur noch auf Sparflamme. Hans-Joachim Schmale-Baars beantragte im April 2020 die Soforthilfe des Landes NRW und bekam sie auch, doch dann wurden die Bestimmungen nachträglich geändert und in eine Liquiditätshilfe umgewidmet. Als Mischbetrieb mit Konditoreiwarenverkauf (Umsatzanteil 27%) fiel der Konditormeister durch die Raster der Corona-Hilfsprogramme und musste die Mittel vom April 2020 komplett zurückzahlen. Für die November- und Dezemberhilfe 2020 wäre er bei einem Ladenverkaufsanteil von unter 20% nur antragsberechtigt gewesen.

Alle Versuche, in der Pandemie einen Betriebsnachfolger zu finden, scheiterten, sodass sich Schmale-Baars gezwungen sah, am 31. Dezember 2020 den Großteil seiner Belegschaft zu entlassen und das Café aufzugeben. Am 10. Januar 2021 informierte Schmale-Baars die Presse über die Schließung seines Cafés. „Die Entscheidung ist mir nicht leicht gefallen, aber einen weiteren Lockdown halte ich finanziell nicht durch", war in den „Ruhr-Nachrichten" zu lesen. Bis 17. Januar verkaufte er noch Torten und Kuchen und bot Pralinen, Trüffel und Gebäck zum halben Preis an.

Am Ende kam das Fernsehen vorbei, die Zeitung ließ die Arbeit des Konditormeisters noch einmal Revue passieren und der Fotograf Sebastian Lorenz, der sich in seiner Arbeit auf „Lost Places" (auf verlassene Orte, Industriebrachen, leerstehende Häuser) spezialisiert hatte, machte eine Bilderserie vom Café Residenz. Gerald Baars, der Ehemann von Hans-Joachim Schmale, der vier Jahrzehnte lang als Journalist gearbeitet hatte, veröffentlichte ein Buch über das Café – mit einer Hommage an Hans-Joachim Schmale-Baars sowie Anekdoten, Rezepten und den Fotografien von Sebastian Lorenz.

Wie schon nach der ersten Welle hatten viele kleinere Cafés den Lockdown nicht überlebt. Schließen mussten u. a. das Textilcafé am Eigelstein in **Köln**, das Café am Waldfriedhof in **Duisburg**, das Kö-Café in **Frechen-Königsdorf**, das Café an der Kö in **Dormagen**. Ins Café Han in **Essen-Steele** war im Frühjahr ein Corona-Testzentrum eingezogen, das von der Kaiser-Otto-Apotheke betrieben wurde.

In **Bielefeld** musste das Café Nostalgie an der Jöllequelle aufgeben, das in einem unter Denkmalschutz stehenden alten Leineweberhaus von Kerstin Schwirtz-Grube geführt wurde. Die Pächterin schrieb im November 2020 zum Abschied auf ihrer Homepage: „Jeder noch so schöne Kaffeeklatsch geht einmal zu Ende. Die Corona-Zeit dauert zu lang und wir werden nicht jünger. Ein guter Augenblick für ein Lebewohl."

Aus dem Café Han in Essen-Steele wurde 2020/21 ein Corona-Testzentrum.

Wo die Cafés wieder geöffnet hatten, war der laufende Betrieb jedoch auch im Sommer 2021 noch von Plexiglas-Trennwänden und Abstandsregeln bestimmt. Das Kult-Kaffee in **Heiligenhaus**, dessen große Terrasse vor Corona ein beliebter Treff am Panoramaradweg Niederbergbahn war, bot im Juni 2021 nur noch „Kaffee to-go" an und konzentrierte sich zunehmend auf das Rösten von Kaffee.

Im **Hattinger** Café Adele, im **Monschauer** Café Kaulard und in vielen anderen Cafés lagen auf den Sesseln und Stühlen im Innenbereich noch immer Hinweisschilder mit Texten wie „Dieser Platz muss frei bleiben". Die Fenster waren weit geöffnet oder gekippt und für Gäste galt die 3-G-Regel (geimpft, genesen, getestet). Viele Fotografien in diesem Buch (sie wurden im Zeitraum von Juni bis November 2021 gemacht) dokumentieren das und zeigen nicht nur die obligatorischen Trennwände, sondern auch Markierungen auf den Fußböden, Schilder mit Corona-Regeln sowie aufgrund der Personenbeschränkungen großzügiger gestaltete Sitzbereiche. Erst am 1. Oktober 2021 waren in Nordrhein-Westfalen keine besonderen Abstände bzw. Trennwände mehr in der Innengastronomie vorgeschrieben, eine Maskenpflicht außerhalb des festen Sitz- oder Stehplatzes blieb jedoch bestehen.

Als die Inzidenzzahlen Mitte November 2021 wieder explosionsartig zunahmen und eine vierte Corona-Welle zu täglich 50.000 bis 65.000 Neuinfektionen führte,

Abstandsregeln in Zeiten von Corona, hier in den „Alt-Aachener Kaffeestuben", Juli 2021

beschloss NRW-Gesundheitsminister Karl-Josef Laumann für die Innengastronomie des Landes erneut Verschärfungen. Vom 4. Dezember an galt für den Besuch eines Cafés die 2G-Regel, wonach nur noch geimpfte und genesene Menschen in die Geschäfte durften. Ungeimpfte mussten draußen bleiben, auch wenn sie getestet waren. Erneut wurden Reservierungen für Adventsfrühstücke, kleine Weihnachtsfeiern und Geburtstage storniert und erneut aß kaum jemand seinen Kuchen im Café. „Aufgrund der hohen Inzidenzen und Warnungen vor der neuen Omikron-Variante igeln sich viele Kunden zu Hause ein und gehen kaum noch vor die Tür" gestand Dieter Edling, der in **Köln-Neuehrenfeld** das Café Tapku betreibt. Am 30. November 2021 – mitten in der vierten Welle – warb die Franchise-Kette „WonderWaffel", die auch in Nordrhein-Westfalen zahlreiche Filialen betreibt, auf „Instagram" und „Facebook" für „Gratis-Kaffee für Ungeimpfte" in ihren Berliner Filialen. Einen Tag später ruderte „WonderWaffel" jedoch in einem Beitrag auf den sozialen Netzwerken wieder zurück: „Wir haben den Beitrag gelöscht, damit sich Menschen und Freunde nicht untereinander streiten und diskutieren." Das Angebot galt dennoch weiter bis zum Ende des Jahres 2021. Im Netz kam es zu einem Shitstorm gegenüber der Kette. Hintergrund der Aktion: In der Hauptstadt galten seit dem 27. November 2021 mit der Ausweitung der 2G-Regel strengere Corona-Maßnahmen.

Erneut mussten Cafés schließen, darunter das Café Karthaus in **Dülmen**, das Gietheplat-Café in **Bad Berleburg**, Frings Café in **Meschede**, Rick's Café in **Mülheim an der Ruhr**. Dirk Volkmer vom Café Mondrian in **Essen-Rüttenscheid** schloss sein Café am 31. Dezember 2021, da er aufgrund des langen Lockdowns im ersten Halbjahr 2021 die Mieten für das Lokal nicht aufbringen konnte. Die Auszahlung der staatlichen Corona-Hilfen verzögerten sich, und als sie endlich eintrafen, hatte der Vermieter des „Mondrian" Dirk Volkmer bereits gekündigt. Am 13. Januar 2022 wurde für die Gastronomie in NRW die 2G-plus-Regelung eingeführt, das heißt, Geimpfte und Genesene konnten nur noch mit einem tagesaktuellen negativen Testergebnis ins Café gehen. Ausnahmen gab es lediglich für Geboosterte.

Cafés im Schlamm – Auswirkungen der Jahrhundertflut

Als Mitte Juli 2021 in der Gastronomie wieder ein Hauch von Normalität zu spüren war und Corona zeitweilig vergessen schien, zog mit Tief „Bernd" ungewöhnlich niederschlagsreiches Wetter mit heftigem Starkregen über Teile Nordrhein-Westfalens. Bäche und Flüsse wie Urft, Olef, Vicht, Wiembach, Lenne und Erft verwandelten sich am späten Nachmittag und Abend des 14. Juli binnen weniger Stunden in reißende Gewässer. Auch größere Flüsse wie die Wupper und die Ruhr traten über die Ufer, zum Teil sechs Meter über Normalpegel. Die Wassermassen hatten eine solche Kraft, dass sie Bäume, Autos und Campingwagen mit sich rissen und sogar Brücken zerstörten (insbesondere im **Ahrtal** des an Nordrhein-Westfalen grenzenden Bundeslands Rheinland-Pfalz). Eine braune schlammige Brühe wälzte sich mit Wucht flussabwärts, drang in Keller und teilweise bis unter die Decke auch in Häuser ein, unterspülte Straßen und Autobahnen. Die „Jahrhundertflut", wie sie später genannt wurde, verwandelte Dörfer und Städte in ein Trümmerfeld und zerstörte die Infrastruktur der betroffenen Regionen auf Jahre. Mehr als 180 Menschen starben, Tausende verloren ihre Häuser und ihre Existenz, darunter Inhaber von Hotels, Gaststätten, Bäckereien und auch Cafés.

In **Erftstadt-Blessem** floss das Wasser der Erft in eine Kiesgrube, sodass es zu Erdrutschen von gewaltigem Ausmaß kam. Häuser wurden unterspült und stürzten ein. Autos lagen in neu entstandenen riesigen Erdlöchern neben Betonteilen der ehemaligen Kanalisation. Unweit der Stadt stürzten Teile der gesperrten Autobahn 1 in den Fluss Erft. Lkw- und Pkw-Dächer ragten tagelang aus einer meterhohen

Printenhaus Café Portz in Monschau, fotografiert kurz vor der Jahrhundertflut am 14. Juli 2021

braunen Brühe, da das Wasser einfach nicht abfloss. In **Bad Münstereifel** richtete die Flut Schäden im gesamten inneren Stadtkern an. Das Wasser riss die alten Steinmauern weg, die üblicherweise die Erft in ihrem Bett halten, unterspülte Gebäudefundamente, drang in jedes Geschäft und jedes Haus ein, stieg in manchen Gebäuden sogar bis ins zweite Obergeschoss.

Das Café Erftgold am Markt wurde ebenso geflutet wie das Printenhaus Café Portz in der Wertherstraße. Das Heino-Café im Historischen Kurhaus an der Nöthener Straße blieb von der Flut unversehrt, da es oberhalb der Altstadt liegt. In **Monschau** wurde das Pflaster der Laufenstraße vom Amtsgericht bis in Höhe des „Cafés am roten Haus" durch die Wassermassen der Rur zerstört oder ausgespült. In **Gemünd** traf es das Café Theisen. Auch **Hagen**, das von den Flüssen Ennepe, Ruhr, Lenne und Volme durchflossen wird, war von der Außenwelt abgeschlossen.

In **Solingen-Burg** wurde die untere Etage des Café Meyer überflutet. Putz und Fliesen mussten heruntergeschlagen werden, damit die Wände und Böden trocknen konnten. Die komplette Inneneinrichtung (Kaffeemaschinen, Theke und Küchenausstattung) musste entsorgt werden.

Auch „Tamys Pfötchen-Café" in Solingen-Burg musste vorübergehend schließen. Die Inhaberin schrieb tags darauf auf ihrer „Facebook"-Seite: „Das Unwetter hat uns schlimm getroffen und wir stehen vor den Trümmern. Mit Tränen in den Augen müssen wir euch sagen, dass wir nicht wissen, wann, geschweige denn, ob wir wieder aufmachen können. Die Flutwelle war einfach zu stark und ihr Ausmaß zu unerwartet. Wenn ihr helfen möchtet: Wir haben zwei Spendenkontos eingerichtet, falls jemand kein Paypal hat, um unsere Elektrogeräte zu ersetzen. Kühlschranke, Kaffeemaschine, nichts konnten wir retten." „Haus Müngsten" in **Solin-**

Noch im Februar 2022 waren in den historischen Ortskernen der von der Flut betroffenen Städte die Türen und Schaufenster mit Holzplatten zugenagelt, da die Scheiben zerborsten waren. Im Inneren liefen Trocknungsgeräte im Dauerbetrieb. Manche Fachwerkhäuser waren im Untergeschoss bis auf die Stützbalken freigelegt worden.

gen schrieb auf seiner Homepage: „Kein Strom, kein Telefon, kein Internet, aber jede Menge Schlamm. Mit einer Notstromversorgung öffnen wir am 30. Juli, allerdings mit einem sehr eingeschränkten Angebot."

Trotzig gab sich das Café Sahneschnitte in **Stolberg**, dessen Schaufenster in der Nacht vom 14. Juli den Wassermassen nicht standhielten. „Wir kommen zurück! STÄRKER, BESSER und LECKERER!" verkündete der Inhaber auf „Facebook", fügte aber auch an: „Die Aufräum- und Renovierungsarbeiten werden circa sechs bis neun Monate andauern."

Die wirtschaftlichen Folgen der Flut werden in den betroffenen Regionen über Jahre nachwirken, denn nicht nur die Betriebe in unmittelbarer Nähe der Flüsse wurden beschädigt, sondern auch die für die regionale Konjunktur so wichtige Infrastruktur.

Der „Kölner Stadt-Anzeiger" schrieb: „Autobahnen, Strom-, Gas- und Kommunikationsnetze, Bahnstrecken und Bundesstraßen sind auf Monate hinaus beschädigt. Die Schäden der Verkehrsinfrastruktur wirken negativ auf den Tourismus, eine nicht mehr ausreichend leistungsfähige Energieversorgung behindert auch die Betriebe, die nicht direkt durch Wasserschäden betroffen sind – und die ohnehin durch die Pandemie keine Rücklagen mehr haben. Eine Pleitewelle droht."

Das Wasser der Wupper stand im Café Meyer in Solingen-Unterburg vom Keller bis zur unteren Fensterkante.

Die Auswirkungen der Flutkatastrophe und auch der langen Schließung während des sechsmonatigen Lockdowns von November 2021 bis Mai 2021 waren bei Redaktionsschluss dieses Buches nicht abzusehen. Vermutlich ist jedoch mit einem Cafésterben zu rechnen, an deren Ende nicht wenige gastronomische Betriebe ein Schild an die Tür hängen, auf dem steht: „Dauerhaft geschlossen!". Vor diesem Hintergrund ist das in diesem Buch Zusammengetragene umso wertvoller, denn was es in Text und Bild vereint, bleibt Dokument.

Café Grah in Remscheid-Lennep

Literaturverzeichnis

ABELS, WILFRIED: Deutschlands schönste Cafés und ihre Rezepte. Wiesbaden 1992

ABSCHIED VOM CAFÉ WOLFF. AM 1. JANUAR 1965 GESCHLOSSEN. In: Essener Woche 15, 1965, Heft 2, S. 21

ALBRECHT, PETER / SAMMER, OTTO: Café. Nürnberg 1985

ALBRECHT, PETER: Kaffee. Zur Sozialgeschichte eines Getränks, Braunschweig 1980 (Veröffentlichung des Braunschweigischen Landesmuseums, Katalog zur Ausstellung vom 10. 1. 1980 bis 2. 3. 1980)

ANZENBERGER, TONI: Caffè d'Italia – Eine Reise zu den schönsten Kaffeehäusern. Cadolzburg 2012

BATTENFELD, BEATE / KOCH-REHER, UTE: 125 Jahre Cafés in Solingen-Mitte. Bergischer Geschichtsverein, Solingen 2020

BINDER, HARMUT: Gestern abend im Café. Kafkas versunkene Welt der Kaffeehäuser und Nachtlokale. Prag 2021

BOETTCHER, JÜRGEN (HRSG.): Caféhäuser. Fotografiert von Manfred Hamm. Berlin 1979

BREDEHORN, WILHELM (HRSG.): Die deutschen Gaststätten. Düsseldorf 1925

BREWSTER, POMEROY: The coffee houses and tea gardens of old London. Rochester 1888

BRINKMANN, JAN: Land- & Hofcafés in Nordrhein-Westfalen. Hannover 2005

BUCHINGER, KIRSTIN: Café Einstein Stammhaus: Die Geschichte des Berliner Kaffeehauses. Berlin 2009

CARADEC, FRANÇOIS / WEILL, ALAIN: Le Café concert, Paris 1980

DAS ERWEITERTE HANDELSHOF-KAFFEE: EIN MEISTERWERK DEUTSCHER INNENARCHITEKTUR. In: Essener Anzeiger 22, 1925 (31. Oktober)

DAS KAISER-CAFÉ UND PALASTRESTAURANT DES COLOSSEUMS ERÖFFNET. In: Essener Volkszeitung 32, 1899 (30. Juni)

DIECKMANN, MICHAEL. Knigges Traum vom süßen Leben. In: Westfalenblatt vom 3. April 2012

DIETL-HÜHNERMANN, RALPH: Hennefer Kaffeehausgeschichte(n). Cafés in Hennef, Geistingen und Warth. Beiträge zur Geschichte der Stadt Hennef, 2014, S. 143–255

DIETL-HÜHNERMANN, RALPH: Hennefer Kaffeehausgeschichte(n). Cafés in Stadt Blankenberg, Bödingen, Happerschoß, Heisterschoß, Uckerath und Eiscafés. Beiträge zur Geschichte der Stadt Hennef, 2015, S. 85–186

Divossen, Georg: „Drinnen Gemütlichkeit, draußen nur Kännchen". 166 Jahre Bonner Cafés – Ein Streifzug durch Bonns historische Cafékultur. VMS Media Solutions, Sankt Augustin 2016. DVD-Video (64 Minuten)

Dulinski, Alexandra: Konditorei Café Best schließt – nach 122 Jahren in Wuppertal. In: Westdeutsche Zeitung vom 16. Mai 2019

Eckert, Gerhard: Café & Kuchen. Die besten Cafés in Deutschland, getestet und empfohlen. Lübeck 1981

Eckert, Sebastian: Bye, bye, Café Göttlich: Ein Nachruf. https://kaffeegefluester.de/?p=651 (26. Januar 2022)

Fiebig, Mike: Gladbecker Geiselnehmer bestellten Frühstück in Hagener Café. In: Westdeutsche Allgemeine Zeitung vom 14. August 2013

Fohsel, Hermann-Josef: Im Wartesaal der Poesie. Else Lasker-Schüler, Benn und andere. Zeit- und Sittenbilder aus dem Café des Westens und dem Romanischen Café. Berlin 1995

Fries, Hans-Peter: Conditorei und Café Schmidt in Siegen. Siegerland 94, 2017, S. 131–146

Funcke, Liselotte / Holtmann, Petra (Hrsg.): Wo unsere Großeltern einkauften – Hagener Einzelhandelsgeschäfte. Ardenku Verlag, Hagen 2016, 2. Auflage

50 Jahre Café Wolff. In: Essener Woche 1, 1951, Heft 17, S. 42

Gerards, Britta: 100 Jahre Café Müller-Langhardt – Wo Kohl und Genscher ihren Kuchen aßen. Bonner General-Anzeiger vom 24. September 2013

Gimborn, Carl Hans von: Kaffeerösten. Geschichte und Technik. Manuskriptum Verlagsbuchhandlung, Waltrop und Leipzig 2007

Gimborn, Carl Hans von: Museum für Kaffeetechnik, Probat-Werke, Emmerich 1993

Günther, Ernst: Geschichte des Varietés. Berlin 1981, 2. Auflage

Heering, Kurt-Jürgen: Das Wiener Kaffeehaus. Berlin 1993

Heise, Angela (Hrsg.): Und jetzt noch ein Stück Torte! Bergische Kaffeehausgeschichten. Remscheid 2019

Heise, Ulla: Kaffee und Kaffeehaus. Eine Kulturgeschichte. Hildesheim 1987

Heithoff, Britta: Kaffeeliebe: Espresso-, Brüh- & Filtertechniken. Franzis Verlag GmbH 2018

Heithoff, Jörg: Der Abschied der Kännchen. Café Kleimann schließt. Münster Urban – https://medium.com/m%C3%BCnster-urban/der-abschied-der-k%C3%A4nnchen-c00b9a029686 (26. Januar 2022)

Hoffmann, Herbert: Gaststätten, Cafés und Restaurants, Ausflugs- und Tanzlokale, Bars, Trink- und Imbißstuben aus Deutschland und dem Ausland. Stuttgart 1939

IN DÜSSELDORF STERBEN DIE ALTEN CAFÉS. Die Zeit, Nr. 38/1962 (21. September)

IN MEMORIAM OTTO BLAU. 1876–1955. In: Essener Woche 5, 1955, Heft 37, S. 22

JÄHN, KARL-HEINZ (HRSG.): Das Prager Kaffeehaus. Literarische Tischgesellschaften. Berlin 1988

JÜNGER, WOLFGANG: Herr Ober, ein' Kaffee. Illustrierte Kulturgeschichte des Kaffeehauses. München 1955

JÜNGERMANN, RALF: Die Herrentorte hält mich fit – 75 Jahre Café Heinemann. In. Rheinische Post (rp online) vom 12. Oktober 2007

JUNGGEBURTH, TANJA: Franz Stollwerck – Unternehmer (1815–1876), in: Portal „Rheinische Geschichte". https://www.rheinische-geschichte.lvr.de/Persoenlichkeiten/franz-stollwerck/DE-2086/lido/57c955e80d45a4.76970739 (26. Januar 2022)

KAISER, DOLF: Fast ein Volk von Zuckerbäckern? Bündner Konditoren, Cafetiers und Hoteliers in europäischen Landen bis zum Ersten Weltkrieg. Zürich 1985

KERN, TOBIAS D. / KERBUSK, BARBARA: Ein Kännchen Kaffee bitte – Konditoreicafés der 50er- bis 70er-Jahre. Atelier für Mediengestaltung, Köln 2011

KERSTIENS, DOROTHÉE / KERSTIENS, MICHAEL / KAHLERT-DUNKEL, GABRIELE: Grotemeyer – 169 Jahre Kaffeehauskultur in Münster. Das Café, der Maler, die Rezepte. Münster 2019

KESTEN, HERMANN: Dichter im Café. Frankfurt 1983

KLAPPERT, HANS: Kabarett im Café Industrie. Streifzug durch Siegens frühe Kaffeehäuser. Siegerländer Heimatkalender 76, 2001, S. 151–154

KOEPPEN, WOLFGANG: Romanisches Café. Frankfurt 1972

KÖHLER, HUBERT: Ein Musikcafé für die Stadtmitte. Cafés und Kaffeekultur in Hagen. HagenBuch 7, 2013, S. 129–145

LORENTZ, FRANK: Die Entdeckung des Fleurons. „Die Welt" vom 10. März 2013

MALAMOS, ADONIS: Die schönsten Cafés in Europa. Mannheim 2013

MARTINEK, THOMAS: Kaffeehäuser in Wien. Ein Führer durch die Wiener Kaffeehäuser. Wien 1992

MAY, MICHAEL: Abschiedstränen in der Torte – Das Brückencafé Spetsmann schließt nach 45 Jahren. In: Westdeutsche Allgemeine Zeitung vom 1. August 2019

MORAND, ELIANE: Tanz in den Dezember. Frankfurter Allgemeine Zeitung vom 17. Dezember 2017

NEUES TANZCAFÉ IM EUROPA-HAUS: VIEHOFER STRASSE. In: Essener Woche 17, 1967, Heft 13, S. 30

NEUHOFF, KARL: Das sündige Dortmund. Ein Streifzug durch das Dortmunder Vergnügungsleben vergangener Jahrzehnte. Dortmund 1987

NIEKAMMER, HELGA: 90 Jahre Café Kroppenberg. Rheinisch-Bergischer Kalender 2018, S. 138–143

OTTO BLAU WIRD 75 JAHRE ALT. In: Neue Ruhr-Zeitung 7, 1952 (6. September)

OTTO BLAU FEIERT SEIN SILBERNES GESCHÄFTSJUBILÄUM. In: Essener Anzeiger 24, 1927 (25. September)

PAUSE, CARL / SCHULTE-BEERBÜHL, MARGIT (HRSG.): Süßkram. Naschen in Neuss. Clemens Sels Museum, Neuss 2019

PETRAS, RENATE: Das Café Bauer in Berlin. Berlin 1994

PFEFFER, NICOLE M.: „Von der Grundhaltung erfolgreicher Unternehmen", https://www.marketing-mit-pfeffer.com/index.php/component/content/article?id=47:von-der-grundhaltung-erfolgreicher-unternehmen (7. Juni 2016)

PINI, UDO: Zu Gast im alten Hamburg. Erinnerungen an Hotels, Gaststätten, Ausflugslokale, Ballhäuser, Kneipen, Cafés und Varietés. München 1987

RAUERS, FRIEDRICH: Kulturgeschichte der Gaststätte, 2 Bde. Berlin 1942

RIESS, KURT: Café Odeon. Unsere Zeit, ihre Hauptakteure und Betrachter. Zürich 1973

ROTTHAUWE, HELMUT: Die himmlische Hölle. Zum 100. Geburtstag der Probat-Werke Emmerich. Emmerich 1968

SCHABER, SUSANNE: Einspänner, Mokka und Melange: Wiener Kaffeehäuser: Eine Verführung. Berlin 2016

SCHERER, HANS: Vom Sperrsitz aus betrachtet. Pariser Caféhäuser. „Frankfurter Allgemeine Zeitung" vom 12. Juli 1986

SCHIEDLAUSKY, GÜNTER: Tee, Kaffee, Schokolade. Ihr Eintritt in die Europäische Gesellschaft. München 1961

SCHIVELBUSCH, WOLFGANG: Das Paradies, der Geschmack und die Vernunft. Eine Geschichte der Genußmittel. München, Wien 1981, 2. Auflage

SCHLIETER, ERHARD / BARTEN, RUDOLF: Köln, Café Kuchen. Köln 1987

SCHMALE-BAARS, HANS-JOACHIM / BAARS, GERALD: Das Café Residenz und sein Konditor. Geschichten – Anekdoten – Rezepte. Castrop-Rauxel 2021

SCHULTZ, HOWARD / YANG, DORI JONES: Die Erfolgsstory Starbucks. Eine trendige Kaffeebar erobert die Welt. Hamburg, Wien 2003

SCHWARZ, JULIUS: Bäcker, Lebküchner und Konditoren. Zur Kulturgeschichte des Backgewerbes. Würzburg 1988

SINHUBER, BARTEL F.: Zu Gast im alten Wien. Erinnerungen an Hotels, Wirtschaften und Kaffeehäuser, an Bierkeller, Weinschenken und Ausflugslokale. München 1989

SO SCHÖN WAR CAFÉ WYSK NOCH NIE. UMGESTALTUNG. In: Essener Woche 18, 1968, Heft 36, S. 43

SÖHN, GERHART: Von Mokka bis Espresso. Cram, De Gruyter, Hamburg 1964

Sommer-Bammel, Rose Marie: Europäische Caféhäuser – Geschichte und Geschichten. Berlin 1988

Teuteberg, Hans J.: Kaffeetrinken sozialgeschichtlich betrachtet. In: Scripta Mercaturae, Zeitschrift für Wirtschafts- und Sozialgeschichte 1/1980, S. 27–54

Thiele-Dohrmann, Klaus: Europäische Kaffeehauskultur. München und Zürich 1999

Torberg, Friedrich: Kaffeehaus war überall. Briefwechsel mit Käuzen und Originalen. München 1982

Vogel, Walter: Espresso. Caffè-Bars in Italien. Wien 2001

Wälder, Milena: Einen Kaffee, bitte. In der Kölner Innenstadt. Diplomarbeit Ecosign/Akademie für Gestaltung, Köln 2017

Weigel, Hans / Brandstätter, Christian / Schweiger, Werner, J.: Das Wiener Kaffeehaus. Wien, München, Zürich 1978

Weikert, Wolfgang / Haunfelder, Bernd: Café Schucan, eine Legende. Münster 1999

Wenz-Gahler, Ingrid: Café-Bar. Bistro – Design und Gastlichkeit. Leinfelden-Echterdingen 1993

Westerfrölke, Hermann: Englische Kaffeehäuser als Sammelpunkt der literarischen Welt im Zeitalter von Dryden und Addison. Jena 1924

Wiener Café von Groote & Sohn am Kopstadtplatz eröffnet. In: Essener Woche 17, 1967, Heft 27, S. 10

Wiest, Franz: Über das Zeitungslesen in den Kaffeehäusern. In: „Wiener Theaterzeitung" vom 30. September 1837

Zehn Jahre Essener Colosseum. In: Rheinisch-Westfälischer Anzeiger 6, 1909 (17. Januar)

Zeitzeugenbörse Duisburg e.V.: Duisburg – Alte Gaststätten und Cafés, Erfurt 2012

Zey, René: Originell und reich an Flair: Cafészene im Revier. In: Westfälische Rundschau vom 19. Oktober 1985

Zey, René / Eichinger, Georg / Sawatzki, Dieter: Im Café. Vom Wiener Charme zum Münchner Neon. Dortmund 1987

Zey, René / Sawatzki, Dieter: Die schönsten Cafés im Ruhrgebiet. Essen 1985

Abbildungsverzeichnis

Aschendorff Verlag, Münster: S. 41, 65, 89, 117
Mark Brouwer (Marktcafé, Münster): S. 275
Bernd Bücker (Café Spetsmann): S. 126 o.
Heike Dobbelstein-Uebelgünn (Café Dobbelstein): S. 27, 66, 82 o., 82 m., 122
Sebastian Eckert, Bonn: S. 290
Hans-Theo Gerhards, Landschaftsverband Rheinland: S. 151
Tina von Gimborn-Abbing (Probat-Werke, Emmerich): S. 260, 261
Hans-Werner Greuel, Bonn: S. 18, 37 u., 38 o., 42, 62, 296 u.
Friedhelm Großenbeck (Stadtcafé Sander, Mülheim): S. 28, 29, 67 m., 67 u., 121, 133
Sascha Kaiser (Hot Roasted Love, Bielefeld): S. 255, 262, 263, 339
Tobias D. Kern, Köln: S. 192, 193
Brigitte und Georg Maushagen, Hermagor: S. 194, 195, 196
Katrin Müller-Langhardt (Müller-Langhardt, Bonn): S. 62 o.r.
Peters SchokoWelt, Lippstadt: S. 328, 329
Dieter Sawatzki, Essen: S. 110 u., 126 u., 136, 137, 154, 155, 156, 157, 159, 171 u., 172, 173, 174, 175, 176, 177, 178, 179, 189, 181, 183, 184, 208, 209, 210, 211, 212, 213, 214, 215, 216 o., 218, 222, 227, 228, 233, 258, 265, 270 o., 272, 274, 279, 280, 281, 287, 289 o., 299 u., 301, 302 o., 303, 304, 305 o., 308 u., 330, 336, 334, 352
Cordula Spankus, frischeminze GbRGrafikdesign und Webdesign, Bonn: S. 332
Stadtarchiv Solingen: S. 59 u., 60 o., 60 u., 61, 113
Joerg H. Wagner, Bad Münstereifel: S. 323, 324

Alle übrigen Fotos stammen aus der historischen Postkartensammlung und dem Fotoarchiv von René Zey, Frechen.

Danksagung

Unser besonderer Dank gilt den Stadtarchiven in Essen und Solingen sowie Renate Schmitz und dem Team der Stadtbücherei Frechen, die trotz fünfmonatiger Ausleihbeschränkungen als Folge der Corona-Pandemie den Fernleihverkehr aufrechterhielten. Dank gilt auch Hans-Werner Greuel, ohne dessen Postkartensammlung die Dokumentation der Bonner Cafés unvollständig geblieben wäre.

Ohne den Einsatz von Waltraud Hillen vom Amt für Bildung und Tourismus in Bad Münstereifel wäre das inzwischen geschlossene Heino-Café in Bad Münstereifel unbebildert geblieben. Dank ihrer Hilfe konnten wir Kontakt zu Joerg H. Wagner aufnehmen, der uns freundlicherweise zwei Fotos zur Verfügung stellte. Wir danken dem Juwelier Andreas Mauer und seiner Frau für die Erlaubnis, in deren denkmalgeschütztem Haus auf der Kettwiger Straße in Essen die Spuren des alten Café Overbeck abfotografieren zu dürfen. Sandra Wallbaum, die Schoko-Intendantin von Peters SchokoWelt in Lippstadt, unterstützte uns mit wunderschönen Fotos, wie auch Sascha Kaiser von „Hot Roasted Love" in Bielefeld. Brigitte und Georg Maushagen aus Hermagor (Österreich) halfen uns mit Fotos und Informationen über das Café Maushagen und seinen berühmten Zuckerbäcker. Ohne Sebastian Eckert wäre nichts über das Café Göttlich in Bonn zu lesen und zu sehen. Und ohne die Hilfe des Kölner Fotografen Tobias D. Kern wäre sowohl das Café Löwer in Wuppertal als auch das Café Kramer in Euskirchen ohne Abbildung geblieben.

Dank gilt auch den Inhabern der Cafés, die Dieter Sawatzki und René Zey erlaubten, in ihren Lokalen zu fotografieren und/oder uns mit historischem Bildmaterial unterstützten, insbesondere Katrin Müller-Langhardt (Café Müller-Langhardt), Ralf Jachmich (Café Kleimann), Heike Dobbelstein-Uebelgünn (Café Dobbelstein), Bernd Bücker (Café Spetsmann) und Friedhelm Großenbeck (Stadtcafé Sander). Dank auch an Tina von Gimborn-Abbing (Leiterin des Museums für Kaffeetechnik in Emmerich) für die Schenkung wichtiger Bücher, für historische Fotos und ihren informativen Text über die Probat-Werke. Besonderer Dank gilt Dagmar Zey für all die gemeinsamen Cafébesuche mit René Zey, die unzähligen Gespräche über das Projekt und ihr aufmerksames Schlusskorrektorat.

Ohne die finanzielle Unterstützung des Landschaftsverbands Westfalen-Lippe und des Landschaftsverbands Rheinland hätte dieses aufwendige Buch nicht gedruckt werden können. Unser Dank gilt deshalb Martina Tillmann (LWL) und Georg Mölich (LVR). Vor allem aber Dr. Dirk Paßmann, dem Verlagsleiter des Aschendorff Verlags, der sich vom ersten Augenblick an, in dem er das Café-Exposé sah, in das Projekt verliebt hatte. Er schenkte uns bis zur Drucklegung des Buches sein Vertrauen.

Für Max und Maria Wunderlich
(1907–1981) | (1911–1971)